Motivational Interviewing For Health Care Proffessionals: A Sensible Approach

건강관리전문가를 위한 동기강화상담 [실제편]

Bruce A. Berger · William A. Villaume 지음
신성만 · 이상훈 · 박상규 · 김성재 · 배다현 옮김

박학사

Motivational Interviewing for Health Care Professionals: A Sensible Approach
by Bruce A. Berger & William A. Villaume

The original English language work
Has been published by:
American Pharmacists Association,
Washington DC, USA

The Korean language edition published by arrangement with American Pharmacists Association, Washington DC. through Agency-One, Seoul.

Motivational Interviewing

역자 서문

최근 수십 년 동안 전 세계적으로 의료보험 및 건강보험이 확대되면서 천문학적 액수의 공적 · 사적 자금이 이 분야에 투입되었다. 이와 관련한 서비스를 경영하는 사람들은 곧바로 비용 효율성에 관심을 가지게 되었고, 효과성을 증명할 수 있는 근거 중심 연구를 강화하는 토대를 제공하였다. 근거 중심 연구들은, 사람들이 이미 병에 걸린 다음에 의료적으로 개입하는 것보다 병에 걸리지 않도록 건강 관련 행동을 강화하고 지속시키는 편이 비용 측면에서 훨씬 이득이 된다는 사실을 여러모로 확인시켜 주었다. 또한 진단 기술 및 의료 기술의 발달로 인하여 많은 질병들이 만성화되고 있으며 건강한 생활 습관을 통해서 이러한 질병들의 예방과 조절이 가능해지는 등, 과거의 완치라는 개념에서 관리라는 개념으로 건강의 패러다임이 변화함에 따라서 건강 행동 관련 전문 서비스는 이전과는 차원이 다른 중요성을 획득하게 되었다. 좀 거칠게 표현하자면, 건강관리 영역이 비용과 건강 측면에서 모두 가치 있다는 말로 정리할 수 있을 것이다. 결과적으로 건강 관련 행동 영역에서 전문가들의 선제적 개입이 점진적으로 그리고 조직적으로 증가하였으나 정작 행동 변화의 주체인 서비스 수혜자들의 행동 변화의 준비도는 그에 상응하지 못하여 건강관리전문가가 서비스 수혜자들의 준비도를 앞서가는 상황이 이전보다 훨씬 보편적으로 나타나게 되었다.

행동의 변화는 항상 어떤 측면에서는 현상을 유지하고자 하는 관성을 거스르게 됨으로써 반작용 또는 저항을 발생시키며, 변화의 외적 또는 내적 동력이 부족하거나 지속성이 떨어지는 경우에는 대부분 실패 경험으로 귀결되게 된다. 이것은 다시 건강 행동을 추구해야 하는 당사자의 변화 동기를 낮추고 건강관리전문가들의 개입 효과성을 현저히 떨어뜨리는 결과로 이어지게 되는 것이다. 이러한 악순환을 개선시키기 위해서 찾아낸 가장 효과적인 근거 중심 접근이 바로 동기강화상담(motivational interviewing)이다. 동기강화상담은 이미 전 세계적으로 널리 알려져 있으며, 국가나 인종, 문화를 넘어 행동 변화를 촉진하는 데 효과성이 확인되고 있는 대화 방법이다. 동기강화상담은 원래 중독 행동의 변화를 목적으로 고안되었으나 이제는 심리치료와 상담 장면, 교육 장면, 사회복지 장면, 의료나 간호 장면을 모두 아우르면서 행동 변화가 필요하되 동기의 부족을 경험하고 있는 내담자를 돕는 데 광범위하게 적용되고 있다. 또한 최근에는 건강관리 행동을 지원하는 분야에도 적극적으로 도입되고 있고, 복약 상담이나 금연 상담, 비만이나 고혈압, 당뇨병 관련 행동 변화에 대한 상담과 지도뿐만 아니라 수술 후 회복 과정을 돕는 데 이르기까지 다양하게 쓰이고 있다.

이 책『건강관리전문가를 위한 동기강화상담(*Motivational Interviewing for Health Care Professionals*)』(실제편)은 이전의 이론 중심 동기강화상담 서적들과는 달리 건강관리 영역에 주로 초점을 맞추면서 실제로 다루게 되는 현장 상황들을 토대로 기술되었다. 건강관리전문가들이 다루는 특수한 이슈와 목적에 맞게 책의 내용이 구성되어 있어서 심리치료나 중독 행동에 집중하고 있는 기존의 동기강화상담 지침서들로부터 만족을 얻지 못한 건강관리전문가들에게 안성맞춤의 동반자가 되어 줄 것이다. 이 책이 미국의 유수 약학대학교에서 약사들을 비롯한 건강관리전문가들을 오랫동안 교육해 온 교수들에 의해 저술되었고 미국약사협회(American Pharmacists Association)를 통해서 출판되었다는 사실도 대단히 흥미롭다. 번역해서 내어놓으면서 부족한 부분들이 없지는 않으나, 이 책이 아무쪼록 약사, 간호사, 의사, 심리학자, 사회복지사 등 건강관리 전문분야에 헌신하고 있는 수많은 전문가들에게 단비와 같은 책이 되어 주기를 기도하는 마음을 품어 본다.

2017년 가을
역자 대표 신성만

Motivational Interviewing

저자 서문

이 책은 건강과 관련된 행동 변화를 돕는 상담 방법에 대한 두 저자의 다양한 경력과 상호 협력의 결과물이라 말할 수 있다.

Bruce Berger 박사는 건강심리와 건강과 관련된 의사소통에 초점을 맞춘 사회복지 및 약학으로 박사학위를 받기 위해서 다시 대학원에 돌아오기 전까지 현장에서 약사로서 경력을 쌓았다. 그는 약사로 일하는 동안, 환자가 자신의 질환에 대해서 논의하거나 약복용에 대해서 고려할 때 건강관리전문가가 말하는 방식에 영향을 받는다는 사실에 주목하였다. Bruce 박사는 환자와의 라포가 환자를 케어하는 과정에서 매우 중요한 역할을 한다는 사실에 특히 깊은 인상을 받았다. 이러한 사실을 깨닫고 그는 Ohio 주립대학교 약학대학원으로 돌아와 학업을 계속하게 되었다. 그 이후로 Bruce 박사는 건강관리전문가가 환자에게 말하는 방식이, 예를 들면 치료 준수도의 증가 등 환자에게 미치는 영향에 대해 지속적으로 초점을 맞춰 연구해 왔다. 건강관리전문가가 환자에게 영향력을 미치는 것 자체를 배제할 수는 없는데, Bruce 박사는 동기강화상담(Motivational Interviewing, MI)을 통해서 그 영향이 긍정적인 것이 될 가능성을 증가시킬 수 있다고 여겼다.

1980년대 후반과 1990년대 초반에 치료 준수를 높이고자 하는 Bruce 박사의 의지는 동기강화상담에 대한 Miller와 Rollnick의 연구로 그를 이끌었다. 그는 이내 환자와 함께 존재하는 접근 방식, 즉 환자를 배려하고 환자의 유익을 최우선으로 하며 진솔한 태도로 환자와 함께 하는 접근 방식이 치료 준수 및 치료 결과를 향상시킬 수 있다는 것을 깨달았다. 그는 Auburn 대학교 약학대학(Harrison School of Pharmacy)에서 동기강화상담을 건강관리 보건의료 영역에 적용하여 가르치기 시작하였고, 현재 이곳에서는 동기강화상담이 필수 과정으로 교육되고 있다.

루터교의 성직자였던 William Villaume는 Ohio 주립대학교에서 스피치 커뮤니케이션으로 박사학위를 받았으며, 사람들이 서로 영향을 미치고 관계를 맺기 위해서 어떻게 언어를 사용하는지에 대해서 깊은 관심을 가져 왔다. 의사소통 이론, 언어, 담화/대화 분석, 상호작용 분석에 대한 그의 연구는 동기강화상담이 전문가-환자의 상호작용에 어떻게 작용하는지를 연구하는 데에 폭넓은 이론적 관점과 연구 방법을 제공해 주었다.

William 박사가 Ohio 주립대학교 의사소통 이론 박사과정의 조교로 있을 당시, 우연히도 Bruce 박사는 학생으로서 그 수업을 듣고 있었다. 그곳에서 두 저자는 처음으로 만나게 되었다. Bruce 박사는 Auburn 대학교 약학대학에 교수로 온 직후인 1982년도에 함께 협력할 수 있는 심리학 및 의사소통 분야의 전문가를 찾고 있었는데, 놀랍게도 스피치 커뮤니케이션 학부에 William 교수가 재직하고 있었다! 이런 일이 자주 있는 일이겠는가? 그 이후로 이 두 사람은 함께 여러 가지 작업들을 해 오고 있다.

의사소통 이론에 대한 William 박사의 학문적 지식은 동기강화상담의 여러 이론적 주요 개념들을 정리하는 데 많은 기여를 하였다. 우선 환자의 체면이 손상되는 것이 어떻게 환자의 저항을 촉발하는 방아쇠가 되는지에 대한 설명을 제공해 주었다. 또한 메시지의 내용과 관계적 측면에 대한 전형적인 구분은 환자의 저항의 두 가지 형태, 즉 주제성 저항(예를 들어, "부작용이 있다고 하니 약을 먹고 싶지가 않네요.", "지금 금연을 하기에는 너무 스트레스를 받는 일이 많네요.")과 관계성 저항(예를 들어, "보세요. 제가 말했다시피, 아직 담배를 끊을 마음이 없어요. 더 이상 그 이야기는 하지 마세요.")으로 환자의 저항을 구분하는 것을 가능하게 해 주었다. 마지막으로, 실천적 추론에 대한 이론은 관계성 저항을 야기하지 않으면서 환자의 주제성 저항을 다루는 방법에 대한 이해를 높여 주었다. 이러한 개념들은 이론적으로 중요할 뿐만 아니라 실전에 적용하는 것에서도 중요하다. 왜냐하면, 이 두 가지 저항을 통합적으로 다루는 것은 환자가 건강 행동 변화를 고려하도록 촉진하는 동기강화상담의 효과를 가장 극대화하기 때문이다.

Bruce 박사는 동기강화상담에 대한 개념에 독특한 심리역동적 접근을 도입하였다. William 박사는 환자와 전문가가 상호작용을 하는 과정에서 경험하는 감정의 특성과 그 본질을 이해하는 Bruce 박사의 탁월한 능력에 주목하였다. 또한 Bruce 박사는 환자를 공감하는 것이 어떻게 환자를 위협하지 않는 방법으로 환자의 이슈를 다룰 수 있는지에 대한 깊은 통찰을 제공하였다. 마지막으로, 정서의 영향과 그 특성에 대한 Bruce 박사의 통찰은 동기강화상담을 배우는 과정에서 건강관리전문가가 경험하는 몇 가지 주요 교착 상태의 특성을 잘 규명해 주었다.

두 저자의 협력은 동기강화상담에 대한 이론적 설명을 발달시키는 데 있어서 매우 긍정적인 상승효과를 일으켰다. 두 저자는, 적절하게만 사용한다면 동기강화상담은 환자의 주요 건강 행동 변화를 촉진할 수 있다는 명제 아래 한 팀으로서 연구에 전념하였다.

두 저자는 다양한 건강관리 현장에서 일하고 있는 수많은 의사, 간호사, 약사, 사회복지사, 영양사, 심리학자를 비롯해 수많은 Auburn 대학교 약학대학의 학생들에게 동기강화상담에 대해 가르쳐 왔다. 더욱 효과적으로 동기강화상담을 가르치기 위해서 두 저자는 교육생들과 표준화된 환자들과의 상호작용들을 다각도로 연구해 왔으며, 또한 건강관리전문가와 환자들이 어느 지점에서 어떤 이유로 변화에 성공하는지 또는 계속 문제를 겪는지 이해하기 위해서, 건강관리전문가와 환자의 대화를 담은 (연방정부의 개인 보호 정책의 요건을 충족시키기 위해서 개인의 인적 사항은 제거한) 수많은 녹음테이프를 들었다. 궁극적으로 이러한 성공과 문제들에 대한 두 저자의 연구는 동기강화상담에 대한 고유한 이론적 설명을 가능하게 했으며, 이는 동기강화상담에 대한 교육의 향상으로 이어졌다. 그 결과로, 건강관리전문가들은 더욱 빨리 동기강화상담의 핵심을 이해하게 되었으며, 환자가 호소하는 핵심 이슈를 경청하고 이를 다루기 위해서 통제하려 하는 자신의 말하기 습관을 제어하는 것에도 많은 성과를 거두게 되었다. 건강관리전문가들의 요구에 대한 두 저자의 반응이기도 한 이 책은 건강관리전문가들에게 좋은 자원으로 사용될 수 있을 것이다.

Motivational Interviewing

차례

Motivational Interviewing

CHAPTER 1

동기강화상담에 대한 또 다른 책을 쓴 이유

동기강화상담(Motivational Interviewing, MI)은 환자가 건강을 위한 행동 변화를 생각하고 실행하도록 하는 매우 효과적인 환자 중심 접근으로, 많은 기관들에서 환자 중심 일차 의료(Patient-centered medical home, PCMH)를 적용하는 데 있어서 그 핵심에 위치하고 있다. 의료 분야에서 동기강화상담은 환자가 자신의 건강이나 질병에 대해서 가지고 있는 생각을 이해하고 탐색하기 위해서 위협적이지 않으면서 환자를 판단하지 않는 방식으로 실행된다. 동기강화상담은 의료인으로서 우리가 가진 전문성과 동등한 전문성을 가진 협력적 파트너로서 모든 환자를 바라본다. 건강관리전문가(Health care professionals, HCPs)로서 우리는 환자가 자신의 건강과 관련하여 더 나은 결정을 내릴 수 있도록 돕는 의료적 자원으로서의 역할을 수행하며, 궁극적인 결정은 우리가 아닌 환자가 내리도록 돕는다.

환자와 제공자의 만족도를 높이고 더 나은 결과를 가져오는 등 동기강화상담의 효과성을 증명하고 있는 연구들을 우리는 여러 문헌에서 쉽게 찾아볼 수 있었다. 우리는 또한 자체적으로 제약회사인 바이오젠 아이덱(Biogen Idec)의 다발성 경화증 치료제인 인터페론 베타 1a 제제인 아보넥스(Avonex)와 관련한 연구를 시행했다.[1) 무작위 대조군 임상 실험에서 기존의 치료를 제공한 집단(8.7%)보다 동기강화상담을 제공한 집단에서 약물 치료를 중단한 환자들이 유의미하게 낮은 비율(1.2%)로 관찰되었다. 뿐만 아니라, 치료를 지속하려는 변화 또한 유의미하게 높게 나타났다. 연구가 진행되는 기간 동안 이 약물은 주 1회 주사를 통해서 제공되었으며 1회당 비용은 약 200달러였는데, 이 약물 치료를 중단하는 환자의 수가 9,000명 줄었다는 것은 연간 93,600,000달러(9,000명의 환자 × 200달러/1회당 × 52주/년 = 93,600,000달러)를 낭비하지 않아도 된다는 것을 의미했다. 이와 같은 놀라운 결과는 동기강화상담이 환자의 건강 행동의 변화를 이끌어 낸다는 우리의 신념을 증명해 주었다.

동기강화상담에 대한 광범위한 문헌 연구를 통해서 우리는 "왜 동기강화상담에 대한 또 다른 책이 필요한가?"라는 질문에 답해 나가기 시작했다. 그리고 건강관리 영역에서 우리가 가진 독특한 경험과 전문성은 특히 의사, 약사, 간호사, 물리치료사, 영양사, 사회복지사 그리고 환자들과 함께 일하는 그 밖의 다른 여러 전문가들에게도 유용할 것으로 생각되었다. 우리가 제시하는 동기강화상담에 대한 새롭고 흥미로운 이론적 근거들은 동기강화상담이 제대로 실행되었을 때 강력한 효과를 발휘하는 이유를 이해하는 데 있어서 건강관리전문가들에게 도움이 될 것이다. 또한 이러한 이론적 근거들은 건강관리전문가들이 자신에게 맡겨진 환자의 결정에 긍정적인 영향을 미치는 방법과 환자에게 응답하는 더 나은 방법을 이해하는 데에도 도움이 될 것이다. 이 책은 환자가 자신의 행동을 건강한 방향으로 변화시켜 나가도록 조력하기 위해 필요한 말하기 방식과 환자가 스스로를 돌아보도록 하는 반영하기에 대한 통찰들을 제공해 줄 수 있을 것이다.

우리는 동기강화상담의 개념과 원리를 발전시키고 다듬는 과정에서 William Miller와 Stephen Rollnick의 기념비적 업적과 통찰에 공식적으로 감사를 표하지 않을 수 없다. 동기강화상담에 대한 이들의 초기 이해와 환자와 내담자를 향한 연민에 대한 지속적인 헌신은 우리를 포함한 수많은 사람들에게 동기강화상담을 배우고 따르도록 영감을 주었다. 이러한 기초가 없었다면 이 책은 존재할 수 없었을 것이다.

⚜ 건강관리 영역에서 동기강화상담 가르치기

이 책에는 우리가 20년 이상 건강관리전문가들에게 동기강화상담을 가르치고 함께 연구한 정수가 담겨 있다. 우리는 건강관리전문가와 관련 분야 학생들에게 동기강화상담을 가르치는 것과 관련하여 우리가 배운 것들을 이 책에 기술했다. 우리는 건강관리 영역에서 동기강화상담을 가르치는 것은 약물남용에 개념화된 기존의 동기강화상담을 가르치는 것과 다음 세 가지의 근본적인 차이가 있다고 생각한다. (1) 건강관리전문가의 훈련, (2) 환자 또는 내담자의 특성, (3) 치료 장면이다. 건강관리전문가와 환자의 관계는 대부분 상담자와 내담자 또는 심리학자와 내담자의 관계와는 크게 다르다.

우선, 상담자를 훈련시키는 과정과 건강관리전문가를 훈련시키는 과정은 매우 다르다. 상담자는 기본적으로 내담자에게 다르게 말하도록 훈련받는다. 즉, 상담자는 환자의 문제를 탐색하는 역할을 배우게 되고 변화를 할지의 여부에 대한 결정은 결국은 내담자가 스스로 내려야 한다는 것을 배운다. 상담자들은 자신의 역할이 내담자를 지지하고 돌보는 것이며 통찰을 제공하는 것이라는 사실을 알고 있다. 내담자 자신의 인생이고 내담자의 선택이기 때문에 책임 또한 내담자의 몫이 된다.

반면에, 건강관리전문가는 그들 자신이 전문가이며 또한 책임자임을 배우게 된다. 이러한 방향성은 건강관리전문가가 환자 중심 접근을 도입하는 데 많은 어려움을 야기한다. 상담자의 경우, 동기강화상담을 배우기 이전에 이미 이러한 말하기 방식을 배우는 데 비해서, 건강관리전문가는 기존과 완전히 다르게 말하는 방식을 배워야만 한다. 동기강화상담을 배울 때 건강관리전문가들은 상담에 대한 통제권을 자신이 가지고 있지 않으며 상담실 내에서 자신만이 전문가가 아니라는 사실을 배울 필요가 있다. 환자 또한 전문가이다. 환자는 자신의 삶과 목표 그리고 자신이 바라는 것에 대한 전문가이다. 동일하게 그들은 자신의 경험을 의미 있게 이해하는 과정에 대한 전문가이기도 하다. 환자는 자신에게 일어난 일을 어떻게 이해하고 있는가? 환자는 환자는 자신의 질병인 당뇨병이나 고지혈증 또는 고혈압을 어떻게 이해하고 있는가? 이러한 증상들이 잘 관리되지 않을 때 일어날 수 있는 일들에 대해서 환자는 어떻게 이해하고 있는가? 질병과 치료에 대한 환자의 이해는 변화에 대한 환자의 동기와, 진단과 치료에 대한 환자의 정서적 반응에 어떻게 영향을 미치고 있는가? 일반적으로 환자들은 이러한 사항들에 대해 자신만의 이론과 일련의 논리를 발달시켜 나간다.

우리의 전문성이 환자에게 도움이 되기 전에, 우리는 먼저 환자가 무엇을 알고 있고 어떻게 받아들이고 있으며 믿고 있는지 이해할 필요가 있다. 그리고 우리는 시작부터 이러한 사실들을 겸허히 인정해야 한다. 환자가 자신의 질병과 그 위험성에 대해서 어떻게 생각하고 있는지를 이해하지 않은 채 건강관리전문가들은 어떤 정보나 교육이 환자에게 도움이 되고 의미가 있을지에 대해 결코 알 수 없다. 안타깝게도 (임상의 전반적인 진단 검사에 적용되는) 의료 모델(medical model)은 대개 기계적이고 정해진 지시에 따라서 진행되며 전체적으로 환자의 관점을 고려하지 않는다. 임상적인 검사는 예를 들면, "○○을 하고 그 이후에는 △△를 하고 마지막으로 □□를 하세요."와 같이 상당히 선형적인 데 비해 환자들은 그렇지 않다. 환자들은 아직 '불안해질' 준비가 되어 있지 않을 수도 있다. 자신에게 일어난 일을 환자가 어떻게 이해하고 있는지에 대해 먼저 알아보려 하지 않은 채 특정 진단 검사로 바로 넘어가는 것은 어리석은 일이다. 이는 환자에 대한 이야기이지, 우리에 관한 이야기가 아니다. 여러 면에서 동기강화상담은 치료자가 유일한 전문가이며 모든 것을 통제하는 의료 모델이 설 자리를 없애며 이를 대체한다. 이는 결코 쉬운 일이 아닌데, 건강관리전문가들은 환자들에게 해야 할 일을 지시하고, 방향을 제시하며, 효과가 나타나지 않았을 때는 환자에게서 그 실패의 이유를 찾는 것에 익숙해져 있다. 반면에, 동기강화상담은 환자를 안내하는 것이며, 환자에게 명령하지 않는 것이다. 이는 환자의 더 큰 목표에 맞는 대안들을 환자에게 제공하는 것과 관련된다. 예를 들면, 동기강화상담에서는 환자의 더 큰 포부에 맞추려면 천식, 당뇨병, 고지혈증 같은 질병을 어떻게 관리할 수 있을까에 대한 대안을 배울 필요가 있다.

건강관리전문가를 위한 훈련과 상담자나 임상심리사를 훈련하는 과정 간의 또 다른 주요한 큰 차이점은 자기 성찰과 관련되어 있다. 상담자와 임상심리사는 자신의 필요나 문제가 어떻게 관계에 악영향을 미치게 되는지에 대해서 스스로 성찰하고 인식하는 것을 훈련받는다. 훈련 과정 내에서의 실습과 멘토링을 통해서 이러한 필요들을 인식할 수 있도록 하여 이로 인하여 관계나 상담이 방해를 받지 않도록 한다. 하지만 흥미롭게도 스스로의 건강을 염려하고 스스로 건강과 관련된 중요한 결정을 해야 하는 환자들과 직접적으로 작업을 하는데도 실제로 건강관리전문가가 받는 교육 과정에서는 자기 성찰이나 자각, 전이와 역전이에 대한 주제가 거의 전혀 다루어지지 않는다. 최근의 교육 과정은 자신이 수행한 것을 되돌아보게 하는 반영적 실무에 초점을 맞추고는 있지만 대부분 임상적 의사결정, 지식, 기술 등에 초점을 두고 있다. 자아 개념이 환자들과의 상호작용에 어떻게 영향을 미치는지를 건강관리전문가 스스로 평가하는 과정을 통한 개인적 그리고 내적인 성찰이 강하게 강조될 필요가 있으며, 추가로 이러한 개인적인 성찰은 반드시 이러한 실무자나 학생들의 이슈들을 분별할 수 있고 다룰 수 있는 전문성을 가진 사람에 의해서 지도되어야 한다. 건강관리전문가를 양성하는 훈련은 이 주제를 반드시 다룰 필요가 있다. 가볍게 넘기기에 이 주제는 매우 중요하며, 동기강화상담을 배울 때에는 특히 그러하다.

이와 관련하여 다음의 예시가 도움이 될 것 같다. 동기강화상담 집중 훈련을 마친 한 간호사는 자신의 환자들로 인한 좌절감을 다음과 같이 표현했다. "저는 행동가예요. 해볼 수 있는 것은 다 실행했어요. 하지만 환자들 대부분은 변화를 시작하려 하지 않았어요. 저는 점점 지쳐 갔고, 동기강화상담에 대해서 배웠던 것들을 잊어버렸어요." 우리는 그녀에게 다음과 같은 질문을 했다. "환자들이 당신이 기대하는 만큼 빠르게 변화하지 않았을 때, 행동가로서 당신이 얻지 못하고 유보해야 하는 보상은 무엇인가요? 그리고 그것이 당신 자신에 대한 이미지와 직업적 성공에 어떤 영향을 미치나요? 다른 말로 하면, 변화에 대한 환자의 결정에 의해서 자신의 성공을 정의하지 않을 수 있는 때를 생각해볼 수 있을까요? 행동가가 되는 것을 멈추고 기다릴 수 있나요?" 이 질문들은 이 간호사에게 크게 영향을 주었으며, 성공과 자기 자신에 대해서 스스로 내리고 있는 정의가 그녀가 가진 (다른 사람을 배려하며, 판단하지 않고 인내할 수 있는) 온전한 능력을 약화시키고 있었다는 사실을 이해하기 시작했다. 이 예에서와 같이 (전문가 또는 의료 모델에 반대되는) 동기강화상담의 정신과 기술을 배우고 숙련하는 것뿐만 아니라, 건강관리전문가는 자신이 지닌 근거 없는 가정이나 개인적인 이슈가, 환자의 결정에 긍정적이고 비위협적인 방식으로 영향을 줄 수 있는 자신의 능력을 어떻게 방해하는지에 대해 스스로 성찰하고 인식하는 방법을 배우는 것이 추가될 필요가 있다. 이는 건강관리전문가들이 동기강화상담을 배우고 숙련하는 것을 더 어렵게 한다.

건강관리전문가들이 받는 훈련과 더불어 만성질환을 가진 환자들과 약물 남용이나 부부 문제로 갈등하는 내담자들은 차이가 있다는 점 또한 고려할 필요가 있다. 본래 동기강화상담은 변화에 필요한 모든 자원은 환자의 내면에 존재한다고 가정한다. 그리고 상담자의 역할은 내담자가 자신의 이러한 자원들을 발견하고 활성화할 수 있도록 돕고 자신의 행동에 대해서 더 나은 결정을 내릴 수 있도록 조력하는 것으로 정의할 수 있다. 기억해야 할 것은 동기강화상담이 약물 남용 문제를 가진 환자들을 상담하는 것에서 시작되고 발전했다는 점이다. 우리는 개인적인 문제나 또는 약물 남용 문제를 가진 환자들은 대개 자신의 행동과 관련된 장점과 단점을 잘 알고 있다는 점에 대해서 대부분의 경우 동의한다. 반면에, 비록 만성질환을 어느 정도 잘 관리하고 있으며 동일한 내면의 심리적 자원을 가지고 있는 환자라고 하더라도 종종 질병(예: 당뇨병)을 관리하는 데 필요한 모든 것을 가지고 있지는 않은 경우들이 있다. 환자들은 종종 질병과 그 심각성에 대해서 왜곡된 이해를 가지고 있는데, 특히 질병이 방치되고 있는 경우에는 많은 경우 거의 그럴 가능성이 높으며 질병의 증상이 없는 경우라면 더욱더 쉽게 왜곡된 이해를 가지게 된다. 때로 환자들은 스스로 "특별한 증상을 느끼지 못하며 괜찮다고 느끼기" 때문에 자신의 질병을 관리하는 것이 중요하다는 것을 모르기도 한다. 동기강화상담을 잘 훈련받은 건강관리전문가는 질병에 대해 환자가 잘 모르고 이해하지 못하는 부분을 보완해 주고 환자가 새로운 정보를 바탕으로 더욱 건강한 결정을 내릴 수 있도록 환자를 조력한다. 또한 충분한 라포가 형성되지 않은 채 제공된 정보는 환자를 위한 것으로 환자에게 인식되기보다는 자신을 꾸짖거나 교정하는 것으로 받아들여질 수 있다는 사실을 잘 알고 있다.

마지막으로, 건강관리의 경우 대부분의 심리상담과 달리 50~60분씩 반복하여 회기가 진행되지 않기 때문에 건강관리전문가들은 중독 상담과는 다른 치료 장면에서 동기강화상담을 사용하게 된다. 건강관리에는 지속적인 관리가 필요하지만 실제로는 잘 이루어지지 않으며 많은 경우 건강관리전문가들은 환자에게 영향을 줄 수 있는 단 한 번의 기회만을 갖게 된다. 그러므로 건강관리 현장에서 동기강화상담은 5~30분 동안의 만남을 통해서 이루어지는 단회기 상담의 형태로 진행되는 경향이 짙다.

우리는 건강관리전문가들에게 동기강화상담을 훈련시키는 것은 상담자나 임상심리사들을 훈련시키는 것과는 다르며 더 어렵다고 생각한다. 건강관리전문가들이 기존에 받은 훈련은 대부분 동기강화상담의 원리와는 반대되며, 더욱이 만성질환을 가진 환자들은 더 나은 결정을 내리는 데 필요한 지식이나 정보가 부족한 경우가 많기 때문에 어떤 행동 변화를 결심하기 전에 인식을 재정립할 수 있도록 새로운 정보가 제공될 필요가 있다. 그리고 또한 건강관리 현장에서 환자(또는 내담자)와의 관계적인 맥락은 짧은 상담 회기를 한층 더 결정적인 것이 되게 한다.

우리는 이러한 차이점들에 대한 이해를 바탕으로 건강관리전문가들을 위한 동기강화상담 교육을 개선하기 시작했다. 이내 우리는 건강관리전문가들이 환자와의 상호작용 과정에서 일어나는 일들을 이해하도록 돕기 위해서 동기강화상담에 대한 기본적인 설명을 재구성해야 한다는 사실을 알게 되었다. 왜냐하면, (심리)상담자들에게는 자명한 것이 건강관리전문가들에게는 완전히 혼란스러운 것이었기 때문이었다. 예를 들면, 동기강화상담의 기본적인 기술(머리글자만 따서 READ나 또는 OARS의 형태로 요약되며, 이는 다음 장에서 다루고 있다)을 설명할 때 심리상담자들은 간단한 설명을 제공하는 것만으로도 이러한 기술들이 환자들에게 어떻게 사용될 수 있는지를 마음속에 그려 볼 수 있는 반면에, 건강관리전문가들은 이러한 기술들을 어느 시점에, 어떤 상황에서 어떻게 사용해야 할지에 대해 어려워했으며, 환자가 표현하는 어려움이나 걱정에 대한 반응으로 동기강화상담 기술을 적절하게 전개해 나가는 동기강화상담의 자연스러운 흐름을 이해하는 것을 어려워했다. 따라서 우리는 우리에게는 익숙한 의사소통과 심리적 개념을 설명하고 동기강화상담의 흐름을 명확히 하는 것에서부터 시작했으며, 천천히 여유를 가지고 동기강화상담 중에 일어나는 현상의 깊이를 확실히 이해할 수 있도록 돕기 위한 이론적 설명을 전개해 나가기 시작했다. 동기강화상담에 대한 설명에서 우리는 단지 다른 방식으로 동기강화상담의 핵심을 설명할 뿐만 아니라, 동기강화상담의 실행에 필수적인, 동기강화상담의 기저에 있는 두 가지 관점을 명확히 하려 한다. 이런 의미에서 우리는 동기강화상담에 대한 우리의 이론적 설명을 동기강화상담에 대한 이론의 발전을 위한 Miller와 Rose[2]의 요청에 대한 반응이라고 생각한다.

⚜ 관계성 저항과 라포 형성하기

최근 개정된 동기강화상담에 대한 기본서(『동기강화상담』 3판)[3]에서 Miller와 Rollnick은 환자의 양가감정을 다루는 방법과 관련된 이론에 다시 초점을 맞추고 있다. 그러면서 '저항과 함께 구르기'의 원리인 READS에 대해서 더 이상 논의하지 않고 저항에 대해서도 책의 후반부에 이르러서야 논의를 진행했다. 우리는 이와는 반대로 양가감정 너머에 있는 저항을 집중 조명함으로써 동기강화상담의 이론에 대한 설명을 진행하려 한다. 물론, 만성질환을 가지고 있는 사람들에게 양가감정이 있으며 영향을 미치고 있다는 것에 동의하지만 저항 또한 많은 환자들에게 활성화되어 있으며, 더욱이 건강관리전문가는 양가감정보다는 환자들이 저항을 하고 있다고 생각하고 싶어 하는 경향을 지닌다. 따라서 결론적으로 우리는 동기강화상담을 사용하여 환자의 저항을 다루는 방법에 초점을 맞추려 한다. 이 책에서 우리는 저항을 두 가지 종류로 구분하는였데 그 하나는 주제성 저항(issue resistance)이고 다른 하나는 관계성 저항(relational resistance)이다. 주제성 저항(또는 양가감정)은 특정 행동에 대한 환자의 추론 또는 상황 이해로 인하여 야기되는 반응을 말한다. 예를 들면, "지금은 아직 담배를 끊을 준비가 되지 않았어요. 요즘 스트레스를 너무 많이 받고 있어요.", "전 괜찮은데, 왜 약을 먹어야 하는지 이해가 되지 않는군요.", "약은 먹겠지만 식습관을 바꾸지는 않을 겁니다." 등의 표현이 여기에 해당된다. 관계성 저항은 환자의 주제성 저항에 대한 우리의 반응과 관련된다. 우리가 환자와의 라포 형성에 실패하고 환자의 생각과 염려들을 존중하지 않을 때, 환자는 '체면이 손상되었다'고 느끼게 되고 변화의 가능성에 대해서 저항을 나타내기 쉽다. 이러한 역동과 이 역동이 어떻게 건강과 관련된 결과에 영향을 미칠 수 있는지에 대해서는 제4장에서 자세하게 다루었다. 우리는 행동 변화에 있어서 환자가 생각하는 변화의 중요성과 자신감이 대단히 중요하다는 Miller와 Rollnick의 생각에 동의한다. 그리고 동시에 환자의 주된 고민과 환자가 자신의 경험을 이해하는 과정의 핵심인 추론 과정을 정확히 공감할 때 우리는 환자와 라포를 형성할 수 있으며, 이렇게 형성된 환자의 라포는 우리가 환자를 기죽이기 위해서가 아니라 건강관리를 위해서 전문성을 사용하고 있다는 사실을 환자가 알게 하는 방식으로 우리의 전문성을 사용할 수 있게 하는 발단이 된다. 이러한 사실은 우리가 동기강화상담을 설명하는 데 있어서 핵심에 해당하는 매우 중요한 발견이 되었다.

1. 환자와의 라포와 환자가 생각하는 변화의 중요성과 자신감을 다루는 것 사이에서 일어나는 상호작용은 단순한 부가적 효과 그 이상, 즉 상승효과를 지닌다.
2. 이 상승효과는 변화를 가능하게 하는 원동력이 된다.

참고 문헌

1. Berger BA, Hudmon KS, Liang H. Predicting discontinuation of treatment among patients with multiple sclerosis: an application of the transtheoretical model of change. *J Am Pharm Assoc*. 2004;45:1-7.
2. Miller WR, Rose GS. Toward a theory of motivational interviewing. *Am Psychol*. 2009;64:527-37.
3. Miller WR, Rollnick S. *Motivational Interviewing: Helping People Change*. 3rd ed. New York: Guilford Press; 2013.

CHAPTER 2

환자 중심이 되기 위한 준비

건강 관련 행동을 준수하지 않는 것으로 인하여 미국에서 발생하고 있는 건강 관련 비용은 연간 수억 달러에 달한다. New England Healthcare Institute는 보수적으로 계산하더라도 처방된 약을 복용하지 않음으로써 미국 전역에서 불필요한 진료 및 응급실 이용, 그리고 수술로 연간 290억 달러가 소비되고 있다고 추정했다.[1] 또한 어림잡아 만성질환을 가진 환자들의 약 50%는 처방된 약을 적절하게 복용하지 않는 것으로 조사되었다.[2],[3] 생활습관의 변화(예를 들면, 체중 감량, 활동량 증가, 건강한 식습관 등)를 준수하지 않는 것은 이보다 더욱 심각하다.

그동안 관례적으로 건강관리에서 환자들은 비교적 수동적인 역할을 담당해 왔으며 소외되어 왔다. 전문가들은 문제를 진단하고 대개 환자의 의견이나 생각을 거의 반영하지 않은 채 치료 계획을 제시하며 혹 반영한다 하더라도 매우 미미한 정도에 그치는 것이 일반적이었다. 또한 환자들이 자신에게 내려진 진단이나 치료 계획에 관련하여 질문을 하거나 우려를 표현하는 것을 미묘하게 또는 노골적으로 그다지 환영하지 않는다. 어찌 보면, 환자들이 이러한 치료 계획을 실행하는 것에 대해서 양가감정을 가지거나 저항하는 것은 전혀 놀랄 일이 아니다. 건강 행동을 준수하지 않는 것과 이와 관련된 비용들은 대개 자신의 치료 계획에 대해서 우려되는 부분이나 의문점들을 표현하지 않을 가능성이 높은 수동적이고 비참여적인 환자로 인하여 발생하게 된다. 처방된 건강 행동 변화를 준수하지 않는 것으로 인한 막대한 비용과 부정적인 결과를 해결하기 위해서 건강관리 체계는 서서히 환자 중심 케어(Patient-centered care)와 환자 중심 일차 의료(Person-centered medical home, PCMH)로 이동하고 있다. 이러한 변화에는 만약 자신의 건강 문제에 수동적인 주변인이었던 환자들이 건강과 관련된 결정에 적극적으로 참여하게 된다면 스스로 참여해서 만든 치료 계획을 실행하는 것에 환자들이 더 전념할 것이라는 가정이 담겨 있다.

PCMH는 개념적으로 볼 때 협력적인 방식으로 의료적 건강관리를 조직하고 제공하는 것으로서, 치료의 연속성을 그 특징으로 한다. PCMH에서는 자신의 건강관리에 적극적으로 참여하는 환자들의 일차 의료를 통합 관리하기 위해서 건강관리전문가들이 함께 일하게 되는데, 이상적으로 PCMH는 환자와 일차 진료기관의 의료진과 잘 조직된 건강관리전문가 팀[간호사, 보조의사, 사회복지사, 심리상담사]이 높은 수준의 환자 중심 건강관리를 지속적으로 제공하기 위한 공동의 목표를 위해서 서로 협력하는 것이라고 설명할 수 있다. 환자들은 팀의 모든 구성원들과 보다 더 인간적인 면에서 서로를 알게 되기 때문에 환자들은 의료 관리를 매우 편안하게 느끼게 된다.

많은 관리의료기관들은 환자의 치료 준수율을 높이고 그에 따른 더 나은 결과들을 얻기 위하여 PCMH의 원리들을 사용하고 있다. 군(軍)은 현역군인들과 참전용사들을 위한 이러한 종류의 의료 관리를 개발하는 것에 적극적으로 참여해 오고 있다. 환자 중심 케어를 체계화하는 데 있어서 PCMH는 철학이자 구조이기는 하지만, 그 중심에는 근거 기반의 환자 중심 접근인 동기강화상담이 자리하고 있다. 동기강화상담은 의사소통을 통해서 건강관리전문가가 내담자를 어떻게 돌보며 협력적 관계를 만들어 낼지에 대한 방법에 관한 것으로, 환자 중심적으로 존재하는 방식뿐만 아니라 이와 관련된 기술들로 이루어져 있다. 당신이 환자 중심적이 된다는 것과 이를 환자에게 능숙하고 진솔하게 전달한다는 것은 별개의 것이다.

이 장에서 우리는 제공자 중심 관계에서 환자 중심 관계로 변화하기 위해서 준비해야 하는 주요한 고려사항들을 살펴보려 한다. 환자 중심 관계의 특성, 즉 환자 중심이라는 것의 의미는 무엇인지, 그리고 동기강화상담이 어떤 형태로 환자 중심 케어의 기반을 형성할 수 있는지에 대한 예시를 논의할 것이다.

동기강화상담은 일련의 기술들과 함께 존중과 진솔성, 배려를 바탕으로 환자와 함께 (존재)하는 방식으로 구성되어 있다. 경험적으로 볼 때 근본적으로 제공자 중심적 생각을 유지하려고 하는 전문가가 환자 중심의 기술들을 습득하면서 동기강화상담을 배우는 것은 불가능하다. 왜냐하면 제공자 중심적 태도는 환자와 이야기하는 중에 필연적으로 드러나기 때문이다. 제공자 중심적 맥락에서 일련의 기술의 조합으로서 동기강화상담을 배운다면, 이는 단지 환자를 조종하는 새로운 방식이 될 뿐이다. 동기강화상담은 환자가 이해하는 방식으로 세상을 이해하고자 하는 열망과 함께, 건강과 관련된 환자의 신념과 생각이 잘못되었을 수 있더라도 환자를 존중하고자 하는 마음을 필요로 한다. Miller와 Rollnick은 이를 '동기강화상담의 정신'이라고 명명했다. 따라서 본질적으로 동기강화상담은 건강관리전문가가 환자와의 관계 속에서 자기 자신을 바라보던 기존의 방식을 실제적으로 변화시킬 것을 요구한다.

제공자 중심 관계와 그에 따른 문제점

건강관리전문가가 환자 중심이 아닌 제공자 중심일 때 어떤 일이 발생하게 되는가? 환자와의 관계 속에서 본질적인 문제들은 스스로 그 모습을 어떻게 드러내는가? 건강관리전문가들이 제공자 중심적이 되거나 전문가적 특권의 효과를 경험하고 있을 때, 그들은 자신들이 무슨 일을 하고 있다고 말하는가? 다음은 제공자 중심적 치료적 관계에서 보편적으로 나타나게 되는 문제들, 전문가들이 이를 어떻게 언급하고 있는지를 통해서 그 내용을 살펴보려 한다. 만약 이러한 언급들 중 어느 것이든 당신이 이야기하고 있는 것도 있다면, 보다 더 환자 중심적 관점을 채택할 것을 고려할 필요가 있다.

"내가 해야 하는 일은 환자들에게 무엇을 해야 할지 이야기해 주는 것입니다." 이러한 식의 협소한 생각이 문제가 되는 이유를 이해하기 위해서는 아담과 하와에 관한 이야기를 생각해 보는 것이 도움이 될 것 같다.(종교적인 설교나 교훈으로는 어떨지 모르지만 이 이야기는 우리에게 유익하다.) 당신이 기억하고 있듯이 (모든 진리와 지식의 근원인) 하나님은 아담과 하와에게 동산에 있는 한 나무의 열매를 먹지 말라고 명령했다. 그런데도 아담과 하와 두 사람 모두 그 나무의 열매를 먹었다. 그들에게 무엇을 해야 하는지 말한 존재가 하나님이었는데도 본질적으로 아담과 하와는 그 명령을 따르지 않았다! 아담과 하와는 심지어 하나님의 명령도 듣지 않았는데, 하물며 하나님도 아닌 우리는 어째서 우리가 건강관리전문가라는 이유만으로 환자들이 우리의 말은 무엇이라도 따를 것이라고 믿고 있는가? 사람들은 자신의 선택이 건강에 해가 되거나 자신을 이롭지 않다고 자기 자신이 스스로 선택한다.

환자들은 대부분의 사람들에게 건강한 것보다 바로 자기 자신의 삶에 필요하다고 생각되는 것을 실행할 가능성이 높다. 또한, 자신이 중요하다고 믿는 것과 성취할 수 있다고 자신하는 것에 기반하여 결정을 내리게 된다. 우리 또는 우리의 환자들이 완벽하게 이성에 입각하여 결정을 내리는 존재라는 생각을 버릴 필요가 있는데, 환자들은 건강하기 위해서 필요한 것이 아닌 필요하다고 생각되는 것을 실행한다. 환자들이 항상 정확한 정보에 근거해서 움직이는 것은 아니다. 여기에 추가하여 이 장의 후반부에서 더 자세히 설명하고 있는 것과 같이 특정 정보가 받아들여질지의 여부에는 환자에게 정보를 제공하는 방식이 영향을 미칠 수 있다. 사람들은 자신이 중요하다고 생각하는 것이나 성취할 수 있다고 생각하는 것을 실행한다. 이는 대개 특정 선택에 대한 개인적인 관점에 따른 이익과 불이익 사이에서 균형을 이루고 있다. 슬프게도 종종 건강관리전문가들은 자신의 환자들이 치료를 준수하지 않는 정도에 대해서 심각하게 과소평가하고 있다. "예, 많은 환자들이 순응적이지 않지요. 하지만 제 환자들은 아닙니다. 그들은 제가 말한 것을 잘 지켜요." 이러한 무지는 치료 및 처방의 준수와 관련된 문제의 원인이 자신일지도 모른다는 고민의 필요성으로부터 건강관리전문가를 안도하게 한다.

건강관리전문가로서 우리의 역할은 우리가 담당하는 환자가 자신의 의료적 상황과 자신이 선택할 수 있는 대안들이 무엇인지를 이해할 수 있도록 돕고 자신이 원하는 것을 결정할 수 있도록 돕는 것이다. 우리의 역할은 변화를 촉진하는 것이지, 변화를 지시하는 것이 아니다. 환자들이 자신이 실행할 것을 자기 스스로 결정하게 될 때 환자는 그 결정이 자신에게 일방적으로 부과될 때보다 더 그 결정을 실행하는 것에 헌신하게 된다.

"내가 해야 하는 일은 환자를 교육하는 것입니다." 우리는 우리가 충분히 알고 있다는 생각을 버려야 한다. 다시 말하면, 환자에게 좋은 것이 무엇인지 설명해 주고, 무엇을 해야 하는지 말해 주는 것을 통해서 환자를 충분히 교육한다면 환자들이 그대로 따를 것이라는 생각을 버려야 한다. 인식과 지식이 행동 변화의 전제 조건이기는 하지만 행동 변화를 예측해 주지는 않는다. 만약 아는 것만으로도 충분하다면 아무도 담배를 피우지 않을 것이다. 지금까지 담배가 건강에 해롭다는 이야기를 들어 본 적이 없으며 앞으로도 듣지 않으려면 세상을 등지고 살지 않고서는 불가능할 것이다. 하지만 사람들은 여전히 계속해서 담배를 피운다. 극단적인 예로 흡연이 건강에 얼마나 나쁜지 잘 알고 있고 또 믿고 있는 건강관리전문가가 계속 흡연을 하는 경우를 생각해 볼 수 있다. 이는 체중이 많이 나가는데도 과식을 하고 운동을 하려고 하지 않는 건강관리전문가에게서도 동일하게 적용될 수 있다. 위험성을 잘 알고 있다고 하더라도 그것만으로 충분하지는 않은 것이다.

"내가 해야 하는 일은 환자에게 할 수 있도록 힘을 주는 것입니다." 우리가 환자에게 힘을 준다는 생각은 부분적으로 문제가 있다. 힘을 준다는 것은 능력이나 권한을 다른 사람에게 부여한다는 것을 의미한다. 하지만 환자들은 이미 능력과 권한을 가지고 있다. 왜냐하면 이는 자신의 삶에 대한 일이고, 자신의 결정에 대한 것이기 때문이다. 따라서, 건강관리전문가가 자신의 환자에게 힘을 줄 수 있다는 믿음은 오만하고 자기중심적인 것이다. 비유컨대 많은 건강관리전문가는 자신이 버스를 운전하고 있고 환자는 그 버스에 타고 있다고 생각하고 있지만, 실제로 버스를 운전하는 것은 환자이고, 우리는 단순히 버스 노선에 영향을 주려는 시도를 하고 있을 뿐이다. 우리는 환자가 이미 가지고 있는 능력을 사용할 수 있도록 돕고 진심 어린 격려를 제공해 줄 수도 있지만 환자들에게 힘을 줄 수는 없다. 만약 줄 수 있는 것이 있다면 오히려 환자들이 우리에게 우리가 가진 힘과 권위를 그들을 돕는 데 사용할 수 있도록 허가해 주는 것이라 할 수 있다. 건강관리전문가가 환자를 격려하는 것이 아니라 그들에게 힘을 줄 수 있다고 믿을 때, 관계의 중심에는 환자가 아닌 건강관리전문가가 위치하게 된다. 이러한 관점에서 환자는 건강관리전문가가 활성화시키기까지는 수동적 존재라고 할 수 있는데, 이러한 생각은 역효과를 초래한다.

"나의 역할은 환자의 동기를 높이는 것입니다." 동기강화상담은 환자의 동기를 높이는 것이 아니라, 환자의 동기를 평가하고 변화에 대한 양가감정과 저항을 탐색해서 환자가 스스로 더 나은 결정을 내릴 수 있는 준비를 할 수 있도록 돕는 것과 관련된다. 만약 당신이 자신의 역할에 대해서 환자의 동기를 높이는 것이라고 생각한다면 당신은 불가능한 일을 하고 있는 셈이다. 체중의 감소나 처방약 복용의 준수 또는 그 밖의 다른 변화를 실행하도록 환자의 동기를 높여야 한다는 부담감은 건강관리전문가와 환자 모두에게 좌절감, 비난, 수치심, 실패감, 부적절감으로 이어지게 되며, 또한 건강관리전문가에게 큰 불안감을 조장하여 건강관리자와 환자 모두에게 패배감을 불러일으킨다. 최상의 관리, 관심, 정보에도 불구하고 환자는 여전히 담배를 끊지 않고 처방약을 제대로 복용하지 않거나 필요한 변화를 실행하지 않을 수 있다는 깨달음은 건강관리전문가를 자유롭게 해줄 수 있다. 환자의 행동에 대한 책임을 지려는 위치에서 환자를 배려하고 환자에게 안전한 자원이 되려는 곳으로의 이동은 변화를 일으킬 수 있다. 이러한 이동이 일어날 때 건강관리전문가는 환자에게 제대로 된 도움이 될 수 있으며 불안과 두려움이 아닌 배려와 관심으로 반응하는 것이 가능해진다.

이것은 많은 건강관리전문가들이 "나의 환자들은 동기가 없어요."라고 말하는 것과 관련되는데, 우리는 건강관리전문가들이 실제로 환자들이 자기가 지시한 것을 수행할 동기가 없다고 이야기하는 것을 자주 들어 왔다. 하지만 이것이 환자가 동기가 없다는 것을 의미하지는 않는다. 높은 콜레스테롤 수치로 인하여 스타틴(Statin, 콜레스테롤 저하제)의 복용을 권하는 의사의 예에서, 환자는 이에 대해서 마지못해 동의했지만 이 약물을 복용하지는 않았다. 그리고 이 의사는 환자에게 동기가 없다고 주장했다. 하지만 실제로 환자는 약물 치료를 시도하기 전에 먼저 자신의 식습관을 바꾸고 활동량을 높이는 방법을 시도하기를 원했다. 그는 단지 약물 치료에 대한 동기가 높지 않았던 것이었다. 심지어 약물을 복용하기를 원하지 않거나 어떤 생활습관도 바꾸기를 원하지 않는 환자도 동기는 있다. 결코 게으른 것이 아니다. 그는 그의 현재의 생활방식을 유지하고자 하는 동기가 있는 것이다.

"나는 환자의 잘못된 부분을 바로잡고 그를 구해야 합니다." 안타깝게도 우리 스스로 환자의 동기를 높이고 있으며 힘을 불어넣고 있다고 생각할 때, 우리는 종종 환자의 잘못된 부분을 바로잡고 그를 구해 내야 한다고 믿는다. 이때 전문가들은 환자를 매우 권위적이고 무시하는 방식으로 대하기 쉽다. 하지만 환자를 바로잡고 구해야 할 필요는 환자 자신에게 있다. 우리가 환자를 교정하거나 바꾸려 하는 것은 우리가 그가 삶 속에서 어떻게 행동해야 하는지 우리가 더 잘 알고 있다고 말하는 것과 같다. 아직 관리되고 있지 않은 질병과 그로 인한 건강상의 위험 요소에 대해서는 아마도 우리가 더 잘 알고 있는 것이 분명하겠지만, 궁극적으로 자신에게 최선이라고 생각되는 치료를 결정하고 실행해야 하는 것은 환자 자신이어야 한다.

건강관리전문가들은 어쩌면 자신이 노력하고 있기 때문에 스스로 환자의 잘못을 바로잡는 것에 높은 동기를 가지고 있다고 이야기할지도 모른다. 뒤에서 논의하겠지만 이들은 어떤 면에서 자신이 실패할지도 모른다는 불안감에 반응하고 있는 것이기도 하다. 건강관리전문가의 관심은 환자가 더 나은 결정을 내릴 수 있도록 적절한 관리와 자원 그리고 통찰을 제공하는 것에 맞춰져 있어야 한다.

"나는 질병을 관리하고 있는 것입니다." 우리는 극도로 전문화된 영역에서 살아가고 있다. 건강관리 분야는 심장학(Cardiology), 기도학(Pulmonology), 내분비학(Endocrinology)과 같이 더 세분화된 전문 분야로 나눠질 수 있다. 또한 각 영역마다 의사, 간호사, 약사 등의 전문가들이 있다. 이러한 전문가들은 항상 자신의 전문 영역에서 질병을 관리하고 있다고 말할 것이다(하지만, 일반의 또한 동일하게 말할 것이다). 우리는 이들에게 질병을 관리하는 것은 그들이 아니고, 환자 자신이라는 사실을 항상 상기시켜야 한다.

우리(저자) 두 사람은 모두 고지혈증을 가지고 있다(그리고 우리 둘 모두 서로 다른 방법으로 이를 효과적으로 관리하고 있다). 건강관리전문가는 우리의 콜레스테롤을 관리해 주지 않으며, 우리 자신이 우리의 콜레스테롤을 관리하고 있다(또는 우리 자신이 관리하지 않고 있다). 건강관리전문가는 그들 자신을 제외한 어느 누구의 질병도 관리해 줄 수 없다. 건강관리전문가가 그렇게 믿고 있거나 그렇게 배웠을지는 몰라도 질병을 관리하는 것은 환자 본인이다.

건강관리전문가가 하는 일은 관련된 정보를 제공해 주고 환자가 자신의 질병을 잘 관리하고 건강에 대한 더 나은 선택을 할 수 있도록 돕고 지원해 주는 것이다. 분명한 것은, 건강관리전문가들은 환자가 안전하고 관심을 받고 있다고 느끼는 환경을 조성하여 환자가 더 좋은 질문을 하고, 자신의 걱정과 두려움을 표현하고, 자신의 건강에 대한 더 나은 결정을 내릴 수 있도록 도울 수 있다는 것이다. 반면에 건강관리전문가는 환자의 생각과 느낌을 무시함으로써 정반대의 환경을 조성할 수도 있다. 우리가 제안하는 것은 건강관리전문가는 항상 어떤 영향력을 가지고 있기 때문에 이 영향력이 부정적으로 작용하기보다는 긍정적으로 작용하도록 해야 한다는 것이다. 환자들이 자신의 감정과 생각을 표현하는 것을 안전하게 느끼도록 할 때 건강관리전문가는 가장 강력하게 긍정적인 영향력을 나타낼 수 있다.

아이러니하게도 질병을 관리하고 있다고 말하는 많은 건강관리전문가들이 자신의 지시사항을 환자가 준수하지 않았을 때 자주 환자를 꾸짖고 비난한다. 이러한 방식의 극단적인 결말은 자신의 환자를 치료하지 않고 내보내는 것이다. 그들은 환자들에게 처방약을 제대로 먹지 않는다면 더 이상 치료를 제공할 수 없다고 환자에게 경고를 하기도 한다. 물론 이러한 극단적인 (그리고 비윤리적일 수 있는) 행동은 자신과 환자의 의사소통에 문제가 있는 것이 아니라 환자에게 문제가 있다는 생각을 전제로 한다. 이러한 상황에서 건강관리전문가는 상황에 대한 통제권이 자신에게 있으며 환자를 내보내는 권리도 자신이 가지고 있다고 믿는다. 이는 전형적인 제공자 중심 접근에 해당된다.

"제 환자는 저에게 거짓말을 합니다." 우리의 훈련 프로그램에서 건강관리전문가들이 제시한 다양한 질문과 의견 중 하나는 환자가 자신의 건강행동에 대해서 거짓말을 한다는 것이다. 우리는 이에 대해서 "물론 그럴 겁니다."라고 응답한다. 제공자 중심적 관계에서 환자는 종종 어린아이와 같은 대우를 받곤 한다. 예를 들어, "처방약을 복용해 보니 어땠나요?"라는 질문에 대해서 환자는 처음에는 "음, 별다른 증상이 없어서 한 주 동안 몇 번 정도는 약 먹는 것을 잊었던 거 같아요."라며 솔직하게 응답할 것이다. 이 응답에 대해서 건강관리전문가는 아마도 "혈압을 낮추려면 혈압약을 매일 꾸준히 복용해야 한다는 이야기를 우리가 얼마나 많이 했나요? 뇌졸중이 일어나는 것을 원하진 않잖아요?"라며 환자를 나무랄 것이다. 이 대화에서 우리는 중요한 몇 가지 사실을 관찰할 수 있는데, 첫째로 이 응답은 환자의 판단이 어리석다는 것을 함축하고 있다. 둘째로, 괜찮다고 느껴진다면 실제로도 괜찮다는 환자가 말한 중요한 사실(그리고 암묵적인 이해의 과정)은 다루어지지 않았다는 것이다. 물론 이러한 우려사항을 다룬다고 하더라도 권위적이고 무시하는 듯한 태도로 "자, 보세요. 단지 증상이 없다고 해서 실제로 당신이 괜찮은 것은 아니에요. 그러니 약을 먹을 필요가 있어요."라고 이야기한다면 그것이 진실이라 하더라도 전혀 환자는 배려받고 있지 않기 때문에 환자가 의사의 이러한 응답에서 약을 먹어야 할 필요를 찾아내기란 매우 어려울 것이다. 그리고 마지막으로 환자가 혈압약 복용에 관한 진실을 말한 것에 대해서 나무란다면 환자는 다시 진실을 말하는 것에 대해서 주저하게 될 가능성이 매우 크다. 즉, 환자가 말한 진실은 존중되지 않았고, 진실을 말하도록 격려되지 않았으며, 그 진실은 탐색되지도 않았다. 향후 약을 복용하는 것에 대해서 "혈압약 복용을 어떻게 하실 생각인가요?"라고 질문한다면 실제로 매일 약을 먹지 않을지라도 이 환자는 아마도 "처방된 대로 매일 먹어야겠지요."라고 응답할 것이다.

건강관리전문가는 환자가 사실대로 말할 수 있는 안전한 환경을 만들어야 한다. "음, 별다른 증상이 없어서 한 주 동안 몇 번 정도는 약 먹는 것을 잊었던 것 같아요."라는 환자의 응답에 대해서 건강관리전문가는 차분한 목소리로 다음과 같이 응답할 수 있다. "괜찮게 느껴져서 약을 매일 드시지는 않았군요. 그리고 약을 매일 먹을 필요가 있는지 의구심이 들기도 하는 것 같고요." 이러한 동기강화상담 방식의 응답은 환자에 대한 배려와 존중을 담고 있으며 환자를 이해하고 있다는 사실을 표현해 준다. 또한 이 대화가 지속될 수 있도록 장려한다. 이러한 반응에서 환자는 이해받고 있으며 또한 비난받지 않는다고 느낄 것이다.

"환자와 레슬링을 하고 있는 것 같습니다." 환자와 레슬링을 하고 있다고 느꼈던 적이 있는가? 만약 그렇다면 아마도 당신은 관련된 문제(예를 들면, 금연이나 체중 감량, 또는 처방약 복용을 원하지 않는 것 등)에 대한 환자의 저항을 높이는 방식으로 환자와 대화하고 있으며 저항을 탐색하기보다는 강한 강요나 설득을 통해서 저항을 더욱 부추기고 있을 수 있다. 이렇게 추가적으로 발생하는 저항으로 인하여 환자는 해당 문제뿐만 아니라 다른 문제들에 대해서도 당신과 상담하길 원하지 않을 수 있다. 이것이 바로 레슬링을 하고 있다는 느낌이며, 또한 특정 관계가 제공자 중심적임을 알려 주는 신호이기도 하다.

"내가 전문가입니다." 건강관리전문가들은 과도할 정도로 자주 자신이 전문가이며 환자에게 더 건강해지기 위해서 해야 하는 것과 알아야 하는 것을 말해 주어야 한다고 배워 왔다. 이러한 전문가적 정의에는 환자는 전문가가 아니기 때문에 환자의 말을 들어야만 하는 것은 아니라는 의미가 담겨 있으며 환자가 자신의 전문성에 대한 의문을 제기하는 것에 대해 건강관리전문가가 위협을 느끼며 방어적인 태도를 취할 수 있다는 사실이 내포되어 있다. 이러한 방어와 그로 인한 불안감은 대개 환자에 대해 제공자 중심적 판단을 하게 하고 권위적인 반응을 일으킨다. 그러고 나면 환자는 심지어 더 집요하게 질문해 오거나 어떤 방식으로든 치료를 중단하게 된다. 환자와 건강관리전문가 모두 서로의 말 듣기를 중단하게 되는 것이다.

동기강화상담의 특징은 전문성을 교환하는 것이다. 환자 또한 전문가인데, 환자는 자신의 질병과 치료를 자신이 어떻게 이해하는지에 관해서 전문가이고, 그들이 직면하고 있다고 생각하는 위험, 그들이 기꺼이 실행하고자 하는 것, 변화에 방해가 되는 것이 무엇인지 잘 알고 있는 전문가이며, 질병을 치료하는 것이 자신에게 중요해지도록 만드는 요소가 무엇인지에 대한 전문가이다. 말 그대로 우리는 환자가 무엇을 알고 이해하고 있는지에 대해서 탐색하기 전까지는 우리가 가진 전문성의 어떤 측면을 사용해야 할지 알 수 없다. 환자가 이미 이해하고 있을 때 당뇨병과 그 합병증의 위험성에 대해서 장황하게 설명하는 것은 전혀 이치에 맞지 않으며 환자가 괜찮다고 느끼고 있기 때문에 당뇨병이 실제로 문제가 된다고 믿지 않는 상태에서 환자에게 당뇨병의 관리 방법에 대해서 설명하는 것 또한 이치에 맞지 않는다. 모든 환자에게 동일한 정보를 제공하는 것은 환자의 필요에 맞는 것도 아니며 효율적이지도 않다. 다시 말하지만, 한 사이즈가 모두에게 맞을 수는 없다.

이런 면에서 우리는 질병이 환자에게 어떤 의미인지 환자가 스스로 자신의 말로 설명할 수 있도록 하는 질문을 건강관리전문가들에게 장려한다. 예를 들면 "당뇨병은 당신에게 어떤 의미가 있나요?"라는 질문에 A1c 수치가 9인 환자가 "의사 선생님 말로는 당 수치가 매우 높다고 하더라고요. 그리고 계속 이 상태가 유지된다면 시력에 문제가 생겨서 최악의 경우에는 실명할 수도 있고, 순환계 문제로 신부전이 생기고 더 심해질 수도 있다고 하네요. 물론 이런 일이 일어나는 것을 원하진 않아요."라고 응답한 경우, 이 환자의 '전문성'은 우리에게 이 환자가 당뇨병으로 진단받은 것의 심각성과 합병증의 위험성을 이해하고 있다는 사실을 알려 준다. 따라서 "당뇨병이 잘 관리되지 않는다면 어떤 일이 일어날 수 있는지 잘 이해하고 계시는군요. 이러한 합병증은 모두 예방 가능한 것들입니다. 만약 괜찮다면 이러한 합병증의 예방을 위해서 어떻게 해야 하는지 이야기했으면 하는데요, 어떤가요?"라고 응답하는 것이 적절할 것이다. 그리고 이에 대해서 만약 환자가 "좋아요."라고 응답한다면 "당뇨병의 관리 및 합병증의 위험을 낮추기 위해서 세 가지를 해야 하는데요, 우선은 처방약을 복용하는 것, 활동량을 높이는 것 그리고 당분 함량이 적은 건강식을 섭취하는 것이에요. 물론 이 세 가지를 함께 할 때 효과는 가장 좋아요. 무엇을 먼저 하고 싶나요?"라고 이야기할 수 있다. 먼저 '환자의 전문성'을 경청하고 난 뒤에 우리의 전문성을 제공한 점, 그리고 그 후에 환자에게 하고자 하는 것이 무엇인지 질문했다는 것에 주목할 필요가 있다.

"당뇨병은 당신에게 어떤 의미가 있나요?"라는 동일한 질문에 대해서 A1c 수치가 9인 또 다른 환자는 "글쎄요. 의사 선생님이 말하기로는 당 수치가 높다는데, 사실 어떤 증상이 있진 않거든요."라고 대답할 수 있다. 이 응답은 우리에게 아마도 이 환자가 당뇨병에 대해서 많은 부분을 이해하지 못하고 있을 가능성이 있음을 말해 준다. 이전 예시에서 우리가 했던 반응은 이 경우에는 그다지 효과적이지 않은데, 아마도 이 환자는 자신의 질병을 관리하는 것이 중요하다고 믿기 전에는 아무것도 하지 않을 것이다. 이 경우에는 "당 수치가 높다는 이야기를 들었지만 어떤 증상이 느껴지거나 불편하지 않기 때문에 '당뇨병이 있다는 것이 뭐가 문제인지' 의문이 드는 것 같네요."라고 반응하는 것이 더 적절할 것이다. 이에 환자는 아마도 "그런 셈이지요."라고 응답할 수 있는데, 그렇다면 "네, 그러한 의문을 가지고 있다는 건 정말 중요하지요. 만약 괜찮다면 이 의문에 답이 될 수 있는 몇 가지 정보를 드렸으면 하는데, 어떻게 생각하세요?"라고 제안할 수 있다. 그리고 환자의 허가를 얻은 후에 "당뇨나 높은 혈당 수치가 위험한 이유 중의 하나는 많은 경우에 아무런 증상이 없다는 것이에요. 시력이나 신장 또는 순환기 계통에 어떤 심각한 손상이나 문제를 일으키는 심각한 합병증이 나타나기 전까지는요. 정상적인 기능을 수행하기 위해서 우리 몸은 일정량의 당분을 필요로 하지만 당뇨병과 같이 혈액 속에 있는 당 성분을 우리 몸이 모두 다 사용하지 않아서 과도한 양의 당이 혈액 중에 남아 있을 때 혈액은 마치 시럽과 같이 돼요. 이는 마치 우리 몸의 여러 기관들이나 신경, 혈관을 설탕 시럽에 푹 적셔 두는 것과 같아요. 이것이 점점 더 악화되다가 어느 시점에 이르게 되면 갑자기 증상이 나타나게 되는 거지요. 비록 현재는 별다른 증상이 없기는 하지만 당뇨병을 관리하는 것에 대해서 어떻게 생각하나요?" 이 대화에서 주목할 점은 '어떠어떠한 의문이 드는 것 같네요'라는 말을 사용함으로써 의문에 대한 답을 제공해 줄 수 있었다는 점이다. 또한 이를 통해서 우리는 환자의 의문이 합당하다는 점을 인정할 수 있고 이후에 또 다른 질문을 하거나 의문이 들었던 부분에 대해서 정리될 수 있도록 격려할 수 있다. 환자의 의문에 답을 제공하는 것에 대한 허가를 구하는 것에 더하여 건강관리전문가는 자신이 환자의 피드백을 원한다는 점("어떻게 생각하는지 말해 주세요.")을 알리고 있다. 이 모든 과정은 건강관리전문가가 환자에게 관심을 가지고 있으며 환자를 존중한다는 것을 보여 주며, 또한 궁극적으로 결정은 환자 본인이 해야 한다는 점을 말해 준다. 이와 같은 방법으로 제공하는 전문성은 환자의 전문성과 조화를 이룬다. 즉, 괜찮다고 느껴지지만 사실은 질병이 심각할 수 있는 이유에 대해서 확신하고 있지 못하는 환자가 가진 의문에 우리가 가진 정보를 제공한 후에 이 정보가 환자의 논리의 흐름에 미친 영향을 다시 환자에게 질문하는 것을 통해서 서로가 가진 전문성이 교환되고 있는 것이다.

이러한 전문성의 교환이라는 개념과 관련하여 중요한 점은 환자가 자신의 질병과 그 치료에 대해서 어떻게 이해하고 있는지 확인하는 데 시간을 낭비하지 않는다는 점이다. 환자가 자신의 질병에 대해서 알고 있는 것은 무엇인가? 그리고 자신의 치료 방법과 과정에 대해서는 어떻게 이해하고 있는가? 이를 아는 것이 성공을 예측해 주는 것은 아니지만, 이는 성공적인 치료를 위해서 반드시 필요한 전제 조건이다. 환자가 아는 것과 이해하는 것이 무엇인지를 알아야 비로소 어떤 정보나 교육이 필요한지를 알 수 있다. 자신이 가진 질병의 원인에 대해서 환자는 정확하게 알고 있는가? 아니면 잘못 알고 있는가? 환자가 이미 알고 있는 정보들을 환자에게 제공하는 것은 적절하지 않다. 또한 환자가 자신의 질병에 대해서 얼마나 이해하고 있는지는 종종 환자가 자신의 질병을 치료하는 것에 대한 동기 수준을 결정하게 된다. 질병을 치료하는 것이 환자에게는 얼마나 중요한가? 그리고 자신의 질병 관리에 대해서 환자는 얼마나 자신감을 가지고 있는가?

또 한편, 환자는 자신의 질병을 관리하지 않을 때 생기는 위험성에 대해서 무엇을 알고 있으며 어떻게 이해하고 있는가? 만약 환자가 질병을 관리하지 않았을 때 나타나는 결과의 심각성을 이해하지 못하고 있다면, 건강관리를 위해 필요한 행동을 실행할 가능성은 낮다. "별다른 증상이 없으니 괜찮아요."라고 말할 때 환자는 걱정할 만큼 심각하다고 생각하지 않는다는 표현을 하고 있는 것이다.

따라서, 우선 다음의 항목들을 평가해 보는 것이 매우 중요하다.

1. 환자 자신의 표현에 따르면 환자는 자신의 질병을 어떻게 이해하고 있는가? 그리고 이는 환자에게 무엇을 의미하는가?
2. 환자는 치료에 대해서 어떻게 생각하고 있는가? 치료가 효과가 있을 것이라고 믿고 있는가? 치료가 꼭 필요하다는 것을 믿고 있는가?
3. 질환을 잘 관리하지 않는 경우에 일어날 수 있는 결과에 대해서 환자는 어떻게 이해하고 있는가?
4. 만약 환자가 자신의 질병, 특히 만성질환을 관리하는 것에 전념한다면 이를 지속하도록 하는 것은 무엇이며, 오랜 기간 이를 지속함으로써 얻을 수 있는 것은 무엇인가?

이와 같은 질문은 자신의 질병을 치료하는 것과 관련하여 환자가 가지고 있을지 모르는 어떤 의심을 해소하는 데 필요한 정보나 교육이 무엇인지에 대한 더 나은 아이디어를 상담자에게 제공해 주고(또한 질병을 치료하는 것을 환자에게 중요해지도록 만드는 것이 무엇인지 질문할 수 있는 기회와 함께) 최종적으로 변화 계획을 어떻게 세워야 할지 알려 준다. 이러한 정보들을 모른다면 환자에게 정말로 필요한 것이나 환자의 걱정과는 관련 없는 정보들을 제공하게 될 수도 있다. 이러한 질문들 중 몇몇은 이미 진단받은 지 오래인 환자들을 재평가할 때에도 활용할 수 있다. 또한 이 질문들은 질병 치료를 지속하지 못하는 이유를 드러내 주기도 하는데, 이러한 질문들이 한 번도 질문되지 않았을 수도 있으며, 양가감정이나 저항으로 인하여 환자가 치료 및 관리에 전념하지 않고 있다 하더라도 치료는 진행되고 있었을 수도 있다.

"내 환자들은 비협조적이고 종종 자신의 문제를 부인합니다." 저항이나 양가감정을 나타내는 환자들에게는 종종 비협조적이라거나 문제를 부인한다는 꼬리표가 붙으며, 심지어 다음의 말에서와 같이 환자들의 이러한 저항은 성격적 결함으로 간주되기도 한다. "제가 아니고 그들(환자들)이 문제예요. 더 나은 환자들이라면 내가 해야 한다고 지시하는 것을 실행할 테지요. 그리고 그에 따른 마땅한 결과를 얻게 되겠지요. 변화가 필요한 것은 내가 아니라 환자들입니다."

이에 대한 우리의 입장은 이와 같이 어려운 환자는 없다는 것이다. 단지 담배를 끊지 않고, 체중을 감량하지 않으며, 처방약을 복용하지 않는다는 이유로 그들이 비협조적인 환자로 간주되어야 하는 이유가 있는가? 전적으로 이는 환자의 삶이고 환자의 결정이다. (이 책의 뒷부분에서 다루겠지만) 물론 분명히 어려운 상황들도 있으며, 화가 나 있거나 좌절하고 있거나 지식이 부족한 환자들이 있다. 하지만 환자가 비협조적이라는 측면에 집중하고 있는 건강관리전문가는 실제로는 '이를 고치기 위해서' 무엇을 어떻게 해야 할지를 알지 못하기 때문에 고심하는 것이며, 그래서 환자에게 '어렵다'라고 꼬리표를 붙이는 것이라 할 수 있다. 심지어 환자가 자신이 받고 있는 치료가 마음에 들지 않는다고 말할 때에도 이 환자는 비협조적이다 또는 자신의 문제를 부인한다고 명명하기도 한다.

실제로 환자는 자신의 문제를 부인하는 것이 아니라 다만 건강관리전문가와 같은 방식으로 자신의 상황을 평가하지 않는 것이다. 종종 자신이 내린 결정의 위험성을 과소평가하고 자신이 하고 있는 행동의 유익함을 과대평가(예를 들면, "담배를 피우면 스트레스가 해소됩니다.")하기는 하지만 이는 자신의 문제를 부인하는 것과는 다르다. 동기강화상담을 사용하는 건강관리전문가는 이를 이해하고 있으며, 환자가 현실적으로 자신의 행동에 위험성과 유익성에 대해서 평가하고 더 나은 결정을 내릴 수 있도록 돕는다.

또한 동기강화상담자들은 저항을 유용한 정보를 제공해 주는 일종의 선물로 이해한다. 만약에 환자가 자신의 저항을 별다른 거리낌 없이 표현한다면, 우리는 이를 존중할 수 있는 기회와 탐색할 수 있는 기회를 얻게 된다. 우리는 어쩌면 자신이 무엇을 해야 하는지에 대해서 환자가 새로운 결론을 이끌어 내거나 자신의 행동을 다시 생각해 볼 수 있도록 하는 구체적인 정보를 언제 어떻게 공유할 수 있는지 알게 될 수도 있다. 만약에 환자가 망신을 당하거나 비난을 받지 않기 위해서 저항을 표현하는 것에 침묵한다면 환자가 내리는 결정에 영향을 미칠 수 있는 기회를 잃게 될 수도 있다. 동기강화상담자들은 저항이 환자에게 영향을 줄 수 있는 기회를 제공해 주기 때문에 환자가 저항을 표현하는 것을 반가워한다.

앞에서 논의한 내용들은 제공자 중심적 접근을 사용하는 건강관리전문가들이 느끼는 불만들을 대표하고 있다. 여기에 아마도 당신이나 당신의 동료들이 환자들에 대해서 가지고 있는 다른 의견들을 추가할 수 있다. 물론 환자들이 경험한 불만의 목록 또한 그만큼 많이 존재한다. 건강관리전문가가 병에 걸려서 환자가 되는 경험을 하게 될 때 그 건강관리전문가는 제공자 중심의 의료 서비스에 관련된 문제들에 대한 새로운 깨달음을 얻게 될 수도 있다. 마치 아이와 같이 대우받는 것은 그동안 특권을 가진 전문가에 익숙해진 건강관리전문가에게는 특히 괴로운 일이 될 수 있다. 이러한 상황 속에서 그 건강관리전문가는 환자로서의 경험과 자신이 과거에 환자와 습관적으로 의사소통했던 방식 사이에서의 연결점을 찾을 수 있을지도 모른다.

⚜ 환자 중심이 된다는 것은 무엇을 의미하는가?

다음으로 이어서 우리는 건강관리 영역에서 환자 중심이 된다는 것의 의미를 살펴보려 한다. 우리는 동기강화상담의 원리를 이루고 있는 개념인 환자 중심 접근과 이 원리가 어떻게 작용하는지에 대해서 설명할 것이다. 당신은 아마도 다음의 고려사항들이 점점 자유로운 것이 된다는 것을 알게 될 것이다. 그러므로 당신이 몇 년에 걸쳐서 습득하고 '자동 운전 모드'로 사용해 왔던 제공자 중심의 언어 습관을 제거하는 것이 어렵다고 하더라도 당황하지 않아도 된다. 여러분들 중 몇몇은 환자 중심이 되는 것에 대한 이러한 고려사항들이 다소 불편하다는 것을 느낄 수도 있고, 일종의 저항감이나 양가감정을 느낄 수도 있다. 예를 들어, 당신은 환자들에게 당신의 전문성이 인정되지 않거나 주목받지 못하게 하는 이 개념들을 좋아하지 않을 수도 있다. 이러한 생각들을 수면으로 올라오도록 두고, 이에 대해서 깊이 생각해 보면서 이러한 생각들을 동기강화상담을 실행하는 것에 잘 맞도록 어떻게 변화시킬 수 있을지에 대해서 탐색하는 것이 중요하다. 우리의 워크숍에서 이러한 불편감은 오히려 장려된다. 이를 통한 우리의 목적은 동기강화상담이 어떻게 이러한 불편한 마음을 기회로 바꿀 수 있는지를 당신이 볼 수 있도록 하는 데 있다. 예를 들어, 만약 당신이 환자에게 전문가로 보이는 것을 중요하게 생각한다면, 동기강화상담이 실제로 환자가 당신의 전문성을 부인하게 하기보다는 당신의 전문성을 가치 있게 생각하고 이를 신뢰하도록 인도한다는 사실은 당신에게 좋은 소식이 될 것이다. 이 장의 다음 부분은 당신과 환자의 상호작용을 새로운 관점으로 볼 수 있는 기회를 제공해 줄 것이다.

동기강화상담은 상당히 많은 부분 Carl Rogers의 내담자 중심 상담에서 유래되었으며, 따라서 환자 중심적이다. 비록 건강관리 분야에서 환자 중심 케어와 PCMH에 대해서 많은 말들이 있지만 이는 대개 이 개념에 수반되어 있는 것에 대한 충분한 이해 없이 논의되곤 한다. 다음에 이어지는 단락은 환자 중심적 관계의 몇몇 특성들에 대한 논의를 담고 있다.

전인적으로 환자 존중하기. 환자는 어떤 난해한 진단명으로 설명하거나 조작할 수 있는 대상이 아니다. 한 인간으로서 환자의 생각과 감정은 중요하며 경청과 이해를 받을 권리를 가지고 있다. 또한 우리의 배려와 무조건적 긍정적 관심을 받아 마땅하다. 이는 우리가 환자의 결정에 동의해야만 한다는 것(그리고 그 결정에 대한 우리의 우려를 표현하지 못한다는 것)을 의미하는 것이 아니라 모든 경우에서 환자가 가지는 인간으로서의 가치는 존중받아야 한다는 것을 의미한다. 환자도 우리가 그들을 인간으로서 돌보고 있으며 그들을 돕고자 한다는 사실을 알게 된다. 마치 공식과 같이 정형화된 관심과 공감은 그 말과 감정이 일치하지 않음이 이내 드러나기 때문에 이러한 존중과 관심은 반드시 진솔하고 일관성 있게 표현되어야 한다.

결정을 내리는 환자의 권리 존중하기. 환자는 궁극적으로 어떤 치료에 대해서든지 단순히 실행하지 않음으로써 그 치료를 거부할 수 있는 힘을 가지고 있다. 따라서 치료를 결정하는 과정에 환자를 참여시키는 것을 통해서 환자의 권리를 존중하는 것이 더 지혜롭고 효과적인 방법이다. 환자가 기꺼이 하고자 하는 것은 무엇인가? 할 수 있는 것은 무엇인가? 환자는 무엇을 원하고 있는가? 이는 가능한 선택 대안들을 제공하는 것을 의미한다.

개인에 따라서 다르게 접근하기. 환자가 기꺼이 하고자 하는 것은 무엇인가? 예를 들면, 콜레스테롤 수치를 관리하기 위해서 환자는 약을 먹어야 할 수도 있고, 식단에서 지방 성분의 섭취를 줄여야 할 수도 있으며, 지방 연소를 위해서 활동량을 증가시켜야 할 수도 있다. 이러한 행동들을 모두 한꺼번에 하는 것이 콜레스테롤 수치를 낮추는 데 가장 효과적일 것이다. 하지만 어떤 환자는 이 세 가지를 모두 선택하는 데 비해서 다른 환자는 "약은 먹겠지만 다른 것들을 저에게 기대하진 마세요."라고 말할 수도 있다. 세 가지를 모두 선택한 환자에게 우리는 "콜레스테롤 수치를 낮추기 위해서 최선을 다하는 모습이 참 좋습니다. 이 세 가지를 함께하는 것은 심장마비나 뇌졸중의 위험성을 낮추는 데 아주 효과적일 수 있어요. 어느 것에 대해서 먼저 이야기하고 싶은가요?"라고 반응할 것이다.

두 번째 환자에게 우리는 아마도 "약을 복용하겠다는 이야기를 들으니 좋네요. 콜레스테롤을 관리하는 데 정말로 중요한 첫걸음을 내딛으셨네요. 괜찮다면 추가적인 정보를 이야기하고 싶은데요. 어떤가요?"라고 말하고 환자가 동의한다면 이어서 다음과 같이 말할 것이다. "약을 먹는 것으로는 당신의 콜레스테롤 수치를 50%까지 낮출 수 있다는 것을 알려 드리고 싶어요. 현재 당신의 총 콜레스테롤 수치가 500이니까, 약물로 대략 250 정도까지 낮출 수 있겠네요. 총콜레스테롤 수치가 200 이하로 떨어지면 뇌졸중이나 심근경색의 위험성은 더 낮아진다고 알려져 있어요. 총콜레스테롤 수치를 200 이하로 낮추기 위해서 식습관을 조절하고 활동량을 늘리는 것에 대해서는 어떻게 생각하나요?" 이와 같은 반응은 몇 가지 기능을 수행하고 있는데, 우선 명확하고 간결하면서 객관적인 태도로 정보를 제공하는 한편, 환자의 선택을 존중하는 것이다. 정보를 제공한 후에 제공된 새로운 정보가 환자의 생각(논리의 흐름)에 어떤 영향을 미쳤는지에 대해서 질문하는데, 이 반응은 선택이 환자의 몫이라는 것을 인정한다. 그 결과, 결정을 내리는 과정이 공유된다. 이 두 예시에서 환자들은 모두 선택 대안 메뉴를 제공받고 자신들이 원하는 것을 선택하게 된다.

개인의 특성 및 상황에 맞춰 접근하기. 환자 중심 케어는 환자에게 의미 있는 것이 무엇인지를 이해하는 것을 포함한다. 이 접근은 선험적인 경험에 의해서 선택되는 것이 아니며, 환자의 필요와 열망에 부합해야 하고 치료자의 의도는 좋은 것이라도 배제되어야 한다. 환자가 약을 복용하고, 체중을 감량하거나 그 밖의 다른 변화를 선택하도록 하는 것은 무엇인가? 환자에게 특정 행동을 중요하게 만드는 것은 무엇인가? 변화를 방해하는 것은 무엇인가? 환자가 가진 질병을 관리하는 것은 환자의 삶에서 중요한 것에 대한 논의를 통해서 개인적인 것이 된다. 어떤 목표가 차단되어 있거나, 치료에 참여하거나 참여하지 않는 것을 통해서 촉진되는가? 천식을 제대로 관리하고 있지 않는 환자에게 '울타리 너머로 들여다보기'라고 부르는 동기강화상담 기술을 사용할 수도 있다. 예를 들면, "만약 당신이 내일 아침에 일어나 보니, 천식용 호흡기를 매일 사용하고 있고 천식 또한 잘 관리되고 있다면, 당신의 삶은 어떤 면에서 더 나아질 것 같나요? 만약에 천식이 관리되지 않는 힘든 상황에서 당신은 무슨 일을 할 수 있나요?"라고 질문할 수 있다.

건강관리전문가의 편의성을 위한 특권보다는 환자의 경험을 촉진하기. 과도한 조직화의 결과로 정보를 수집하는 이유를 잊어버린 채 건강관리에 대한 정보를 수집하는 경우가 종종 있다. 건강관리기관의 경우에 환자와 어떤 관계도 형성되기 전에 표준 기준에 따른 질문들을 하느라 1시간 가량 환자를 붙들어 놓는 것은 일반적이다. 서비스 제공자는 환자에게 "시작하기 전에 몇 가지 질문들을 드리고 정보들을 수집하도록 되어 있어요. 아마 45분 정도 걸릴 예정이에요. 괜찮나요?"라고 말한다면, 이 말은 환자에게 어떤 의미를 전해 주고 있는가? 건강관리전문가도 정보를 수집하는 일을 지루하고 따분하게 여긴다고 생각하게 할 뿐만 아니라, 이러한 정보들을 제공하는 것이 환자에게도 전혀 흥미로울 것 같지도 않다. 이러한 과정이 환자에게 어떻게 도움이 되는가? 환자 중심의 환경에서는 환자를 이해하는 것이 가장 우선순위에 있어야 한다. 환자가 궁금해하는 것이나 우려하는 것은 무엇인가? 환자가 알고 싶어 하는 것은 무엇인가?

우리는 건강관리기관에게 환자와의 관계에서 그들 자신이 누구인지 환자들에게 어떻게 인식되고 싶은지 것이 생각해 볼 것을 요청했다. 환자가 사례관리 또는 질병 관리 프로그램에 참여하는 것에 흥미를 가져야만 하는 이유는 무엇인가? 건강관리전문가가 담당해야 하는 역할은 무엇인가? "몇 가지 질문을 드려야겠네요."라고 말하는 것과 "제가 당신에게 도움이 되었으면 좋겠네요. 그리고 만약 의문을 가지고 있거나 걱정되는 부분이 있다면 이에 대해서 이야기하고 싶네요. 이를 위해서 제가 여기에 있는 것이지요. 이 과정을 통해서 당신의 건강에 대해서 더 나은 결정을 할 수 있을 거예요. 당신과 당신의 가족력을 더 정확하게 이해하기 위해서 몇 가지 정보들이 필요할 것 같네요. 하지만 먼저 당신이 궁금해하거나 걱정하고 있는 것이 무엇인지 알고 싶습니다."라고 말하는 것 사이에는 매우 큰 간격이 존재한다.

질문은 이 과정 전반에서 효과를 나타낼 수 있다. 필수적인 질문들만 하고 언제 응답할지를 환자가 선택할 수 있도록 하는 것이 필요하다. 현재 환자의 질병의 진행 정도나 현재 상태의 원인이 된 환자의 행동들을 찾으려고 하기보다는 환자가 질병을 이해하는 과정에 집중하는 것이 중요하다. 즉, 환자는 자신이 들은 것들을 어떻게 이해하고 있는가? 또 어떻게 느끼고 있는가? 그리고 이 모든 것들은 환자에게 얼마나 중요한가? 건강관리전문가의 진단이나 임상적인 추론은 눈에 띄지 않게 이루어져야 하며 환자와의 상호작용의 초점이 되도록 해서는 안 된다. 자신이 왜 특정 질문들을 받으며 정보를 제공받고 있는지에 대해서 환자가 일말의 의구심이라도 갖지 않도록 해야 한다. 정보를 제공하는 유일한 이유는 환자의 기를 꺾기 위한 것이 아니라 환자가 결정을 내릴 수 있도록 돕는 것이어야만 한다.

존중하기. 환자의 걱정이나 생각 그리고 신념은 축소되지 않으며, 정확하게 반영되고 탐색되어야 한다. 환자의 분노나 좌절은 존중되어야 하는데, 이는 환자와 적절한 거리를 유지하면서도 환자에게 완전히 도움이 되는 건강관리전문가의 능력을 통해서 이루어진다. 여기에서는 환자의 반응을 개인적으로 받아들이지 않는 것이 중요하다. 자신의 건강과 질병에 대한 환자의 믿음은 그 신념이 실제로 정확하지 않다고 하더라도 존중되어야 하는데, 이는 우리가 그 신념(사고의 과정)을 수정하지 않은 채 그냥 방치한다는 것을 의미하는 것이 아니라, 이러한 신념이 환자에게는 유효하며 중요하다는 것을 인정한다는 것을 의미한다. 우리는 이러한 신념들을 바로잡아 가면서 환자에 대한 존중과 관심을 나타낸다.

진솔성. 건강관리전문가는 진심으로 환자를 돕기를 원해야 한다. 건강관리전문가는 환자가 걱정하고 있는 것을 이해하기를 원하고 진솔한 태도로 이를 표현해야 한다.

일치성. 이는 진솔성과 관련되는 것으로, 우리의 관심과 우려를 언어로만 표현한다는 것은 거의 불가능하다. 우리의 언어적 · 비언어적 의사소통은 반드시 서로 일치해야 한다. 만약 당신이 진솔하지 않은 공감을 받아 보았다면, 이것이 라포를 형성하는 데 얼마나 큰 문제가 되는지 이해할 수 있을 것이다.

투명성. 투명성은 다양한 측면에서 나타나야 한다. 제공된 정보는 명확하고 객관적이며 빈틈없이 상세하고 투명해야 하는데, 이를 확인할 수 있는 유일한 방법은 새로운 정보가 제공된 후에 이에 대해서 어떻게 생각하는지 환자에게 질문하는 것이다.

환자에게 임상적인 질문을 할 때 환자에게 이러한 질문들을 하는 이유들을 투명하게 밝혀야 한다. 예를 들어, 만약에 환자가 무엇인가 불만스러워하고 있으며("먹고 있는 약이 효과가 없는 것 같아요.") 이에 어떤 일인지를 확인하기 위해서 질문을 해야 할 필요가 있을 때 우리는 임상적 질문("평소와 다르게 했던 것은 없었나요? 약은 매일 복용했나요? 약 효과가 없어진 것은 언제였나요?")으로 바로 넘어가지 않는다. 이러한 질문들이 반드시 필요할 수도 있지만 먼저 왜 이 질문들을 하는지에 대해서 환자에게 알게 해야 한다. "왜 약물이 효과가 없는지 그 이유를 찾아보고 무슨 일인지 알기 위해서 몇 가지 질문을 드려야 할 것 같네요. 괜찮을까요?" 그러고 나면 환자는 우리가 질문하는 것이 환자가 무엇인가 잘못했다는 것을 증명하기 위해서가 아니라, 환자에게 중요한 사안을 다루기 위해서라는 것을 알게 된다. 투명성이 없는 임상적 질문은 환자에게 마치 증인이 반대 신문을 받는 것 같은 느낌을 줄 수 있다.

환자가 충분한 정보를 바탕으로 선택할 수 있도록 환자에게 정직한 것은 중요하다. 건강관리전문가들은 종종 정보를 충분히 제공하지 않거나 또는 검사 결과나 상태에 대해서 축소해서 이야기한다. 예를 들어 의사는 A1c 9.3으로 최근에 당뇨병을 진단받은 환자에게 "A1c 수치가 조금 높네요."라고 이야기할 수 있다. 이러한 진술은 다음의 네 가지 이유에서 문제가 된다.

1. 환자는 A1c가 무엇을 의미하는지 모르고 있을 수 있다.
2. 9.3이라는 A1c 수치는 다소 높다고 볼 수 없다. 이는 매우 높은 수치이다. 만약에 환자가 괜찮다고 느끼고 어떤 증상도 체감하지 않는다면 아마 그는 이 수치가 심각하지 않다고 믿고 이와 관련하여 어떤 변화도 선택하지 않을 수 있다. 이 건강관리전문가는 환자가 자신이 심각한 문제를 가지고 있을 가능성을 인식하지 못하도록 하는 데 이바지하고 있다. 9.3 정도의 A1c 수치나 160/110의 혈압 또는 400 이상의 총콜레스테롤을 환자에게 이야기할 때 '조금 높다'라고 말하는 이유에 대해서 질문했을 때 많은 건강관리전문가들은 환자를 겁먹게 만들고 싶지 않기 때문이라고 응답했다. 우리는 이에 대해서 "왜 겁먹으면 안 되나요?"라고 되물었다. 우리는 환자들이 두려움으로 무력하게 되기를 원하는 것이 아니다. 반대로 우리는 환자들이 자신의 질병의 위험성과 제대로 관리하지 않았을 때 나타날 수 있는 합병증에 대해서 현실적인 감각을 갖기를 원한다.
3. 이 진술은 "그래서 그게 어떻다는 건가요?"라는 질문에 대한 응답이 되지 못한다. 왜 환자는 자신의 높은 A1c 수치를 신경 써야 하는가? 만약 당뇨가 관리되지 않는다면 어떤 면에서 위험한가? 만약 A1c 수

치가 떨어지지 않으면 심각한 위험에 처할 수 있다는 사실을 인지하지 않는다면 환자가 어떤 변화 행동을 할 가능성은 매우 낮다.

4. 환자는 어떤 상태가 괜찮은 것인지, 아니면 괜찮지 않은 것인지 모른다. 즉, 건강하고 안전한 범위에 해당되는 A1c 수치를 모른다.

동기강화상담에 따르면 이 환자에게 더 적절하게 반응하는 것은 다음과 같다. "검사 결과와 장시간 동안 측정한 A1c 수치 결과를 확인해 보니, A1c 수치가 9.3인데, 이는 매우 높은 수치에 해당돼요. 지금까지는 7.0 아래로 수치가 떨어질 때 순환 계통의 문제들, 그러니까 신체 일부를 절단해야 하거나 심혈관 질병, 신장 질병 그리고 시력 상실 등의 합병증의 위험 또한 낮아진다고 알려져 있어요. 환자분의 수치는 이보다 상당히 높네요. 이 수치는 합병증의 위험성을 훨씬 더 많이 높여요. 이 정보가 당뇨병을 관리하는 것과 관련하여 어떤 생각을 하게 하나요?"

위의 반응은 환자에게 솔직한 정보를 제공해 주고 있으며 환자는 이를 통해서 더 나은 결정을 내릴 수 있다는 점에 주목할 필요가 있다. 또한 합병증의 위험성 또한 솔직하면서도 현실적으로 진술되고 있다. 여기에 추가해서 이 진술은 환자에게 목표를 부과하지도 않는다. 즉, 환자에게 "당신의 목표는 A1c 수치를 7.0 이하로 낮추는 것입니다."라고 말하지 않는다. 다만 환자는 A1c 수치가 7.0으로 낮아지면 위험성 또한 감소한다는 정보를 제공받았을 뿐이며, 이를 통해서 환자는 더 나은 결론을 내릴 수 있게 되었다. 동일한 방식이 콜레스테롤이나 혈압과 관련된 건강 문제에도 적용될 수 있다. 정보를 제공한 이후에 환자에게 무엇을 해야 하는지 이야기하지 않았다는 점에 또한 주목해야 한다. 환자에게 해야 할 일을 말하는 것은 권위적인 것이며 건강관리전문가로 하여금 유일한 전문가의 역할을 담당하게 하는 것이다. 여기에서 우리는 동기강화상담이 전문성을 교환하는 과정이라는 사실을 다시금 기억할 필요가 있다.

새로운 정보를 제공했기 때문에 건강관리전문가는 환자가 자신의 당뇨 문제를 관리할 준비가 얼마나 되었는지 확인해야 한다. 환자는 새로운 정보에 대해서 어떻게 생각하는가? 환자의 반응은 "잘 모르겠네요. 하지만 그런 일이 일어나기를 원하지 않아요."에서부터 "별다른 증상을 느끼지 않아요.

저에게는 그런 일은 일어나지 않을 거예요."의 범위까지 나타날 수 있을 것이다. 첫 번째 경우에서 건강관리전문가는 "음, 이러한 합병증들을 예방하기 위해서 무엇이라도 하겠다는 말로 들리네요. 혈당을 낮추고 합병증의 위험성을 낮추는 데에는 기본적으로 세 가지 방법이 있어요. 처방약을 먹는 것, 당분과 탄수화물의 섭취를 줄이는 것, 그리고 걷기와 같은 신체 활동량을 높이는 것입니다. 물론 모든 것을 함께하면 가장 효과적이에요. 어떤 것을 먼저 하고 싶은가요?"라는 취지로 이야기할 수 있다. 후자의 경우에서 환자는 저항을 표현하고 있으며, 따라서 이 저항은 반영되고 탐색될 필요가 있다. 이때에는 "별다른 증상이 없기 때문에 '당뇨에 대해서 괜한 소동을 부리는 것이 아닌가?'라는 생각이 드는 것 같네요."라고 반응할 수 있을 것이다. 그러고 나서 환자의 응답을 들은 후, 정보를 제공하고 환자의 생각을 질문할 수 있다. 이와 같은 경우에는 시럽 비유가 적절할 수 있다. 만약에 환자가 지속적으로 어떠한 것도 하기를 원하지 않는다는 표현을 한다면 건강관리전문가는 다음과 같이 이야기할 수 있을 것이다. "증상이 없다고 느끼기 때문에 아무 일도 없을 것이라고 생각하는 것 또한 전적으로 환자분이 판단할 몫이에요. 환자분이 당뇨병을 꼭 관리해야겠다는 결정을 내리는 데 어떤 정보가 필요할지 궁금하네요. 만약에 환자분이 피할 수도 있는 합병증을 갖게 된다면 정말 안타까울 것 같네요."

의사결정 공유하기. 환자가 자신의 질병을 관리하는 데 활용할 수 있는 자원이 되고 환자가 자신이 할 수 있는 일을 찾아내도록 돕는 것 또한 건강관리전문가의 역할이다. 이는 일방적인 지시가 아닌 협상이 필요한 과정이며 환자의 걱정을 공유하는 것을 포함한다. 당뇨병이 있는 어떤 환자는, 예를 들면 식습관을 조절하고 활동량을 늘리는 일을 하고 싶어 하지 않을 수 있다. 이 환자는 복용하고 있는 약이 모든 것을 해결해 줄 것이라고 믿고 있지만 환자의 A1c 수치는 쉽게 9.0을 넘곤 한다. 이 환자는 또한 혈당이 관리되지 않을 때 발생할 수 있는 합병증을 이해하고 있으며 9.0이 매우 높은 수치라는 것 또한 알고 있다. 자신의 A1c 수치가 9.0이 넘는다는 것을 듣자, 환자는 약을 좀 더 달라고 이야기했다. 이에 의사는 "그 또한 분명히 한 가지 선택 대안이 될 수 있어요. 약을 꾸준히 복용하는 것은 매우 긍정적인 것이지요. 잠시

이 대안의 장점과 단점을 이야기해 볼 수 있을까요? 그러고 나서 환자분이 어떻게 하기를 원하는지 이야기해 주면 좋을 것 같아요. 저는 환자분의 A1c 수치가 너무 높은 것이 걱정이 됩니다."라고 반응했다. 여기서 주목해야 할 부분은 이 의사는 자신이 우려하는 부분에 대해서 표현했으며 환자와 함께 대안의 장단점을 살펴보는 것에 대해서 허락을 구하는 것을 통해서 환자가 정확한 정보를 바탕으로 결정을 내릴 수 있도록 하고 있다는 것이다.

배려받고 있으며 안전하다는 느낌. 환자 중심적인 관계에서 환자는 다음과 같이 건강관리전문가에게 존중과 배려를 받고 있으며 안전하다는 느낌을 받는다. "제 주치의(간호사, 약사 또는 다른 건강관리전문가)에게 나는 중요합니다. 주치의가 항상 나에게 동의하는 것은 아니지만, 그리고 나도 항상 주치의가 말한 대로 실행하는 것은 아니지만, 나는 항상 존중받는다고 느끼며 주치의는 항상 내 말에 귀를 기울입니다. 그리고 어떤 것에 대해서 질문하는 것이나 또는 무엇인가 마음에 들지 않는 것을 거부하는 것에 대해서 안전하다고 느낍니다. 나의 주치의는 내가 담배를 끊지 않거나 체중을 감량하지 않더라도 나를 꾸짖거나 판단하지 않습니다. 대신에 이러한 변화가 나에게 더 중요한 것이 되도록 하는 질문을 하며, 나에 대해서 우려되는 부분을 이야기하고 그 후에 내 스스로 내가 원하는 것을 결정할 수 있도록 합니다."

⚜ 환자 중심 케어의 기반이 되는 동기강화상담

건강관리 영역에서 동기강화상담은 처방약의 복용, 체중 감량, 식습관 변화 그리고 금연과 같은 건강 행동에 대한 비준수 또는 불이행을 이해하고 이에 적절하게 반응하기 위한 필요들에 따라서 도입되고 널리 사용되어 왔다. 그리고 그 목적은 환자가 더 나은 건강 목표를 달성하도록 돕는 데 있다. 동기강화상담은 환자 중심 케어를 실행하는 과정에서 결정적인 부분을 담당하고 있으므로 제공자 중심 습관을 가지고 환자 중심 케어를 제공한다는 것은 불가능하다. 심지어 건강관리전문가가 환자 중심 케어를 제공하기를 열망한다고 하더라도 동기강화상담 기술은 실전을 통해서 습득되고 연습될 필요가 있는데, 왜냐하면 이 기술들은 간단하지 않으며 직관적으로 이해하고 배울 수 있는 것이 아니기 때문이다.

그렇다면, 언제쯤 우리는 동기강화상담을 잘하게 될 수 있는가? 연습은 매우 큰 차이로 이어지는데, 이 책의 뒷부분을 통해서 우리는 연습을 하는 방법과 피드백을 받는 방법들을 제시했다. 하지만 우리가 훈련시킨 사람들에게서 나타난 가장 큰 변화는 새로운 기술을 완벽히 이해하는 데서 오기보다는 많은 연습에서 온다. 그와 동시에 자신이 한 반응을 성찰하는 능력을 향상시키고, 통제하고자 하는 욕구를 포기하는 것을 배우는 것 또한 중요하다. 실제로 결정을 내리는 사람은 환자이다. 이 사실이 분명해질 때 동기강화상담은 쉬워지며, 건강관리전문가는 환자를 교정하거나 구하기 위해서 무엇인가를 시도하기보다 환자가 선택할 수 있도록 돕는 것을 배우게 된다.

생각해 볼 질문

1. 제공자 중심적 관계와 환자 중심적 관계의 기본적인 차이점을 3~5가지 생각해 보라.
2. 동기강화상담을 배우는 것이 상담자 또는 심리학자들보다 건강관리 전문가에게 더 힘든 이유들에 대해서 말해 보라.
3. 환자 중심 케어와 PCMH가 급속도로 성장하게 된 이유는 무엇인가?

참고 문헌

1. New England Healthcare Institute. *Thinking Outside the Pillbox: A System-wide Approach to Improving Patient Medication Adherence for Chronic Disease*. Cambridge, MA: New England Healthcare Institute; 2009.
2. Claxton AJ, Cramer J, Pierce C. A systematic review of the associations between dose regimens and medication compliance. *Clin Ther*. 2001;23:1296-310.
3. Krueger KP, Berger BA, Felkey BG. Medication adherence and persistence: a comprehensive review. *Adv Ther*. 2005;22:319-62.
4. Miller WR, Rollnick S. *Motivational Interviewing: Helping People Change*. 3rd ed. New York: Guilford Press; 2013.
5. Rogers C. *Client-Centered Psychotherapy*. Boston: Houghton Muffin; 1951.

Motivational Interviewing

CHAPTER 3

동기강화상담의 개요

동기강화상담의 기원은 1980년대 중독 상담 영역에 만연하게 적용되었던 직면적인 접근에 대한 William Miller의 통찰력 있는 반응으로 거슬러 올라간다. 직면적인 접근에 따르면 약물 중독자들은 "현실감이 떨어지고 현실을 부정하는 등의 감당하기 버거운 미성숙한 성격적 방어기제를 가진 병리적인 거짓말쟁이"[1)]로 그려졌다. 상담자들은 약물 남용자들이 현실을 다시 인식하고 건강을 되찾기 위해서 해야만 하는 일들을 실천에 옮기게 하기 위해 이러한 부인을 직면시켜야 한다고 교육받았다. 하지만 초기 임상수련을 받는 동안 동일한 환자들에 대한 Miller의 최초 경험은 이와는 상당히 달랐다.

> 알코올 중독에 대해 아는 것이 별로 없었던 나는 그 문제로 입원해 있던 내담자의 말을 깊이 경청했고 그들로부터 배우려 했으며 그들의 고민을 이해해 보고자 애를 썼다. 이 과정에서 경험한 나의 내담자들은 매우 열려 있었고 흥미로웠으며 사려 깊은 사람들이었다. 무엇보다도 그들 스스로가 자신의 음주가 불러올 끔찍한 고통과 혼돈을 잘 알고 있는 사람들이었다. 그러한 경험들이 바로 내가 중독자들에 대한 임상적 기술들을 접할 때마다, "내가 만나 본 사람들과 전혀 비슷하지 않은걸!" 하고

> 되뇌게 된 이유가 되었다.[1](『동기강화상담』 3판, 시그마프레스, 신성만, 권정옥, 이상훈 역)

더 많은 경험과 반영을 통해서 Miller는 변화에 대한 환자의 개방성은 직접적으로 상담자가 환자에게 이야기하는 방식에 영향을 받는다는 깨달음에 도달했다.

> 방어기제와 반론을 유발하는 상담 접근에서 사람들은 변화할 경향성이 낮다. … 그런 후에 나는 내담자를 방어적으로 만들기보다는 내담자가 가지고 있는 변화 동기를 유발하는 상담 접근을 발견했다. 초기 논의로부터 나온 간단한 원리는 상담자가 아닌 내담자가 변화해야 하는 이유를 말하게 하는 것이었다.[1](『동기강화상담』 3판, 시그마프레스, 신성만, 권정옥, 이상훈 역)

이와 같이 환자가 자신의 목표를 달성하기 위해서 자신의 행동을 변화시킬 필요가 있다는 결론을 스스로 자신의 방식으로 내릴 수 있도록 돕는 동기강화상담의 발달은 철저한 환자 중심의 상담에서 시작되었다.

환자에 대한 비난을 포함하여 만연해 있는 직면적 접근을 바로잡기 위해서 Miller는 Carl Rogers의 내담자 중심 상담[2]을 받아들였는데, 이 접근은 환자에 대한 무조건적 긍정적 관심을 바탕으로 환자와의 관계를 강조하고 있으며, 따라서 환자를 비난하거나 수치심을 주는 것을 피한다. 환자가 자신의 행동과 그 밖의 다른 결과들을 자유롭고 안전하게 검토해 볼 수 있도록 하는 방법은 치료자가 인간으로서 환자에게 가치를 두고 지지하는 것이 유일하다.

Miller는 Rogers가 주창한 관계에 대한 자세를 받아들인 반면에 환자와 대화하는 과정에서의 비지시적 방식은 받아들이지 않았다. Rogers는 상담자가 환자가 한 말을 정확하고 진솔하게 반영해 준다면 환자는 마침내 자기 스스로 통찰을 얻고 필요한 변화를 시작할 것이라고 믿었다. Rogers의 이러한 접근은 매우 효과적이지만 느리고 시간이 많이 걸릴 수 있다. Miller는 환자의 방어를 야기하지 않으면서 환자가 변화가 필요하고 또한 가능하다는 결론을 내릴 수 있도록 도울 수 있는 더 직접적인 방법을 추구했다. 결국, 이러한 지시적인 접근은 '안내하기'라는 접근으로 특징지어졌으며, 이는 가능한 범위의 대안들을 내담자가 숙지할 수 있도록 자신의 전문성을 사용하며 그 후에는 내담자가 자신이 실행할 대안을 선택하도록 하는 (마치 낚시나 사냥에서의) 개인적인 안내를 의미한다.

동기강화상담의 실행에 대한 관점의 변화

동기강화상담의 역사는 환자에 대한 존중과 돌보는 일에 지속적으로 헌신한 흔적들로 그 특성이 표현될 수 있다. 이러한 환자에 대한 관계적인 헌신은 '동기강화상담의 정신'으로 알려져 있으며, 이는 처음에는 명확하게 언급되지는 않았지만 여러 해 동안 동기강화상담에 대한 모든 주요 설명에서 그 핵심을 차지해 왔다.[3] 양가감정을 가지고 있거나 저항을 나타내는 환자에게 가능한 변화에 대해서 생각해 볼 수 있도록 안내하는 언어적 기술들의 사용을 통해서 이 정신을 어떻게 적용할지에 대해서 설명하는 방법은 계속해서 변화해 왔다.

이러한 구체적인 언어적 기술(동기강화상담의 정신과 대비되는 동기강화상담의 기술적 요소[3])은 알파벳 첫 글자를 딴 약어로 READS, OARS, 그리고 DARN로 요약될 수 있다. 이러한 약어를 통해서 많은 건강관리전문가들이 동기강화상담을 배워 왔기 때문에, 이 장에서는 동기강화상담의 역사의 한 부분으로서 이러한 기술적 측면들이 어떻게 설명되어 왔는지에 대해서 이 약어들을 중심으로 설명하려 한다. 그리고 이어서 동기강화상담을 실행하는 것과 관련하여 이러한 개념을 건강관리전문가들에게 가르치는 과정에서 경험하게 된 문제들에 대해서 논의하려 한다. 다음 장에는 양가감정과 저항을 나타나는 환자의 건강 행동 변화를 촉진하는 과정에 동기강화상담이 작용하는 원리에 대한 우리의 설명을 제시하려 한다. 비록 우리는 우리의 이론적 개념을 사용하여 동기강화상담을 설명할 것이지만, 동기강화상담의 방법에 대한 본래의 설명을 이해하는 것은 동기강화상담자에게 중요하다.

1980년대 초기에 Miller는 양가감정과 저항을 나타내는 환자들에게 변화의 가능성을 생각해 보도록 안내하는 새로운 형태의 환자 중심 상담을 고안했다. Miller가 노르웨이에서 방문 교수로 있을 당시에 그의 학생들은 그가 하는 상담 방식에 대해서 Miller에게 질문했고, 그들은 이러한 질문을 통해서 듣게 된 동기강화상담에 깊은 인상을 받았다. Miller가 고안한 초기 동기강화상담은 이 안내하기 방식의 상담 접근의 놀라운 가치를 알아본 영국의 Stephen Rollnick에게 반향을 일으키게 되었다. 그리고 이어서 Miller와 Rollnick은 1991년 공동으로 기념비적인 첫 번째 책인『동기강화상담』[4]을 편찬하게 되었다.

READS의 원리

Miller와 Rollnick은 동기강화상담에서 환자의 관점을 존중하고 인정하는 상호적인 관계의 맥락이 중요하다는 사실을 강조했다. 동기강화상담자는 환자에게 수치심을 주거나 비난하지 않는 것을 통해서 환자에게 안전한 환경을 제공하고 이를 바탕으로 환자 스스로 변화에 대한 자신의 생각을 논의할 수 있게 돕는다. 그리고 또한 Miller와 Rollnick은 이미 환자의 내면에 존재하는 변화에 대한 동기에 대해서 환자가 이야기할 수 있도록 하는 것에 집중하는 것이 동기강화상담자에게 필요하다는 점을 강조했다. 환자가 가진 변화의 이유를 이끌어 내는 것은 자연스런 변화의 과정을 활성화하고 강화하는데 유용하다. 이를 달성하는 방법은 약어 READS로 요약되는 다음의 다섯 가지 원리로 간단하게 설명될 수 있다.

저항과 함께 구르기(Roll with resistance). 직면적인 상담은 환자의 저항을 반드시 극복해야만 하는 부정적인 현상으로 간주한다. 반면에 Miller와 Rollnick은 저항과 양가감정은 변화를 탐색하는 것에 대한 매우 일반적인 반응이라는 점을 강조했다. 뿐만 아니라 저항은 변화의 가능성에 대한 환자의 관점을 이해하는 데 도움이 되는 정보를 제공해 준다. 따라서 동기강화상담자는 환자가 저항을 표현하는 것을 자제시키기보다는 환자가 궁금하게 생각하는 것과 걱정하는 것을 이해하기 위해서 저항을 탐색해야 한다. 환자가 가진 의문과 걱정을 다루는 데 적절한 정보를 제공하는 것을 통해서 동기강화상담자는 어떤 의미에서 환자에게 강요하지 않으면서 환자가 생각해 볼 수 있는 새로운 가능성들을 제시할 수 있다. 이와 같이 동기강화상담에서 상담

자가 환자의 저항이 가진 취지를 탐색할 때 환자는

> 새로운 정보를 생각해 볼 수 있고 새로운 관점을 얻게 된다. "원하는 것은 취하고 나머지는 버려라."라는 일종의 허용적인 조언이 이 접근에 녹아 있다. 이는 대항하여 싸우기 어려운 접근이다.[5)]

저항과 함께 구르기는 환자가 표현한 저항을 반대하여 설득하는 것을 지양하고 대신에 이를 탐색하는 것을 포함한다. 만약에 환자가 "이 모든 것이 도대체 무슨 일인지 모르겠네요. 콜레스테롤 수치가 높은 사람들은 많이 있어요."라고 이야기한다면, 이때 저항과 함께 구른다는 것은 "높은 콜레스테롤 수치에 대해서 좀 더 걱정하셔야 할 필요가 있겠네요."라고 말하기보다는 "콜레스테롤 수치가 높은 것이 확실하게 걱정할 필요가 있는 것이라고 생각하지는 않는군요. 콜레스테롤 수치가 높다는 것이 환자분에게는 어떤 의미인지 말씀해 줄 수 있을까요?"라고 반응하는 것이다. 저항에 대항하여 맞서는 것은 오히려 환자의 저항을 높이고 이후의 논의들을 차단하게 되는 결과를 초래한다. 차분하게 환자의 저항을 받아들이고 이를 탐색하는 것은 높은 콜레스테롤 수치가 관리되지 않을 때 나타날 수 있는 심각한 결과들에 대한 추후 논의에 대한 문을 지속적으로 열어 놓게 한다.

공감 표현하기(Express empathy). 환자가 건강 행동의 변화에 대해서 탐색하는 것에 대한 양가감정이나 저항을 표현할 때에는 무비판적으로 환자의 관점을 반영해 주는 것이 중요하다. 이러한 공감은 동기강화상담자가 환자의 관점에 동의한다는 것을 의미하지는 않는다. 오히려 공감적 반응을 통해서 환자는 자신의 관점이 상대방에게 잘 전달되었으며 깊은 수준에서 이해받고 존중받고 있다는 것을 알게 된다. 환자를 공감할 때 동기강화상담자는 본질적으로 환자에게 "당신이 자신의 상황을 어떻게 이해하고 있는지는 나에게 매우 중요합니다."라는 메시지를 전달하고 있는 것이다. 그러고 나면 환자는 다시 강하게 더 이상 자신의 생각과 걱정, 느낌들을 주장하는 것으로 자신의 관점을 방어해야 할 필요성을 느끼지 않게 된다. 결과적으로 환자는 동기강화상담자와의 대화에 참여하고 건강과 관련된 자신의 상황을 이해할 수 있는 다른 관점에 대해서 마음을 열고 생각해 보게 된다.

환자의 관점에 공감을 표현하는 것은 근래에 당뇨병이나 또는 심장 질병과 같은 심각한 질병을 진단받은 것에 강한 정서적 반응을 보이는 경우에도 필요하다. 질병을 진단받은 것으로 인한 환자의 초기 충격은 불신의 문제로 종종 표현된다. 환자는 흔히 "저의 콜레스테롤 수치가 높다는 것을 믿을 수 없네요. 건강한 삶을 살려고 노력해 왔고, 스스로 잘 관리해 왔어요."라고 말한다. 표면적으로 이는 환자가 진단 결과를 믿지 못한다는 진술로 들린다. 그래서 "음, 진단 결과에 대해서 의심할 여지는 거의 없습니다. 왜냐하면 총 콜레스테롤 수치가 400을 넘기 때문이에요."라고 반응하기 쉽다. 이런 반응은 전적으로 환자가 경험한 충격을 간과하는 것이다. 결과적으로 환자는 자신의 충격 속에 더욱 고립된 것처럼 느끼게 되고 콜레스테롤과 관련된 추가적인 논의를 스스로 차단할 수도 있다. 이 시점에 콜레스테롤을 감소시키는 것에 관한 교육을 시도하는 것은 역효과를 내기 쉽다. 예를 들면 "건강한 생활습관을 열심히 지켜 왔기 때문에 고지혈증으로 진단받은 것은 매우 당황스러운 일일 것 같네요. 실제로 콜레스테롤 수치가 높다는 결과에 매우 놀란 것 같아 보이네요."라는 반응과 같이 결과를 믿지 못하겠다는 환자의 진술과 논쟁하기보다 진단 결과로 인해서 환자가 경험한 충격에 대한 공감을 표현하는 것이 좋다. 이와 같은 깊은 수준의 반응은 환자가 자신이 받은 충격에 대해서 대화를 나눌 수 있도록 한다. 환자는 예를 들면, "네, 충격적이네요. 왜냐하면 제 아버지가 고지혈증이셨는데, 수치를 낮추지 못하시다가 갑작스런 심장마비로 돌아가셨거든요."라고 응답할 수도 있다. 환자는 자신이 이해받고 있으며 안전하다고 느꼈기 때문에 그가 자신의 콜레스테롤 관리 전반에서 핵심이 되는 그의 중요한 경험을 스스로 이야기한 것이다. "그렇군요. 아버님의 경우에서처럼 환자분도 콜레스테롤 수치를 낮추지 못할 수도 있고 그래서 심장마비나 뇌졸중을 피하지 못하게 될까 봐 걱정이 되겠네요."라는 표현에서와 같이 공감적 반응을 지속하는 것을 통해서 동기강화상담자는 환자가 자신을 충격에 빠지게 한 것에 집중할 수 있도록 도울 수 있다. 환자가 "네, 걱정이 돼요. 많이요. 애들과 손주들을 위해서 더 건강해야 해요."라고 말했다면, "심근경색이나 뇌졸중을 방지하기 위해서 환자분이 할 수 있는 모든 방법을 동원해 콜레스테롤 수치 관리를 하고자 한다는 이야기군요. 가족들과 더 오래 건강히 함께하길 원하시고요. 그렇게 되도록 정말로 돕고 싶어요. 더 건강한 수준으로 콜레스테롤을 낮출 수 있는 효과적인 몇 가지 방법들이 있어요. 환자분에게 가장 좋은 방법이 무엇인지에 대해서 알아보면 좋겠네요."라고 반응할 수 있을 것이다. 환자를 공감함으로써 건강관리전문가는 환자가 자신의 상황을 어떻게 이해하고 있으며 자신의 목표가 무엇인지에 대해서 계속해서 이야기하도록 할 수 있도록 한다. 건강관리전문가는 치료하는 독재자가 아니라, 치료의 파트너로서 환자를 돕기 위한 방법을 찾기 위해서 환자로부터 얻어지는 모든 새로운 정보들을 종합할 필요가 있다.

논쟁 피하기(Avoid argumentation). 상담자가 저항과 함께 구르기에 실패했을 때 이는 대개 환자와의 논쟁으로 이어지기 쉽다. 논쟁은 변화에 대한 환자의 저항을 강화하는 결과로 이어지는 최악의 역효과를 일으키는 상호작용이다. 논쟁하는 것은 환자로 하여금 자신이 변화를 할 수 없거나 변화가 필요하지 않은 이유를 주장하게 함으로써 자신의 관점을 방어하도록 환자를 몰아세운다. 환자가 자신의 입장을 더 강하게 방어할수록 저항은 더 강화되며 변화 행동에 대한 어떠한 재고의 기회도 나타나지 않게 된다.

이와 같은 논쟁은 종종 상담자의 '네, 하지만' 반응이 도화선이 되기도 하는데, 이는 상담자가 환자의 생각을 교정하는 것이 중요하다고 생각하고 있기 때문이다. 만약 환자가 "이 모든 것이 도대체 무슨 일인지 모르겠네요. 콜레스테롤 수치가 높은 사람들은 많이 있어요."라고 말했을 때 상담자는 "네, 콜레스테롤 수치가 높은 사람들이 많이 있어요. 하지만 그들도 당신처럼 위험한 상황에 있는 것이지요. 당신에게 필요한 건 단지 콜레스테롤 수치를 낮추는 것이에요."라고 말할 수도 있다. 그에 대한 반응으로 환자는 "글쎄요, 의심스럽군요. 콜레스테롤 수치가 높다고 말하는 친구들이 많이 있어요. 그리고 걔네들은 다 괜찮아요. 아무 문제도 없다고요."라고 말할 것이다. 그러고 나면 이 논쟁은 서로 '네, 하지만' 반응을 사용하며 계속 이어지게 된다. 이 논쟁은 콜레스테롤 수치를 낮추는 것이 무엇이든지 간에 관계없이 그에 대한 환자의 저항을 강화하는 것으로 결론지어진다. 동기강화상담은 환자가 자신의 건강에 무엇이 최선일지에 대해서 환자 스스로 결정을 내릴 수 있도록 돕기 위해서 환자와의 논쟁을 피한다.

불일치감 만들기(Develop discrepancy). 동기강화상담자는 환자의 내면에 있는 변화 동기를 발달시키기 위한 가능성을 확인하기 위해서 환자의 양가감정과 저항을 탐색한다. 가장 중요한 가능성은 환자가 달성하기 원하는 목표와 환자의 현재 행동으로 인한 결과 간의 불일치감을 만드는 것이다. 이러한 불일치감을 인식하는 것은 해결 방법이 필요해지는 불편한 상태에 환자를 남겨 둔다. 상담자가 변화의 필요성을 부여하는 것 대신에 환자는 자신의 목표를 달성하기 위해서 무엇인가 해야 한다는 결론에 이르게 된다. 불일치감을 만드는 것은 환자의 관점을 충분히 탐색하고 환자의 열망 또는 우려를 경청하는 과정으로 환자 개인마다 그 내용은 서로 다르다. 따라서 환자의 개인적인 문제에 대한 매우 세심한 경청을 요구한다. 세심한 경청은 환자에게 중요한 불일치감을 만드는 데 필요한 재료들을 공급해 준다.

앞에서 언급했던 높은 콜레스테롤 수치를 보이는 환자에게 건강관리전문가는 "자, 보세요. 콜레스테롤 수치를 낮추기 위해 무엇인가 하지 않는다면, 손자에게 사냥하거나 낚시를 하는 방법을 가르쳐 줄 수 없을 겁니다."라고 말하고 싶은 유혹을 받을 수도 있다. 이 진술에서 건강관리전문가는 환자가 고려해 볼 만한 강력한 잠재적 불일치감이 무엇인지 알고 있지만, 이 불일치감은 환자를 존중하고 배려하는 동기강화상담의 정신을 통해서 제기되기보다는 요구적이고 판단적인 방법으로 부과되었다. 동기강화상담자는 이와 달리 차분한 태도로 "그렇군요. 한편으로 보면 환자분은 손자에게 사냥하고 낚시하는 방법을 가르칠 만큼 충분히 건강하고 싶군요. 다른 한편으로 보면, 뇌졸중이나 심근경색의 위험성이 낮아질 만큼 콜레스테롤 수치를 충분히 낮출 수 있을지 확신하지 못하고 있고요. 이 점에 대해서 어떻게 생각하시나요?"라고 말할 수 있다. 이와 같이 환자를 존중하고 배려하는 태도로 불일치감을 제기하는 것은 문제를 직접 내담자의 어깨 위에 올려놓는 것과 같다. 만약 이 시점에서는 환자가 아직 콜레스테롤 수치를 낮추는 것에 전념할 준비가 되지 않았다 하더라도 불일치감은 환자가 들을 수 있는 방식으로 환자에게 제시된다. 향후에 환자가 자신의 손자와 사냥을 하고 낚시를 하는 것에 대해서 생각할 때마다 그는 동시에 뇌졸중과 심근경색을 예방하는 방법에 대해서 생각하게 될 것이다. 그리고 이 불일치감을 자주 경험하게 될수록 미래의 어떤 순간에 콜레스테롤 수치를 감소시키기 위한 더 확실한 방법을 고려할 가능성 또한 높아지게 된다. 전화를 이용해서 환자와 상호작용을 하면서 사례관리를 하고 있는 간호사는 이후 전화통화에서 이 환자가 다음과 같이 이야기했다고 우리에게 말해 주었다. "있잖아요. 지난번에 당신이 이야기했던 것에 대해서 생각해 봤어요. 사실 손자들과 오래도록 사냥을 하고 낚시를 다니고 싶어요. 단지 약을 복용하는 것뿐만 아니라, 무엇인가 더 해야 할 필요가 있을 것 같다는 생각이 들어요." 이와 같이 상황에 대해서 환자가 이해하고 있는 한도 내에서 불일치감을 만들기 위해서 동기강화상담의 정신을 사용하는 것은 건강 행동 변화의 실행에 대한 환자 내면의 강력한 동기를 촉발하는 방아쇠가 될 수 있다.

자기효능감 지지해 주기(Support self-efficacy). 환자가 건강을 위해서 주요 행동들의 변화가 필요하다는 결론에 이르렀다고 하더라도 환자는 변화를 시도하지 않을 수 있다. 그 이유는 무엇일까? 환자는 자신이 이 변화를 할 수 있다고 믿지 않을 수 있는데, 실패하지 않기 위해서 그는 변화를 시도하지 않을 수 있다. 심리학자인 Bandura[6), 7)]는 어떤 과제를 성공적으로 완수할 수 있다는 믿음인 자기효능감이 변화의 과정에서 결정적인 기능을 담당한다는 사실을 발견했다. 변화의 다양한 맥락 전반에서 자기효능감은 성공적인 변화의 유의미한 예측 요인이 된다.[8)] 따라서 Miller와 Rollnick은 동기강화상담의 핵심 원리로서 자기효능감을 지지해야 한다는 사실을 강조했다. 환자가 실패할 수 있다고 생각하는 이유를 논의하는 것에 초점을 맞추는 것 대신에 동기강화상담자는 변화 실행을 성공하도록 하는 환자의 능력을 지지하기 위한 상담을 한다.

예를 들어, 우리가 앞에서 언급했던 환자가 "이 식단을 유지하지 못할 것 같아요. 한 6주 정도 이 식단을 유지했는데, 더 이상은 못하겠더라고요. 이제는 다시 시도조차 하지 못할 것 같아요."라며 낮은 자기효능감을 표현할 수도 있다. 이런 경우 환자가 식단 변화를 포기하려는 이유에 초점을 맞추고 이를 성공적으로 해낼 수 있는 방법을 환자에게 말해 주고 싶은 유혹이 들게 된다. 이런 종류의 응답은 식단을 유지하는 것에 대한 환자의 낮은 자기효능감이 사실임을 확인시켜 주는 경향을 띠게 된다. 식단 유지에 실패한 이유에 대해서 즉각적으로 이야기하는 대신에 동기강화상담자는 먼저 이 식단을 성공적으로 유지했던 6주 동안에 환자가 했던 행동들에 초점을 맞추도록 도울 수 있다. 따라서 동기강화상담자는 "6주 동안에는 식단 유지에 상당히 성공적이었군요. 이 시기의 성공적인 유지를 위해서 무엇을 했나요?"라고 말할 것이다. 환자가 저지방, 저콜레스테롤 식단을 일정 기간 성공적으로 실행할 수 있었던 이유를 설명하는 동안, 동기강화상담자는 인정할 행동과 전략에 집중하면서 환자의 이야기를 경청해야 한다. 예를 들면, "기본적으로 집에서 식사를 하는 동안에는 건강한 식습관의 관리가 가능했네요. 식단에 대한 계획도 세울 수 있었고요. 하지만 업무로 인해서 멀리 이동해야 할 때 어떻게 식습관을 지켜 갈지에 대한 계획을 충분히 생각하지 못했던 것 같군요. 만약에 가는 도중에 식습관을 유지하기 위한 방법에 대한 계획을 세운다면 어쩌면 식습관을 유지하는 것을 성공할 수도 있을 것 같네요."라고 말할 수 있을 것이다.

Miller와 Rollnick은 동기강화상담의 기본적인 태도에 대한 통찰과 이해를 돕기 위해서 다섯 가지 원리인 READS를 설명했다. 이 다섯 가지 원리는 환자의 내면에 있는 변화 동기를 이끌어 내는 데 동기강화상담을 사용하기 위한 일련의 구체적인 언어 전략을 설명하는 것으로 시작되었다. 여기에는 다음과 같은 내용이 포함된다.

- ❑ 환자의 관점을 탐색하기 위해서 열린 질문 사용하기. 열린 질문은 환자가 자신의 생각, 감정, 목표 등을 설명하고 더 정교화할 수 있도록 촉진해 준다.
- ❑ 주의 깊게 경청하고 환자가 말한 것을 적절한 감정과 함께 반영하기.
- ❑ 환자의 생각, 감정, 행동의 긍정적인 측면들을 인정하고 지지하기.
- ❑ 환자가 말한 것과 환자가 갈등하고 있는 것의 핵심 요약하기.
- ❑ 변화에 대한 긍정적인 이유들을 표현하는 변화대화 이끌어 내기.

동기강화상담의 목표는 이러한 구체적인 전략들을 함께 사용하여 환자가 자신의 행동을 변화시켜야 하는 필요와 이유에 대해서 스스로 논쟁할 수 있도록 환자를 안내하는 것이다. 이러한 전략들이 함께 사용되는 방법에 대해서 Miller와 Rollnick은 자세하게 설명하지는 않았지만 대신에 환자의 저항을 '나침반'으로 사용할 것을 제안했다. 예를 들면, 만약에 환자가 점점 더 강하게 저항한다면, 상담자는 하고 있는 것을 멈추고 덜 지시적이고 강제적이지 않은 다른 방법으로 접근해야 한다고 이야기했다. 이와 같이 관계의 나침

반으로 저항을 사용하는 것은 모든 저항은 궁극적으로 상호적인 것이라는 Miller와 Rollnick의 신념에 근거하고 있다. 그들의 관점에서 저항은 환자와의 관계에서의 라포와 조화가 깨지고 있다는 신호에 해당된다. 그러므로 상담을 진행하는 동안 구체적으로 어떤 언어적 전략이 효과적일지, 아니면 역효과를 낼지를 결정하기 위해서 환자가 표현하는 저항의 신호들을 항상 모니터링하는 것은 매우 중요하다. 동기강화상담의 원리와 전략은 각 환자들의 이야기를 주의 깊게 듣는 것을 통해서 고도로 개별화되어 적용되어야 한다.

공식적으로 정의된 동기강화상담

『동기강화상담』 초판에 대한 반응은 매우 긍정적이었고, 동기강화상담에 대한 연구와 훈련 또한 촉발되었다. 더 이상 동기강화상담은 중독 상담의 한 가지 방법으로서만 고려되지 않았으며 점점 더 갈수록 많은 건강관리 현장 전역에서 환자의 자발적인 건강 행동 변화를 촉진시키기 위한 방법으로 인식되게 되었다. 동기강화상담이 중독 상담의 영역을 넘어 다른 영역에서도 받아들여짐에 따라서 1995년 Rollnick과 Miller[3]는 동기강화상담의 일부 내용을 바로잡아야 할 필요를 느꼈는데, 그 이유는 동기강화상담이 확산되어 감에 따라서 동기강화상담이 희석되고 있다고 인식했기 때문이었다. 두 저자는 동기강화상담이 광범위하게 적용되는 것이 자신들이 동기강화상담의 핵심으로 여기는 것들이 더 이상 확실하게 표현되지 않는 형태의 동기강화상담을 낳는 결과로 이어지지 않도록 명확히 하기를 원했다.

그 첫 단계는 "내담자가 자신의 양가감정을 탐색하고 해결할 수 있도록 도움으로써 내담자의 변화대화를 이끌어 내는, 내담자 중심적이면서 지시적인 방식"으로 동기강화상담의 공식적인 정의를 제공하는 것이었다. 이 정의에서도 방향성을 가지면서 내담자 중심이라는 의미의 '안내하기' 방식을 강조하고 있지만, 저항을 다루는 것보다는 양가감정을 해결하는 것에 더 명확하게 초점을 맞추고 있다. 저항을 넘어서 양가감정에 대한 강조는 중독 문제를 가진 내담자를 상담하는 것과 새롭게 만성질환을 진단받은 환자를 상담하는 것 사이의 차이에서 기인한 것으로 보인다. 중독 문제를 가진 내담자는 대개 술이나 불법 약물의 사용의 중단을 결정해야 하는 전반적인 이유들을 알고 있다. 이와 같은 경우 사람들은 중독 행동을 지속하는 것과 멈추는 것 사이에 끼어 있기 때문에 양가적이다. 반면에, 최근 당뇨병 진단을 받은 환자는 혈당을 관리해야 하는(또는 하지 않아도 되는) 이유들을 잘 알지 못하고 있을 수 있다. 실제로, 새롭게 주요 만성질환을 진단받은 환자들은 대개 잘못된 개념을 가지고 있어서 건강관리전문가에 의한 재교육이 필요한 경우가 많다. 예를 들면, 환자는 "혈압과 관련해서 무엇인가 해야 한다는 것이 무슨 말인지 도무지 모르겠네요. 별다른 증상도 없고 괜찮은데 말이에요."라고 말할 수도 있다. 이와 같은 환자는 양가감정보다는 저항으로 그 특징이 잘 설명된다.

동기강화상담의 역사에 대해서 내용을 이어 가면서 Miller와 Rollnick의 저서에서 저항을 넘어서 양가감정을 강조하는 것이 어떻게 발전하게 되는지 살펴볼 것이다. 이러한 추세는 (Miller와 Rollnick이 만들어 낸) 동기강화상담을 의사, 간호사, 약사와 같은 건강관리전문가들이 실행하기에 어려울 수 있다는 부정적인 암시를 담고 있다.

동기강화상담의 정신

Rollnick과 Miller[3)]가 제시한 두 번째 단계는 동기강화상담의 기술들이 동기강화상담의 정신이 없이는 실행될 수 없다는 사실을 명확하게 상기시켰다. 두 저자는 (READS 원리와 같은) 동기강화상담의 기술이 상관관계에 있는 동기강화상담의 정신으로부터 분리되어 의도적으로 다른 사람을 조종하고 그 결과로 환자의 저항을 더 증가시키는 도화선이 될 수 있다는 점을 우려했다. Miller와 Rollnick이 명확하게 동기강화상담의 상관관계적인 특성에 대해서 설명했는데도 건강관리전문가들이 환자와의 관계를 근본적으로 바꾸는 것보다는 동기강화상담의 구체적인 기술들을 적용하는 것에 초점을 맞추었다는 사실은 우리에게 시사하는 바가 커 보인다. 환자가 자신의 양가감정이나 저항을 해결하도록 돕는 과정에서 동기강화상담의 정신과 기술이 어떻게 상승작용을 나타내는지에 대해서 분명히 표현된 이론적 설명이 없었기 때문에 동기강화상담의 정신으로부터 기술이 분리되는 것이 가능할 수 있었다.

변화대화와 저항/유지대화

2002년 Miller와 Rollnick은『동기강화상담』[9] 2판을 출판했다. 2판에서는 달라진 주요 내용은, 초판에서 기술된 '자기 동기화 언어(self-motivational statement)'라는 용어를 대신하여 '변화대화(change talk)'라는 개념을 소개했다는 것이다. Miller와 Rollnick은 환자가 변화가 필요한 이유에 대해서 자기 목소리로 주장할 수 있도록 돕는 것을 동기강화상담의 핵심으로 설명했다. '변화대화'는 환자가 자신의 목표를 성취하기 위해서 자신의 행동을 변화시켜야 하는 이유에 초점을 맞춘 환자의 모든 말이라고 정의할 수 있다. 변화대화에는 당뇨병의 결과에 대한 더 많은 정보를 요청하는 것(예: "음, 이런 신경말단에서 일어나는 문제는 얼마나 더 나빠질 수 있나요?")부터 건강과 관련한 향후 목표에 대한 표현(예: "은퇴 후에도 활동적으로 사는 삶을 기대하고 있어요."), 변화 행동을 공약하는 간접적인 행동(예: "이 이야기를 하는 것이 좋진 않지만 당뇨와 관련해서 약물 치료에 대해서 이야기를 해야 할 필요가 있다는 생각이 드네요.")까지가 모두 포함된다.

변화대화와 반대되는 개념은 저항대화(resistance talk)로, 변화를 원하지 않거나 변화가 필요하지 않은 이유에 초점을 맞춘 환자의 모든 말이라고 정의된다. 이와 같은 저항대화의 범위는 의사와 진단 결과에 대한 의심을 표현하는 것(예: "의사가 제대로 알지도 못하고 말하는 거예요. 저는 아무렇지도 않다고요. 제가 당뇨병일 이유가 전혀 없어요.")에서부터 더 중요한 목표를 주장하는 것(예: "파스타와 디저트를 포기할 수는 없어요. 이왕 먹는 거 충분히 먹어야지요."), 그리고 변화가 가능하지 않다는 표현(예: "먹는 것을 변화시킬 수 있는 방법이 없어요. 그동안 시도했던 모든 식이요법들은 모두 실패했어요. 다시 시도하진 않을 겁니다.")까지 모두 해당된다.

이러한 변화대화와 저항대화의 차이점과 관련하여『동기강화상담』2판에서는 환자에게서 가능한 한 많은 변화대화를 이끌어 내고 동시에 저항대화를 활성화하지 않는 것에 초점을 두고 있다. 이는 우리가 건강관리전문가로서 '자동 운전 모드'로 환자들과 의사소통할 때 하는 것과는 거의 반대되는 행동에 해당된다. 대부분의 건강관리전문가는 자동적으로 변화대화를 최소한으로 인정하는 경향성을 보이는데, 왜냐하면 변화대화는 어찌되었든 환자가 당연히 해야 하는 말이고 또한 저항대화에 대해서 광범위한 반대의견을 통해서 논박해야 한다고 생각하기 때문이다. 하지만 이러한 논쟁적 경향은 환자의 저항을 더 강하게 만들어 낼 뿐이다. Miller와 Rollnick은 환자가 지속적으로 변화대화에 집중할 수 있도록 하고 저항대화가 점점 사라지도록 하는 방식으로 반응해야 함을 강조했다. 환자의 변화대화가 많아지고 저항대화가 줄어들수록 건강 행동을 할 가능성도 높아지게 된다. 왜 그런가? 변화대화가 증가하고 저항대화가 감소하는 것은 변화의 장점과 단점의 결정 균형에 긍정적인 영향을 미치기 때문이다. 환자가 변화대화를 더 많이 할수록 변화의 이유들은 더 강해진다. 그리고 마침내 환자가 변화의 장점이 단점보다 더 크다는 것을 알게 되었다고 이야기할 때 환자에 의한 결정은 이루어지고 있다고 볼 수 있다.

그렇다면, 환자들에게 저항대화를 일으키지 않으면서 동시에 변화대화를 이끌어 내기 위해서 Miller와 Rollnick이 추천한 방법은 무엇인가? 이를 위한 접근으로 초판에서 간단하게 묘사되었던 네 가지 기술들은 2판에서 형식화되고 확장되었는데, 이 기술들은 약자를 써서 OARS(열린 질문, 인정하기, 반영하기, 그리고 요약하기)로 표현되었다.

열린 질문(Open-ended questions). 동기강화상담은 행동 변화에 관하여 환자가 자신의 생각을 분명하게 표현하는 것을 편안해할 수 있도록 격려한다. 환자가 거의 고민하지 않고 예 또는 아니요로 응답할 수 있는 닫힌 질문은 이 목적에 맞지 않는다. 일반적으로 건강관리전문가가 닫힌 질문을 사용할 때 상호작용의 중심에는 환자가 아닌 건강관리전문가가 자리하게 된다. 닫힌 질문은 건강관리전문가가 정보를 수집하고 있으므로 환자의 문제를 해결해 줄 수 있을 것임을 암시한다. 이는 동기강화상담과는 반대되는 것으로, 환자가 더욱 자유롭고 개방적으로 이야기할 수 있도록 하기 위해서 거의 전적으로 열린 질문을 사용한다.

하지만 Miller와 Rollnick에 따르면 동기강화상담에서 모든 열린 질문이 도움이 되는 것은 아니다. 예를 들어, "흡연을 계속할 때의 장점은 무엇인가요?"라는 질문과 "금연을 한 번 더 시도하는 것을 생각하지 못하도록 막는 것은 무엇인가요?"와 같은 질문은 환자가 저항대화를 하도록 유도한다. 환자가 이 열린 질문에 대답하는 과정에서 금연을 반대하는 이유들은 강화된다. Miller와 Rollnick의 접근은 현재 고민하고 있는 행동 변화의 긍정적인 이유들, 즉 변화대화를 유발하는 열린 질문을 사용한다. Miller와 Rollnick은 다음에서 나열하고 있는 네 가지 구체적인 형태의 열린 질문을 추천했다.[10)]

1. 변화하지 않을 때의 불이익에 대해서 질문하기:
   "만약 흡연을 계속한다면 어떤 점이 걱정되나요?"
   "담배를 계속 피우는 것이 당신이 앞으로 하고자 하는 일에 어떻게 방해가 될 수 있나요?"
2. 변화의 장점에 대해서 질문하기:
   "담배를 끊을 수 있다면 어떤 점이 좋을 것 같나요?"
   "만약에 담배를 줄이거나 끊는다면 당신의 삶이 어떻게 나아질 것 같은가요?"
3. 변화의 성공에 대해서 질문하기:
   "담배를 끊는 것에 얼마나 자신이 있나요?"
   "담배를 끊거나 줄이는 데 당신의 어떤 강점이 도움이 될 것이라고 생각하나요?"
4. 변화할 의도에 대해서 질문하기:
   "어느 시점이 되면 담배를 끊을 필요가 있다고 이야기했는데요, 그때가 언제인지 어떻게 알 수 있나요?"
   "금연과 관련하여 우리가 논의했던 세 가지 선택 대안 중에서 어느 것이 가장 시도할 만하다고 생각되나요?"

이 모든 질문들은 환자의 저항대화를 피하면서 동시에 변화대화를 이야기하도록 하는 목적에 적절하다.

반영적 경청(Reflective listening). 환자가 변화에 대한 생각이나 감정을 말하기 시작할 때, 동기강화상담자는 환자가 하는 이야기를 잘 경청하고 있다는 증거를 환자에게 제공해야 할 필요가 있다. 안타깝게도 '음…', '네' 또는 심지어 '이해해요'라는 표현만으로는 환자가 하는 말을 당신이 정말로 경청하고 있다는 어떠한 근거도 환자에게 제공하지 못한다. 이와 같이 정형화된 응답은 심지어 당신이 분명히 경청하고 있지 않는 순간에도 사용될 수 있다. 반영적 경청이란, 당신이 들은 환자의 말을 반영하여 되돌려 주는 것이다.

열린 질문과 마찬가지로 동기강화상담에서 모든 종류의 반영하기가 동일한 가치를 가지는 것은 아니다. 반영하는 과정에서 대개의 경우 환자의 변화대화를 강조하고 저항대화에는 중요성을 부여하지 않는 것이 더 가치 있는 반영하기이다. 앞에서 언급했던 예시를 생각해 보면, "만약 담배를 끊을 수 있다면 참 좋겠지요. 하지만 일을 하면서 스트레스를 받는 한 절대 끊지 못할 거예요. 업무 스트레스를 푸는 데는 담배가 효과적이거든요."라는 환자의 말에 만약 "스트레스를 많이 받는 현재의 일을 계속 하는 동안에는 담배를 끊을 생각이 없다는 이야기 같네요."라고 반영한다면 환자는 "네, 맞아요."라고 응답할 가능성이 높다. 이 반영은 변화의 가능성을 인정하는 대신에 변화를 하지 않으려는 핵심적인 이유를 강화시키는 역할을 수행했을 수도 있다. 이 경우에는 "그러니까, 사실 정말 담배를 끊고 싶고, 만약에 직장 스트레스를 해소할 다른 방법을 찾아낸다면 금연의 가능성은 더 증가할 것 같다는 이야기군요."라고 반응하는 것이 동기강화적인 반영하기에 해당될 것이다. 환자가 "맞아요."라고 응답한다면 이는 환자 스스로 변화의 가능성에 대해서 긍정하는 것이 되며, 담배를 피우지 않으면서 직장에서 받는 스트레스를 다룰 수 있는 방법들을 기꺼이 논의할 가능성이 더 높아질 것이다. 제6장 '라포 형성하기'에서 반영하기와 공감하기에 대해서 더 자세히 살펴보게 될 것이다.

인정하기(Affirmations). 환자가 변화대화를 말할 때 상담자는 인정하기를 사용하여 환자를 도울 수 있다. 자기효능감을 지지해 주는 것이 READS 원리 중 하나에 해당된다는 사실을 기억할 필요가 있다. 다른 기술들과 마찬가지로 선택적으로 인정하는 것이 매우 중요하다. 동기강화상담에서 모든 인정하기가 동일하게 유용한 것은 아닌데, 예를 들면 때로 변화와 관련된 환자의 능력을 인정하는 것은 논쟁이 될 수 있으며, 특히 환자가 변화와 관련된 자신의 능력에 대해서 의심을 하는 특별한 이유가 있을 때 더욱 그렇다. 따라서 동기강화상담자는 무엇을 인정할지를 선택할 때 더 신중해야 하며, 그 원리는 자연스럽게 변화대화로 이어지게 됨을 인정하는 것이다.

반영적 경청을 다루었던 앞부분에서 "만약 담배를 끊을 수 있다면 참 좋겠지요. 하지만 일을 하면서 스트레스를 받는 한 절대 끊지 못할 거예요. 업무 스트레스를 푸는 데는 담배가 효과적이거든요."라고 말했던 환자의 경우를 생각해 보자. 이때, "담배 없이도 당신이 충분히 직장 스트레스를 다룰 수 있을 거라는 믿음이 들어요."라고 말하는 것은 인정하기에 해당하긴 하지만, 깊이 들여다보면 이 환자가 스스로 자신감이 없다고 표현한 것에 대해서 받아들이지 않는 결과로 이어질 수 있고 더욱이 환자가 자신감이 없다는 것을 방어하도록 하는 결과를 야기하기 쉽다. 따라서 이 인정하기는 변화대화를 촉발하기보다 더 강한 저항을 일으키는 방아쇠가 될 수 있다. 이 경우에는 "자신이 받는 직장 스트레스를 해소하기 위한 목적으로 담배를 피고 있다는 것을 안다는 것은 정말 긍정적인 부분이군요. 이러한 통찰은 당신이 직장 스트레스를 관리하기 위해서 선택할 수 있는 대안들을 찾아보는 데 크게 도움이 될 것 같네요."라고 반응하는 것이 더 유용한 동기강화적 인정하기라 할 수 있을 것이다. 좋은 인정하기는 환자가 최종 단계로서 도달해야 하는 목표에서 건강관리전문가의 관점을 주입하는 대신에 환자가 그 과정에서 다음 단계로 나아갈 수 있도록 격려하는 기능을 수행해야 한다.

요약하기(Summarizing). 만약 환자가 자유롭게 변화대화를 이야기하고 있다면, 환자가 생각하는 것, 걱정하는 것, 느끼는 것들을 명확하고 일관성 있는 진술로 함께 묶는 것이 도움이 된다. Miller와 Rollnick은 이 과정을 "꽃들을 한데 모아서 부케로 만들어 상대방에게 전해 주는 것"에 비유했다.[11] 이와 같은 요약을 환자에게 제공하는 것은 다음과 같은 몇 가지 유익한 점을 가진다. 첫째로, 요약하기는 뭔가 중요한 일이 이루어지고 있다는 느낌을 갖도록 하는 데 도움이 된다. 요약하기는 대화를 나누는 과정에서 환자가 얼마나 많은 것을 성취했는지에 대해 주목하지 않을 수 없는 이야기를 말해 줄 수 있다. 이 같은 요약하기는 인정하기와 같은 기능을 수행하기도 한다. 둘째로, 요약하기는 환자가 자신의 다양한 생각들과 감정들, 그리고 걱정들이 어떻게 변화의 매우 개인적인 근거를 형성할 수 있는지를 환자가 알 수 있도록 할 수 있다. 마지막으로, 요약하기는 논의의 한 주제를 마무리하고 다음 주제로 전환할 수 있도록 해준다. 핵심은 요약하기를 변화의 방향으로 결정 저울이 기울어지도록 할 수 있는 긍정적인 요소들을 가능한 최대로 구성하는 것이다. 통찰력 있게 제시된 요약하기는 변화를 결정할 때 환자가 현재 어디에 있는지에 확인해 볼 수 있는 맥락을 마련해 줄 수 있다. 이는 다음과 같이 작용한다. "성공적인 금연을 전망할 수 있도록 당신에게 힘이 되는 몇 가지 중요한 깨달음을 얻은 것 같네요. 첫째로는 지난 여름 동안 손주들과 함께 시간을 보낸 것을 통해서 당신이 은퇴한 이후에도 손주들과 얼마나 함께하기를 원하는지 확신할 수 있었어요. 그리고 굉장히 스트레스를 많이 받는 직업을 가지고 있는데도 담배를 끊고 금연을 유지하고 있는 좋은 친구도 만나게 되었고요. 그래서 당신은 만약에 그 친구가 담배를 끊을 수 있다면 나도 할 수 있겠다고 생각하고 있어요. 이러한 생각들은 모두 담배를 끊는다는 결정을 내리는 것과 관련해서 당신이 현재 어디쯤 와 있는지에 대한 질문을 하고 있네요."

요약하자면, OARS 기술들이 통찰력 있게 건강 행동 변화의 긍정적인 면을 이끌어 내는 것에 집중될 때, 이는 환자가 변화대화를 확장할 수 있게 한다. 환자의 변화대화가 증가하고 저항대화가 감소할수록 환자가 건강 행동에 대한 건설적인 변화를 결심할 가능성은 높아진다.

⚜ 변화대화의 여섯 가지 주제

환자들에 의해서 확장되는 변화대화에 대한 강조는 Rollnick, Miller와 Butler가 쓴 저서, *Motivational Interviewing in Health Care: Helping Patient Change Behavior*[12)](2008)에서 더 심화되었다. 이 책에서 저자들은 건강관리 전문가에게 환자가 말하는 변화대화의 여섯 가지 주요 주제들을 경청할 것을 추천하고 있다. 이를 머리글자를 따서 DARN[열망(desire), 능력(ability), 이유(reasons), 필요(need)]에 두 가지 주제 CT[결심공약(commitment), 실행하기(taking step)]를 추가하여 요약할 수 있다.

변화 열망(Desire). 이 주제는 환자의 바람, 열망 등과 관련된 것으로, 다음과 같은 진술들을 포함한다.

"담배를 끊을 수 있다면 어떤 대가라도 지불할 용의가 있어요."

"운동을 좋아하죠. 특히 경쟁하는 운동을 좋아해요."
"저는 거울에 제 자신을 비춰 보고 거울에 비친 내 모습에 만족하고 싶어요."

환자가 표현한 열망을 담고 있는 이러한 진술들을 반영하고 인정하는 것은 변화에 대한 환자의 긍정적인 동기를 강화할 수 있다.

변화 능력(Ability). 이 주제는 환자가 할 수 있다고 느끼는 것과 관련되는 변화대화로 다음과 같은 진술들이 여기에 해당된다.

"다른 도움이 없어도 저는 담배를 끊을 수 있어요."
"지금까지보다 혈압약을 더 규칙적으로 복용할 수 있을 것 같군요."
"저녁 먹은 후에 매일 1.5km씩 걷는 것 정도는 할 수 있을 것 같아요."

능력에 대한 변화대화를 반영할 때 동기강화상담자는 관련된 조건의 정도에 민감해야 할 필요가 있다. 이 세 가지 진술 중 첫 번째 진술은 극단적으로 복잡하지 않고 무조건적이다. 이는 강한 자신감의 표현이다. 다른 두 진술은 그보다는 낮은 자신감을 표현하고 있으며("나는 할 수 있다."라는 표현 대신에 "할 수 있을 것 같다."라고 표현) 조건부를 포함하고 있다. 능력에 관한 대화를 반영할 때 동기강화상담자는 환자가 표현한 능력의 정도와 반영하기의 수준을 적절하게 맞추는 데 주의를 기울여야 한다. 환자가 느끼는 것보다 더 큰 수준으로 반영하는 것은 환자의 저항을 야기할 수 있다.

변화 이유(Reasons). 이 주제는 "나의 행동을 변화시켜야만 하는 이유가 무엇인가요?"라는 질문에 대한 응답과 관련된다.

"혈압 수치를 이대로 높은 채 그냥 두는 것은 나에게 좋지 않다는 것을 알아요."
"이 통증을 없앨 수 있다면 당신이 제안하는 것이 무엇이든 들을 용의가 있어요."
"손자에게 사냥과 낚시하는 방법을 가르쳐 주고 싶어요."

이와 같은 변화의 이유들은 변화 열망의 주제와 겹치는 면이 있다. 개인에게 의미 있는 목표를 달성하기 위한 열망은 건강을 위한 행동 변화의 강력한 이유가 될 수 있다. 환자가 변화의 이유를 표현할 때마다 동기강화상담자는 변화의 이유에 대한 반영과 인정을 표현해야 한다.

변화 필요(Need). 이 주제는 환자가 필요하다고 생각하는 것과 그 필요를 충족시키기 위한 방법을 탐색하는 진술 등을 포함한다.

> "제가 먹는 것을 점검하던 것을 다시 시작해야겠어요."
> "더 건강하기 위한 선택을 해야만 할 것 같다는 생각이 드는군요."
> "밤에 잠을 좀 더 자야 할 필요가 있겠네요."

환자가 말한 변화의 필요성에 대한 진술을 반영하고 인정하는 것을 통해서 동기강화상담자는 변화의 필요성을 강화할 수 있고, 그 필요를 충족시키는 방법에 대한 환자의 생각을 이끌어 낼 수 있다.

Miller, Rollnick과 Butler는 이러한 네 가지 주제의 변화대화(DARN)를 결심공약 이전 단계의 변화대화로 구분했다. 환자는 변화의 이유 또는 변화하지 않으려는 이유를 탐색하는 중에 이러한 주제들을 표현할 수 있지만, 이러한 변화대화가 환자가 어떤 결정을 하도록 보장해 주는 것은 아니다. 또한 이러한 주제들은 서로 대립되는 내용과 함께 표현되기도 하는데, 그 이유는 변화 열망, 변화 능력, 변화 이유 그리고 변화 필요는 서로 상반되는 두 가지 결정 모두와 관련되어 있기 때문이다. 예를 들면, 환자는 "당뇨병의 끔찍한 결과들로 인해서 고통을 받고 싶지 않아요. 하지만 안정적으로 혈당을 관리하기 위해서 필요한 모든 것을 내가 할 수 있을 것이라고 생각지는 않아요."라고 말할 수 있다. 이 환자가 말한 내용의 전반부는 변화 열망과 변화 이유에 대한 표현인 데 비해서, 후반부는 자신의 무능력과 관련된 표현으로 이루어져 있다. 당뇨병을 관리하고자 하는 긍정적인 열망이 이를 위해서 요구되는 것들을 할 수 없을 것이라는 인식으로 무효화된 셈이다. 만약 동기강화상담자가 자신감과 관련된 주제를 다루지 않은 채 변화 열망과 이유를 계속해서 반영하고 강화하려 한다면 환자는 양가감정 속에 남겨져 있게 될 것이다. 머리글자를 모아 DARN이라고 표기되는 네 가지 주요 주제의 변화대화는 건강을 위한 행동 변화에 대해서 환자가 어떻게 이해하고 있는지를 보여 주지만, 이러한 주제들이 어떻게 결합해서 환자가 결정을 내리고 그 결심을 사람들에게 이야기하도록 할 만큼의 충분한 동기를 형성하는지에 대해서는 알려 주지 않는다.

마지막 두 가지 주제의 변화대화는 Miller, Rollnick과 Butler의 접근에서 구체적으로 구분되었으며, 변화에 대한 결정으로 여겨지기도 한다.

결심공약(Commitment). 이 주제는 실행에 대한 환자의 결정과 관련된다. 건강을 위한 행동 변화에 대한 최종 결정은 다음과 같은 결심공약의 형태로 표현될 수 있다.

"제가 먹는 음식들을 더 면밀하게 모니터링할 생각이에요."
"운동을 좀 더 할 준비가 되었어요."
"매일 혈압약을 먹으려고요. 믿어도 좋아요."

동기강화상담자는 건강을 위한 행동 변화를 최종적으로 결정하는 것에 결심공약이 여러 측면에서 관련될 수 있다는 사실을 알고 있어야 한다. 예를 들면, 환자는 "이야기했던 혈당 관리와 관련해서 좀 더 생각해 볼게요. 인슐린 주사를 맞는 것에 대해서 지금은 결정을 내릴 준비가 되지 않았어요."라고 말할 수 있다. 이 말에서 환자는 논의한 문제에 대해서 생각해 보는 것에는 결심공약을 말하고 있지만 인슐린 주사에 대한 결정을 내리기에는 아직 준비되지 않았다고 표현하고 있다. 비록 이 결심공약이 최종 결정은 아니지만 이는 최종 결정을 향한 의미 있는 진보를 담고 있다. 따라서 동기강화상담자는 다음의 예시와 같이 이를 반드시 반영하고 인정해야 할 필요가 있다. "혈당 수치를 관리하는 가장 최선의 방법이 무엇일지에 대해서 충분히 생각해 보겠다는 이야기를 들으니 참 좋네요. 만약 당신이 최선의 결정을 내릴 준비를 하는 과정에 내가 어떤 도움이 될 수 있다면 꼭 알려 주세요."

실행하기(Taking steps). 이 변화대화의 주제는 환자가 변화로 향하는 어떤 행동을 실천하는 것과 관련된다. 매달 처방되는 당뇨병 약을 타기 위해서 매번 10~15일 정도 늦게 오는 다음 환자의 사례에서와 같이 여기서의 어떤 행동이란 주요 변화에 해당되는 것일 수도 있다. 이 환자가 지난번 약을 받으러 왔을 때 약사는 상담실에서 환자와 이야기를 나누었다. 그리고 이번에 환자는 제 시간에 맞춰서 자신의 약을 찾으러 와서 "약을 먹는 것의 효과를 확인해 보기 위해서 매일 약을 먹기로 결정했어요. 인슐린 주사를 맞는 것만큼은 꼭 피하고 싶거든요."라고 이야기했다. 위에서 논의했던 다른 주제의 변화대화와 같이 이 변화대화에도 반영하기와 인정하기로 반응해야 하며 다음과 같이 조심스럽게 확장될 필요가 있다. "처방된 대로 매일 당뇨병 약을 복용하고, 건강한 식습관과 운동을 함께 병행하는 것은 혈당 조절 및 인슐린 주사를 맞지 않도록 예방하는 데 매우 효과적일 수 있어요. 이러한 단계들이 당신에게 어떻게 도움이 되었는지 들을 수 있기를 기대하고 있어요."

경우에 따라서 다음과 같이 최종적이기보다는 중간 단계인 경우도 있다. "며칠 전에 친구를 만나서 30분도 더 넘게 이야기를 했어요. 수년간 당뇨병을 앓아 온 친구인데, 나보다 훨씬 더 잘 관리하고 있는 것 같더라고요." 이 친구와 같이 경험이 있으며 신뢰할 수 있는 정보원을 찾는 것은 중요한 자발적 행동으로, 이는 다음과 같이 건강관리전문가에게 반영되고 인정되고 또한 확장될 수 있다. "친구와 이야기하는 것은 더욱 성공적으로 혈당을 관리하는 방법을 찾는 데 정말 좋은 방법이 될 수 있을 거예요. 친구와의 대화에서 배우게 된 것에 대해서 좀 더 이야기해 주시겠어요?"

이 여섯 가지 주제들(DARN+C+T)은 환자에게서 이끌어 낸 변화대화의 내용의 중요성 정도를 대변해 준다. 환자가 이러한 주제들에 대해서 더 많이 이야기할수록 이 주제들은 더욱 강화된다. Miller, Rollnick과 Butler에 따르면, 환자가 이러한 주제들을 충분히 탐색할 수 있도록 건강관리전문가가 도움을 줄 때 환자는 궁극적으로 왜 자신이 하나 또는 그 이상의 변화를 해야 할 필요가 있는지에 대해서 스스로를 설득하는 주장을 구성하게 된다.

⚜ 동기강화상담의 정신에 기술 더하기, 하지만 그 작용원리는 무엇인가?

앞에서 살펴본 바와 같이 동기강화상담은 정신과 기술의 측면(기법 또는 방법) 두 가지 모두로 설명된다. 동기강화상담의 정신은 스스로의 목표를 달성하기 위해서 필요한 것이 무엇인지를 궁극적으로 결정하는 전인적인 존재로서 환자를 배려하고 존중하는 것으로 건강관리전문가와의 깊은 관계적 라포를 형성하게 한다. 이러한 라포는 환자를 개방적이 되게 하고 건강 행동 변화 및 그 가능성에 관련된 자신의 생각이나 의문, 걱정을 표현할 수 있도록 한다. 전문가가 동기강화상담의 기술이나 기법(READS, OARS, DARN+C+T)을 사용하여 반응할 때, 환자의 변화대화는 증가하게 된다. 이러한 정신과 기술이 조합된 어딘가에 환자가 자신의 내면의 동기를 발견하고 건설적인 건강 행동 변화를 하도록 하는 동기강화상담의 힘이 존재한다.

불행하게도, 동기강화상담을 정신에 기술을 더한 것으로 설명하는 이원론적 접근은 동기강화상담의 핵심에 무엇이 있는지에 대해서 많은 사람들에게 다소 혼란을 주었다. Miller와 Rollnick은 2009년 "동기강화상담이 아닌 10가지"[13]라는 논문을 게재했는데, 이를 통해서 사람들이 동기강화상담을 시도하고자 할 때 발생하게 되는 여러 가지 오해를 거부하려 했다. 예를 들어, 그들은 동기강화상담이 초이론적 변화 모델,[14] 내담자 중심 상담,[2] 인지 행동 이론,[15] 결정 저울 이론[16]과 같은 다른 심리학적 접근들의 변형이 아니라는 것을 확고히 하기 위해서 노력했다. 동기강화상담이 이러한 심리학적 접근들과 이론적으로 강력하게 연결되어 있을 수도 있으나, Miller와 Rollnick은 동기강화상담의 핵심은 이러한 연결점들을 상당히 넘어선다고 주장했다. 동기강화상담은 안내하기의 한 형태로 환자가 해야 할 필요가 있는 것을 궁극적으로 결정하는 환자의 권리를 존중하면서 상담자가 환자에게 긍정적인 영향을 미칠 수 있도록 한다. 정확히 이러한 안내하기가 어떻게 환자의 결정을 촉진하는지에 대해서는 아직 이론적으로 정확하거나 임상적으로 적절한 방식으로 명시되지는 않았다.

동기강화상담이 어떻게 작용하는지에 대한 이론을 분명하게 명시하고자 하는 필요는 더디게 증가되어 왔는데, 그 이유는 학자들이 자발적인 건강 행동 변화를 촉진하는 동기강화상담의 효과를 증명하고자 시도를 해 왔기 때문이다. 1983년 이래로, 200회가 넘는 동기강화상담의 효과성에 대한 임상 실험이 수행되었으며,[17] 그 결과들에 대한 체계적 고찰의 결과는 동기강화상담의 다양한 기존 치료들에 비해서는 일반적으로 더 효과적이었으나 다른 체계적인 상담 접근들에 비해서 더 효과적이지는 않았다는 것을 보여 주었다.[18)~20)] 이러한 체계적 고찰의 저자들은 동기강화상담의 임상적 실험이 동

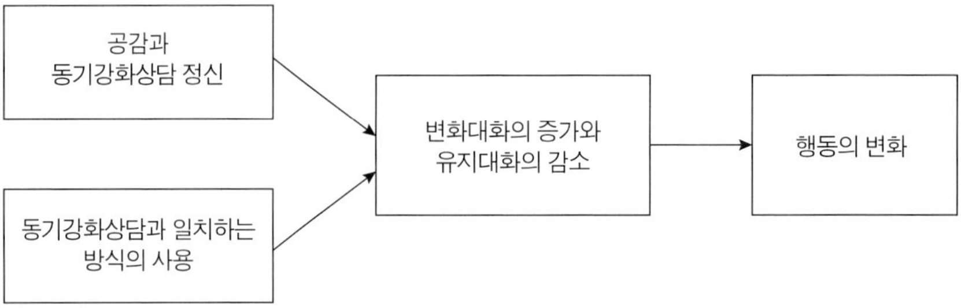

그림 3-1 동기강화상담의 인과 사슬 모형(참고 문헌 21의 내용을 개정)

기강화상담의 특성과 역량에 대해서 명확하게 명시된 이론의 부족에 의해서 방해받았다고 결론을 내렸다. 이에 대응하여 Miller와 Rose는 그림 3-1[21]의 내용을 핵심으로 하는 동기강화상담의 인과 사슬 모형을 제안하는 것으로 동기강화상담의 이론을 충분히 기술하기 위한 첫걸음을 내딛었다. 이 모형은 우리가 논의했던 정신에 기술을 더하는 방식의 설명을 도표를 통해서 나타낸 것 이상의 것을 담고 있지는 않다. 동기강화상담의 정신과 그 기술을 사용하는 것은 환자의 변화대화를 증가시키고 저항을 감소시키는 데 독립적으로 영향을 미친다. 그리고 변화대화가 증가하고 저항이 감소하는 것은 행동의 변화로 이어진다. 이러한 효과가 일어나는 이유와 과정에 대한 이론적 설명은 거의 없다.

⚜ 동기강화상담을 이해할 수 있도록 건강관리전문가 돕기

Miller와 Rollnick의 “동기강화상담이 아닌 10가지”[13]라는 글과 Miller와 Rose의 모형[21]이 출판된 것과 유사한 시기에 우리는 약학대학교 학생들과 의사, 간호사, 약사, 사회복지사, 영양사들이 포함된 건강관리전문가들에게 동기강화상담을 가르치고 있었다. 우리는 여기에서 논의했던 동기강화상담에 대한 이원론적 접근에 바탕을 두고 있었다. 우리는 이내 훈련된 심리상담자에게 동기강화상담을 가르치는 것과 건강관리전문가에게 동기강화상담을 가르치는 것이 매우 다르다는 사실과 동기강화상담의 정수에 대한 이론적 명확성이 부족하다는 사실이 특히 건강관리전문가들에게는 장애물이 된다는 사실을 알게 되었다.

심리상담자들은 새로운 상담 접근을 도입하고 이를 상담 시연을 통해서 연습하는 것에 익숙하며, 또한 자신의 말하는 방식이 내담자에게 미치는 영향을 면밀히 점검하는 것에도 익숙하다. 반면에 건강관리전문가들은 대개 환자들과 의사소통을 할 때 이러한 섬세함 면에서 많이 부족하다. 환자와의 시연에서 동기강화상담을 사용해야 하는 상황에 직면했을 때 건강관리전문가들은 대개 '스스로 무너진다.' 이에 우리는 Auburn University Harrison School of Pharmacy의 경영학 석사, 박사인 Jan Kavookjan과 함께 건강관리전문가들이 동기강화상담을 경험하고 정확히 이해하도록 돕기 위해서 조금씩 그 단계를 높여 갈 수 있도록 설계된 중급자용 연습 시리즈를 만들었다. 이 활동들은 건강관리전문가들이 동기강화상담의 정신을 이해하고 READS, OARS, 그리고 DARN+C+T로 요약될 수 있는 동기강화상담의 개별 기술들을 연습하도록 돕는 데 성공적이었다. 하지만 건강관리전문가들은 여전히 환자와의 상담을 시연하는 중에 동기강화상담의 정신과 기술을 통합하는 일에 심각한 어려움들을 경험했다.

많은 건강관리전문가들이 시연을 통해서 상담 연습을 하는 동안 경험하는 한 가지 문제는 다음에 해야 할 말을 생각해 내기 위해서 동기강화상담의 기술을 설명하기 위해 고안된 개별 약자에 초점을 맞추는 데 그 원인이 있었다. 예를 들어, 건강관리전문가는 임의대로 불일치감 만들기를 해야 할 필요가 있다고 결정하기도 했는데, 그 이유는 READS에서 D가 불일치감 만들기를 의미하기 때문이다. 그리고 이 기술들을 사용할 때 공감 표현하기나 또는 자기효능감 지지해 주기와 같은 READS의 또 다른 하나의 원리를 적용해야 한다고 결론을 내리기도 한다. 또 다른 문제는 건강관리전문가들이 상당히 빨리 공감을 사용할 수 있게 되는 데 비해서 환자의 감정을 공감했을 때 어디로 가야 할지 모른다는 것이었다. 상담 시연은 마치 관절이 연결되지 않은 것 같이 느껴졌는데, 그 이유는 건강관리전문가들이 환자 중심이 아니라 약자(acronym)로 서술된 기술 중심이었기 때문이다. 이 문제에 대해서 논의하는 동안 건강관리전문가들은 항상 일관되게 우리에게 언제 어떤 동기강화상담 기술을 사용해야 하는지, 어떻게 알 수 있는지에 대해서 질문하곤 했다. 이 질문을 하는 것은 건강관리전문가들이 의료 현장에서 이루어지는 정밀 진단 검사의 일련의 각 단계들에 대한 이론적 정당성을 충분히 이해하는 것에 적응되어 있다는 사실을 반영해 주는 것이었다. 변화대화를 이끌어 내는 과정에서 환자의 저항을 마주하게 된다면 상담자는 한 걸음 물러나고 다른 방법을 사용하거나 또는 열린 질문으로 이 저항을 탐색해야 한다는 Miller와 Rollnick의 조언은 이들에게 도움이 되지 않았다.

우리는 Miller와 Rollnick이 심리상담자들에게 동기강화상담을 설명했던 것과는 다른 방식으로 건강관리전문가들에게 동기강화상담을 설명할 필요가 있다는 것을 깨닫게 되었다. 건강관리전문가는 동기강화상담이 어떻게 어떤 장면에서 그리고 어떤 이유에서 환자의 건강 행동 변화 결정에 긍정적인 영향을 미칠 수 있는지를 보여 주는 동기강화상담의 핵심에 대한 명확한 개념을 필요로 했다. 제4장에서 우리는 건강관리전문가들이 이해할 수 있는 동기강화상담의 이론적 설명을 찾아가는 우리의 여정을 소개할 것이다.

이론의 분리

진행에 앞서 Miller와 Rollnick이 집필한 『동기강화상담: 변화 함께하기』[1] 3판에 대해서 이야기할 필요가 있을 것 같다. 두 저자는 동기강화상담에 대한 설명을 향상시켜서 초판과 2판의 내용을 광범위하게 다시 집필했다. 3판의 주요 논지는, 환자(내담자)는 자신의 문제를 해결하는 데 필요한 모든 것들을 이미 내면에 가지고 있으며, 이러한 내면의 자원들을 활성화하는 것은 상담자의 몫이라는 신념에 대한 것이라 할 수 있다. 즉, 어떤 수준에서 환자는 자신이 해야 할 필요가 있는 것이 무엇인지 알고 있다는 것이다. 하지만 건강관리의 경우는 여기에 해당되지 않는다. 결혼 상담에서 부부는 비록 서로를 비난한다 할지라도 두 사람 모두 결혼생활의 불화에 자신이 실제로 기여하고 있다는 사실에 대해서 마음속 깊은 곳에서는 알고 있을 것이다. 상담자는 노련하게 부부가 각기 적절한 책임을 질 수 있도록 도울 수 있다. 하지만 많은 경우, 환자들은 실제로 자신의 질병에 대해서 이해하지 못할 수 있으며(실제로는 심각한 고혈압 상태인데도 불구하고) 별다른 이상 증상을 느끼지 않는다면 왜 약물 치료가 필요한지에 대해서 충분히 이해하지 못할 수 있다. 식습관을 변화시키거나 운동량을 증가시켜야 하는 이유 또한 모르고 있을 수 있다. 무엇보다도 (매우 심각한데도 불구하고) 자신의 질병이 얼마나 심각한지에 대해서 의구심을 가지고 있을 수도 있다. 따라서 동기강화상담을 사용하는 건강관리전문가의 주요 업무 중 하나는 환자들이 자신에게 일어난 일을 더욱 잘 이해할 수 있도록 하는 것이다. 예를 들면, 아무런 증상이 느껴지지 않는다고 하더라도 왜 위험할 수 있는지를 환자들이 이해할 수 있도록 돕는 것이다. 요약하면, 환자는 자신이 알아야 할 모든 것을 자신의 내면에 가지고 있지 않다.

기존의 동기강화상담의 일부 요소들은 3판에서 거의 삭제되었는데,[1] 예를 들면, 약자 READS는 거의 언급되지 않았고, '저항과 함께 구르기' 또한 언급되지 않았다. 반면에 어떤 요소들은 더 강조되었는데, 예를 들어 READS에 비해서 OARS는 동기강화상담의 중심에 위치하고 있다. 몇 가지 주요 특성들은 다른 표현으로 설명되기도 했다. 변화대화는 중요한 개념으로 여전히 다루어졌으나 이에 비해서 저항대화는 '유지대화'로 대체되었다. 변화대화는 환자가 변해야겠다는 결론에 이르도록 하는 논쟁에 해당되며, 유지대화는 현재 행동을 유지하겠다는 결론에 이르도록 하는 주장을 의미한다. Miller와 Rollnick은 유지대화를 다루는 것 자체를 거의 배제할 정도로 변화대화를 강조했다. 이와 같은 강조는 건강관리 현장의 경우 논쟁의 여지가 있다. 예를 들면, 환자가 자신이 복용하고 있는 약의 부작용에 대해서 매우 심각하게 걱정을 하면서 약물 치료를 원하지 않는다면, 이러한 환자의 걱정은 반드시 다루어져야만 한다. 변화대화만으로는 환자로 하여금 이러한 부작용을 받아들이도록 하긴 어렵다. 특히 부작용에 대한 환자의 우려가 사실과 다르거나, 더 나은 관점으로 전환될 수 있다면 더욱 그렇다. 이러한 유지대화를 다루는 방법에 대해서는 이어지는 다른 장에서 살펴볼 것이다.

Miller와 Rollnick은 3판에서 반영하기의 개념을 위해서 공감의 개념을 덜 강조했으며, 이와 유사하게 양가감정에 초점을 맞추기 위해서 저항의 개념을 덜 강조했다. 그리고 마지막으로 라포와 불협화음을 대조했다. 하지만 우리는 건강관리와 관련된 장면에서 이러한 변화들은 다소 논의할 필요가 있다고 생각한다.

Miller와 Rollnick과 우리는 서로 추구하는 이론적 방향성이 다르기 때문에 이 변화에 대해서는 자세하게 다루지는 않을 것이다. 하지만 우리가 동기강화상담에 접근하는 세 가지 방법에 대해서는 명확히 하고자 하며, 이는 Miller와 Rollnick의 최근의 접근과는 몇몇 부분에서 차이가 있다.

첫째, 우리는 Miller와 Rollnick이 최초로 제안하고 몇 회에 걸쳐서 수정한 기본적인 특성에 대한 대안으로서 몇 가지 주요 특징들을 제시하려 한다. 우리는 이를 통해서 어떻게 동기강화상담의 정신과 기술이 건강을 위한 건설적인 행동 변화의 가능성을 높이는 데 상승효과를 낼 수 있는지에 대해서 구체적으로 설명할 수 있을 것이라고 믿고 있다. 이러한 차이는 건강관리전문가들이 환자가 표현한 걱정들에 동기강화상담을 사용하여 반응하는 과정에서 건강관리전문가들이 가진 대안이 무엇인지 실무 수준에서 더 쉽게 이해할 수 있게 한다는 것을 알게 되었다. 이러한 차이점들에 대해서는 제4장과 제5장에서 다루었다.

둘째, 우리의 접근과 Miller와 Rollnick의 최근 접근과의 주요 차이점은 양가감정보다 저항에 비교적 더 중요성을 두고 있다는 것이다. 양가감정은 약물 문제, 부부 문제, 또는 불안 문제 등으로 어려움을 겪고 있는 내담자들에게 더 강조되기에 적절한 개념인데, 그 이유는 이러한 내담자들은 대개 변화의 장점과 단점에 대해서 비교적 잘 알고 있을 가능성이 높기 때문이다. 반면에 최근에 만성질환을 진단받은 환자들은 대부분 자신에게 처방된 식이요법 등에 강한 저항감을 표현한다. 그러므로 양가감정에 반응하는 것뿐만 아니라 저항에 반응하는 데 동기강화상담을 사용하는 방법에 대해서 건강관리전문가에게 가르치는 것이 우리의 경우에는 적절하다. Miller와 Rollnick이 동기강화상담 3판에서 저항의 개념을 철회한 것과 달리, 우리는 동기강화상담을 하는 중에 서로 다르게 다루어야 하는 두 가지 형태로 저항을 구분하는 것을 통해서 저항에 초점을 맞추었다. 우리가 확인한 것은 Miller와 Rollnick과 같이 양가감정에 반응하는 것에 초점을 맞추는 것보다 이 두 가지 형태의 저항을 다루는 것을 강조하는 것이 건강관리전문가에게 더 쉽게 인식된다는 것이다. 건강관리전문가는 잘못된 이해에 기반하고 있는 환자의 저항은 반드시 다루어져야 한다고 생각하는 것 같다. 우리의 이론적 접근은 이러한 부분이 동기강화상담의 관계적 역동 내에서 어떻게 다루어질 수 있는지를 설명해준다.

셋째, 우리는 건강을 위한 건설적인 행동 변화의 가능성을 높이는 데에 동기강화상담이 어떤 작용을 하는지를 설명하기 위해서 다양한 심리 이론과 의사소통 이론을 사용했다. 비록 Miller와 Rollnick이 지속적으로 환자가 자신의 행동 변화를 주장해야 한다고 말해 왔지만, 이 주장의 영향을 계속해서 연구하지는 않았다. 사람들은 자신이 당면한 자신의 삶이나 상황을 이해하는 과정에서 변화를 주장하기도 하고 변화에 반대하기도 한다. 동기강화상담은 환자들이 변화를 할지 여부를 결정하는 과정에 전적으로 함께할 때 가장 효과적으로 작용한다. 환자들이 변화할 새로운 이유를 알 수 있도록 돕는 것은 변화에 호의적인 방향으로 결정 저울이 기울어지게 하는데, 이것이 Miller와 Rollnick이 변화대화가 증가함에 따라서 변화 방향으로 점차 그 균형이 기울어지게 된다는 주장을 통해서 강력하게 말하고 있는 것이다. 하지만 변화대화가 지속적으로 증가한다고 하더라도 이것이 환자에게 극도로 중요한 것과 관련된 의심과 어떤 두려움으로 인하여 상쇄된다면, 아무리 변화대화가 증가한다고 하더라도 실제적인 변화로는 이어지기 어려울 것이다. 따라서 우리는 환자에게 제시된 치료 대안들에 대한 환자의 잘못된 이해나 오해, 의심, 두려움들을 다루는 것이 절대적으로 중요하다고 생각한다. 변화에 찬성하거나 반대하는 것에 관해서 환자가 이해하고 있는 부분을 다루기 위해서 건강관리전문가가 동기강화상담의 정신을 사용할 때 동기강화상담은 환자에게 가장 최상의 효과를 나타낸다. Miller와 Rollnick의 말로 표현한다면, 동기강화상담 전문가는 환자와 깊은 라포를 형성해야 하고, 이 관계는 환자로부터 변화대화를 이끌어 내고 환자의 유지대화를 다루는 데 모두 영향을 미치게 된다. 그리고 건강 행동과 관련된 변화에 찬성하거나 반대하는 결정은 더욱 확고하게 환자의 몫으로 남겨지게 된다. 우리는 동기강화상담이 (1) 변화에 찬성하거나 반대하는 것에 대해서 환자가 어떻게 이해하고 있는지를 이끌어 내는 것과 (2) 변화에 찬성하거나 반대하는 환자의 주장을 다루는 데 동기강화상담의 정신을 사용하도록 동기강화상담의 범위를 확장했다고 생각한다. 건강 행동 변화의 가능성에 대한 환자의 이해와 추론을 전반적으로 다루기 위해서 동기강화상담의 정신이 사용될 때 동기강화상담은 최상의 효과를 나타낸다.

✳ 생각해 볼 질문

1. Rogers의 내담자 중심 상담과 동기강화상담은 어떻게 다른가?
2. 왜 동기강화상담의 정신과 원리 그리고 기술이 동기강화상담의 효과에서 필수적이라고 할 수 있는가?
3. 변화대화와 유지대화의 차이점은 무엇인가?
4. 환자들은 자신의 내면에 자신의 행동의 변화에 필요한 모든 것을 가지고 있는가? 이에 대해서 당신은 어떻게 생각하는가?
5. 동기강화상담에 대한 이 책의 접근과 Miller와 Rollnick의 접근의 세 가지 주요 차이점은 무엇인가? 이러한 차이점에 대해서 당신은 어떻게 생각하는가?

참고 문헌

1. Miller WR, Rollnick S. *Motivational Interviewing: Helping People Change*. 3rd ed. New York: Guilford Press; 2013:xxii.
2. Rogers CR. *On Becoming a Person: A Therapist's View of Psychotherapy*. Boston: Houghton Mifflin; 1961.
3. Rollnick S, Miller WR. What is motivational interviewing? *Behav Cogn Psychother*. 1995;23:325-34. doi: 10.1017/S135246580001643X.
4. Miller WR, Rollnick S. *Motivational Interviewing: Preparing People to Change Addictive Behavior*. New York: Guilford Press; 1991.
5. Miller WR, Rollnick S. *Motivational Interviewing: Preparing People to Change Addictive Behavior*. New York: Guilford Press; 1991:60.
6. Bandura A. Self-efficacy: toward a unifying theory of behavioral change. *Psychol Rev*. 1977; 84:191-215.
7. Bandura A. Self-efficacy mechanism in human agency. *Am Psychol*. 1982;37:122-47.
8. Strecher VJ, DeVellis BM, Becker MH, et al. The role of self-efficacy in achieving health behavior change. *Health Educ Q*. 1986;13:73-91.
9. Miller WR, Rollnick S. *Motivational Interviewing: Preparing People for Change*. 2nd ed. New York: Guilford Press; 2002.
10. Miller WR, Rollnick S. *Motivational Interviewing: Preparing People for Change*. 2nd ed. New York: Guilford Press; 2002:79.
11. Miller WR, Rollnick S. *Motivational Interviewing: Preparing People for Change*. 2nd ed. New York: Guilford Press; 2002:74.
12. Rollnick S, Miller WR, Butler CC. *Motivational Interviewing in Health Care: Helping Patients Change Behavior*. New York: Guilford Press; 2008.
13. Miller WR, Rollnick S. Ten things that motivational interviewing is not. *Behav Cogn Psychother*. 2009;37:129-40.
14. Prochaska JO, DiClemente CC. *The Transtheoretical Approach: Crossing Traditional Boundaries of Therapy*. Homewood, IL: Dow Jones-Irwin; 1984.
15. Butler AC, Chapman JE, Forman EM, et al. The empirical status of cognitive-behavioral therapy:

a review of meta-analyses. *Clin Psychol Rev*. 2006;26:17-31.

16. Janus IL, Mann L. *Decision Making: A Psychological Analysis of Conflict, Choice and Commitment*. New York: Free Press; 1977.
17. Miller WR, Rollnick S. *Motivational Interviewing: Helping People Change*. 3rd ed. New York: Guilford Press; 2013:ix.
18. Burke BL, Arkowitz H, Menchola M. The efficacy of motivational interviewing: a meta-analysis of controlled clinical trials. *J Consult Clin Psychol*. 2003;71:843-60.
19. Hettema J, Steele J, Miller WR. Motivational interviewing. *Annu Rev Clin Psychol*. 2005;1:91-111.
20. Lundahl BW, Kunz C, Brownell C, et al. A meta-analysis of motivational interviewing: twenty-five years of empirical studies. *Res Social Work Pract*. 2010;20:137-60.
21. Miller WR, Rose GS. Toward a theory of motivational interviewing. *Am Psychol*. 2009:64;527-537.

Motivational Interviewing

CHAPTER 4

동기강화상담에 대한 새로운 이론

이 장에서 우리는 동기강화상담(MI)의 특성과 효과에 대한 새로운 이론적 설명을 소개하려 한다. 우리는 건강관리전문가들이 동기강화상담을 배우고 숙련해 가는 과정에서 경험한 문제들의 유형을 연구한 후에 이러한 이론적 설명을 얻을 수 있었다. 동기강화상담을 배우고자 하는 건강관리전문가는 환자 중심 케어의 개념에 전적으로 동의하며 진정으로 환자를 존중하고 돌보며 협력하기를 원하고 있을 것이라고 우리는 가정한다. 만약에 그렇지 않다면 동기강화상담을 실행하는 것이 불가능하다고 생각한다. Rollnick과 Miller는 이러한 지향성을 '동기강화상담의 정신'[1)]이라고 지적했다. 이 장은 동기강화상담을 실행하는 것과 관련하여 실제 '대화'에서 일어나는 일에 초점을 맞추고 있다.

우리는 많은 시간을 들여서 자신의 환자(실제와 표준화한 환자 모두를 포함)와의 상호작용에 동기강화상담의 통합을 시도한 건강관리전문가의 녹음테이프(영상과 음성을 모두 포함)를 관찰하고 기록하고 분석했다. 녹음테이프를 더 많이 관찰하고 분석할수록, 동기강화상담을 사용하여 환자들을 돕고자 하는 건강관리전문가들의 노력이 다음의 내용들에 의해서 방해를 받는다는 것을 더욱 확신하게 되었다. 이는 (1) 직업적 상황에서 무의식적으로 이루어지는 자신의 일반적인 대화 패턴을 당연한 것이라고 생각하는 '자동 운전 모드'로 이야기하는 것과, (2) 환자가 자신만의 고유한 상황들을 어떻게 이해하고 있는지에 대해서 귀를 기울이지 않고 이를 다루지 않는 것이었다. 이후 우리는 일상의 대화나 설득과는 다른 동기강화상담의 방식에 해당되는 의사소통 이론들을 찾아보기 시작했다.

정말 기쁘게도, 우리는 얼마되지 않아 동기강화상담에 대한 우리의 이론적 통찰이 우리가 진행하던 교육의 향상으로 이어졌다는 사실을 알게 되었다. 워크숍에서 동기강화상담과 관련하여 우리가 주목했던 부분을 나누기 시작하자 워크숍 참여자들은 매우 강한 호응을 보였는데, 이는 이 통찰이 동기강화상담을 배우는 과정에서 그들이 고민하던 주요 부분들을 이해하는 데 도움이 되었기 때문이었다. 즉, 참여자들은 이 통찰을 잘 이해할 수 있었던 것이다. 이에 우리는 (1) 환자와 동기강화상담을 하는 건강관리전문가와 학생들의 상담을 녹음하여 분석하는 것과, (2) 워크숍에서 동기강화상담을 배우고 있는 건강관리전문가들과 통찰을 나누는 것, 이 두 가지를 번갈아 가면서 반복하기 시작했으며, "훌륭한 이론보다 더 실제적인 것은 없다."[2]라고 말한 Lewin의 주장을 실제로 경험했다. 워크숍의 참여자들이 특정 내용에 대해서 도움이 되지 않거나 너무 구체적이라고 말하면 이를 반영하여 단순화하고 개선했으며, 다른 영역에서 더 깊은 통찰과 구체적인 것을 원한다고 보일 때는 개념들을 확장하고 정교화했다. 결과적으로, 동기강화상담을 설명하는 동안 우리는 워크숍 참여자들이 통찰을 얻는 것에 즐거워하는 모습들을 볼 수 있었으며, 또한 참여자들이 워크숍의 상담 시연 중 일어난 일에 대해서 논의하면서 새로운 개념들을 이해해 가는 것을 느낄 수 있었다. 2~3년의 기간이 지나는 동안 워크숍 참석자들이 동기강화상담에 필요한 역량을 더욱 빠르게 습득한다는 것을 알게 됨으로써 동기강화상담에 대한 우리의 이론적 접근의 효과를 추가적으로 확인할 수 있었다.

이 과정은 의심할 여지 없이 계속 이어질 것이며, 건강관리 영역에서 동기강화상담에 대한 우리의 설명 또한 계속적으로 진화할 것이다. 그럼에도 불구하고 현재 동기강화상담에 대한 우리의 설명을 글로 남겨야 할 필요성을 느낀 것에는, 이 설명이 잠재적으로 동기강화상담을 이해하고 가르치는 것에 있어 새로운 성장의 발화점이 될 가능성을 가지고 있기 때문이다. 우리는 동기강화상담에 대한 우리의 의사소통 이론을 학술지에 게재할 계획을 가지고 있으며, 이미 동기강화상담에 대한 우리의 접근의 타당성을 실험하는 연구를 지속하고 있다. 이와 관련된 유의미한 결과들은 이 장의 후반부에서 논의했다. 이 책은 자발적 건강 행동 변화의 가능성에 대해서 환자와 매일 대화하는 건강관리전문가들에게 동기강화상담을 실제적으로 설명하는 것을 목적으로 한다. 우리는 이 책이 병원이나 의원, 건강관리기관, 약국 그리고 의료 관리 시스템을 포함한 모든 건강관리 현장에서 동기강화상담이 행동 변화를 이끌어 내는데 신뢰할 수 있는 방법이 되도록 하는데 기여하는 훈련 프로그램을 개발하는 데 있어서 중추적 역할을 감당하기를 바란다.

일상 대화에 의지하던 것을 넘어서

인간은 대화를 통해서 다른 사람들과 협의하고 조정할 수 있는 놀라운 능력을 가지고 있다. 우리는 너무 당연하게 말의 본질과 특성을 간과한다. 학자들은 말을 '암묵적인' 행동, 즉 무언가 잘못되지 않는다면 거의 의식적으로 주의를 기울이지 않는 일상의 행동으로 간주한다. 일상에서 하는 대화의 대부분은 마치 창문과 같이 암묵적으로 이해되거나 또는 당연한 것으로 받아들여진다. 보통 창문이 더럽거나 깨져 있는 등 무엇인가 이상하지 않으면 창문의 특성에 주의를 기울이지 않는 것처럼 우리는 일상에서의 모든 언어 습관을 당연한 것으로 받아들이기 때문에, 이러한 습관과 이 습관이 관계에 미치는 영향력에 주의를 기울이는 것은 어려운 일이다.

동기강화상담을 배우는 것이 어려운 이유 중 하나는 우리가 살아온 대부분의 삶 속에서 익숙해진 우리의 암묵적인 대화 패턴에 주의를 기울이고 이를 변화시켜야 하기 때문이다. 뿐만 아니라 건강관리자들이 배운 환자들에게 말하는 방법들은 동기강화상담을 배우는 것을 더욱 어렵게 만든다. 따라서 환자들과 더 효과적으로 대화하는 방법을 훈련하는 초기에는 "이보세요. 내가 환자들과 대화하는 방식에는 아무런 문제도 없어요. 지금까지 항상 이렇게 해 왔는걸요."라는 저항을 만나게 될 수도 있다. 또한 대화의 암묵적 속성은 상호관계에 대해서 우리가 가진 가정이 대화에 미치는 영향을 감지하기 어럽게 만든다. 만약 우리의 말이 환자들에게 어떤 영향을 미치는지 주의 깊게 살펴보지 않는다면, 수용적이지 않다거나 '까다롭다'는 비난의 화살을 환자에게 돌리기 쉽다. 직면적인 상담을 진행하는 암묵적인 습관이 환자의 저항을 일으킨다는 William Miller의 깨달음[3)]이 동기강화상담의 기원이 되었다. 이와 같은 대화의 암묵적 속성은 언어의 습관적 패턴을 바꾸는 것을 매우 어렵게 만든다. 동기강화상담을 시작하기 위해서 '자동 운전 모드'로 말하는 것을 포기하면, 처음에는 대화하는 것에 터무니없이 서툴러진 것같이 느껴지게 된다. 이는 대화를 통해서 환자를 더 나은 방법으로 대하는 것에 아직 익숙하지 않았기 때문이다. 이러한 이유들로, 가장 생산적이고 효과적으로 동기강화상담을 배우기 위해서는 다음과 같은 환경이 조성될 필요가 있다.

1. 자신이 환자와 어떻게 대화하는지 스스로 관찰하기가 용이하다.
2. 평소에 하던 대화와 비교해 볼 때 동기강화상담이 어떻게 다르게 작용하는지에 대해서 관찰할 수 있고, 들을 수 있고, 느낄 수 있다.
3. 처음에 작은 목표에서부터 동기강화상담을 시도할 수 있다.
4. 환자의 역할을 맡은 사람과 이해심 있는 숙련된 조력자에게 동기강화상담을 시도하는 것에 대해서 충분히 안전하게 느낄 수 있다.

이러한 말의 암묵적 속성은, 비록 동기강화상담 워크숍을 마쳤다고 하더라도, 동기강화상담을 할 때 의식적으로 주의를 기울여야 한다는 것을 의미한다. 동기강화상담 그 자체가 암묵적인 것이 되고 자동적으로 이루어지는 수준에 도달하기 위해서는 지속적인 연습과 자신의 수행을 되돌아보는 것이 필요하다. 그러고 나면 환자의 문제와 걱정들에 대한 대화에 참여하여 환자의 이야기를 경청하면서 자연스럽고 편안한 동기강화상담의 흐름을 즐길 수 있게 된다. 일상의 대화 패턴에 의지하는 대신에 동기강화상담을 사용하게 될 때 환자와의 상호작용은 더 생산적이고 만족스러운 것으로 느껴지게 된다.

동기강화상담은 그 목적과 상호작용의 진행 흐름에서 일상의 대화와는 확연히 다르다. 일상의 대화는 어떤 일을 가능한 한 간결하고 빠르게 마무리하는 데 초점을 맞추고 있다. 즉, 우리는 일상의 대화를 통해서 상대방과 무엇인가를 협의하고 일을 마무리하는 데 필요한 정보만을 교환하는 것이다. 우리는 대개 실제 목적 달성에 부합하는 정도의 선에서 일을 마치는 것에 관심이 있기 때문에, 메시지에 담는 정보의 유형과 양을 제한하려는 경향을 가지고 있다. 우리는 다른 사람들이 우리가 정말로 의미하는 것이 무엇인지 알 수 있을 만큼만 이야기하는데, 이때 다른 사람들도 우리가 아는 것과 동일한 지식을 가지고 있을 것이며, 우리와 같은 방식으로 상황을 이해할 것이라고 가정한다. 물론 이는 매우 의심스러운 가정임에 틀림없다. 그럼에도 불구하고 우리는 매우 빠른 속도로 일상의 대화를 해 나가려는 경향을 가지고 있으며, 다른 사람들이 우리를 이해할 것이고 우리와 함께 협력할 것이라고 가정한다. 오직 문제가 심각하게 수면 위로 드러나서야 우리는 속도를 낮추고 이 문제들을 분명하게 다룬다(또는 말을 듣지 않는다고 상대방을 비난한다). 비록 우리가 상호작용의 문제들을 예견한다고 하더라도, 오해를 피하기 위해서 수식어구(예: "콜레스테롤 수치가 405로 다소 높네요.")나 또는 책임에 대한 부인(예: "당신을 많이 염려하게 하고 싶지는 않지만, 당뇨병이 진행되고 있네요.")과 같은 추가적 메시지를 더함으로써 이를 처리하려는 경향을 나타낸다. 일상의 대화에서 우리가 말한 것을 상대방이 이해했는지 여부를 명확히 확인할 만큼 속도를 늦추는 경우는 좀처럼 드물며, 상대방이 우리에게 말한 것을 우리가 제대로 이해했는지를 확인하는 경우는 그보다도 훨씬 더 적다. 이와 같이 일상의 대화는 당장의 실제적인 목적을 달성하기에 우리가 충분히 서로를 잘 이해한다는 전제하에 가능한 최대한의 속도로 진행되기 쉽다.

건강관리전문가가 일상의 대화에 기반하여 환자와 상호작용을 한다면 원치 않은 역효과가 발생할 수 있다. 이러한 결과들 중 일부에 대해서는 상당한 연구가 진행되어 왔기 때문에 건강관리전문가들도 인식하고 있다. 예를 들면, 대부분의 건강관리전문가들은 자신들이 가진 것과 동일한 수준의 의학 지식을 환자들도 알고 있을 것이라고 가정해서는 안 되며, 따라서 환자들의 지식 수준에 맞는 용어들을 사용해야만 한다는 것을 알고 있다.[4)] 초등학교 정도의 교육을 받은 환자들은 '심근경색'이라는 단어를 이해하지는 못하겠지만 일종의 '심장마비'로는 이해할 수 있을 것이다. 대부분의 건강관리전문가들은 환자의 의료적 상황에 관한 주요한 측면을 환자에게 교육하기 위한 충분할 만큼 속도를 늦추고자 하는 마음을 가지고 있다. 하지만 여전히 새로운 교육 방법들 중 어떤 것이 환자에게 적절한지, 환자의 변화 동기에 영향을 미치는지의 여부에 대해서는 평가하고 있지 않다.

안타깝게도, 일상 대화가 진행되는 속도는 당면했다고 인식되는 문제에 따른 반응으로 나타나게 된다. 건강관리전문가가 진료 관련 업무를 마무리하는 것을 당면한 문제로 인식할 때, 건강관리전문가는 진료를 마무리하기 위해서 간략하게 말하려 할 것이다. 환자는 건강관리전문가의 이러한 목적을 감지하고 이에 동의할 가능성이 높다. 환자들은 건강관리전문가가 바쁘다는 사실을 인지했을 것이고, 또한 건강관리전문가에게 귀찮은 사람이 되기를 원하지 않기 때문에 아마도 자신이 궁금해하는 것을 질문하지 않을 가능성이 높다. 결과적으로 진료를 마쳤을 때 환자는 여전히 자신이 직면한 일이나 해야 하는 것에 대해서 잘 모르는 상태에 놓여 있기 쉽다. 이 경우, 환자들은 자연히 건강관리전문가가 처방한 식이요법에 대해서 전반적으로 또는 부분적으로나 마음에 들어 하지 않을 것이다. 왜 그런가? 이 경우 환자들은 진료를 완료하기 위한 제한된 행위에는 협조했지만, 자신을 위해서 스스로 해야 하는 최선의 것이 무엇인지에 대해서는 협조한 적이 없기 때문이다. 더욱이 이 환자들은 자신의 치료 계획과 관련된 어떠한 논의에도 참여하지 않았다. 하지만 건강관리전문가는 모든 것은 순조롭게 진행되고 있으며 환자는 건강관리전문가가 단독으로 세운 치료 계획에 만족하고 있다고 착각할 수 있다.

건강관리전문가가 진료를 마치는 것 이상으로 열심을 내는 경우 건강관리전문가는 환자가 변해야 하는 가장 강력한 이유를 제시하는 것을 통해서 환자를 설득하는 것을 당면한 일로서 인식하는 경향이 있다. 이 경우에 건강관리전문가는 진료를 마치기 위한 경우보다는 환자와 더 많은 말을 하지만 건강관리전문가는 여전히 환자가 자신의 방식을 변화시켜야만 하는 이유를 입증하기 위해서 필요한 것으로 대화를 제한한다. 이는 환자가 건강관리전문가의 제안이 현명하다는 사실을 깨닫고 이를 이행할 것이라는 가정을 전제로 한다. 또한 여기에는 건강관리전문가만이 유일한 전문가라는 신념이 작용한다. 환자는 실제로 동의하든지 그렇지 않든지 결국 마지막에는 동의하면서 고개를 끄덕일 것이다. 하지만 이와 같이 건강관리전문가가 환자에게 가장 좋다고 생각되는 것을 제안하는 것은 대부분 환자가 의미 있는 변화를 하도록 하기에는 충분하지 않다. 몇몇 예시에서처럼 이와 같은 일상에서의 설득 전략은 중요한 행동 변화에 대해서 양가감정을 가지고 있거나 저항하는 환자들을 더 적극적으로 저항하도록 만드는 경향이 있다.

건강관리전문가는 당면한 일의 속성을 재정립할 필요가 있다. 환자가 해야만 한다고 생각되는 것을 말하는 대신에 건강관리전문가는 환자의 이해를 돕고 환자가 결정을 내릴 수 있도록 하는 것이 필요하다. 건강관리전문가는 환자가 스스로 자신이 직면하고 있는 건강 상태의 위험성과 그 결과들, 장기적인 목표 그리고 자신의 목표와 건강 상태를 관리하기 위해서 자신이 할 수 있고 또 하고자 하는 것이 무엇인지에 대해서 충분히 생각할 수 있도록 도와야 한다. 이를 촉진하는 것은 건강관리전문가에게 전문가의 개념 세계가 아닌 환자의 세계에서 작업하는 것을 요구하기 때문에 복합적인 일이라 할 수 있다. 이를 위해서는 건강관리전문가가 생각하는 것보다는 환자가 생각하는 것에 더 중점을 두는 대화가 요구된다. 이와 같은 촉진적 대화의 초기에는 환자가 자신의 상황을 어떻게 이해하고 있는지에 대해서 건강관리전문가가 경청하고 이해하고 있으며, 건강관리전문가가 자신을 어떠한 비판 없이 이해하고 있다는 것을 환자와 확실히 알 수 있도록 느리게 진행하는 것이 필요하다. 비록 초기에는 느린 것 같아도 전체적으로 환자와 보내는 시간은 감소하게 되며, 환자가 자신의 건강 상황에 대해서 잘 이해하고 건설적인 건강 행동 변화에 참여할 준비도가 높아지는 등, 이러한 상호작용으로 인하여 그 효과는 증가하게 된다.

동기강화상담을 하기에는 시간이 없다고 생각하는 건강관리전문가들의 경우, 동기강화상담의 초기 진행 속도를 더 느리게 느끼기도 한다. 이들은 7~10분간의 상호작용이 30분으로 길어지게 될 것을 두려워한다. 다행히도, 우리의 연구에서 동기강화상담을 사용하는 것은 실제로 환자와 상호작용하는 시간을 절약해 주었을 뿐만 아니라, 환자의 결과 또한 향상되었다. 문제는 언제, 어떻게 환자의 양가감정 또는 저항을 다룰 것인지에 대한 것이다. "지금 할 것인가? 아니면 나중에 할 것인가?"

만약에 당신이 일상의 대화와 같은 목적과 방법으로 환자와 대화한다면 대화 초기부터 빠른 속도로 진행하면서 환자와의 관계를 포함하여 아무런 문제도 없다고 가정하게 되기 쉽다. 만약 (진료 시간을 길어지게 함으로써 당신을 당황스럽게 만들고 싶지 않기 때문에) 환자가 별다른 말을 하지 않고 문제도 지적하지 않는다면 그 진료는 성공적으로 마친 것처럼 보이지만 당신이 환자에게 일방적으로 말한 것이기 때문에 환자의 결과는 그다지 좋지 않을 것이다. 또는 환자가 당신에게 동의하지 않는다고 하더라도 모든 것이 괜찮다는 당신의 가정을 깨뜨릴 만큼 이 문제가 충분히 수면으로 불거져 올라오기까지는 다소간의 시간이 걸리게 될 것이다. 그 후에 당신은 아마도 당신의 관점으로는 이해되지 않는 환자의 저항을 꺾기 위해서 환자와 논쟁을 하게 되기 쉬운데, 이 시점에서는 환자와 거의 레슬링 경기를 하고 있는 것과 같은 양상이 펼쳐지게 되고, 긴 시간을 낭비하고도 어떤 좋은 결과도 얻지 못한 채 수없이 많은 '네, 하지만'으로 이루어진 상호작용으로 대화를 마무리하게 되게 쉽다. 어느 쪽이든 일상의 대화로 환자와 대화를 하면서 당신이 들인 노력들은 그다지 생산적이지 않을 것이다. 이는 심지어 더 강한 저항을 일으키는 방아쇠가 됨으로써 오히려 역효과를 일으킬 수도 있다.

반면에 당신이 환자와의 상호작용에 동기강화상담을 사용하면 처음에는 환자의 생각과 느낌을 존중하고 환자를 격려하는 등 상호작용의 기반을 확고하게 세우면서 환자의 문제와 직접 관련된 정보들로 환자의 문제와 걱정들을 다루느라 다소 속도가 더딜 것이다. 환자와의 라포를 쌓고 환자가 이해하고 있는 것들의 핵심에 있는 주요 걱정들을 이해하기 위해서 시간을 들여왔기 때문에 환자는 당신이 자신과 함께 협력하고 있으며 신뢰할 수 있다는 사실을 알게 될 것이다. 더욱이 이 과정을 통해서 일반적인 정보들을 한꺼번에 모아서 그중 뭔가 유용한 것이 걸리기를 바라는 것보다 환자의 주요 고민을 다루는 데 실제로 필요한 정보가 무엇인지에 대한 더 나은 통찰을 갖게 될 수 있다. 이는 제2장에서 설명했던 전문성의 교환에 해당된다. 이 시점에서는 환자가 자신의 상황을 충분히 이해하고, 대안들을 평가하고 마침내 원하는 것을 결정할 수 있도록 도우면서 진행 속도를 높일 수 있다.

규모가 큰 건강관리 기관에서 환자 관리 약사들이 녹음한 20~25분 분량의 전화통화 내용을 들은 적이 있었다. 인상 깊었던 것은 환자의 주요 고민들을 듣는 것과 반응하는 것에 실패함으로써 많은 시간을 허비하고 있었다는 사실이었다. 환자들의 고민은 제대로 다루어지지 않았고, 그 결과로 전화통화가 마칠 때에는 많은 환자들이 좌절감을 경험하게 되었다. 이 통화의 대부분은 7~10분 동안 진행되는 동기강화상담을 통해서 더 성공적으로 이루어질 수 있었던 것들이었다. 그랬다면 아마도 환자들은 더 나은 결과와 만족을 얻을 수 있었을 것이다. 우리가 가진 자료들은 이 주장을 매우 강력하게 뒷받침해 준다. 처음에는 느리지만 뒤로 가면서 진행 속도가 빨라지는 이 역동을 경험하고 독자 모두가 신뢰할 수 있게 되기를 바란다.

동기강화상담에 대해서 건강관리전문가가 잘못 이해하고 있는 또 다른 개념은 동기강화상담이 환자에게 더 많은 영향을 주기 위해서 일상의 대화에 이식할 수 있는 새로운 기술들을 모은 것으로 이해하는 것이다. 하지만 이는 사실이 아니다. 일상에서의 대화의 역동과 흐름은 동기강화상담과는 매우 다르다. 제2장에서 논의했던 것과 같이, 사실 동기강화상담은 우리에게 환자를 다르게 이해할 것을 요구한다. 동기강화상담은 더 깊이 있는 라포의 형성과 환자들이 자신에게 효과적이고 건설적인 건강 행동 변화의 방법을 찾을 수 있도록 돕는 것에 초점을 맞추고 있기 때문에 시간이 지나면서 우리의 대화도 변화하는 경향을 보인다. 환자와 대화하는 방식은 금방 달라지지는 않지만 동기강화상담을 사용하는 것을 통해서 환자 중심 접근에 지속적으로 집중함으로써 변화하게 된다. 이후의 장에서 우리는 환자와 라포를 쌓는 방법, 환자의 핵심 고민과 문제들을 반영하고 재구성하는 방법, 그리고 삶의 목표를 성취하고 더 건강해지기 위해서 해야 할 것에 대한 환자의 상황 이해와 실행에 대한 검토 과정을 촉진하는 방법을 설명할 것이다.

환자가 표현하는 저항의 두 가지 형태

의사소통 이론에서 얻게 된 또 다른 중요한 깨달음은 상호간의 의사소통은 두 가지 주요한 속성을 가지고 있다는 것이다. 그 하나는 내용적 속성이고, 다른 하나는 관계적 속성이다.[5] 내용적 속성은 우리가 기호의 형태로 공유하고 있는 세상에 대한 모든 정보들로 구성된다. 의료 현장에서의 메시지의 내용적 속성에는 환자의 증상(예: "너무 자주 소변을 보는 것 같아요."), 진단된 질병의 종류(예: "검사 결과, 당뇨병입니다."), 치료 계획과 절차들에 대한 설명(예: "혈당을 낮추는 데에는 세 가지 방법이 있어요. 약을 통한 치료, 식이요법, 그리고 활동량의 증가가 그 방법이에요.") 등이 해당된다.

관계적 속성은 말하는 사람에게서 보이는 관계적 특성에 대한 표현에 초점을 맞추고 있으며 대면하여 나누는 대화에서 관계적 속성은 말하는 사람이 (1) 듣는 사람, (2) 말하는 사람, (3) 상호관계를 어떻게 생각하고 있는지를 알려 주는 표현들을 포함한다. 의사소통에서 내용적 속성은 실제로 말해진 단어들의 내용에 달려 있는 반면에, 관계적 속성은 여러 가지 요소들이 혼합되어 나타난다. 대부분의 사람들은 목소리의 감정적 톤, 목소리 억양이나 강조 패턴, 동반된 얼굴 표정이나 몸짓을 포함한 말하는 방식에서 나타나는 비언어적 측면에 민감하다.

다음의 예시에서와 같이 동일한 기본적인 진술이라 하더라도 서로 다른 관계적 의미를 전달할 수 있다. 3개월 전에 당뇨병 진단을 받은 후(A1c = 8.1) 다시 담당 의사를 만나러 병원에 방문한 Emily의 사례를 가정해 보면, Emily는 약 먹는 것을 싫어했기 때문에 약물 치료를 거부했다. 대신에 그녀는 자신의 A1c 수치를 7.0 아래로 낮추기 위해서 식이요법과 활동량을 높이는 것에 동의한 상태였다. 담당 의사는 그녀가 이틀 전에 했던 검사 결과를 확인했는데, 수치는 8.0이었다. 먼저 의사가 차분하고 중립적인 목소리로 다음과 같이 말하는 것을 상상해 보자. "혈당 수치가 근본적으로 차이가 없네요. 이 부분에 대해서 어떻게 생각하나요?" 이 진술에서 관계적 의미는 환자의 A1c 수치가 7.0 이하로 낮아지지 않은 것과 관련하여 담당 의사는 Emily를 비난하거나 수치심을 주지 않을 것이며 동시에 A1c 수치가 낮아지지 않은 이유에 대해서 좀 더 이야기하고 싶어 한다는 것을 넌지시 암시하고 있다. 이번에는 담당 의사가 노려보는 듯한 얼굴 표정과 비난하는 어조로 동일한 진술을 하고 있다고 상상해 보자. "혈당 수치가 근본적으로 차이가 없네요! 이 부분에 대해서 어떻게 생각하나요?" 이때의 관계적 의미는 책임을 묻고 있는 것이며, Emily가 동의했던 목표를 달성하지 못한 것으로 곧 비난받게 될 것을 암시하고 있다. 내용적 의미를 많이 바꾸지 않는 몇 단어를 추가하게 되면 부정적 관계적 의미는 한층 더 강해진다. "봐요, 혈당 수치가 근본적으로 차이가 없네요! 자, 그럼 이 부분에 대해서 어떻게 생각하나요?" '봐요'와 '자, 그럼'이라는 표현을 추가함으로써 비록 의사가 Emily의 생각과 A1c 검사 결과에 대해서 질문했음에도 불구하고 주치의의 관점이 유일하게 가치 있는 관점이라는 관계적 의미를 담고 있다. 또한 추가한 이 단어들은 의사가 이어서 현재 상황에 대한 부정적인 판단을 말할 것임을 암시해 준다. 이 시점에서 Emily는 의사의 말에서 매우 부정적인 관계적 의미를 감지했기 때문에 의사에게 그간 일어났던 일들에 대해서 개방적으로 이야기하지 않을 것이다. 이제 의사는 Emily에 대한 자신의 반응의 근거가 되는 어떠한 정보도 갖지 못한 채 그녀에게 A1c 수치가 7.0 이하로 낮춰야 한다는 이야기만을 반복하게 될 가능성이 높다. 그는 심지어 Emily가 스스로 조절하는 데 실패했다고 판단하고는 약물을 처방해 줄지도 모른다. 그녀는 아마 처방을 받기는 하겠지만 그 처방에 따라서 약을 조제하지는 않을 가능성이 높다.

심각한 상호 갈등은 매우 부정적인 관계적 의미가 포함된 말을 서로 교환하는 것으로 쉽게 설명된다. 부부 갈등을 상담하는 상담자는 대개 부정적인 관계적 의미가 전달되는 극도로 복잡한 패턴을 중심으로 상담을 진행한다. 부부 갈등의 내용은 대개 경제 문제 또는 양육과 같은 구체적인 주제에 맞춰져 있는 반면에, 갈등의 강도는 대부분 서로 주고받는 관계적 메시지에서 그 원인을 찾을 수 있다. 성공적인 치료는 보통 부부가 어떤 주제와 관련된 갈등을 경험할 때 다른 방식으로 서로 대화하는 법을 교육하는 것을 기반으로 하고 있으며, 대부분 상대방의 의견을 존중한다는 긍정적인 메시지를 전달하는 것과 실제로 의견이 다른 부분에 대해서 이야기하기 전에 먼저 상대방의 의견을 완전하게 이해하는 것에 주안점을 둔다.

동기강화상담의 핵심적인 부분은 이와 유사하게 닿아 있으며, 부부 상담과 다른 점은 사회적 능력, 지위, 전문성이 환자가 아닌 건강관리전문가에게 속해 왔다는 사실이다. 그러므로 건강관리전문가와 환자의 관계적 갈등은 보통 환자의 어떤 부분에 반대하는 전문성으로서 그 특성이 설명된다. 그래서 건강관리전문가는 환자의 '부인(denial)'과 '치료의 비준수'에 대해서 '저항적인' 환자 또는 '까다로운' 환자라고 비난하는 것이다. 하지만 반대로 전문가들에게 '까다롭다'고 비난하는 일은 좀처럼 없다.

건강관리전문가들이 환자들을 상담하는 영상을 보았을 때 우리는 건강 행동에 대한 환자의 양가감정 또는 저항을 추가적으로 확인할 수 있었는데, 많은 환자들의 저항은 사실상 관계와 관련된 것이었다. 환자들은 건강관리전문가들이 자신을 대하는 방식이 마음에 들지 않는다고 말하는 방법으로 저항을 표현했다. 건강관리전문가가 자신을 무안하게 하거나 존중하지 않을 때 환자들은 건강관리전문가가 원한다고 인식되는 행동을 실행하는 것에 저항했다. 물론, 일단 관계적 저항을 파악하자, 환자의 말에서 내용적 속성을 갖는 어떤 문제나 의심, 의문점, 걱정 등의 문제와 관련된 실제적인 저항도 확인할 수 있었다. 만약에 환자가 치료 계획과 관련하여 제기한 문제 또는 우려사항이 환자가 듣고 받아들일 수 있는 방식으로 다루어지지 않는다면, 환자는 건강을 위한 어떤 긍정적인 행동 변화도 시작하지 않을 것이다. 결국 우리는 주제성 저항(처방약을 복용하지 않는 것, 체중을 감량하지 않는 것, 담배를 끊지 않는 것 등)과 관계성 저항으로 환자의 저항을 구분했다.

저항을 관계성 저항과 주제성 저항으로 구분하는 것은 건강관리전문가와 환자의 더 깊이 있는 상호작용 패턴을 파악할 수 있도록 해주었다. 예를 들면, 건강관리전문가가 어떻게 환자와의 관계성 저항을 촉발하는지를 쉽게 알 수 있었으며, 또한 환자가 관계성 저항을 경험하게 되면 건강관리전문가가 환자의 고민이나 질문에 반응함으로써 주제성 저항을 실제로 다룬다고 하더라도 이에 집중하는 것을 어려워하는 것을 관찰할 수 있었다. 또한 건강관리전문가가 환자에게 어떻게 행동하고 말하는지와 관련 깊은 관계성 저항과 주제성 저항은 독립적으로 서로 각기 상황에 따라서 달라질 수 있으며, 관계성 저항과 주제성 저항을 다루는 것은 그 방법이 서로 다르다는 것이 명확해졌다. 이어서 이러한 두 가지 형태의 저항에 대해서 논의할 것이다.

⚜ 관계성 저항과 체면의 손상

직접 마주 보고 나누는 대화에 영향을 미치는 가장 강력한 열망 중 하나는 가치의 긍정적인 이미지를 주장하고 방어하고자 하는 열망이다. Erving Goffman은 다른 사람에게 괜찮은 사람으로 보이고자 하는 이러한 열망을 표현하기 위해서 동양 문화의 '체면'이라는 개념을 사용했다. Goffman에 따르면 우리는 모두 다른 사람과의 상호작용을 하는 동안 체면을 잃지 않기 위해서 노력한다.[6),7)] 자신의 체면을 지키는 가장 좋은 방법 중 하나는 다른 사람의 체면을 지켜 주는 것이기 때문에 체면을 지키는 것은 본질적으로 사회적 행위라 할 수 있다. 우리는 대부분 우리가 한 말이 다른 사람의 체면을 상하게 했을 때의 사회적 어색함을 매우 예민하게 알아차린다. 예를 들어, 우리는 의도치 않게 다른 사람들을 모욕할 수 있는데, 그러고 나면 사과나 그에 대한 설명 또는 재해석 등의 전략을 사용하여 모두의 당혹스러움을 경감시키기 위해서 노력한다. 그리고 상대방의 체면이 회복될 때까지 사회적 상호작용은 더 이상 진행되기가 어려워진다. 그 결과, 우리는 보통 체면을 손상시킨 이후에 이를 바로잡기 위해서 노력하기보다는 우리가 상호작용하는 사람들의 체면을 손상시키지 않기 위해서 노력한다. 그리고 대부분의 경우, 우리는 우리 자신이나 다른 사람들의 체면을 크게 손상시키지 않는 일에 매우 성공적이다.

이와 대조적으로, 사소한 정도로 체면이 손상되는 일이 자주 일어나지만 사회적 상호작용에 급제동을 걸지는 않는다. 하지만 이러한 사소한 체면의 손상은 서로에게 적대적인 반응을 교환하는 일종의 '스파링 경기'로 이어지는 경우가 많다. 그리고 이러한 역동은 넌지시 표현하는 일종의 사회적 비난으로 나타난다. 대부분 아마도 당면한 주제에 대한 이야기를 계속하겠지만 이때 메시지의 관계적 의미는 상대방이 우리의 체면을 손상시켰으며 이로 인하여 불쾌하다는 것을 암시할 것이다. 그러고 나면 상대방은 이번에는 우리가 자신의 체면을 손상시켰다고 느끼면서 동일하게 비난하는 방식으로 우리에게 반응할 수 있다. 이 경우 대부분 두 사람 모두 방어적인 태도로 서로의 관점에 대해서 듣지 않기 때문에 대개 목적 없는 비생산적인 논쟁으로 대화를 마무리하게 된다.

환자의 체면이 손상되는 것은 대개 건강관리전문가가 자신의 전문성을 주장한 결과인 경우가 많다. 예를 들면, 매우 빈번하게 건강관리전문가는 질병이나 그 치료 대안에 대한 전문성을 넘어서서 환자에게 가장 좋은 치료법이 무엇인지, 환자가 해야만 하는 것은 무엇인지, 그리고 아마도 심지어 환자가 원해야만 하는 것이 무엇인지에 대해서까지 자신의 전문성을 주장한다. 당뇨 수치가 관리되고 있지 않는 환자에게 "봐요, 이대로 혈당 수치가 높은 상태가 계속되도록 내버려 둔다면 정말 안 좋은 결과로 이어질 수 있다는 것을 모르나요? 처방해 준 약을 정기적으로 복용하고 음식도 주의해야 해요!"라고 말한 경우에, 매우 권위적인 이 진술은 환자의 체면을 손상시킨다. 결과적으로 환자는 혈당 수치가 높은 상태가 계속되었을 때 발생할 수 있는 의료적 문제보다는 비난하고 수치심을 주는 메시지의 어투에 반응하게 될 가능성이 높다.

이 메시지의 관계적 측면에 대해서 좀 더 자세히 살펴보면, 의사소통에서 체면을 연구한 연구자들은 체면에는 주요한 두 가지 속성이 있음을 밝혀냈는데, 그 하나는 역량 속성(competence face)이고 다른 하나는 자율 속성(autonomy face)[8)]이다. 즉, 건강관리전문가의 진술은 환자의 체면의 역량 속성과 자율 속성 모두의 손상을 야기할 수 있다.

역량 속성은 훌륭하고 능력 있는 사람으로 보이고자 하는 열망으로 구성된다. 만약에 건강관리전문가가 어떤 상황을 적절하게 이해하는 능력이 없다는 뉘앙스를 넌지시 환자에게 표현한다면 환자는 역량 속성의 측면에서 체면을 잃게 되는 것이다. 실제로 특정 진술이 환자의 역량에 관련된 체면의 손상을 야기하는지 여부를 간단한 실험으로 살펴보면, 만약 "이런 바보 같으니라고"라는 말을 특정 진술에 추가하는 것이 그 진술이 가진 기본적인 느낌을 달라지게 하지 않는다면 기존의 말은 역량 속성의 체면을 손상시키는 것으로 볼 수 있다. 아마도 위의 진술은 "봐요, 이런 바보 같으니라고. 어떠어떠한 결과로 이어질 수 있다는 것을 모르나요?"라는 말로 표현할 수 있을 것이다. 위의 진술에 '이런 바보 같으니라고'라는 표현을 추가한다고 해서 이 진술의 느낌이 바뀌지는 않는데, 왜냐하면 이미 이 진술에는 이미 환자의 체면에서 역량 속성의 상실을 야기하는 두 가지 구체적인 형태의 진술이 포함되어 있기 때문이다. 첫 번째는 서두에 사용한 '봐요'(엄밀히 말하자면, 회화체 보조어라고 할 수 있다)라는 표현으로, 이는 환자가 상황에 대해서 자신이 이해한 바를 포기하고 건강관리전문가의 생각을 채택해야만 한다는 것을 주장하고 있다. "봐요"라는 표현은 환자에게 "이 상황에 대해서 당신이 알고 있는 것은 내가 알고 있는 것만큼 중요하지도 않고 타당하지도 않아요."라고 말하는 것과 같다. 간단히 말하면, "당신은 틀렸고, 나는 옳아요."라는 의미이다. 이 진술에서 환자의 역량 속성 체면의 상실을 야기하는 두 번째 부분은 "~을 모르나요?"라는 표현이다. 이러한 문법적 형태의 질문은 건강관리전문가가 환자의 특정 대답, 즉 "몰랐어요."라는 응답을 기대하고 있다는 것을 암시한다. 종합해서 보면 이러한 두 가지 특성은 환자의 심각한 역량 속성 체면의 상실의 원인이 된다. 이 후에 환자가 방어적으로 반응하는 것은 전혀 놀랄 만한 일이 아니다.

자율 속성 체면은 자기와 관련된 결정을 스스로 내리는 독립적인 사람으로서 보이고자 하는 열망으로 구성된다. 건강관리전문가가 환자에게 해야 할 일을 말할 때 환자는 자율 속성의 체면을 잃을 수 있다. 건강관리전문가가 치료의 과정을 결정할 때 상당 부분 선택권을 환자에게 제공하지 않는다면 환자는 자율 속성의 측면에서 체면을 잃을 수 있고 건강관리전문가가 지시하는 대로 실행하는 것을 거부할 수도 있다. 자율 속성 체면이 심각하게 손상되는 것은 우리가 논의했던 예시에서 건강관리전문가가 말한 두 번째 문장, 즉 "처방해 준 약을 정기적으로 복용하고 음식도 주의해야 해요!"라는 진술과 관련된다. 이는 치료를 처방하는 수준을 상당 부분 넘어선다. 이는 명백하게 명령하는 것이며 질책하는 것이다. 이 문장의 첫 번째 부분은 약물 치료와는 아무런 관련 없이 다만 누가 주도를 하는지를 말해 주고 있으며, '해야 해요'라고 말하는 것은 환자에게 무엇을 할지에 대한 결정권이 없다는 사실을 구체적으로 보여 준다. 자율적 차원에서의 체면 손상은 환자를 방어적으로 만들며, 건강관리전문가가 구체적으로 말한 것을 할 수 없는 이유를 찾기 시작하도록 한다. 환자에게 처방을 비준수하는 행동을 멈추어야만 한다고 말하는 것은 단지 환자의 체면의 손상을 강화하고 '비준수 행동'이 계속되도록 할 뿐이다. 모순적이게도 환자들은 체면을 잃은 직후에, 자신의 건강 상태나 치료 방법에 대한 진실을 듣게 되는 경우가 많다. 그렇지만 이미 잃어버린 자신의 체면에 집중하게 되었기 때문에 이를 듣는 것은 불가능해진다. 환자는 아마도 자기 자신에게 "나에게 그런 식으로 말했는데도 내가 그 약을 먹는다면 내가 내 손에 장을 지진다."라고 말할지도 모른다.

우리가 논의한 예시는 또한 체면의 역량 속성과 자율 속성의 손상에 대한 또 다른 특성을 보여 준다. 동일한 진술에 두 속성이 모두 연관되어 있을 수 있는데, 이 두 속성 사이에는 개념적 연관성이 있기 때문에 역량 속성과 자율 속성의 손상은 대개 함께 일어난다. 만약에 당신이 보기에 누군가가 자기 자신을 위한 바른 결정을 내리는 것에 무능해 보인다면, 당신은 상대방의 자율성을 무시하고 상대방을 위해서 결정을 내려야 하는 당위성을 주장할 것이다.

지금까지 환자의 체면 손상이 건강 행동 변화에 대한 환자의 저항을 높인다는 증거는 없지만 사회적 영향을 받는 다른 영역에서는 변화에 대한 저항을 높인다는 증거들이 존재한다. 예를 들어, 심리적 반작용 이론은 대중매체의 설득적 메시지에 의해서 암시된 환자의 자율성의 침해는 제안된 변화의 대상이 되는 독자들의 저항을 증가시키는 역효과를 일으킬 수 있다는 것을 밝혀냈다.[9),10)] 이와 유사하게, 조직의 변화에 대한 연구들은 조직의 변화를 대행하는 대리인이 제안한 변화가 고용인들의 역량과 자율 측면에서의 체면을 손상시켰을 때 변화에 대한 저항이 증가했다고 보고하고 있다.[11)]

요약하면 관계성 저항을 일으키는 한 가지 주요 원인은 건강관리전문가가 환자의 체면을 손상시키는 것이다. 이에 대응하여 환자는 건강관리전문가가 자신에게 원하는 것으로 생각되는 행동에 저항함으로써 역량과 자율에 대한 자신의 이미지를 회복하기 위해서 노력할 것이며, 건강관리전문가가 환자에게 특정 행동을 하도록 주장하면 할수록 환자들은 저항할 것이다. 환자는 침묵하거나 정중하게 고개를 끄덕이는 것을 통해서 수동적으로 저항을 표현할 수도 있고, 건강관리전문가와 '네, 하지만' 반응을 통해서 레슬링 경기를 함으로써 적극적으로 저항할 수도 있다. 아무리 논리가 정연하다고 하더라도 환자의 관계성 저항을 꺾지는 못하는데, 왜냐하면 이러한 형태의 저항은 환자의 체면 손상과 관련되어 있기 때문이다. 동기강화상담의 기초는 환자의 관계성 저항을 감소시키는 것에 있다. 이러한 관계성 저항을 감소시키는 한 가지 효과적인 방법은 환자의 체면을 존중하고 유지시켜 주는 것이다. 효과적인 또 다른 방법은 상황에 대해서 환자가 이해하고 있는 것(상황 이해)을 존중하고 공감하는 것으로, 이에 대해서는 뒷부분에서 논의했다.

⚜ 주제성 저항과 실천적 추론

인간은 실천과 경험을 통해서 상황을 이해하는 존재이다. 우리는 끊임없이 우리의 상황을 판단하고 우리의 목표를 달성하기 위해서 무엇을 해야 할지를 생각해 낸다. 우리는 어떻게 행동해야 할지를 결정하는 연속된 '조건에 따른 행동'을 추론하는 능력을 가지고 있다. 우리의 삶은 변화하는 환경을 이해함에 따라 적응해 가는 실천적 추론 과정을 통해서 제어된다.[12),13)] '실천적' 추론이란 그 자체로 맞다 또는 틀리다는 것을 의미하지 않는다. 다만 이는 환자가 그렇게 이해하고 있다는 것을 의미한다. 중요한 것은 환자가 내린 결론이다. 만약에 어떤 환자가 자신이 경미한 심근경색이라는 사실을 알게 되면, 그는 이 문제를 해결하기 위해서 자신이 무엇을 해야 할지에 대해 자신만의 방법으로 추론하여 결론을 내릴 것이다. 그의 추론 과정은 정확한 정보에 근거하고 있을 수도 있고 그렇지 않을 수도 있다. 그리고 그의 결론은 또 다른 심근경색을 예방하는 데 도움이 될 수도 있고 그렇지 않을 수도 있다. 하지만 이 환자에게 자신이 상황을 이해하고 추론한 과정은 매우 설득력 있게 보일 것이다.

환자가 상황을 이해하는 과정에 건설적인 영향을 주고자 한다면 건강관리전문가는 환자가 자신의 심근경색을 이해하기 위해서 선택한 다양한 추론의 과정을 배우고, 경청하고, 그 과정에 동참해야만 한다. 환자는 "내가 무엇을 해야 하는지 그냥 알려 주세요."라고 말할 수도 있고 "이 의사는 과장이 심해요. 그게 무슨 일이든지 저는 회복되었고, 지금은 아주 괜찮아요."라고 반대 이유를 대며 항의할 수도 있다. 또는 "심근경색에 대해서 내가 얻을 수 있는 모든 정보를 알았으면 해요. 내가 정확히 무엇을 해야 하고 그 이유는 무엇인지 알아야겠어요."라며 더 많은 내용을 물을 수도 있다. 이 세 가지 반응은 모두 환자의 입장에서 보면 완전히 다른 행동들로 이어지도록 하는 상황 이해 또는 실천적 추론의 예가 된다.

이와 같은 실천적 추론은 우리가 주제성 저항이라고 부르는 것의 핵심에 자리하고 있으며, 이는 환자들을 다음과 같은 결론에 이르게 하는 모든 문제나 걱정, 의심을 모두 포함한다.

- ❑ 어떤 건강 행동 변화도 필요하지 않다.

  "나는 이 모든 난리들이 도대체 무슨 일인지 모르겠네요. 나는 아무렇지도 않고 괜찮아요."

- ❑ 건강 행동 변화를 원하지 않거나 반드시 건강 행동 변화를 해야 하는지에 대해서 확신이 없다.

  "담배는 내 삶에 남은 유일한 낙이에요. 담배는 포기하고 싶지 않네요."

  또는

  "이 약을 복용하면 근력이 약해진다고 들었어요. 난 트럭 운전사에요. 이 약은 필요 없어요."

  또는

"혈압이 낮아지는 건 좋은데, 내 친구들 중 몇몇은 이 약을 먹고 성기능에 문제가 생겼어요."

❑ 어떤 건강 행동 변화도 성공할 수 없을 것이다.

"과거에도 여러 차례 살을 빼 보려고 시도하면서 교훈을 하나 얻었어요. 나는 안 되는구나…."

환자들이 자신이 접할 수 있는 정보들을 근거로 이와 같은 결론을 내리게 될 때 그들에게 이러한 결론은 명확하고 솔직한 것이다. 환자들은 자신에게 중요한 것에 근거하거나, 아니면 제안된 것을 할 수 있을지에 대해서 스스로 자신이 있는지 여부 또는 둘 다에 근거하여 무엇을 해야 할지에 대한 결정을 내린다. 환자들은 자신의 결론을 방어하는 것뿐만 아니라 이러한 결론을 근거로 실행하는 것에도 높은 동기를 가지고 있다. 주제성 저항은 매우 강력할 수 있으며, 만약 환자가 유의미한 건강 행동 변화를 시도할 가능성이 높아지기를 기대한다면, 주제성 저항을 반드시 다루어야 한다.

추론의 과정은 주장의 타당한 형식을 확인하는 데 집중했던 고대 그리스 로마의 논리학자들에 의해서 광범위하게 검토되었다. 그들의 주장에 따르면, 만약 올바른 근거를 바탕으로 한 타당한 주장을 듣는다면, 필연적으로 결론이 참이라는 사실을 받아들여야만 한다. 건강관리에 이 논리 이론을 적용하면 만약 건강관리전문가가 환자에게 왜 행동의 변화를 생각해 봐야 하는지에 대해서 타당한 주장을 하면, 환자는 그들에게 제시된 결론이 참이라는 사실을 깨달아야만 한다. 비록 이것이 논리적으로는 참일지 모르지만, 이는 심리적 관점과 대인관계적 관점에서 참과는 거리가 멀다. 왜냐하면 환자가 해야 할 필요가 있는 변화에 대해서 당신이 내린 결론을 환자에게 참이라고 받아들여야 한다고 말하는 것은 환자의 체면을 역량과 자율 속성 면에서 모두 손상시키기 때문이다. 당신이 제시한 타당한 주장에 긍정적으로 반응하기보다 환자는 손상된 체면의 역량과 자율 속성에 반응할 것이다. 타당한 주장과 그 결론을 반복하면 할수록 환자는 더 방어적이 되고 자신이 할 수 없는 이유를 더 타당하게 만들어 갈 것이다. 만약에 당신이 내린 결론을 환자에게 강요한다면, 환자는 추론의 타당성과는 관계없이 자신의 체면을 회복하기 위해 당신의 결론에 저항할 것이고 환자와의 논쟁은 말 그대로 최악으로 마무리될 것이다. 환자들이 당신이 내린 결론을 받아들일 수 없는 이유를 만들어 내는 동안 당신은 환자가 자신의 저항을 강화하도록 촉진한 셈이 된다. 이러한 이유로 Miller와 Rollnick은 다섯 가지 기본 원리(READS) 중 하나로 '논쟁 피하기'를 포함시켰다.[14)]

만약 우리가 환자의 주제성 저항의 기저를 이루는 환자의 상황 이해와 실천적 추론의 과정에 어떤 긍정적인 영향력을 미칠 수 있다면, 우리는 환자의 체면을 손상시키지 않는 방식으로 이를 실행해야 한다. 안타깝게도 우리가 환자의 주제성 저항을 다루려 할 때 체면의 손상은 매우 쉽게 일어나게 된다. 다음은 우리가 환자의 체면을 손상시키고 환자가 자신의 주제성 저항을 재고해 볼 어떤 여지도 없도록 만들 수 있는 몇 가지 상황들을 보여 준다.

- ❑ 환자가 해야 할 것이 무엇인지를 이야기하는 것으로 환자와의 상호관계를 시작한다면, 환자는 체면을 잃게 될 것이고 자신이 정말로 고민하고 있는 문제에 대해서 이야기를 할 만큼 우리를 신뢰하지 않을 것이다.
- ❑ 환자가 자신의 고민과 문제를 우리에게 공유했으나 우리가 이를 존중하고 경청하고 있다는 어떤 증거도 환자에게 제공하지 않았다면, 환자는 체면을 잃을 것이고 자신의 주제성 저항에 대한 그 이상의 논의를 중단할 것이다.
- ❑ 환자가 공유한 문제와 고민을 반영했지만 우리가 보기에 더 중요하게 생각되는 주제와 문제로 이내 넘어간다면, 환자는 체면을 잃을 것이고 자신이 조종당하고 있다는 느낌을 받을 것이다.
- ❑ 환자의 문제와 고민을 반영했지만 환자에게 일반적인 '정보를 쏟아내거나' '(환자의 문제와 고민을 실제로 다룰 수 있는) 설교'를 한다면 환자는 체면을 잃게 되는데, 그 이유는 우리가 그들을 개인에게 맞춰진 반응을 받기에 충분히 가치 있는 개인으로 대우하지 않았기 때문이다.
- ❑ 환자의 실천적 추론을 듣고 그 추론이 잘못되었다고 말한다면, 환자는 체면을 잃게 되고 우리가 교정하려는 것에 저항할 것이다.
- ❑ 갑자기 환자에게 조언을 하고 해결 방안을 제안한다면, 환자는 체면

을 잃게 되고 우리의 해결책이 자신에게 효과가 없는 이유를 설명할 것이다.

- ❑ 환자의 실천적 추론을 결함이 있거나 비논리적이라고 비판하고 그들에게 생각해야 할 부분에 대해서 이야기하면, 환자들은 체면을 잃을 것이고 더 이상 우리의 말을 듣지 않을 것이다.

제시된 것과 같이 환자의 상황 이해와 실천적 추론을 다루는 여러 과정에서 환자의 체면을 손상시킬 수 있다면 우리는 어떻게 환자의 주제성 저항에 긍정적인 영향을 미칠 수 있는가? 그 답은 환자가 상황을 어떻게 이해하고 있는지 탐색하고, 그 과정을 존중하는 것을 통해서 환자의 실천적 추론 과정에 집중하고, 그 후에 자연스럽게 환자가 자신의 결론을 재고하도록 하는 정보를 공유하거나 또는 우려되는 것을 이야기함으로써 환자의 추론 과정에 '부드럽게 문제를 일으키는 것'에 있다.

대인관계적 영향에 대한 이 간접적인 접근은 내포된 결론을 통해서 그 정당성을 입증하는 것으로 알려져 있다. 다른 말로 하면, 우리는 기본적인 정보나 또는 어떤 결론을 내리는 데 필요한 전제를 제시하지만 실제로 명확한 결론을 진술하지 않는다. 따라서 환자의 건강 상태의 위험성에 대한 새로운 정보를 제공하고 이 정보에 대한 환자의 생각을 질문하는 것은 결론을 제안한다기보다는 결론으로 초대하는 것이라 할 수 있다. 우리가 공유하는 정보가 자연적으로 새로운, 그리고 더욱 건설적인 결론을 이끌어 내는 방향으로 기울어져 있기 때문에 우리는 새로운 정보와 새로운 상황에 비추어 자신의 상황 이해와 실천적 추론을 조정하고자 하는 사람들의 강력한 성향에 기대를 해볼 수 있다. 우리는 환자가 자신의 건강을 더 잘 관리하기 위해서 행동 변화의 이유에 대한 새로운 추론 과정을 만들어 낼 수 있도록 환자를 간접적으로 도울 필요가 있다. 환자 스스로 변화가 필요한 행동이 무엇인지 깨닫게 될 때 변화는 오래 지속될 수 있는 기반 위에서 시작될 가능성이 매우 높아진다.

추론에서 시작점이 되는 생각을 전제라고 부른다. 추론의 과정으로부터 도출된 결론은 전제들 간에 논리적 관계에 의해서 시작된다. 환자의 추론 과정에 있는 전제들을 다루고 가능하다면 바꾸는 것을 통해서 우리는 환자가 다른 결론을 내리도록 도울 수 있다.

동기강화상담에는 건강관리전문가에게 영향을 받을 수 있는 두 가지 주요한 형태의 전제가 있다. 사실적 전제는 특히 의학적 사실에 중점을 두고 있고, 이는 관계에 민감한 방식으로 우리의 의학적 전문성을 사용함으로써 다루어질 수 있다. 여기에는 환자의 질병, 환자가 직면한 위험성, 환자에게 공개된 치료 대안에 대한 설명 등이 포함된다. 다음의 진술들은 의학적 전문성을 활용하여 검토될 필요가 있는 환자의 추론 과정에 사용된 사실적 전제의 예를 보여 준다.

- ❑ "괜찮다고 느껴지니까, 아마도…."
- ❑ "~을 낮출 필요는 없다고 생각해요. 어떤 실제적인 증상을 느끼기 전까지는요."
- ❑ "약을 복용하는 것은 나의 ~을 낮추는 데 필요 이상인 것 같아요."

이에 반해서 동기적 전제는 우리의 전문성이 아니라, 환자의 전문성의 한 부분이다. 동기적 전제는 환자의 경험과 관점에 근거한 것으로, 주로 건강 행동 변화에 대한 환자의 동기로 여겨지는 목표, 열망, 의심 또는 두려움의 형태로 표현된다. 건강관리전문가로서 우리는 Rollnick, Miller와 Butler[15)]가 논의한 변화대화(DARN, 열망, 능력, 이유, 필요)에 관한 환자의 관점을 탐색함으로써 동기적 전제를 이끌어 내고 검토하고 강화할 수 있다. 현재의 건강 관련 행동과 미래의 개인적인 목표나 열망 사이의 연관성을 보지 못하는 것은 환자에게 결코 드문 일이 아니며, 환자의 목표를 탐색하고 환자의 현재 행동과 미래의 목표 사이에 불일치감을 만드는 것을 통해서 이 연관성을 강조할 수 있다. 건강관리전문가는 환자의 상황 이해와 실천적 추론 과정에 있는 사실적 전제와 동기적 전제 모두를 살펴보고 다룰 수 있는 역량을 가지고 있어야 한다.

이어지는 대화는 앞에서 논의한 것이 동기강화상담의 핵심에 어떻게 작용하는지는 잘 보여 준다. 총콜레스테롤 수치가 400이 넘는 환자가 고지혈증 진단을 받았다. 의사(HCP, 건강관리전문가)가 그에게 콜레스테롤 수치를 낮추기 위해서 도움이 되는 콜레스테롤 저하제를 처방하면 좋겠다고 하자, 환자는 다음과 같이 말했다.

환자: 의사 선생님, 걱정하지 마세요. 전 괜찮아요. 체중이 많이 나가지도 않고 튀긴 음식은 먹지도 않아요.

HCP: 괜찮다고 느껴지고 비만도 아니고, 그리고 튀긴 음식도 멀리하는데, "내가 정말로 콜레스테롤 약을 먹어야 하는 건가?"라는 의문이 들 것 같네요.

환자: 제 말이요.

HCP: 좋은 의문이에요. 몇몇 정보를 말해 드려도 괜찮을까요? 그다음에 어떻게 생각하는지 이야기해 주면 좋을 것 같아요. 궁극적으로 약을 복용할지 여부는 전적으로 환자분의 선택이에요.

환자: 네, 말해 주세요.

HCP: 안타깝지만 콜레스테롤이 높다고 해서 우리가 자각할 만한 어떤 증상이 나타나지는 않아요. 아마 첫 번째 증상이 뇌졸중이나 심장마비일 거예요. 환자분 콜레스테롤 수치가 400이 넘었는데, 우리가 알고 있기로는 콜레스테롤 수치는 200 이하로 떨어져야 뇌졸중이나 심장마비가 발생할 위험성도 낮아진다고 해요. 약을 복용하는 것과 식습관, 약간의 활동량 변화를 통해서 콜레스테롤 수치를 현저히 감소시킬 수 있어요. 200 이하로 낮출 수도 있을 거예요. 미연에 방지할 수 있는데, 뇌졸중이나 심장마비가 오는 걸 그냥 보고 있을 수가 없네요. 콜레스테롤을 낮추기 위해서 약을 복용하는 것에 대해서 지금은 어떻게 생각하나요?

먼저 의사는 환자의 핵심적 동기와 추론의 과정에 대해서 자신이 이해하고 있다는 것을 반영했다는 점에 주목할 필요가 있다. 환자의 상황 이해에 대해서 의사가 진심으로 경청하고 있다는 것을 환자에게 알게 하는 것은 환자의 체면을 지켜 주고 관계성 저항을 피하도록 해준다. 이 환자는 별다른 이상이 느껴지지 않고, 튀긴 음식을 먹지 않으며 비만이 아니라면 실제로는 문제가 되지 않는다고 현재 상황을 이해하고 있다. 의사가 제공하는 정보는 반드시 이 모든 것이 사실일 수 있고 환자가 여전히 위험한 상태에 놓여 있을 수 있는 이유를 설명하는 것이어야 한다. 다음으로 의사는 환자가 고려해야 할 정보를 제공하는 것에 대한 허가를 요청하며 결정하는 것은 궁극적으로 환자의 몫이라는 것을 환자에게 알려 주었다. 정보 공유에 대한 허가를 구하고 그 정보에 대한 환자의 반응을 요청하는 것은 모두 환자의 체면을 지켜주고 또한 관계성 저항을 감소시켜 준다. 새로운 정보는 그 후에 중립적인 태도로 제공되었으며, 환자는 이 새로운 정보('애정을 담아 문제 일으키기')가 콜레스테롤을 관리하는 것에 대한 자신의 생각에 어떻게 영향을 주었는지에 대해서 질문을 받았다. 주목할 점은, 의사가 환자가 해야만 하는 것에 대한 결론을 내리지 않음으로써 환자의 체면을 지켜 주고 있다는 것이다. 의사는 그에게 생각해 볼 만한 정보를 제공하는 것 대신에 자신의 우려를 표현하고 마지막에 환자가 내린 결론이 무엇인지 질문했다.

요약하자면, 주제성 저항은 환자로 하여금 행동 변화는 필요하지 않다(저항)는 결론이나 또는 변화를 해야 할지 또는 원하는지에 대해서 확신할 수 없다(양가감정)는 결론에 이르게 하는 모든 종류의 문제, 걱정, 의문점, 의심과 관련되어 있다. 이러한 이슈들과 걱정은 환자의 상황 이해와 실천적 추론에 의해서 정당화되는데, 이는 환자에게는 설득력이 있는 것이다. 우리는 이러한 환자의 상황 이해를 전면적으로 거부할 수 없으며, 우리의 상황 이해대로 주장할 수 없는데, 왜냐하면 그렇게 하는 것은 환자의 체면을 손상시키는 원인이 되기 때문이다. 우리가 할 수 있는 것은 다음과 같다.

1. 환자의 주제성 저항의 기저에 있는 환자의 상황 이해와 그 이유 및 근거 탐색하기
2. 환자의 상황 이해를 공감하고 그 이유와 근거 반영하기(이를 통해서 환자는 우리가 자신의 관점을 경청하고 존중한다는 사실을 알게 된다.)
3. 환자의 추론에 관련되는 정보 공유에 대한 허락 구하기
4. 초점을 정확히 맞춘 정보를 적절한 태도로 제공하기
5. 이 정보에 대한 환자의 생각을 이야기하도록 요청하기

만약 우리가 환자의 추론 과정에서 취약하거나 의문스러운 부분을 정확히 조준한 정보를 제공하면서 동시에 환자의 체면이 손상되지 않았다면, 환자는 자신이 내렸던 결론을 다시 검토해 볼 가능성이 높다. 환자가 자신의 결론을

재검토할 것이라고 보장할 수는 없겠지만 그렇게 할 가능성은 확실히 높일 수 있다.

이러한 접근이 어떻게 작용하는지를 보여 주는 또 다른 예는 혈압이 아주 높은(155/95) 56세의 남성의 사례를 통해서 살펴볼 수 있다. 의사는 혈압약을 처방했으나, 환자는 처방약을 조제하지 않았다. 다음의 대화는 그 후에 의사(HCP, 건강관리전문가)를 방문했을 때 이루어진 것이다.

1 **HCP:** 일전에 처방했던 혈압약을 복용하는 건 어땠나요?

2 **환자:** 솔직히 말해서, 약을 조제해 가지 않았어요. 괜찮은 것 같았고, 왜 약을 먹어야 하는지 모르겠더라고요.

3 **HCP:** 괜찮다고 느껴지고 고혈압에 대한 어떤 개인적인 자각 증상도 없으니 왜 이 혈압약을 먹어야 하는지에 의문이 있었겠네요.

4 **환자:** 네, 정확해요.

5 **HCP:** 그 의문은 좋은 질문이 되겠네요. 괜찮다면 이 질문에 환자분이 답을 찾는 데 도움이 될 수 있는 정보를 이야기해도 될까요? 그러고 나서 그 정보에 대해서 어떻게 생각하는지 말해 주면 좋을 것 같아요.

6 **환자:** 네, 괜찮아요. 말해 주세요.

7 **HCP:** 혈압이 높아도 아마 어떤 증상도 자각하진 못할 거예요. 어느 날 갑자기 어떤 경고 사인 없이 뇌졸중이나 심장마비가 오기 전까지는요. 직장에 있다가 갑자기 병원에서 깨어날 수 있어요. 왼쪽 팔과 다리를 움직이기 어려운 상태로요. 이 부분에 대해서 어떻게 생각하나요?

8 **환자:** (2초간 침묵) 어, 그런 일이 일어나지 말아야겠지요. 가족을 부양하기 위해서 일을 계속 해야 해요. 약을 먹는 것으로 정말로 예방이 되나요?

9 **HCP:** 처방된 대로 혈압약을 복용하는 것, 활동량을 늘리는 것, 먹는 것을 조심하는 것이 모두 혈압을 낮추는 데 도움이 됩니다. 그러면 뇌졸중이나 심장마비의 위험성도 물론 떨어지지요. 그런 일이 생기지 않고 가족들도 잘 부양할 수 있도록 환자분을 진

심으로 돕고 싶어요. 우선 혈압약에 대해서 좀 더 이야기해도 괜찮을까요?

10 환자: 네, 물론이죠. 하지만 먼저 어떻게 뇌졸중이나 심장마비가 어떤 경고도 없이 갑자기 올 수 있는지 정말로 알고 싶군요.

11 HCP: 뇌졸중이나 심장마비가 오기 전에 어떤 사소한 증상도 느끼지 못할 수 있다는 점이 정말 이상하게 보이지요.

12 환자: 네, 맞아요.

13 HCP: 이 부분을 설명하는 데 비유를 사용해도 괜찮을까요?

14 환자: 네. 그럼요.

15 HCP: 오랫동안 혈압이 높은 상태가 계속되면 그때 혈관은 마치 높은 수압의 물이 계속 흘러가는, 정원에 있는 물 호스와 같다고 보면 될 것 같네요. 갑자기 호스의 약한 부분이 파열되어 물이 온 사방으로 뿜어져 나오기까지는 모든 것이 괜찮아 보일 거예요. 만약에 그런 파열이 뇌에 있는 혈관에서 일어난다면, 그게 바로 뇌졸중인 것이지요. 이를 피하는 방법은 혈압을 낮추는 거예요. 이 설명이 환자분이 이해하기에 괜찮나요?

16 환자: 사실, 옆집에서 그런 일이 일어났어요. 옆집 사람에게 왜 그렇게 물을 틀어 놓았느냐고 물어봤지요.

17 HCP: 요점을 정확히 이해했네요. 안전한 수준으로 혈압을 낮추고 싶다는 말로 들리는군요.

18 환자: 물론이에요.

1번 표현에서 의사는 환자가 약 복용을 어떻게 했는지 탐색하기 위해서 중립적으로 열린 질문을 했다. 2번 표현에서 '솔직히 말해서'라는 말로 시작하고 있는 것을 보면, 환자는 이 응답이 의사가 듣고자 하는 것이 아니라는 사실을 인지하고 있다는 것을 알 수 있다. 이어서 환자는 약을 복용하지 않은 자신의 결정을 설명하는 추론의 과정을 덧붙였다. 이 시점에서 환자는 실제적인 주제성 저항을 표현했으며, 의사는 어떻게 응답해야 할지에 대한 중요한 선택에 직면했다. "음, 괜찮다고 느껴진다 하더라도 약을 꼭 먹어야 해요. 혈압이 높다는 것을 모르나요?"라는 식으로 말하는 것은 환자의 체면의 역량 속성과 자율 속성 모두를 손상시킬 수 있고 환자를 더욱더 방어적으로 만들 수 있으며 의사와 환자 모두의 말에서 성과 없이 반복해서 '네, 하지만' 반응이 나오게 하는 강력한 기폭장치가 될 수 있다.

의사는 그 반응 대신에 3번 표현에서와 같이 환자를 평가하지 않고 저항과 함께 구르는 동기강화상담을 사용하기를 선택했다. 이보다 더 중요한 것은 의사가 환자의 실천적 추론의 과정을 반영하고 환자가 고민하고 있는 근본적인 질문을 제기했다는 점이다. 의사는 환자가 약이 필요한 이유에 대해서 이해하고 있지 못한 부분을 공감했으며, 환자는 의사의 말을 이해했음을 4번 표현에서 인정했다. 이 반응은 의사와 환자 상호간의 라포를 서로 확인하는 데 도움이 된다.

5번 표현에서 의사는 환자의 의문에 대한 답이 되는 정보를 제공하는 것에 대한 허락을 구했다. 이는 환자의 체면을 손상시키는 조언 모드로 정보를 쏟아 내는 것과는 매우 다르며, 환자의 체면은 환자가 넌지시 표현했던 질문의 가치를 인정하는 것과 관련된 정보를 공유하는 것에 대한 허가를 구하는 것 그리고 그 정보에 대한 반응을 이야기할 수 있는 기회를 만드는 것을 통해서 존중되었다.

7번 표현에서 의사는 환자가 뇌졸중이나 심장마비가 일어나기 전에는 자각하는 증상이 없을 것이라는 사실을 설명하고 있다. 환자에게 그의 생각을 물었을 때 그는 뇌졸중이나 심장마비가 자신에게 일어나지 않기를 바란다며 그 이유로 가족을 부양해야 한다고 말했다. 그리고 이내 약을 먹는 것이 뇌졸중이나 심장마비를 예방할 수 있는지 여부를 질문하는 진전을 보였다. 이 시점에서 이 말은 마치 환자가 뇌졸중이나 심장마비가 오는 것을 피해야 할 개인적인 동기가 확인되었으며 이제는 어떻게 이 목표를 달성할 수 있을지에 초점을 맞추는 것같이 들린다. 그것이 8번 표현에서 마지막 질문의 취지였다. 9번 표현에서 의사는 약의 효과에 대한 주제를 처음으로 다루었으나 그 과정에서 환자는 자신의 준거들을 활동량의 증가와 좋은 식습관으로 그 범위를 확장했다. 그러고 나서 의사는 뇌졸중이나 심장마비를 피하려는 환자의 개인적인 동기를 반영하고 인정했으며 약에 대해서 이야기하는 것에 대한 허가를 요청했다. 환자에게는 의사가 자신의 체면을 존중하고 있으며 자신이 가족들을 부양할 수 있도록 돕고 싶어 하며 자신이 걱정하고 의문을 갖고 있는 것들을 논의하기 위해서 노력하고 있다는 충분한 증거들이 제공되었다.

의사는 환자의 10번 답변으로 다소 당황했을 수도 있다. 약에 대해서 논의하는 것에 대해서 허가를 한 후 환자는 다시 돌아가서 자각할 수 있는 아무런 경고 증상 없이 어떻게 뇌졸중이 올 수 있는지에 대해서 질문했다. 의사는 약과 관련된 자신의 의제를 강요할 수도 있었지만 이는 환자와의 라포에 손상을 줄 수 있기 때문에 11번 표현에서 의사는 사전에 증상이 없는 것에 대한 환자의 계속되는 걱정을 공감했다. 12번 표현에서 보이는 것과 같이 환자는 의사가 진정으로 자신과 함께 자신의 문제를 다루고자 하며 자신의 걱정들을 해소시켜 주고자 한다는 것을 알게 되었다. 비유를 공유하는 것에 대해서 다시 허가를 요청한 것은 환자의 체면의 자율적 측면을 보호하는 데 효과적이었다. 15번 표현은 어떻게 갑자기 심각한 일이 발생할 수 있는지에 대한 문제에 정확하게 맞는 비유였다. 16번 표현에서 환자가 비유를 자신과 동일시했는데, 의사에게 이는 마치 잭팟이 터진 것과 같은 것이다. 이 시점에서 환자는 자신이 해야 할 것, 즉 혈압을 낮추는 것에 대해 표현되지는 않았지만 이미 결론을 내린 상태로 보인다. 의사는 환자가 이 비유를 자신의 고혈압과 관련지어서 생각해 볼 수 있도록 중립적인 질문을 할 수도 있었지만, 의사는 환자의 말 속에 내포되어 있는 환자의 결론을 감지하고 환자가 내린 결론을 반영했고, 18번 표현에서 환자의 동의를 받았다. 16번 표현에서 18번 표현까지의 진행은 다소 빠른 속도로 이루어졌다는 점에 주목할 수 있는데, 이는 이미 라포가 형성되었기 때문이며, 또한 환자의 16번 표현에서의 핵심을 의사가 잘 이해했기 때문이기도 하다.

마지막 부분에서 의사는 다시 혈압약과 관련된 논의를 하는 것에 대한 허가를 요청할 수 있을 것이다. 그리고 환자도 이제는 이 논의를 할 준비가 되었을 것이다. 이 예시에서 상호작용의 흐름은 매우 효과적이었는데, 그 이유는 의사가 환자의 속도를 따라가면서 환자가 계속해서 걱정하고 있는 문제를 살펴보기 위해서 속도를 늦추었기 때문이다. 만약에 의사가 환자가 준비되기 전에 혈압약과 관련된 논의로 진행하려 했다면 그는 환자와의 이전의 대화를 통해서 형성했던 라포를 잃어버렸을 것이다. 이 의사가 적절하게 반응한 또 한 가지 점은 환자가 표현한 주된 고민을 정조준한 적절한 정보를 바로 제공했다는 것이다. 다목적으로 사용될 수 있는 정보 뭉치나 의사의 자동 운전 모드에 의해서 제공되는 설교는 존재하지 않는다. 환자에게 맞춰진 의사의 정보적 반응은 환자와의 견고한 라포를 형성해 주며 결과적으로 환자가 제공받은 정보에 주의를 기울이도록 한다.

이 예시에서의 흐름을 보면 의사는 환자의 체면을 손상시키지 않으려고 노력했을 뿐만 아니라, 환자의 고민을 경청하고 반영하면서 그 고민과 관련된 적절한 정보들을 통해서 즉각적으로 이를 검토함으로써 환자의 체면을 분명하게 인정했다. 건강관리전문가는 환자의 체면을 존중하는 것으로 라포를 형성했고, 환자의 이슈를 공감하고 반영하는 것과 환자와 적절한 정보를 공유하고 그에 대한 환자의 반응을 탐색하는 것을 통해서 환자의 상황 이해와 추론 과정에 동참했다. 이와 같은 조건에서 동기강화상담은 가장 큰 효과를 나타낸다.

동기강화상담은 환자의 관계성 저항과 주제성 저항 모두에 반응하는 과정에서 정밀한 조정을 필요로 하며, 건강관리전문가가 환자의 이슈와 걱정에 즉각적으로 반응하면서 환자와 라포를 형성하고 이를 유지할 때 매우 강력한 상승효과가 일어난다. 이러한 요소들, 즉 라포를 형성하고 환자의 이슈를 검토하는 것은 그 자체로 환자의 건강 행동 변화의 가능성을 증가시키는 데 긍정적인 영향을 미치지만, 동기강화상담은 이 두 가지를 정밀하게 조정하고 통합함으로써 더 큰 전체 효과를 나타낸다. 환자와의 라포가 환자의 주제성 저항을 직접적으로 검토하기 위한 정보를 제공하는 것에 그 영향력을 미칠 때 주목할 만한 일이 일어난다. 마치 1+1=2와 같이 두 개의 독립적인 요인이 동기강화상담 내에서 작용하면서 건강 행동 변화의 가능성을 증가시킨다기보다는 두 요인이 마치 1+1=6인 것과 같이 상승효과를 나타냄으로써 건강 행동 변화의 가능성을 증가시키는 것으로 보인다.

관계성 저항과 주제성 저항 모두에 초점을 맞추는 것의 상승효과

제3장에서 우리는 이론적 관점과 실천적 관점으로 동기강화상담의 발달 과정을 설명했다. 우리는 긍정적인 건강 행동 변화를 촉진하는 데 있어서 동기

강화상담의 효과성에 대한 몇몇 체계적 고찰 연구를 검토했다. 이 논문들은 비록 동기강화상담이 다른 보통의 기존 치료들보다 일반적으로 더 효과적이었지만 그 밖의 환자를 상담하는 다른 체계적 접근들과 그 효과 면에서 유사하다는 결론을 내렸다.[16)~18)] 이 연구들은 우리가 제시했던 동기강화상담의 이론적 설명에 근거할 때 기대할 수 있는 수준의 동기강화상담의 효과성을 보고하지는 않았다. 하지만 우리는 동기강화상담이 제대로 실행된다면 긍정적인 건강 행동 변화를 일으킬 가능성을 극적으로 높이는 상승효과를 나타낼 것이라고 확신한다. 따라서 (1) 환자와의 라포를 형성하고 유지하는 것, (2) 환자의 상황 이해와 추론의 과정을 검토하고 다루는 것을 세밀하게 조정하여 동기강화상담의 상승효과에 대한 타당성을 증명해야 하는 과제를 해결해야 할 필요가 있다.

이와 관련해서 우리는 Abhishek Krishna-Pillai가 Auburn 대학교의 Harrison School of Pharmacy에서 Bill Villaume의 지도 아래 쓴 박사 논문에서 발견한 내용들을 요약하려 한다.[19)] Krishna-Pillai는 우리 연구 팀의 정식 연구원으로, 건강관리전문가가 동기강화상담을 실행할 때 경험하게 되는 문제점들을 확인하기 위해서 오랫동안 건강관리전문가와 환자의 상담 시연을 조사, 검토했다. 그는 석사 학위 논문에서 공감의 사용을 중심으로 동기강화상담을 배우는 과정에서의 문제점에 대한 질적 분석을 진행했다.[20)] 그는 자신의 박사 논문에서 동기강화상담의 두 가지 기본적 속성(관계성 저항과 주제성 저항)과 환자와의 라포가 환자의 상황 이해와 실천적 추론에 긍정적인 영향을 미치는 데 사용될 때 동기강화상담에서 나타나는 상승효과의 실험적 타당성을 조사하기로 결정했다.

동기강화상담에 대한 대부분의 초기 연구들은 임상적 결과를 연구하는 형태였던 것에 비해서 이 논문은 메시지 효과 연구로 알려진 의사소통 연구 방법을 채택했다.[21)] 서로 다른 메시지 전략을 운영했는데, 서로 다른 메시지를 녹음한 것을 실험 참여자에게 제시하고 그 후에 참여자들의 반응을 평가표를 통해서 평가하는 형식으로 진행되었다. 이 연구 방법은 동기강화상담의 내적 구조를 면밀하게 실험할 수 있게 해주었는데, 이 연구에서는 의사와 환자의 상호작용을 녹화하여 실험 자극으로 활용했다. 각 상호작용은 75~150초의 길이로 제작되었으며, 두 개 수준으로 구분한 관계성 저항과 총 세

개 수준으로 세분화한 주제성 저항으로 가능한 여섯 가지 조합을 대표하는 스크립트로 만들어졌다. 통계적 분석의 타당성을 높이기 위해서 여섯 가지 조합은 각각의 조합을 대표하는 2개의 서로 다른 상호작용으로 녹화되어 실험 설계되었다. 결과적으로 이 연구 참여자는 각각 12개의 영상을 보았으며, 각 영상에서 의사와 환자에 대해서 평가했다. 이 평가는 의사가 환자를 수용하고 존중하는 정도, 의사의 의학 지식, 환자의 행동 변화 가능성에 해당되는 세 가지 종속 변인을 평가할 수 있는 점수로 구성되었다. 그리고 통계적 분석을 통해서 이 세 가지 변인들이 각각 관계성 저항의 감소에 미치는 영향과 주제성 저항을 다루는 데 미치는 영향, 그리고 이 두 가지 저항 모두에 미치는 상승효과를 검증했다.

이어서 이 영상의 대화가 실험상에서 어떻게 작성되었는지 그 세부 내용을 살펴보면, 우선 관계성 저항은 높은 수준과 낮은 수준으로 구분하여 스크립트를 작성했다. 높은 수준의 관계성 저항 조건에서 의사는 환자를 판단하고 환자에게 해야 할 것을 말해 주는 유일한 전문가로서 행동함으로써 환자의 역량 속성과 자율 속성에 해당되는 체면 모두의 손상을 야기했다. 낮은 수준의 관계성 저항 조건에서 의사는 의학 정보에 대한 전문가로서 행동했지만 환자 또한 자신의 상황, 목표 그리고 고민에 대한 전문가로서 대우했다. 이러한 방식으로 의사는 환자를 판단하거나 해야 할 것을 말하지 않음으로써 환자의 체면을 존중했다. 환자의 주제성 저항에 대처하고 관련된 개입을 하는 두 번째 독립 변인은 개입의 정도에 따라서 세 가지 수준으로 작성되었다. 첫 번째 수준에서는 의사가 환자가 표현한 이슈나 고민을 무시하도록 했고, 두 번째 수준에서는 환자의 이슈나 고민을 반영하도록 했지만 이와 직접적으로 관련된 정보를 제공하지 않도록 했다. 세 번째 수준에서 의사는 환자의 이슈를 반영하고 그 후에 이를 직접적으로 다루는 적절한 정보를 제공함으로써 환자의 상황 이해의 과정에 전적으로 참여했다.

이 연구의 실험 설계는 표 4-1의 내용과 같다. 우리가 제안한 동기강화상담에 대한 이론적 설명에 따른다면 동기강화상담은 6번 조합을 통해서 표현되었는데, 의사는 환자의 체면을 존중하고 지켜 주며 또한 반영하기를 통해서 환자의 이해를 촉진하면서 환자의 핵심 문제와 고민을 다루고 있다. 여기에서 환자는 의사가 자신의 체면을 지켜 주고 있기 때문에 의사와 말하는

표 4-1 실험 설계

조건	높은 관계성 저항	낮은 관계성 저항
환자의 문제 무시하기	조합 1	조합 2
환자의 문제 반영하기	조합 3	조합 4
환자의 문제 반영하고 다루기	조합 5	조합 6

출처: 참고 문헌 19

것에 안전감을 느끼고 있다. 환자가 자신을 괴롭히고 있는 이슈에 대한 이야기를 꺼낼 때 의사는 이를 반영함으로써 자신의 환자가 상황을 어떻게 이해하고 있는지에 대해서 경청하고 있으며 존중하고 있다는 사실을 알려 준다. 의사는 환자의 이슈에 적절한 정보를 제공하고 그 정보에 대해서 환자가 자신의 생각을 말할 수 있도록 함으로써 환자의 이슈에 즉각적으로 반응한다.

다음은 6번 조합에서 발췌한 내용이다. 의사와 환자는 흡연이 천식에 미치는 영향에 대해서 논의하고 있다. 주목할 점은 환자가 첫 번째 진술에서 자신의 천식과 흡연의 관계를 부인하고 있다는 점이다.

환자: 음, 제가 천식인 이유는 유전적인 요인이 거의 대부분이라고 봐요. 할아버지도 천식이셨고, 아버지도 천식이 있어요. 그러니 제가 천식이라는 것은 그리 놀랄 만한 일은 아니지요.

HCP: 천식과 관련된 가족력이 있기 때문에 흡연은 천식에 큰 영향을 주지 않았다는 말이군요. 그것은 유전된 것이니까요.

환자: 네.

HCP: 걱정되는 것이 있는데, 이야기해도 될까요?

환자: 네, 물론이에요.

HCP: 천식과 관련된 가족력은 당신의 폐를 매우 민감한 상태로 만들었어요. 흡연의 영향에는 특히 더 민감하지요. 걱정되는 것은 흡연은 계속해서 당신의 폐 기도에 염증을 일으킬 거예요. 그리고 천식이 더 악화될 것이라는 사실이에요. 이 부분에 대해서 어떻게 생각하나요?

의사가 환자의 체면을 존중하고 환자의 추론 과정을 반영해 주면서 즉각적으로 환자의 문제를 다루었기 때문에 환자 스스로 자신이 내린 결론에 대해서 다시 생각해 보기에 6번 조합은 최적의 조건을 갖추고 있으며, 동기강화상담의 상승효과가 나타나기에 필요한 모든 조건을 갖고 있는 것이다.

이와 대조적으로 1번 조합은 환자에게 해야 할 것을 지시하는 자신의 목적에 충실하면서 환자 중심이 되는 것에는 관심이 없는 의사를 대표한다. 환자가 자신이 신경 쓰고 있는 이슈를 이야기했을 때 의사는 심지어 환자의 이야기를 듣고 있다는 어떤 표현도 하지 않으며 물론 환자의 고민에 대해서 반응도 거의 하지 않는다. 1번 조합은 완전히 제공자 중심적인 상호작용을 대변한다. 다음은 1번 조합의 스크립트에서 발췌한 것이다.

환자: 후, 혈압이 높다는 사실을 도무지 믿지 못하겠네요. 아시잖아요? 이제 겨우 25살인데, 이 나이에 고혈압이 있는 경우는 거의 없잖아요. 친구들 중에도 고혈압인 친구는 한 명도 없어요.

HCP: 네, 하지만 혈압은 분명히 높아요. 그 부분에서 의심할 여지는 없네요. 식습관을 변화시켜야 할 것이고, 운동도 더 해야 할 거예요. 그리고 혈압을 낮추려면 정기적인 약 복용도 필요할 겁니다.

이 발췌 내용에서 의사는 환자의 체면의 손상을 야기함에 있어서 '지나치지' 않았다는 점에 주목할 필요가 있다. 체면의 손상은 순전히 의사의 정직한 전문가 역할의 수행으로부터 야기되었다. 1번 조합은 환자가 자신이 해야 할 필요가 있는 것이 무엇인지 재고해 보도록 돕는 데 가장 적절하지 않은 조건을 가지고 있다.

우리의 관점으로 볼 때 2번 조합과 4번 조합은 동기강화상담을 배운 많은 건강관리전문가들의 행동을 대표하고 있기 때문에 흥미로운 조건이라 할 수 있다. 환자의 체면을 존중하고 지켜 주는 것을 배우는 것은 매우 어려운 일은 아닌데, 환자가 자신의 상황, 목표, 필요, 어려움 등에 대해서 전문가라는 패러다임을 받아들인다면 더욱 그러하다. 표준화된 환자에게 동기강화상담을 사용하는 건강관리전문가의 영상을 검토하는 중에 우리는 환자를 더 수용하고 존중하는 것, 환자가 저항을 표현할 때 환자를 판단하지 않음으로써 저항과 함께 구르는 것, 그리고 환자의 문제와 걱정에 공감을 표현하면서 자기효능감을 지지하는 것을 확인할 수 있었다. 그리고 그것이 건강관리전문가가 환자와 한 작업의 전부인 경우에는 행동 변화의 필요를 향한 환자의 추론 과정을 촉진하는 데 있어서 잘 진전되지 않는 것 같아 보였다.

이어지는 대화는 4번 조합의 스크립트에서 발췌한 것으로, 의사는 환자와 최근에 발견된 고혈압에 대해서 논의하고 있는 장면이다. 여기서 의사는 환자의 이슈를 반영해 주었으나, 이 이슈를 다루는 것에는 실패했다. 대신에 의사는 강력하게 표현된 주제성 저항에 대체로 적절한 반응을 활용하여 이를 다루려 했으나, 이는 여전히 강한 상태로 남겨져 있다.

환자: 아시다시피, 약을 먹고 싶진 않아요. 사실 부작용이 신경 쓰이네요.

HCP: 그렇군요. 약으로 인해서 나타날 수 있는 부작용을 걱정하고 있군요. 그리고 지금은 건강도 괜찮고, 운동도 꾸준히 하고 있고, 건강한 생활습관도 유지하고 있으니 그 밖의 다른 변화를 원하고 있는지 확신하고 있진 않군요. (환자: 네.) 그러면 만약에 혈압을 관리하기 위해서 이 부분에 대해서 좀 더 이야기가 하고 싶어지면 그때 진료를 보러 오면 좋을 것 같네요. 그 부분에 대해서 좀 더 이야기할 수 있으면 좋을 것 같아요.

이 스크립트에서 의사는 고혈압에 대한 환자의 생각을 존중한다는 명확한 증거를 제시하고 있지만 그 후에 '애정을 담아 문제를 일으키는 것'은 피하고 있다. 우선은 환자의 건강한 습관과 그럼에도 불구하고 혈압이 여전히 높은 것 사이에서 불일치를 만들기 위해서 환자의 생각을 요약할 수 있었을 것이다. 또 다른 방법으로는 약물에 대한 환자의 걱정을 탐색했을 수도 있다. 우리의 관점으로 볼 때 동기강화상담을 배우는 데 가장 어려운 부분은 상황에 대한 환자의 상황 이해와 추론 과정에 의문을 제기하고 영향을 미치는 데 환자와의 라포를 사용하는 방법을 배우는 것이다(즉, 2번 조합과 4번 조합을 6번 조합으로 진행시키는 방법을 배우는 것이다).

이 논문의 주요 결과들은 동기강화상담에 대한 이 책의 이론적 설명을 처음으로 확인시켜 주었다. 실험 절차와 통계 분석의 세부 내용들은 전체 논문과 함께 온라인을 통해서 확인할 수 있다.[19] 이 책에서 우리는 다음의 내용에 초점을 맞춘 결과들을 강조할 것이다.

1. 환자를 수용하고 존중한다고 인식되는 의사
2. 의사의 인식된 전문성
3. 환자에 의한 건강 행동 변화의 인식된 가능성

첫 번째 결과는 각 영상에 등장하고 있는 의사가 환자를 얼마나 수용하고 존중하는지에 대해서 참여자들이 어떻게 인식하는지에 초점을 맞춘 것이었다. 참여자들은 낮은 관계성 저항 조건의 의사가 높은 관계성 저항 조건의 의사에 비해서 환자를 상당히 수용하고 존중하는 것으로 판단했다. 그 차이가 매우 유의미하게 나타났던 주된 이유는 높은 관계성 저항 조건(예: "내가 전문가이다.")에서는 환자의 체면이 손상된 것으로 영상이 시연되었고, 낮은 관계성 저항(예: "우리는 모두 전문가이다.") 조건에서는 환자의 체면이 지켜지는 것으로 의사와 환자의 의사소통이 시연되었기 때문인 것으로 보인다. 사실상 이 결과는 두 가지 관계성 저항 조건의 타당성을 확인한 것이지 동기강화상담의 특성에 대한 새로운 경험적 지식을 검증한 것은 아니었다.

주제성 저항을 다루는 것의 효과 또한 의사가 환자를 얼마나 수용하고 존중하는지에 대한 지각 정도와 유의미한 관계가 있었다. 환자의 이슈를 검토하고 다루는 의사는 환자의 이슈를 무시하는 의사나 반영은 하지만 다루지 않는 의사보다 더 수용적이고 환자를 존중하는 것으로 인식되었다. 추가적으로 반영은 하지만 환자의 이슈를 다루지 않았던 의사들은 환자의 이슈를 완전히 무시했던 의사들보다 더 환자를 수용하거나 존중하는 것으로 평가되지 않았다. 이러한 결과는 상당히 흥미로운데, 왜냐하면 우리는 환자의 이슈를 반영하는 행동(건강관리전문가가 그 이슈를 다루는지 여부와 관계없이)은 환자의 이슈를 무시하는 행동에 비해서 더 수용적이고 환자를 존중하는 것으로 보일 것이라고 예상했기 때문이었다. 하지만 실험 참여자들은 이러한 차이를 구분하여 인식하지 못했다. 이 결과는 참여자들이 환자의 이슈나 고민을 듣고 난 이후에 이를 다루지 않는 것에 대해서 환자의 이슈를 반영함으로써 얻었던 존중하는 태도를 무효화하는 무례로 보았다는 것을 시사하는 것으로 보인다. 어쩌면 실험 참여자들은 "이 의사는 환자의 이슈와 고민을 듣고는 이를 다루어야 할 만큼 충분히 중요한 것으로 고려하지 않았다."라고 생각했을 수도 있다. 최종적으로 6번 조합에서 나타난 상호작용의 상승효과는 나타나지 않았다.

요약하면, 환자의 체면을 지켜 주는 것과 환자의 고민이나 이슈를 다루는 것은 각각 독립적으로 의사가 환자를 수용하고 존중하고 있다는 연구 참여자들의 인식을 증가시켰다. 또한 이러한 효과는 환자가 표현한 단 한 가지 주제로 단지 90~150초 동안 진행된 짧은 상호작용에서 일어났다. 이러한 결과를 바탕으로 볼 때 이와 같은 접근이 몇 가지 중요한 이슈와 고민을 표현하는 환자와의 5~10분 동안의 상호작용에 적용된다면 매우 큰 영향력을 미칠 것이라는 것을 상상하는 것은 어려운 일이 아니다.

다음으로 이 실험에서는 의사가 의학 전문가로서 인식되는지 여부를 검토했다. 건강관리전문가들은 종종 동기강화상담을 사용하는 것이 환자에게 자신의 전문성을 떨어뜨리게 될까 걱정한다. 하지만 실험에서는 이와 반대되는 결과를 얻었는데, 낮은 관계성 저항을 보인 의사들은 높은 관계성 저항 조건에 있는 의사들보다 유의미하게 높은 전문성을 가진 것으로 평가받았다. 다른 말로 하면, 만약 당신이 환자에게 의학 전문가로 인식되고자 한다면 환자의 체면을 존중하고 지켜 주는 것이 가장 좋은 방법이라는 것이다. 만약에 당신이 환자에게 관계성 저항을 야기한다면 환자는 당신의 의학적 전문성을 부인함으로써 관계성 저항을 해소하기 쉽다.

이와 유사하게 환자의 이슈를 반영하고 이에 집중하는 의사는 환자의 이슈는 반영했지만 이를 집중적으로 다루지 않은 의사보다 더 나은 의학적 지식을 가진 것으로 평가되었다. 의학적 지식이 가장 낮게 평가된 의사는 환자의 이슈를 무시했던 의사였다. 환자의 이슈를 듣지 않고 다루지 않는 것은 환자가 건강관리전문가의 의학적 전문성을 신뢰하지 않도록 이끌었던 것이다.

마지막으로 6번 조합에서는 유의미한 상승효과가 나타났는데, 이는 동기강화상담이 잘 이행되었음(환자의 이슈를 반영하고 다루는 것과 함께 환자의 체면을 지켜 주는 것)을 대변해 준다. 6번 조합에서 동기강화상담을 잘 이행한 의사는 부분적으로 동기강화상담을 실행한 의사 또는 동기강화상담을 전혀 실행하지 않은 의사들에 비해서 의심할 나위 없이 뛰어난 의학적 전문성이 있다고 평가되었다.

가장 중요한 결과는 환자의 변화 가능성에 대한 인식에 관한 것이었다. 첫째로, 참여자들은 높은 관계성 저항 조건의 환자들보다 낮은 관계성 저항 조건에 있는 환자들이 행동 변화를 고려할 가능성이 더 높다고 인식했다. 둘째로, 자신의 이슈가 의사에 의해서 반영만 받았거나 무시되었던 환자들보다 이슈가 다루어졌던 환자들이 변화를 고려할 가능성이 유의미하게 더 높아 보인다고 평가되었다. 마지막으로, 기대했던 것과 같이 6번 조합에서는 유의미한 상승효과가 나타났다. 낮은 관계성 저항과 환자의 이슈를 다루는 것이 함께 이루어졌을 때 환자의 행동 변화 가능성에 대한 인식이 기대 이상으로 증가했으며 이는 오직 6번 조합에서만 발생했다. 실제로, 6번 조합에서 나타난 상승효과는 환자의 체면을 지켜 준 것의 효과와 환자의 이슈와 걱정을 다룬 것 각각의 효과를 합산한 것보다 약 2배 정도 강한 것으로 추정되었다. 단순화된 수학적 형태로 표현한다면, 환자의 체면을 지켜 주었고 환자의 이슈를 다루었지만 상승효과가 없다면 그 영향은 아마도 1+1+0=2라는 수식으로 나타낼 수 있을 것이며, 이때 숫자 0은 상승효과를 의미한다. 환자의 체면을 지켜 주는 것과 환자의 이슈를 다루는 것에 상승효과를 추가하게 되면, 이때 동기강화상담의 효과는 1+1+4=6이라는 수식으로 나타낼 수 있을 것이다.

이 상승효과는 그림 4-1의 그래프에서 분명해 보이는데, 만약에 동기강화상담과 관련된 상승효과가 전혀 없다면 행동 변화의 가능성은 점선으로 추정할 수 있을 것이다. 6번 조합에서의 유의미한(동기강화상담이 제대로 이행되었다는 것을 대변하는) 상승효과는 4번 조합에서 6번 조합으로 연결되는 증가 그래프에서 확인할 수 있다. 만약 두 개의 유의미한 독립적 효과(낮은 관계성 저항과 주제성 저항 다루기)만 있고 둘 사이에 상승효과가 없다면 맨 위의 그래프와 아래 그래프는 4번 조합에서 6번 조합으로 점선을 연결한 것과 같이 평행해야 할 것이다. 동기강화상담이 제대로 이행된다면 환자의 행동 변화의 가능성에 대한 지각에 있어서 동기강화상담은 매우 큰 영향을 미치는 것이 분명해 보인다.

Krishna-Pillai의 박사 논문에서 얻어진 이와 같은 결과는, 환자와의 라포가 환자의 추론과 상황 이해의 과정에 건강관리전문가가 참여하기 위해서 사용될 때 동기강화상담은 환자의 건강 행동 변화를 촉진한다는 것을 보여 준다. 더욱이 이러한 결과들은 동기강화상담의 정신에 입각해서 이루어진다면

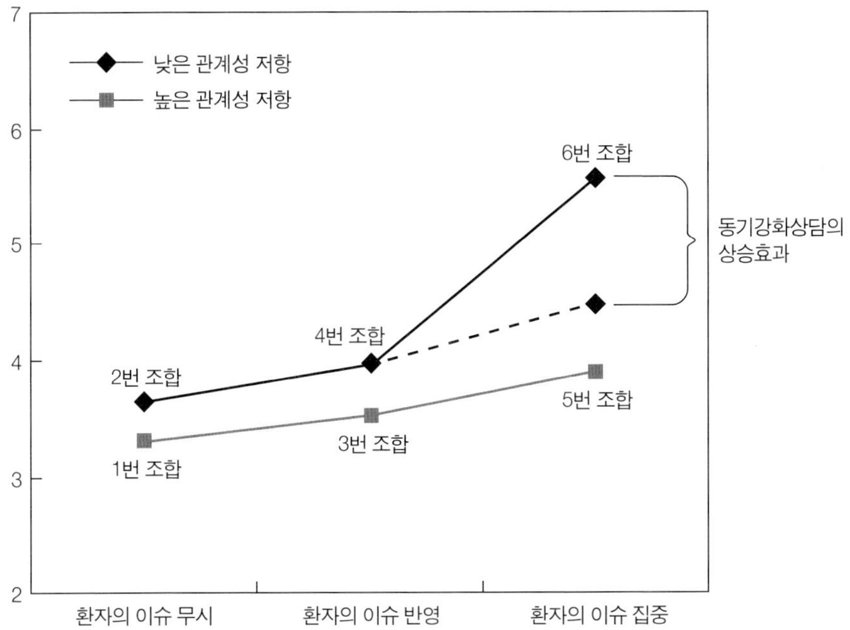

그림 4-1 환자의 행동 변화에 대한 가능성(참고 문헌 19의 허가를 얻어 각색)

변화에 대한 환자의 의심이나 걱정을 즉각적으로 다루는 것이 긍정적이라는 것의 실례가 된다. 마지막으로 동기강화상담이 잘 이행되었다는 표시가 되는 강력한 상승효과에는 환자의 내면에 있는 건강 행동 변화의 실현 가능성에 대한 의심이나 걱정을 다루는 것이 필요하다는 것이다. 이전에 진행되었던 많은 연구들에서 동기강화상담이 다른 체계적인 상담 접근들과 유사한 정도의 효과를 나타냈지만 더 효과적이지는 않다는 결론에서 동기강화상담의 효과는 과소평가된 것일 수 있는데, 왜냐하면 이 연구들은 환자의 의심이나 걱정을 직접적으로 다루는 것을 배제한 채 변화대화를 이끌어 내는 것을 강조한 동기강화상담의 이행에 근거하고 있었기 때문이다.

Krishna-Pillai의 연구 결과는 관계성 저항과 주제성 저항을 대변하는 여섯 가지 조합으로 실험적 메시지를 설계함으로써 동기강화상담에서 일어나는 상호작용의 내적 구조를 실험하기 위해서 메시지 효과 방법을 사용했다는 데 그 의의가 있다. 이 방법이 아니면 라포를 형성하는 것과 환자의 이슈나 고민을 다루는 것의 결과로서 나타나는 상승효과를 확인하는 것은 매우 어려웠을 것이다. 동시에 이 결과들의 주요 한계점은 의사와 환자의 상호작용을 녹화한 영상을 관찰한 제3자의 판단을 종속변인(상호작용에 대한 인식된 판단)으로 사용했다는 사실이다. 환자와의 라포를 형성하는 동시에 환자의 추론 과정을 다루는 것으로부터 발생한 강력한 상승효과를 실제 의사와 환자의 상호작용에서도 얻을 수 있을지의 여부는 여전히 의문으로 남아 있다. Krishna-Phillai의 연구에 참여한 사람들의 평가와 같이 동기강화상담이 실제 환자들에게 건강 행동 변화를 촉진할 만큼 강한 영향을 준다는 어떤 증거가 있는가?

다행히도, 건강관리 영역에서 실제 환자들을 대상으로 긍정적인 변화 촉진에 동기강화상담의 상승효과가 큰 효과를 낸다는 주장을 지지하는 임상 연구가 Bruce Berger와 Huigang Liang, Karen Suchanek Hudmon에 의해서 2005년에 수행되었다.[22] 이 연구에서는 다발성 경화증(Multiple sclerosis, MS)을 가진 환자들이 인터페론 베타 1a(Interferon beta-1a)의 주사제인 바이오젠 아이덱(Biogen Idec)사의 아보넥스(Avonex)의 사용을 중단하는 비율을 줄이기 위한 전화 상담에 동기강화상담을 사용했다. 전화 상담은 특정한 한 가지 질병과 한 가지 약물만을 다루었기 때문에, 동기강화상담의 기술과 전략을 실행하는 데 상담자를 안내할 수 있도록 소프트웨어 프로그램을 개발했다. 주사를 통해서 약물을 지속적으로 투여하는 것의 장점을 이끌어 내고 약물의 투여를 중단하는 것을 고려하도록 할 수도 있는 단점에 대한 이야기를 피하는 전형적인 동기강화상담을 이행하는 대신에, 소프트웨어 프로그램은 환자들이 가장 중요하다고 인식하는 장점과 단점을 이끌어 내는 방향으로 상담자를 안내하도록 작성되었으며, 동기강화상담의 정신에 입각하여 주사를 통한 약물 투여의 단점을 다루었다. Berger, Liang과 Hudman이 실행한 동기강화상담은 Krishna-Pillai의 실험의 6번 조합에서 사용된 전략과 정확하게 동일한 것이었다(즉, 주사약의 지속적인 사용 또는 중단에 대한 환자의 이슈와 고민을 다루는 동시에 환자와의 라포를 형성하는 것이었다).

사전 연구가 진행되는 동안에 조사된 포커스 집단에서 아보넥스와 관련하여 다발성 경화증 환자들이 힘들어하는 몇 가지 주제들이 밝혀졌으며, 소프트웨어 프로그램은 관계성 저항을 일으키지 않으면서 이러한 주제들을 다룰 수 있도록 상담자들을 안내하도록 제작되었다. 예를 들어, 어떤 환자들은 주사 맞는 것 자체를 좋아하지 않거나 무서워했다. 이러한 경우 환자들을 공감한 이후에 상담자는 주사의 통증을 감소시킬 수 있는 방법을 논의했고 또한 간호사가 약물 주사를 위해서 집으로 방문하는 것을 제안했으며 그 후 이에 대한 환자의 반응을 이끌어 내었다. 다른 환자들에게는 약물 주사 이후에 가라앉기까지 몇 달이 걸리는 독감과 같은 부작용이 문제가 되었는데, 이 환자들은 이부프로펜(역자 주: 소염진통제)을 복용하면 이 증상들이 감소된다는 사실을 모르고 있었다. 또 다른 환자들은 질병의 악화나 또는 기대하지 않았던 갑작스런 재발을 경험한 후에 의욕이 꺾인 상태였는데, 이 경우 환자들은 이 약물이 질병의 악화 정도와 비율, 진행을 늦춘다기보다는 다발성 경화증을 치료해 줄 것이라고 믿고 있었다. 문제는 환자들의 상황 이해의 과정에 있었는데, 질병이 악화되지 않기를 기대하는 것은 사실 잘못된 상황 이해였다. 그 결과, 질병이 악화되면 환자들은 약물이 더 이상 효과가 없다고 생각하게 되었다. 상담자가 우선 환자의 두려움과 걱정을 공감한 후에 환자와 약물이 어떻게 다발성 경화증이 악화되는 빈도와 정도를 감소시킬 수 있는지에 대해서 논의했을 때 환자들은 대부분 주사를 통한 약물의 지속적 투약의 중요성에 대한 자신의 인식을 조정했다. 이와 같이 동기강화상담자들은 환자와의 라포를 환자의 상황 이해를 다룰 때 그 영향을 높이는 데 사용함으로써 동기강화상담에 대한 우리의 개념을 따랐으며, 이 연구에서 사용된 동기강화상담은 우리가 논의해 왔던 상승효과를 내는 데 효과적이었다.

이 무선 통제 연구의 결과는 매우 놀라웠다. 연구가 진행되는 3개월 동안 통제 집단의 8.7%의 환자들이 약물의 사용을 중단했는데, 전화로 동기강화상담을 받은 환자들의 경우 단지 1.2%의 환자들만이 이 약의 사용을 중단했다. 이러한 감소는 매우 인상적인 것으로 이전에 보고된 많은 임상 실험들에서 나타난 동기강화상담의 효과보다 더 큰 효과에 해당하는 것이었다. 이 연구에서 나타난 약물 중단의 큰 감소는 대부분 동기강화상담이 충실하게 이행된 것으로 인한 상승효과가 반영된 것으로 생각된다.

요약

우리의 이론적 접근은 건강관리전문가로서 우리가 환자와 라포를 형성하여 환자가 자신의 건강 행동 변화를 막고 있는 이슈나 고민을 우리와 공유하고 논의하는 것에 대해서 충분히 안전하게 느끼도록 해야 한다는 것을 강조한다. 체면의 손상을 막기 위해서도 라포를 형성하는 것은 필요하며, 환자는 우리와의 관계를 이해하기 위한 추론의 과정도 거친다는 사실을 기억해야 한다. 이 건강관리전문가를 신뢰할 수 있는가? 이 건강관리전문가는 나에게 관심이 있는가? 내 고민을 심각하게 받아들이는가? 일단 환자가 자신의 이슈나 걱정을 우리에게 공유하면 우리는 즉각적으로 이 이슈나 걱정과 연관이 되어 있는 정보를 활용하여 이에 집중하고 이를 다루어야 할 필요가 있다. 이를 통해서 환자가 자신이 해야 할 것에 대한 결론을 재고해 볼 수 있는 가능성이 증가하게 된다. 동기강화상담이 충실하게 이행되는 과정에서 환자와의 라포는 환자의 체면을 손상시키지 않으면서 환자의 실천적 추론 과정에 의문을 제기하는 데 지렛대로 사용되어야 한다. 이러한 방식으로 동기강화상담이 충실하게 이행될 때 "아주 형편없는 치료 방법을 하라고 하다니, 이 건강관리전문가의 말을 전혀 들을 이유가 없네!"라는 식으로 결정의 책임을 쉽게 회피할 수 있는 길 없이 온전한 책임이 정확히 환자의 어깨에 놓이게 된다. 만약 이 시점에 환자가 아직 변화를 결심할 준비가 되어 있지 않았다 하더라도 이는 환자에게 자신의 문제에 대해서 지속적으로 깊이 생각해 볼 수 있는 강력한 기회가 될 수 있다. 많은 건강관리전문가들이 추후 상담에서 환자들로부터 "지난번에 이야기한 내용에 대해서 여러 가지로 깊이 생각해 봤어요."라는 진술을 듣게 되었다는 이야기를 해주었다. 환자가 이 이야기를 하는 것은 전에 나누었던 대화에 대해서 다시 생각해 보게 된 이유가 무엇인지, 그리고 어떤 변화가 필요하다고 생각되는지에 대한 논의를 간접적으로 제안하는 것이기도 한데, 이는 건강관리전문가가 자신의 이슈와 고민을 즉각적으로 다루어 줄 것을 알고 있으며 믿고 있기 때문이다. 이 논의가 생산적이라는 것을 알기 때문에 이 환자들은 기꺼이 지속적으로 이야기하기를 원할 것이다. 이 장에서는 동기강화상담에 대한 우리의 이론적 접근의 핵심에 대해서 설명했다. 건강관리전문가가 환자와의 라포를 유지하면서 동시에 환자의 상황 이해와 실천적 추론 과정에 참여하고 이에 도전할 때 일어나는 동기강화상담의 상승효과는 매우 흥미진진한 일이 아닐 수 없다. 제5장에서는 동기강화상담을 할 때 일어나는 강력한 상승효과를 설명해 주는 환자의 상황 이해와 실천적 추론에 대해 개괄적인 설명을 할 것이다.

✳ 생각해 볼 질문

1. 저자는 왜 동기강화상담에 대한 새로운 이론이 필요하다고 생각하는가? 이에 대한 저자의 추론 과정에 대해서 당신은 어떻게 생각하는가?

2. 건강관리 현장에서 환자와 대화할 때 일상의 대화가 문제가 될 수 있는 이유는 무엇인가? 일상의 대화는 건강관리전문가가 환자와의 관계에 집중하는 데 어떻게 혼란을 주고 방해가 되는가? 여기에 추가하여 건강관리전문가가 받은 훈련은 어떤 면에서 환자와 대화하는 데 종종 문제를 일으키는가?

3. 환자와의 진료에서 당신이 만날 수 있는 두 가지 종류의 저항에 대해서 논해 보라. 이 두 가지 형태의 저항 모두를 인식하고 반응하는 것이 중요한 이유는 무엇인가? 체면의 손상은 저항에 어떤 영향을 미치는가?

4. 실천적 추론과 이해의 중요성에 대해서 설명하라.

5. 동기강화상담의 상승효과는 어떻게 일어나는가?

참고 문헌

1. Rollnick S, Miller WR. What is motivational interviewing? *Behav Cogn Psychother*. 1995;23:325-34. doi: 10.1017/S135246580001643X.
2. Lewin K. *Field Theory in Social Science: Selected Theoretical Papers by Kurt Lewin*. London: Tavistock; 1952:169.
3. Miller WR, Rollnick S. *Motivational Interviewing: Helping People Change*. 3rd ed. New York: Guilford Press; 2013:xxii.
4. Giuse NB, Koonce TY, Storrow AB, et al. Using health literacy and learning style preferences to optimize the delivery of health information. *J Health Commun*. 2012;17(suppl 3):122-40.
5. Watzlawick P, Beavin JH, Jackson DD. *The Pragmatics of Human Communication: A Study of Interactional Patterns, Pathologies, and Paradoxes*. New York: Norton; 1967.
6. Goffman E. *Interaction Ritual: Essays in Face-to-Face Behavior*. Chicago: Aldine; 1967.
7. Domenici K, Littlejohn SW. *Facework: Bridging Theory and Practice*. Thousand Oaks, CA: Sage; 2006.
8. Lim TS, Bowers JW. Facework: solidarity, approbation, and tact. *Hum Commun Res*. 1991;17:415-50.
9. Dillard JP, Shen L. On the nature of reactance and its role in persuasive health communication. *Commun Monogr*. 2005;72:144-68.
10. Rains SA. The nature of psychological reactance revisited: a meta-analytic review. *Hum Commun Res*. 2013;39:47-73.
11. Bisel RS, Barge JK. Discursive positioning and planned change in organizations. *Hum Relat*.

2011;64:257-83.

12. Toulmin SE. *The Uses of Argument*. Cambridge, UK: Cambridge University Press; 1958.
13. Toulmin SE. *Return to Reason*. Cambridge, MA: Harvard University Press; 2001.
14. Miller WR, Rollnick S. *Motivational Interviewing: Preparing People to Change Addictive Behavior*. New York: Guilford Press; 1991:58.
15. Rollnick S, Miller WR, Butler CC. *Motivational Interviewing in Health Care: Helping Patients Change Behavior*. New York: Guilford Press; 2008.
16. Burke BL, Arkowitz H, Menchola M. The efficacy of motivational interviewing: a meta-analysis of controlled clinical trials. *J Consult Clin Psychol*. 2003;71:843-60.
17. Hettema J, Steele J, Miller WR. Motivational interviewing. *Annu Rev Clin Psychol*. 2005;1:91-111.
18. Lundahl BW, Kunz C, Brownell C, et al. A meta-analysis of motivational interviewing: twenty-five years of empirical studies. *Res Social Work Pract*. 2010:20;137-60.
19. Krishna-Pillai A. *An Initial Validation of a Two Dimensional Theory of Motivational Interviewing* [PhD dissertation]. Auburn University, AL: Auburn University; 2012. http://etd.auburn.edu/etd/handle/10415/3057. Accessed February 4, 2013.
20. Krishna-Pillai A. *Use of Empathy by Healthcare Professionals Learning Motivational Interviewing: A Qualitative Analysis* [master's thesis]. Auburn University, AL: Auburn University; 2010. http://hdl.handle.net/10415/2112. Accessed February 4, 2013.
21. Jackson S. *Message Effects Research: Principles of Design and Analysis*. New York: Guilford Press; 1992.
22. Berger BA, Liang H, Hudmon KS. Evaluation of software-based telephone counseling to enhance medication persistency amongpatients with multiple sclerosis. *J Am Pharm Assoc*. 2005;45:466-72.

Motivational Interviewing

CHAPTER 5

'상황 이해'와 '실천적 추론'이란 무엇인가?

제4장에서는 동기강화상담을 할 때 일어나는 현상과 동기강화상담이 환자들의 건설적인 건강 행동 변화의 가능성을 높이는 이유에 대한 개념적 설명 및 그 과정을 설명했으며 동기강화상담에 대한 전통적인 설명에 추가적으로 다음의 두 가지 부분을 강조했다.

1. 건강관리전문가는 단지 환자의 건강 행동 변화와 그 이점을 이끌어내기 위해서뿐만 아니라 건강 행동 변화의 필요를 이해해 가는 과정에서 생겨날 수 있는 의문이나 걱정, 이슈들을 다루기 위해서도 동기강화상담의 정신을 사용해야 한다.
2. 환자와의 라포가 환자의 내면에서 일어난 의문이나 걱정, 염려, 이슈를 다루는 데 사용될 때 동기강화상담의 효과는 상승작용을 통해서 극대화된다.

제4장의 마지막 부분에서는 동기강화상담의 상승효과의 근거가 된 두 가지 연구에 대해서 논의함으로써 이러한 주장들을 뒷받침했다.

이 장에서는 동기강화상담에 대한 우리의 접근 근거를 더 확장하기 위해서 우리가 수행한 연구 이외의 다음의 주제에 대한 연구들을 검토하려 한다.

1. 상황 이해와 실천적 추론
2. 정보 혁명, 즉 사람들이 자신의 실제적인 목표를 달성하도록 하기 위해서 정보를 표현하고 공유하는 방법의 재구성
3. 동기강화상담에 대해서 이 책에서 접근하고 있는 핵심적 측면(예: 동기강화상담의 상승효과)을 설명해 주는 구체적인 이론들

이 책의 목표는 학문적 리뷰를 제공하는 것이 아니라 동기강화상담에 대해서 이 책에서 말하고 있는 주요한 특성들이 다양하고 광범위한 학문들에 걸쳐서 서로 공유되어 있다는 것을 강조하는 것에 있다. 이와 함께 이러한 학문 분야에서 공유되고 있는 핵심적인 통찰을 표현하고, 이러한 통찰이 동기강화상담의 실제에 어떤 영향을 미쳤는지를 보여 주기 위하여 여러 학문 분야에서 사용하는 단어를 단순화하고 통일했다.

상황 이해와 실천적 추론

동기강화상담에 대한 이 책의 접근은 환자가 건설적인 건강 행동 변화의 실행을 결정하도록 하기 위해서는 적절한 방식으로 환자가 상황을 어떻게 이해하고 있는지 이 부분을 다루는 것의 중요성을 강조한다. 이 과제를 완수하는 방법은 두 가지로 설명할 수 있다.

우선 균형 이론(Balance theory),[1] 인지 일치 이론(Cognitive consistency theory),[2] 부조화 이론(Dissonance theory)[3]을 생각해 볼 수 있다. 이 이론들은 사람들이 자신의 경험을 이해하는 과정에서 정보, 감정, 목표, 행동의 복잡한 연결망을 활용하여 처리한다고 주장한다. 뿐만 아니라 사람들에게는 이러한 연결망 내에 어떤 조화, 균형, 일치, 질서가 유지되는 것을 선호하는 타고난 특성이 존재한다고 주장한다. 이 이론들에 따르면 이러한 연결망 내에서 어떤 불일치, 불균형, 부조화 등이 드러나기 시작할 때 사람들은 균형, 조화, 일치 등을 회복하려는 방향으로 동기화된다. 불일치, 부조화, 불균형에 대한 경험은 사람들에게 부정적으로 느껴지기 때문에 결과적으로 사람들은 자신에게 좋게 느껴지는 일치, 조화, 균형을 회복하려고 한다는 것이다. 이러한 접근이 가진 문제는 균형이나 조화, 일치를 다시 회복하기 위한 방법들이

다수 존재한다는 것이며, 건강과 관련된 행동 변화는 이러한 대안들 중 단지 하나일 뿐이라는 데 있다. 다른 선택 대안들은 건설적이지 않은 방향으로 이어질 수 있는데, 여기에는 현재 상황에 예외 사항을 두거나 불일치를 일으키는 요소들 중 중요한 일부 요소들을 무시하는 것이 해당된다. 이와 같은 방법으로 사람들은 건강 행동 변화의 필요성을 회피하면서 동시에 자신의 상황을 이해하는 데 있어서 연결망에서 발생한 불일치나 불균형을 회복하는 것이 가능하다는 것을 알게 된다. 만약에 환자가 건강관리전문가와의 경험을 위협적인 것으로 인식한다면, 균형을 회복하기 위해서 환자가 선택할 수 있는 한 가지 대안은 "왜 내가 그 멍청한 사람의 말을 들어야만 하지?"라는 말로 건강관리전문가를 불신하거나 비난하는 것이다.

Miller와 Rollnick[4)]이 제안한 기본적인 READS 기술 중 하나는 불일치감을 만드는 것이다. 이 기술은 부조화 이론의 가정에 근거하고 있다.[3)] 건강 행동 변화에 대한 양가감정이나 저항을 탐색하는 과정에서, 동기강화상담자는 환자가 자신의 경험을 이해하는 과정에서 모순되거나 일치하지 않는 부분에 주의를 기울여 경청할 필요가 있다. 때때로 환자들은 이러한 불일치나 모순을 인지하지 못하기도 한다. 반영하기를 통해서 환자가 이미 표현한 이러한 불일치를 진술함으로써 동기강화상담자는 환자가 이러한 불일치감을 감소시키기 위해서 자신의 내면에 있는 동기의 전원 버튼을 누르도록 할 수 있다. 동기강화상담에서 이는 주로 환자의 현재 행동과 미래의 목표 사이에서의 불일치로 대개 표현된다. 이러한 목표와 행동 간의 불일치감에서 주목할 만한 것은 현재 행동을 지속하기 위해서 자신이 가진 미래의 목표를 낮추려 하기보다는 미래의 목표를 성취하기 위해서 자신의 현재 행동을 변화시키는 방향으로 환자의 '마음이 기울어지거나' 또는 그렇게 하려는 경향이 있다는 사실이다. 이러한 건강 행동 변화를 향한 경향은 환자가 가진 미래의 목표가 생생한 개인적인 방법으로 논의되고 강화를 받을 때 특히 강해진다. 이와 유사하게 환자의 가치와 현재 행동 간의 불일치에 의해서 실천적 추론이 일어나게 된다. 환자는 자신의 가치에 따라서 행동하고 이를 유지하기 위해서 해야 할 것이 무엇인지 알아내야 하는 상태가 된다.

다음은 어떻게 불일치감이 만들어질 수 있는지를 보여 주는 간단한 예시이다. 고혈압이 있는 한 환자는 뇌졸중이나 심장마비가 일어나지 않도록 하기 위해서 혈압을 낮추려는 목표를 가지고 있다. 궁극적으로 이 환자는 자신의 딸이 결혼을 하고 자녀를 갖는 것을 보고 싶어 한다. 하지만 이러한 목표에도 불구하고 환자는 처방약을 잘 먹지 않고 흡연을 계속하고 있다. 결과적으로 그의 혈압은 높은 상태로 유지될 것이고 뇌졸중이나 심장마비의 위험성은 심지어 더 높아지게 될 것이다. 딸의 결혼을 보고 손주를 보고자 하는 환자의 목표와 현재 행동 사이에는 불일치감이 존재한다. 사려 깊은 동기강화상담자는 "다른 한편으로 환자분은 뇌졸중이나 심장마비의 위험성을 낮춰서 따님이 결혼하는 것도 보고 아기 갖는 것을 보고자 하는 중요한 목표를 가지고 있어요. 언젠가 손주들이 생길 것에 대해서 이야기할 때 환자분의 눈이 빛나는 것을 볼 수 있었어요. 반면에 약 복용을 잊어버리고 흡연을 하는 것은 현저히 혈압을 높이고 뇌졸중이나 심장마비의 위험성을 매우 높이네요. 이는 환자분의 목표에 방해가 될 수 있어요. 환자분의 생각은 어떠세요?"라는 말로 이 불일치감을 부드럽게 언급할 것이다. 건강관리전문가가 불일치감을 확인하고 표현했기 때문에 환자는 이제 자신이 원하는 것이 무엇인지 알아내야 하는 상황에 놓이게 된다.

환자가 가진 미래의 목표와 현재 행동 사이의 불일치감을 만드는 것은 자신의 목표를 명확하게 구분할 수 있는 환자의 경우에 동기를 높일 수 있다. 이는 매우 효과적인데, 왜냐하면 사람들은 자신의 목표를 성취하기 위해서 해야 하는 것을 생각해 내는 것에 익숙하기 때문이다. 불일치감을 만드는 동기강화상담의 기술은 이러한 목표들을 달성하기 위해서 필요한 단계들의 목표들로부터 자신만의 방법을 추론해 내도록 돕는다. 이와 같이 불일치감 만들기는 환자의 실천적 추론을 촉발시키는 방아쇠가 된다.

환자가 자신의 경험을 이해하는 과정을 다루는 두 번째 방법은 제4장에서 논의한 것과 같이 실천적 추론을 통해서 상황을 이해하는 출발점에 있는 환자의 가정이 올바른 것인지 인식하는 것에 기반하고 있다. 환자들은 자신이 가진 질병과 그 질병으로 인한 결과 그리고 치료 방법에 대해서 자신이 알고 있는 것에서 시작해서 일상의 삶의 핵심에 존재하는 어떤 제한, 선호 그리고 가치관들(여기에는 그들이 해야 할 필요가 있는 것, 기꺼이 하고자 하는 것, 할 준비가 되어 있는 것 그리고 할 수 있다는 자신감이 있는 행동이 포함된다)을 통합하여 이해한다. Miller와 Rollnick은 환자가 반드시 변화에 대한 자신의 이유를 말해야만 한다고 주장했을 때 은연중에 환자가 이와 같은 추론 과정에 관여되어 있다는 사실을 깨달았을 것이다.[5] 하지만 동시에 Miller와 Rollnick은 또 다른 기본 기술(READS) 중 하나로 '논쟁 피하기'를 설명했다.[6] 이 부분에서 논쟁이 가지는 두 가지 의미(Making an argument와 Having an argument)의 차이점에 대해서 설명할 필요가 있다.[6),7] 첫 번째 논쟁(Making an argument)은 결론을 내릴 때 특정한 논리적 설득을 관철시킴으로써 추론의 루트를 만들어 내는 과정을 의미한다. 이것이 Miller와 Rollnick이 환자가 반드시 변화에 대한 논쟁을 해야 한다고 주장했을 때 사용한 '논쟁'이라는 단어의 의미이다.[8] 환자에게 결론을 내려 주고 그로 인하여 환자의 역량과 자율적 속성의 체면을 손상시키는 것보다 환자가 자신에게 필요한 건강 행동 변화에 대한 결론을 내리는 것이 환자의 행동 변화에 더 긍정적이다. 건강관리전문가가 환자에게 변화가 필요한 이유를 주장할 때 환자의 체면이 손상되는 것은 환자의 관계성 저항을 일으키게 만들고 환자와 건강관리전문가가 서로 논쟁을 하게 만드는 결과로 이어지기 쉽다. 이와 같은 상호적인 갈등으로서의 논쟁이 Miller와 Rollnick이 동기강화상담의 기본 기술(READS)로 '논쟁 피하기'를 만들었을 때 의미했던 것이었다. 동기강화상담을 하는 건강관리전문가는 환자가 변화의 필요와 이유에 대한 논쟁을 스스로 생각해 내는 과정을 촉진하기 위해서 노력하면서 동시에 환자와 논쟁하지 않도록 노력해야 한다. '논쟁'이라는 단어에 대한 애매함을 해결하기 위해서 이 책에서는 결론에 이르는 논리적 논의를 '논리의 흐름'이라는 표현으로 사용할 것이다(논리 및 논증 이론에서 기술적으로는 '삼단논법'이라고 부른다). 그러므로 우리의 용어를 사용한다면, 동기강화상담은 우리 자신의 논리의 흐름을 환자에게 강요하는 것을 피하는데, 왜냐하면 이는 환자와의 논쟁을 일으키고 환자의 저항을 증가시키기 때문이다. 대신에 동기강화상담은 환자가 가진 논리의 흐름을 탐색하고 환자가 새로운 결론을 내리는 데 도움이 되는 적절한 관련 정보를 제공함으로써 환자의 논리의 흐름을 다루기 위해서 노력한다.

제4장에서는 환자의 주제성 저항을 뒷받침해 주는 논리의 흐름을 다루는 과정을 설명했다. 다른 장에서 환자의 논리의 흐름을 다루는 방법에 대한 구체적인 내용을 다룰 것이기 때문에 여기서는 실천적 추론의 과정에 대한 다음의 두 가지 추가 요점을 다루려고 한다. 먼저는, 환자가 완전하고 구체

적인 형태로 자신의 논리의 흐름을 말하는 경우는 거의 없다는 것이다. 환자가 "만약 내가 심각한 질병에 걸렸다면, 아마도 심각한 증상을 경험하겠지요. 하지만 난 아무렇지도 않아요. 따라서 나는 심각한 질병에 걸리지 않은 거예요."라고 말하는 경우는 거의 없다. 대부분 환자들은 "음, 난 괜찮아요. 아무렇지도 않아요."라고 표현할 것이다. 다음으로, 건강 행동 변화가 필요하지 않다는 결론으로 이어지는 데에는 몇 가지 논리의 흐름이 함께 연결되어 있다. 따라서, 상황에 대한 이해와 실천적 추론으로 이루어져 있는 한 번의 진술에 이러한 두 가지 논리의 흐름이 모두 결합되어 있는 것은 일반적이다. 다음은 이와 관련된 예시이다.

HCP: 콜레스테롤 약을 복용하는 건 어떻게 되고 있나요?

환자: 약을 먹는 것을 자주 잊어버려요. 어, 사실 몸도 괜찮고, 약 부작용이 걱정되네요.

이와 같은 발언은 건강관리전문가(HCP)에게 심각한 장애물이 될 수 있다. 특히 이 진술은 첫 번째 이슈를 '주요 호소 문제' 또는 핵심 우려사항이 표현된 것으로 듣도록 건강관리전문가를 유혹한다. 만약에 건강관리전문가가 다른 이슈들을 배제하고 첫 번째 이슈에 초점을 맞춘다면 건강관리전문가는 환자의 실천적 추론의 핵심을 놓치게 될 수 있다. 다음과 같이 반응하는 건강관리전문가를 상상해 보라.

HCP: 그러면, 약 먹는 것을 잘 기억할 수 있는 몇 가지 방법들에 대해서 이야기해 봅시다.

이 반응은 환자에게 건강관리전문가가 선택한 이슈에 대해서 말하도록 강요하고 있으며 환자가 표현한 다른 두 가지 이슈를 무시하고 있다. 설사 약 먹는 시간을 기억하는 방법에 대해서 논의하는 것이 궁극적으로 환자에게 적절하고 유익한 정보라고 할지라도 이 반응에서는 관계적 협력을 거의 찾아볼 수 없다.

건강관리전문가의 다음 반응에 대해서 생각해 보라.

HCP: 처방받은 대로 약을 먹는 것이 어렵다는 이야기군요. 약을 먹는 것을 잘 잊어버리기도 하고 몸도 별다른 이상 증상 없이 괜찮게 느껴지고, 그리고 잠재적 부작용도 염려되시는군요. 이 중에 어느 내용을 먼저 이야기하고 싶은가요?

이 반응은 확실히 이전 반응보다 개선되었는데, 왜냐하면 이 반응은 세 가지 환자의 논리적 흐름을 반영하고 있으며, 먼저 논의할 주제를 환자에게 선택하도록 했기 때문이다. 이와 같은 반응은 건강관리전문가가 환자가 상황을 어떻게 이해하고 있는지에 주목하면서 경청하고 있다는 것과 환자의 고민에 초점을 맞추고자 한다는 명백한 증거를 제공해 준다. 또한 환자가 느끼고 인정할 수 있는 깊은 수준에서 관계적 협력과 정보적 협력이 이루어지고 있다.

다음은 또 다른 건강관리전문가의 반응이다.

HCP: 처방받은 대로 약을 먹는 것이 어렵다는 이야기군요. 괜찮다고 느껴지니까 이 약이 정말로 필요한 건지 의문이 드시는 것 같네요. 그리고 무엇보다도 약 복용의 잠재적 부작용이 걱정되시고요.

이 반응은 환자와의 탁월한 관계적 협력과 정보적 협력을 보여 주는데, 왜냐하면 이 반응은 환자의 세 가지 이슈를 반영해 줄 뿐만 아니라 이 세 가지 이슈들이 서로 어떤 관계에 있는지에 대한 인식도 보여 주고 있기 때문이다. 비록 환자는 약 복용을 잊어버리는 문제를 제일 처음으로 이야기했지만 건강관리전문가는 더 깊은 다른 두 가지 문제로 인하여 약 복용을 더 잘 잊어버릴 수도 있다는 가능성을 놓치지 않았다. 이는 Miller와 Rollnick이 '문장 이어가기'라고 제안했던 반영하기의 예시가 된다.[9] 이와 같은 반영을 통해서 건강관리전문가는 환자가 상황을 어떻게 받아들이고 있는지 깊이 이해하고 존중한다는 증거를 분명하게 제시할 수 있다. 환자는 "이 건강관리전문가는 나를 정말로 잘 안다."라고 생각할 가능성이 높다. "네, 바로 보셨네요."라고 긍정하는 환자를 상상해 보라.

건강관리전문가는 다음과 같은 반응을 통해서 관계적 협력과 정보적 협력을 더 증가시킬 수 있을 것이다.

HCP: 먼저 몸도 아무 이상이 없는 것 같이 느껴지는데도 이 약이 정

> 말로 필요한지에 대한 의문과 관련된 내용을 먼저 이야기 나눠도 될까요? 중요한 부분을 잘 이야기해 주신 것 같네요. 이 의문에 대한 답은 아마도 부작용이나 잘 잊어버리는 문제에 대한 환자분의 생각에도 영향을 줄 것 같군요.

이 반응은 상황에 대한 환자의 이해에 실천적 추론의 상호 연결성에 반응하는 것을 통해서 건강관리전문가가 환자를 안내하고 방향성을 제시하는 예시를 보여 준다. 상호작용에 있어서 건강관리전문가가 관계적 흐름에 편안하고 적절하게 반응하는 것은 환자로 하여금 건강관리전문가가 제공하려고 하는 정보의 적절성과 타당성을 기대하게 한다.

⚜ 동기강화상담의 상승효과

건강관리전문가와 건강 행동 변화에 대한 관점을 논의할 때 환자는 이 경험에 대해서 서로 연결된 두 가지 측면에서 이를 이해하는 과정을 거치게 된다. 그 하나는 건강관리전문가와의 관계에 대해서 이해하는 것이고, 다른 하나는 논의하는 건강 주제와 관련하여 이해하는 것이다. 제4장에서 우리는 건강관리전문가가 환자와의 라포를 형성하기 위해서 동기강화상담의 정신을 사용하고 여기에 환자의 이슈를 다루는 것의 영향을 추가할 때 일어나는 강력한 상승효과에 대해서 설명했다. 여기에서는 이러한 상승효과가 강하게 나타나는 이유에 대해서 설명하기 위해서 세 가지 상호보완적 설명을 간략하게 탐색할 것이다. 동기강화상담의 상승효과에 대한 첫 번째 설명은 상황에 대한 환자의 이해에 중점을 두고 있다. 건강관리전문가가 환자의 이슈나 실천적 추론을 다루기 위해서 정보를 제공할 때(즉, 건강관리전문가가 환자의 추론 과정에 문제를 제기할 때), 환자는 "건강관리전문가는 왜 나에게 지금 이 시점에 이 정보를 말해 주는 것인가?"라는 질문을 이해해야 하는 상황에 직면하게 된다. 귀인 이론(Attribution theory)[10]은 이 질문에 대해서 환자가 내리는 답은 환자가 제공된 정보에 어떻게 반응할지에 결정적인 영향을 미친다는 것을 규명했다. 이 정보가 즉각적으로 환자의 이슈를 다루는지의 여부와 상관없이 다음과 같은 이유들로 정보를 제공한 것이라고 환자가 생각한다면 환자는 그 정보를 묵살하거나 평가절하할 것이다.

- ❑ "이 건강관리전문가는 단지 필요한 절차를 진행하고 있을 뿐이야."
- ❑ "이 건강관리전문가는 나에게 일반적인 설교를 늘어놓고 있어."
- ❑ "이 건강관리전문가는 자신의 의도대로 진행하고 있어."
- ❑ "이 건강관리전문가는 나를 기죽이고 있어."
- ❑ "이 건강관리전문가는 나를 비난하고 있어."

정보 제공을 통해서 건강관리전문가가 실제로 하고 있는 것에 대한 환자의 부정적인 귀인은 환자가 제공한 정보의 의미를 생각해 보지 않아도 되도록 여지를 주는 '뒷문'이나 '비상탈출구'를 제공해 준다. 정보의 의미를 생각해 보고 처리하는 것의 중요성을 지지해 주는 귀인의 형태는 다음과 같다.

- ❑ "이 건강관리전문가는 나를 정말로 신경 써 준다."
- ❑ "이 건강관리전문가는 내가 고민하고 있는 이슈들과 걱정을 정말로 잘 이해한다."
- ❑ "이 건강관리전문가는 나의 이슈와 고민과 관련된 정보들을 즉각적으로 제공해 준다."

종합해 보면 이와 같은 귀인은 환자가 제공된 정보를 활용하고 그렇게 함으로써 최소한 새로운 결론을 내려야 할 필요성에 대해서 생각해 볼 가능성을 극대화해 준다.

이 설명은 건강관리에 관한 많은 동기강화상담 연구들이 환자 상담에 있어서 체계적인 접근들만큼 효과가 있지만 더 효과가 있지는 않다는 결과들을 얻게 된 이유를 설명하는 데 도움이 될 수 있다.[11)~13)] 건강관리전문가들이 변화대화를 이끌어 내고 유지대화를 피할 때, 환자들은 건강관리전문가가 자신의 의문이나 의심, 이슈나 고민을 인정하고 이를 정말로 이해하는지 여부에 대해서는 불확실한 상태에 놓이게 된다. 하지만 이러한 내용(의문이나 의심, 이슈 등)들은 환자가 내면에 건강 행동 변화를 비교 검토한 결과일 수도 있다. Dervin은 특정 상황을 이해하는 데 있어서 잘 이해되지 않는 어떤 공백이나 불확실함을 해결하기 위해서 고심할 때 사람들은 시기적절하고 타당한 방식으로 이 이슈를 '이해하려는 동기'를 갖는다고 언급했다.[14)] 또한 여기에 추가하여 이러한 순간에 사람들은 현재 상황을 이해하기 위해서 이 공백을 메울 수 있는 정보를 기대한다는 것을 강조했다. 건강관리전문가가 이러한 정보를 제공하지 않는 것은 건강관리전문가가 실제로 하고 있거나 하려고 하는 것이 얼마나 도움이 될지에 대한 환자의 의문으로 이어진다. Krishina-Pillai의 박사 논문[15]에서 건강 행동 변화의 가능성에 대한 실험 참여자들의 평가에서 환자의 이슈나 고민을 반영은 하지만 이를 즉각적으로 다루지는 않은 건강관리전문가의 경우에 이슈를 무시하는 건강관리전문가의 경우보다 점수가 더 높지 않았다는 사실을 기억하라. 이 자료는 실험 참여자들이 건강관리전문가가 환자의 이슈에 대해서 인식하고 이를 반영했다면 이 이슈들을 다룰 것이라고 기대했다는 것을 간접적으로 반영하고 있다. 즉, 자신의 이슈와 고민들을 건강관리전문가가 이해했다는 사실을 환자가 알게 된다 하더라도 환자의 이슈와 고민을 즉각적으로 다루지 않는다면 동기강화상담의 최상의 효과는 나타나지 않을 수도 있다.

동기강화상담의 상승효과에 대한 두 번째 설명은 기대 위반 이론(Expectancy violation theory)[16]으로부터 찾아볼 수 있다. 이 이론에 따르면 다른 사람의 행동이 당신의 기대에서 벗어나거나 기대에 위반되면 기대가 위반되었다는 그 사실에 의해서 각성 상태가 촉발되고, 그 결과로 그 행동에 대한 당신의 반응은 증폭된다. 따라서 만약 환자가 건강관리전문가에 대해서 비인격적이고 다정하지 않고 지배적인 모습을 기대했다면, 건강관리전문가가 환자에게 관심을 가지고 존중하며 환자에게 즉각적인 반응을 보임으로써 동기강화상담의 정신을 나타낼 때 환자는 긍정적인 면에서의 기대 위반을 경험하게 될 것이다. 건강관리전문가들은 자신들이 환자들의 좌절감을 공감하기 위해서 동기강화상담을 사용하면서 "이 좌절감을 주는 상황에 더 수월하게 대처하기 위해서 제가 어떻게 도울 수 있을까요?"라고 질문할 때 환자들이 놀라며 어떤 반응을 하는지에 대한 수많은 이야기들을 우리에게 공유해 주었다. 이 이론에 비추어 보면, 동기강화상담의 긍정적인 효과는 동기강화상담의 정신이 대부분의 환자들이 건강관리전문가에게 기대하는 판단적이고 권위적인 말투와 극명하게 대비되기 때문에 증폭된다고 볼 수 있다.

또 다른 요소 또한 기대 위반 이론으로 설명될 수 있다. 이 장의 앞부분에서 우리는 건강관리전문가와 환자 사이의 관계적 순조로움과 반응 민감성의 정도는 환자의 이슈와 고민을 다루는 정보에 있어서도 유사한 순조로움과 반응 민감성을 기대할 수 있게 한다는 것을 관찰한 바 있다. 이런 면에서 동기강화상담의 정신에 의해서 촉발된 기대는 건강관리전문가가 환자에게 반영한 환자의 이슈와 고민들을 다룰 것이라는 기대를 갖게 한다. 만약 건강관리전문가가 환자에게 도움이 되는 적절한 정보들을 제공함으로써 이러한 이슈들과 고민들을 다루지 않는다면, 부정적 기대 위반이 일어나게 된다. 환자의 좌절은 기대의 위반과 관련한 각성으로 인하여 증폭될 수 있으며, 그 결과로 환자의 이슈와 고민을 반영한 것의 긍정적인 효과는 감소될 수 있다. 환자의 이슈와 고민에 즉각적으로 반응하지 않음으로써 일어나는 이와 같은 기대 위반은 또한 많은 동기강화상담 연구들이 건강 행동 변화에서 우리가 생각하는 최상의 효과보다 낮은 효과를 보고하고 있는 이유를 설명하는 데에도 도움이 될 수 있다.

세 번째이자 마지막으로 동기강화상담의 강력한 상승효과는 동기강화상담의 순조로운 이행을 보여 주는 '연대감' 또는 '유대감' 그리고 '일체감'으로 설명될 수 있다. 재즈 음악가에게 즉흥 연주는 개인 음악가로서가 아닌 전체로서 즉흥 연주에 속하는 공동의 작업인 것과 같이 동기강화상담 내에서 일어나는 상황 이해와 의사결정은 환자와 건강관리전문가의 공동의 성취라 할 수 있다. 비록 환자가 지금은 건강 행동 변화를 실행할 준비가 되어 있지 않다고 하더라도 어떤 의미에서 환자 혼자일 때보다 더 크고 의미 있는 어떤 일이 일어났다고 할 수 있다. 동기강화상담에 대한 온전한 경험과 유대감은 환자 자신을 넘어 동기강화상담에서 경험한 배려와 지혜와 동일한 수준으로 자신의 건강을 돌볼 수 있도록 초청한다. 건강관리전문가와의 대화와 그 안에서 수용과 안내를 받은 느낌을 차분히 회상하는 것은 다음 약속에서 건강관리전문가에게 호되게 꾸지람을 받을지도 모른다고 걱정하는 예상과는 극명히 대조된다. 환자에게 이러한 유대감은 동기강화상담을 통해 무엇인가 실행하고자 하는 마음이 드는 것과 수치심이나 비난을 피하기 위해서 무엇인가 해야 한다는 압박을 받는 것의 차이를 만들어 낸다. 이 차이는 지지적인 공동체 내에서 변화가 일어나는 경험과 홀로 걱정하거나 분노하는 중에 변화를 경험하는 것 간의 차이라 할 수 있다. 동기강화상담에서의 경험을 떠올리는 것은 이러한 특별한 상호작용이 종료된 이후에 환자 스스로 자기 자신의 건강을 잘 돌보도록 요청한다.

동기강화상담의 상승효과는 환자와의 라포를 형성하고 환자의 상황 이해에 '부드럽게 문제를 제기하는' 방식으로 환자의 이슈를 다룸으로써 환자가 상황을 새롭게 이해할 수 있도록 하는 것의 결과로 나타난다. 실제로 건강관리전문가는 근본적으로 다음의 세 가지 이유로 동기강화상담의 상승효과를 제한할 수 있는데, 이 세 가지 이유는 각각 환자의 건설적인 건강 행동 변화의 가능성을 약화시킨다.

환자의 이슈는 다루지 않은 채 라포 형성하기. 이는 관련된 이슈의 속성에 따라서 두 가지 측면에서 문제가 될 수 있다. 만약 환자가 자신의 목표 성취에 방해가 되거나 해가 되는 잘못된 신념 또는 정확하지 않은 신념을 표현한다면 정확한 정보를 환자와 공유해야 하는 의무가 건강관리전문가들에게 지워지게 된다. 때로 건강관리전문가(HCP)는 환자의 잘못된 신념을 다루는 것을 피하면서 환자와의 라포를 형성하는 것과 환자의 상황 이해를 지지하는 것에만 중점을 둘 수도 있다. 다음의 상황에 대해서 생각해 보라.

환자: 임신을 하면 담배를 끊기로 계획했어요. 남편하고 저는 아기를 갖기 위해서 노력하고 있어요. 우리는 이 일을 매우 기대하고 있어요! 임신을 하게 되면 저는 담배를 완전히 끊을 거예요.

HCP: 임신을 계획하고 있다니 정말 기대되는 소식이네요. 아기를 갖게 되면 금연을 하겠다는 이야기를 들으니 정말 좋군요. 건강한 아기를 갖기 위해서는 당신이 할 수 있는 모든 일을 하겠다는 말로 들리는군요.

환자: 오! 당연하죠!

HCP: 좋네요. 임신하게 되면 알려 줘요. 그러면 우리가 함께 산전 건강관리를 할 수 있을 거예요.

환자: 네, 그럴게요.

이 예시에서 의심할 여지 없이 환자는 이내 건강관리전문가가 매우 지지적이라는 사실을 발견하게 될 것이다. 환자의 체면은 손상되지 않았고, 관계성 저항 또한 나타나지 않았다. 하지만 환자의 논리의 흐름("임신을 하면 담배를 끊을 거예요.")은 잠재적으로 환자와 아직 태어나지 않은 아기에게 문제가 될 소지가 있다. 자신이 임신했다는 사실을 알게 될 때까지 흡연을 지속하는 것에는 심각한 위험이 따를 수 있으며, 어쩌면 환자는 임신을 한 후 한 달 또는 두 달까지 임신 사실을 모를 수도 있다. 환자가 담배를 끊고 니코틴, 일산화탄소, 그리고 다른 독성 물질들로부터 체내 기관들이 자유로워질 때가 되면 어쩌면 이미 임신 중기에 접어들고 있을 수도 있으며, 태아도 이미 환자가 확실하게 피하고 싶었던 해로운 영향으로 고통을 받았을 수도 있다. 또한, 환자는 흡연이 임신을 더 어렵게 만들 수 있다는 사실을 알지 못하는 것 같아 보인다. 건강관리전문가는 환자가 고려해야 하는 정확한 정보를 제공해야 할 필요가 있으며 그렇게 하지 않는다면 이는 윤리적이라 할 수 없을 것이다.

다음은 환자의 이슈를 다루지 않은 채 라포 형성에만 집중하는 두 번째 예시이다. 이 사례에서 환자는 실제로 건강관리전문가와 함께 자신의 상황 이해에 초점을 맞추고 다루기를 원하고 있다.

환자: 매일 선생님이 처방해 준 대로 약을 복용했어요. 그리고 뭔가 더 해야겠다고 생각했어요. 운동이나 체중 감량 같은 거요.

HCP: 당뇨병 관리를 현재 잘 하고 있군요. 그 부분은 칭찬받을 일이네요. 지금은 뭔가를 더 하고 싶다고 생각하는군요.

환자: 감사해요. 정말 노력하고 있어요. 네, 약 먹는 것뿐만 아니라 정말로 뭔가 더 해야겠다고 생각해요.

HCP: 열심히 하고 있다는 것을 알고 있어요. 그건 분명하죠. 혈당도 많이 떨어졌어요.

환자: 그렇군요. 수치가 떨어졌지만 아직 안전한 상태는 아니잖아요.

HCP: 환자분이 열심히 노력한 덕에 정말 수치가 떨어졌어요. 더 많이 떨어질 거라고 자신해요. 다음에 올 때는 수치가 떨어져 있을지 봅시다.

환자: (주저하며) 네, 선생님….

이 예시에서 건강관리전문가는 환자가 약을 복용하며 당뇨병을 관리하려는 노력에 대해서 매우 지지적이다. 환자는 자신이 무엇인가를 더 해야 한다고 느끼고 있으며, 특히 혈당 수치가 아직 자신이 원하는 만큼 떨어지지 않았기 때문에 더욱 그렇게 느끼고 있다. 비록 건강관리전문가는 약 복용 이상으로 무엇인가를 하고자 하는 환자의 열망을 반영해 주기는 했으나, 건강관리전문가는 환자의 열망을 무시하고 자신의 생각을 주입했고 환자는 결국 포기하는 듯한 모습을 보이고 있다. 환자는 자신의 주된 고민이 다루어지지 않았기 때문에 불만스러운 상태에 놓여 있을 가능성이 높다. 건강관리전문가가 어떤 이유에서 당뇨 관리를 위해서 무엇인가 더 하려는 환자의 열망 다루기를 꺼렸는지는 명확하지는 않지만, 한 가지 가능한 이유는 비록 건강관리전문가가 이 사례만 놓고 볼 때는 환자의 노력에 대해서 매우 지지적이기는 하지만 어쩌면 유사한 다른 환자에 대한 자신의 경험에 근거해서 자신의 계획대로 실행하고 있는 것일 수도 있다. 그는 약물 치료가 원하는 만큼 혈당을 떨어뜨리지 못한다는 것이 명확해지기까지는 약 복용 이상의 것을 환자에게 하도록 요청하는 것은 좋은 방법이 아니라는 결론을 이미 내렸을 지도 모른다. 동기강화상담자라면 혈당 수치를 감소시키기 위해서 무엇인가 더 하고자 하는 환자의 열망을 반영한 후에 목표 달성을 위해 환자가 할 수 있는 추가적인 행동을 논의하기 위해서 '열린 문을 통해서 걸어 들어가는 것'을 선택했을 것이다. 그리고 다음으로 해야 할 필요가 있는 것에 대한 결정은 환자의 손에 맡겼을 것이다. 만약에 환자가 언급한 운동이나 체중 감량과 관련하여 어떤 우려되는 점이 있다면 이러한 우려사항을 표현할 것이고 그에 대한 환자의 생각을 물어봤을 것이다.

라포를 형성하지 않고 환자의 이슈나 상황 이해 다루기. 라포는 건강관리전문가가 환자의 체면을 손상시키지 않으면서 환자의 상황 이해를 다루는 데 효과적인 수단을 제공해 준다. 건강관리전문가가 특정 이슈에 대한 환자의 상황 이해를 즉각적으로 다룰 수 있는 정보를 제공한다고 하더라도 체면이 손상된다면 환자는 그 정보를 평가절하하거나 무시할 것이다. 다음은 이와 관련된 예시이다.

환자: 약도 복용하고, 이미 탄수화물도 줄였어요. 이미 충분히 할 만큼 하고 있다고요.

HCP: 사실, 충분하지 않아요. 혈당이 여전히 100이 넘네요. 심각한 합병증의 위험을 낮추려면 100 이하로 수치를 떨어뜨려야 해요.

환자: 큰 기대는 하지 마세요.

이 예시에서 건강관리전문가는 환자의 이슈를 즉각적으로 다룰 수 있는 정확하고 적절한 정보를 제공했지만 환자가 서 있는 자리에 대한 이해나 어떤 공감도 시도하지 않았기 때문에 이 메시지는 환자의 체면을 상하게 했고 심지어 환자가 건강관리전문가에게 빈정거리도록 했다. 만약에 건강관리전문가가 환자와의 라포를 쌓지 않고 환자가 이 정보를 자신에게 관련된 것으로 듣고 받아들이도록 하는 관계적 기반을 만들기 위한 작업을 하지 않는다면 이 접근에서 동기강화상담의 최적의 효과가 나타날 가능성은 매우 낮을 것이다.

라포를 형성하는 것과 이슈를 다루는 것을 모두 하지 않는 것. 이는 물론 변화 동기를 높이는 것과 관련하여 가장 좋지 않은 상황이다. 다음은 이와 관련된 예시이다.

환자: 제 콜레스테롤 수치는 그리 높지 않아요. 저보다 더 높은 사람들도 수없이 많다고요.

HCP: 그 말이 틀리지는 않지만, 명확한 것은 환자분은 콜레스테롤 수치를 낮춰야 한다는 거예요. 이 부분에 대해서 저는 상당히 심각하게 생각하고 있어요.

환자: 저도 그래요.

이 예시에서 건강관리전문가는 비록 환자의 생각을 인정한다고 말은 했지만 어떤 방식으로도 이를 다룰 만큼 충분히 반영하지 않았다. 건강관리전문가는 단순히 해야 할 필요가 있는 것에 대한 자신의 판단을 반복해서 이야기했고 환자에게 콜레스테롤을 낮추기 위한 계획을 실행하도록 압박했다. 환자의 고민은 다루어지지 않았으며, 환자의 마지막 반응은 건강관리전문가를 비꼬는 것 같다. 이 대화에서 건강관리전문가의 말투가 공손했다 하더라도 환자는 심각한 체면의 손상을 입었을 것이다. 결국 관계성 저항과 주제성 저항은 모두 다루어지지 않았다.

상황 이해와 정보의 혁명

만약에 환자가 건강 행동 변화를 고려할 가능성을 높이고자 한다면 건강관리 전문가는 환자의 상황 이해와 실천적 추론을 존중하고 다루어야만 한다고 우리는 제안해 왔다. 또한 우리는 우리가 살고 있는 정보화 시대는 건강관리전문가와 환자 사이에서 일어나는 만남의 형식과 모습을 극적으로 바꾸었다고 생각한다. 디지털 시대의 출현은 보통 사람이 이용할 수 있는 정보의 양을 매우 증가시켰다. 컴퓨터, 태블릿, 스마트폰을 통한 간단한 인터넷 검색은 우리가 이 세상의 엄청난 양의 정보에 접근하는 것을 가능하게 해주었다. 블로그, 페이스북, 트위터와 같은 소셜 미디어는 우리를 가상 커뮤니티에 연결해 주어서 많은 정보들을 다른 사람들과 함께 이해하고 현실 세계에서의 의사결정에 대한 관점을 공유할 수 있게 해주었다. 사실상 가상 커뮤니티에서 공동으로 처리될 수 있는 엄청난 양의 정보의 효용성은 사람들을 자신의 문제와 상황에 대해서 이해하는 것에 더욱 적극적으로 관여하는 것을 가능케 했다. 정보의 관리와 보급은 더 이상 전문가만의 영역이 아니다. 디지털 시대는 전문가 이상의 전문성을 확산시켰다.

이러한 디지털 혁명은 건강관리 영역에도 중대한 영향을 미쳤다. 건강관리전문가는 더 이상 당뇨병이나 고혈압, 동맥경화증 그리고 다른 건강 상태에 대한 정보를 얻을 수 있는 유일한 정보원이 아니며, 당뇨병 진단을 받게 되면 많은 사람들은 자신에게 일어난 일을 이해하기 위해서 인터넷 검색에 몰두한다. 어떤 사람들은 국립보건원(National Institute of Health)이나 식품의약국(Food and Drug Adminstration)과 같은 신뢰할 만한 정보원에서 제공하는 요약된 논문들에 접근할 수도 있지만 어떤 경우에는 의사들이 처방하지 않는 대안 치료를 판매할 목적으로 고안된 편향된(그리고 아마도 심지어 평판이 안 좋은) 정보원에 접하게 될 수도 있다. 어떤 사람들은 심지어 자신의 질병이나 처방받은 치료에 대한 일차 의학 자료를 찾기 위해서 PubMed나 Medline과 같은 의학 데이터베이스에 접속할 수도 있다. 또 어떤 사람들은 오랫동안 사람들이 전통적으로 해 오던 것을 하기도 하고 친구들에게 물어보거나 아무런 추가적인 지식이나 인식 없이 자신의 상황에 대해서 자신의 방식으로 이해하기도 한다.

이러한 다양한 방법들과 상관없이 많은 환자들은 적극적으로 자신의 상황을 이해하려고 하고 있으며, 이는 질문, 의심, 걱정, 이슈 등으로 표현되어 나타난다. 안타깝게도 건강관리전문가에게 전문가의 '특권'이라는 개념은 놓치고 싶지 않은 매력적인 것인데, 이는 환자의 상황 이해를 위한 활동들을 무시하고 부정하는 것이다. 이런 행동을 통해서 건강관리전문가는 환자의 역량과 자율적 측면에서의 체면을 모두 손상시키게 되고 이는 환자의 관계성 저항을 촉발하게 된다. 동기강화상담은 건강관리전문가와 환자 사이에서의 전문성의 교환으로 설명될 수 있으며, 건강관리전문가와 환자 모두가 전문성을 가지고 있다는 개념은 건강관리전문가와 환자 모두가 자신만의 상황 이해 과정을 갖고 있다는 사실을 인정하는 것이다. 동기강화상담은 건강관리전문가의 상황 이해를 환자의 상황 이해를 촉진하는 것에 집중시킴으로써 그 효과를 나타낸다.

하지만 본질적인 문제는 이보다 더 깊은 곳에서 일어난다. 많은 학자들과 상담자들은 정보 또는 정보를 제공하는 것의 속성을 "진리와 같이 변하지 않는 영구적인 것에 대한 객관적인 표현"이라는 개념에서 "공유하는 상황에 대해서 이해해 가는 공동의 과정"이라는 개념으로 재설정해야 한다는 데 뜻을 모았다. 예를 들어, Dervin[17]은 이러한 생각을 '상황을 이해하는 방법론(Sense-making methodology)'이라고 하는 이론으로 발전시키며 명사로서의 정보와 동사로서의 정보를 제공하는 것을 구별했다. 이러한 구별은 상당히 추상적으로 보일 수 있지만 이는 안내 문구를 만드는 것[18]에서부터 컴퓨터 데이터베이스를 프로그래밍하고 도서관 이용자들이 정보를 찾는 것을 돕기 위한 검색 엔진에 이르기까지 다양한 시도에서 상당히 실용적인 결과들이 있음이 밝혀졌다.[14]

Dervin의 연구는 개인이 연속적인 경험을 하는 중에 인식된 공백이나 불확실함에 대한 반응으로서 인간이 자신의 경험을 이해하는 과정을 강조하고 있다. 예를 들어, 처음으로 질병을 진단받은 경험에는 이해하기 어려운 공백과 불확실성이 있을 가능성이 높다. 당뇨병을 최근 진단받은 환자는 아마도 지식의 공백("도대체 당뇨병이 무엇인가?") 또는 기대의 공백("나에게 이제 무슨 일이 일어날 것인가?") 또는 행동의 공백("이제 난 무엇을 해야 하는가?")으로 고심할 것이다. 어떤 환자들은 새로운 지식을 받아들이고 새로운 행동을 실행하는 것을 통해서 이 공백을 연결할 것이지만, 반면에 어떤 환자들은 이 공백을 최소화하거나 부정하려는 노력을 할 것이다. 모든 환자들은 건강관리전문가가 환자 자신의 상황 이해 과정을 인식하는지 여부와 관계없이 자신의 상황을 이해하기 위한 과정에 참여하고 있다.

Dervin에 따르면, 환자의 경험에서 이러한 공백은 간단히 의학적 지식을 설명하는 것만으로는 효과적으로 메워지지 않는다. 예를 들어, 당뇨병에 대한 일반화된 강의나 관련된 '정보 쏟아 내기'는 당뇨병에 대한 모든 질문에 보편적인 대답이라고 볼 수 없다. 당뇨병에 대한 사실적 설명은 의학과 과학의 범주 내에서 임상적이고 과학적인 질문에 응답하기 위해서 만들어진 것이다. 이와 같은 사실적 설명은 오직 환자가 과학적이고 임상적인 질문을 한 경우에만 적절하고 효과적인데, 이런 경우는 거의 없다. Dervin은 이에 대해서 다음과 같이 표현했다.

> 어떤 의문이나 그에 대한 해석 없이… 효과성이 사람에게서 사람으로 이동할 수 있는 생각에 기초하고 있는 지식이나 정보로 구현된다고 가정해 보라. 삶과 일은 이와 같지 않다. 이전의 상황이라는 것은 없다. 과거의 마케팅 문제는 오늘날의 마케팅 문제와는 다르다. 어제 온 손님은 오늘의 손님과는 다르기 때문이다.[14)]

Dervin은 효과적인 '정보 제공하기'는 환자가 자신의 상황을 이해하는 과정에서 가장 중요한 공백을 탐색하고 이해하고 반응하는 것에 전적으로 집중되어 있는 것이어야 한다고 결론을 내렸다. 이를 위해서는 환자의 경험 세계에서 시작되고 환자가 다루고 있는 경험적 공백이나 이슈에 즉각적으로 반응하는 상황 이해의 공동 과정이 필요하다. 따라서 정보와 지식은 환자의 상황 이해를 다루기 위해서 그 초점이 맞춰져야 하며, 수정되고 간소화되어야 한다. 그저 다시 인용되는 지식은 환자에게 유용한 것이 되지 않는다. 지식은 환자의 이슈에 맞게 재생산되어 환자가 자신의 상황을 이해하는 데 사용될 때 비로소 유용한 것이 된다. 더욱이 앞에서 논의했던 것과 같이 이러한 정보를 제공하는 건강관리전문가들을 위협적이거나 적대적으로 바라보는 경우는 거의 없다.

비만이거나 흡연을 하거나, 임상적으로 혈당 수준이 높은 건강관리전문가의 사례에 대해서 생각해 보면, 만약 의학 정보만으로 충분하다면 건강관리전문가가 이와 같은 문제를 경험하는 이유를 설명하기 어려울 것이다. 건강관리전문가는 비만 상태의 지속, 흡연, 관리되지 않는 혈당 수치가 유발하는 임상적 위험성, 즉 관련된 의학 지식을 잘 알고 있으므로 또 다른 건강관리전문가에게 이와 같은 의학 지식을 반복해서 듣는 것은 어떠한 추가적인 정보도 주지 못하며, 이는 은연중에 수치심을 줌으로써 관계성 저항을 일으키게 될 수 있다. 건강관리전문가의 공백이나 불확실성은 의학 지식과 관련되어 있기보다는 자신의 삶을 어떻게 이해하고 있는가에 있을 수 있다. 예를 들어, 그들은 자신이 폐암이나 심장마비, 뇌졸중, 신경 장애 또는 신장 기능 장애 등의 질병을 앓는 것이 자신의 삶과 자신이 사랑하는 사람들에게 미칠 영향에 대한 질문을 회피함으로써 자신이 알고 있는 의학 지식의 영향력을 차단하고 있을 수도 있다. 어쩌면 개인적인 삶과 의학 지식은 분리되어 있을 수도 있다. 따라서 이 경우에는 개인의 삶의 위험성과 그 결과를 탐색하도록 하는 것이 유용할 것이다. 또는 자신이 직면하고 있는 위험성과 결과들의 중요성을 잘 알고 있지만 필요하다고 알고 있는 변화를 이룰 자신이 없는 것일 수도 있다. 이 경우에는 스트레스가 많고 부담이 큰 삶을 살았던 다른 환자들에게 성공적이었던 일련의 전략들을 공유하고 그중에서 자신에게 효과가 있으리라고 생각하는 것에 대해서 질문하는 것이 유용할 것이다. 동기강화상담자로서 우리는 환자들이 자신의 삶에 대해서 이해하는 방식과 환자들이 고심하고 있는 구체적인 이슈들에 익숙해져야 한다.

정보에 대한 이 새로운 접근은 최종 사용자에게 정보를 공유하는 것을 바탕으로 하는 수많은 사회체계의 개혁 필요성에 대한 많은 요구들의 동력을 제공해 주었다. 교육전문가에게는 학습자 중심 교육이 요구되었으며,[19] 컴퓨터 시스템과 웹 디자이너에게는 사용자 중심의 인터페이스가 요구되었으며,[20] 도서관 관리자에게는 사용자 중심의 시스템이 요구되었다.[21] 물론 우리에게는 환자 중심의 건강관리가 요구된다.

Dervin에 따르면 상황을 이해하는 과정은 또한 '상황 이해의 철회'와도 관련된다.[14] 만약 환자들이 자신이 과거에 이해했던 상황 이해의 주요 측면들을 재구성하거나 철회하지 않는다면 자신에게 일어난 건강과 관련된 새로운 상황을 이해하지 못할 수도 있다. 자신의 목표를 달성하기 위한 과정에 참여하려 한다면 이와 같은 상황에 대한 이해를 철회하는 것은 필수적이다. 본질적으로 건강 행동 변화의 긍정적인 이유를 이끌어 낼 뿐만 아니라 환자의 내면에서 변화를 막고 있는 부정적인 이유들 또한 다루어야 한다고 주장하는 것은 상황에 대한 환자의 이해를 철회하는 것에 대한 논의를 의미하는 것이라 할 수 있다.

이와 관련된 구체적인 예를 살펴본다면, 1980년대에서부터 1990년대까지 대개는 감기, 인후염, 축농증 또는 피부 발진 등과 같은 가벼운 질병들에 대한 자신의 경험에 근거해서 사람들이 오랫동안 구축해 온 상식이나 도식에 관한 수많은 연구들이 진행되었다.[22), 23)] 질병에 대한 이러한 상식적인 이해에 근거하여 환자들은 종종 어떤 증상이 느껴지기 시작하기 전까지는 어떤 행동을 취할 필요가 없다고 생각한다. 그리고 또한 그 시점에서 요구되는 치료는 비교적 가볍고 문제의 근원을 제거하거나 치료하는 것이라고 가정한다. 질병에 대한 이러한 개념은 고혈압이나 당뇨병과 같은 만성질환에 있어서는 그다지 이치에 맞지 않는다. "이런, 이게 다 무슨 일인지. 전 괜찮아요." 라고 말하거나 "의사 선생님이 혈압이 낮아졌다고 했는데, 왜 약을 계속 먹어야 하나요?"라는 환자의 말은 환자의 상황 이해에 공백이 존재한다는 것을 암시한다. 대개 이러한 환자들의 말은 어떤 심각한 증상을 경험하지 않고 있기 때문에 심각한 질병을 가지고 있다는 것을 인정하는 데 곤란을 겪고 있다는 것을 의미한다. 결과적으로 환자는 어떤 일을 해야 할 필요성을 느끼지 않을 것이다. 심지어 건강 행동 변화를 고려하고 있는 환자들이라 하더라도 모든 질병은 무언가 해야 할 때라는 것을 말해 주는 자각 증상이 있다는 생각은 철회될 필요가 있다. 이와 같은 상황 이해를 철회할 수 있도록 환자를 돕는 것에는 환자의 체면을 손상시키지 않는 것과 환자가 가진 상황 이해의 문제점을 반영하는 것 그리고 환자에게 유용한 것으로 인식되는 새로운 정보를 공유하는 것이 포함된다. "괜찮다고 느낀다고 해서 정말 괜찮은 것은 아니에요."라고 말하는 것은, 비록 이 말이 환자의 해석상의 문제에 대한 직접적인 답이 된다고는 하더라도, 환자가 자신에게 관심을 가지고 있으며 이 정보가 타당하고 적절하다는 느낌을 주지 않는다. 새로운 정보를 환자가 자신의 상황을 이해하는 데 유용한 정보로 받아들일 수 있는 상황을 만들기 위해서는 상호관계를 위한 상당한 작업이 필요하다.

우리가 논의할 정보 혁명의 마지막 측면은 상황 이해와 행동 실천 간의 통합과 관련된다. 이전에는 상황 이해와 행동의 실천은 분리된 의사결정 요소에 의해서 적절한 순간에 연결되어야 하는 완전히 분리된 과정으로 간주되어 왔다. 근본적으로 다른 관점을 가진 다양한 연구들에서 사회적 상호작용과 심지어 인간과 기계의 상호작용까지 설명하는 이 접근의 부적절함이 주장되었다. 예를 들어, 현상학이라고 알려진 인본주의 연구에서는 사회적 상호작용의 진보를 통해서 상황 이해와 의사결정이 함께 조화를 이루며 일어난다는 것을 입증했다. 예를 들어, 다른 사람과 '즉흥 연주'를 하는 재즈 음악가의 능력은 어떤 개인을 넘어서 즉흥 연주로 이어지는 상황에 대한 상호간의 이해와 조화를 포함한다. 상호 이해와 의사결정은 분리된 개인보다는 즉석에서 이루어지는 즉흥 연주의 속성을 가지고 있다고 할 수 있다. 인지과학과 컴퓨터 공학은 이 관점이 더 자연스럽게 사용자와 컴퓨터의 상호작용을 가능하게 하는 것과 관련된 주요 문제들을 해결해 준다는 것을 발견했다.[24), 25)] 본질적으로 상호작용의 반응 민감성은 이 상호작용을 통해서 제공되는 정보의 반응 민감성과 나눠질 수 없다는 사실을 깨달은 것이다. 계산 장치의 논리에 의해서 요청되는 미리 엄격하게 짜여진 일련의 행동들을 따르도록 사용자를 압박하는 컴퓨터는 사용자가 왜 특정 정보를 원하는지, 그리고 이 정보는 사용자로 하여금 무엇을 할 수 있게 하는지에 근거하여 움직이는 것같이 보이는 컴퓨터와는 사람들에게 완전히 다른 것으로 간주될 것이다. 이러한 정보의 흐름이 상호작용의 흐름에 의해서 가능해졌고 그 유효성도 인정되었다.

그렇다면 이러한 깨달음은 동기강화상담에 어떻게 적용될 수 있는가? 앞에서 "이런, 이게 다 무슨 일인지. 전 괜찮아요."라고 말했던 혈압이 높은 환자의 상황 이해에 대해서 이전 장에서의 설명에 근거하여 다음과 같이 반응할 수 있을 것이다.

HCP: 혈압이 얼마나 좋지 않은지, 그리고 이 모든 것들이 정말로 꼭 필요한 건지 정말 의문이 들겠네요. 아무런 증상도 없고, 괜찮은 것같이 느껴지니까요.

환자: 네, 그래요. 아무렇지도 않거든요.

HCP: 그것은 정말 정말 중요한 의문이네요. 그 의문에 대해서 정보를 드려도 괜찮을까요? 이 정보를 들은 후에 그것에 대해서 어떻게 생각하는지 말해 주면 좋을 것 같네요.

환자: 네, 괜찮아 보이네요.

환자의 상황 이해에 관련된 이슈를 적절한 감정과 함께 반영하고, 환자의 허락을 얻은 후 적절한 정보를 환자와 공유한 후에 그에 대한 환자의 대답을 듣고자 하는 열망을 표현하는 것은, 궁극적으로 환자의 상황 이해에 관련된 이슈에 잘 맞는 정보가 환자에게 공유되는 한, 환자와 건강관리자에게 상황 이해의 과정이 공동으로 일어나게 하는 순조롭고 반응성 높은 상호작용을 만들어 낸다. 이 단계들에 대해서는 다른 장에서 더 자세하게 논의할 것이다. 이 장에서 중요한 것은 상호작용의 적절성과 반응 민감성은 정보의 적절성과 반응 민감성으로부터 나뉠 수 없다는 것이다. 상호작용의 흐름과 정보의 흐름은 매우 긴밀하게 서로 연결되어 있으며 상호보완적이다. 앞의 대화의 예에서 건강관리전문가가 환자에게 증상이 없는 질병에 대한 정보를 공유할 때 환자는 이 정보를 진심으로 유용하다고 받아들일 가능성이 높은데, 왜냐하면 여기까지 오는 과정에서 이 상호작용은 정중하고 환자를 배려했기 때문이다.

의학 정보는 환자들이 자신의 새로운 건강 상황을 이해하고 이에 적응하기 위해서 노력할 때 환자가 자신의 상황을 이해하는 데 도움을 주는 것이어야 한다. 그렇지 않으면 건강관리전문가가 공유하는 정보는 환자에게 유용한 것으로 보이기 어렵고 환자가 건설적인 건강 행동을 선택하도록 하는 데에도 영향을 미치지 못할 것이다. 동기강화상담은 환자들이 직면한 자신의 건강과 선택에 대해서 스스로 이해하는 방식을 개선하고 새롭게 갱신할 수 있도록 환자에게 도전을 주는 정보를 제공하는 데 가장 적합한 관계적 방법이다. 동기강화상담의 정신은 건강관리전문가가 환자의 상황 이해를 존중하고 이러한 환자의 이해에 맞게 정보를 재생산하도록 이끌어 준다. 동기강화상담은 환자가 건강관리전문가와 함께 편안한 함께함의 관계와 정보의 공유를 경험하며, 이 경험으로 인하여 자신에게 필요한 행동에 대해서 다시 생각해 보게 될 때 최적의 효과를 나타낸다.

요약

이 장에서 우리는 동기강화상담이 최상의 효과를 낼 수 있는 방법에 대한 이론 또는 개념화의 근거를 제시했다. 인간은 상황을 이해하는 존재이다. 우리의 환자들은 자신의 건강 문제와 자신의 이러한 이슈들에 대한 우리의 반응을 이해하려 한다. 동기강화상담의 정신과 라포의 형성은 우리가 환자에게 관심을 가지고 있으며 건강과 관련한 고민이나 이슈 그리고 논리의 흐름을 진지하게 받아들이고 있다는 것을 환자가 이해하게 함으로써 동기강화상담의 상승효과가 나타나게 한다. 라포는 환자가 자신의 건강에 대한 환자의 상황 이해를 다루는 데 건강관리전문가의 전문성을 사용할 수 있도록 해주는 지렛대의 역할을 하며, 그 결과, 환자는 질병과 관련된 자신의 논리의 흐름에 대해서 다시 생각해 보고 새로운 방식으로 자신의 건강 문제를 이해하게 된다. 동기강화상담으로 인한 상승효과는 환자를 향한 배려와 관심, 환자에게 의미 있는 방식으로 환자의 이슈를 다루는 것, 그리고 두 사람 간의 공동체 의식과 유대감의 결과로 나타난다.

생각해 볼 질문

1. '상황 이해하기'와 '실천적 추론'의 관계는 무엇인가?
2. 이 장에서 언급하고 있는 논쟁이 가진 두 가지 의미는 무엇인가? 첫 번째(긍정적) 의미의 논쟁을 논리적 흐름으로 표현하는 것은 어떤 면에서 적절한가?
3. 환자는 자신의 질병과 치료에 대해서 이해하고 건강관리전문가와의 관계에 대해서 이해하는 과정을 거친다. 이 두 가지 종류의 이해는 서로 어떻게 연결되어 있는가? 둘 중 하나는 어떻게 다른 하나에게 영향을 미치는가?
4. 최상의 상승효과를 내는 것과 관련하여 동기강화상담은 환자와의 라포를 형성하는 것과 환자의 이슈를 다루는 것을 포함한다. 이 두 가지가 왜 필요한가?
5. 정보의 혁명은 환자의 상황을 이해하는 것과 건강관리전문가와의 관계 모두에 어떤 영향을 미쳤는가?

참고 문헌

1. Heider F. *The Psychology of Interpersonal Relations*. New York: John Wiley & Sons; 1958.
2. Markus H, Zajonc RB. The cognitive perspective in social psychology. In: Lindzey G, Aronson E, eds. *Handbook of Social Psychology*. 3rd ed. New York: Random House; 1985:137-230.
3. Festinger L. *A Theory of Cognitive Dissonance*. Stanford, CA: Stanford University Press; 1957.
4. Miller WR, Rollnick S. *Motivational Interviewing: Preparing People to Change Addictive Behavior*. New York: Guilford Press; 1991:56-8.
5. Miller WR, Rollnick S. *Motivational Interviewing: Helping People Change*. 3rd ed. New York: Guilford Press; 2013:8.
6. O'Keefe DJ. Two concepts of argument. *J Am Forensic Assoc*. 1977;13:121-8.
7. Jacobs S, Jackson S. Argument as a natural category: the routine grounds for arguing in conversation. *West J Speech Commun*. 1981;45:118-32.
8. Miller WR, Rollnick S. *Motivational Interviewing: Preparing People to Change Addictive Behavior*. New York: Guilford Press; 1991:58-9.
9. Miller WR, Rollnick S. *Motivational Interviewing: Helping People Change*. 3rd ed. New York: Guilford Press; 2013:54.
10. Jones EE, Kanhouse DE, Kelley HH, et al. *Attribution: Perceiving the Causes of Behavior.* Morristown, NJ: General Learning Press; 1972.
11. Burke BL, Arkowitz H, Menchola M. The efficacy of motivational interviewing: a meta-analysis of controlled clinical trials. *J Consult Clin Psychol*. 2003;71:843-60.
12. Hettema J, Steele J, Miller WR. Motivational interviewing. *Annu Rev Clin Psychol*. 2005;1:91-111.
13. Lundahl BW, Kunz C, Brownell C, et al. A meta-analysis of motivational interviewing: twenty-five years of empirical studies. *Res Social Work Pract*. 2010:20;137-60.
14. Dervin B. Sense-making theory and practice: an overview of user interests in knowledge seeking and use. *J Knowl Manage*. 1998;2:36-46.
15. Krishna-Pillai A. *An Initial Validation of a Two Dimensional Theory of Motivational Interviewing*. [PhD dissertation]. Auburn University, AL: Auburn University; 2012. http://etd.auburn.edu/etd/handle/10415/3057. Accessed February 4, 2013.
16. Burgoon J. Interpersonal expectations, expectancy violations, and emotional communication. *J Lang Soc Psychol*. 1993;12:30-48.
17. Dervin B, Foreman-Wernet L. *Sense-making Methodology Reader: Selected Writings of Brenda Dervin*. Cresskill, NJ: Hampton Press; 2003.
18. Werner CM, Rhodes MU, Partain KK. Designing effective instructional signs with schema theory: case studies of polystyrene recycling. *Environ Behav*. 1998;30:709-35.
19. Norman DA, Spohrer JC. Learner-centered education. *Commun ACM*. 1996;39:24-49.
20. Wood LE. *User Interface Design: Bridging the Gap from User Requirements to Design*. New York: CRC Press, 1998.
21. Dervin B. From the mind's eye of the user: the sense-making qualitative-quantitative methodology. In: Glazier JD, Powell RR, eds. *Qualitative Research in Information Management*. Englewood, CO: Libraries Unlimited; 1992:61-84.
22. Bishop GD, Converse SA. Illness representations: a prototype approach. *Health Psychol*. 1986;9:95-114.
23. Skelton JA, Croyle RJ, eds. *The Mental Representation of Health and Illness: Models and Applications*. New York: Springer-Verlag; 1991.
24. Stewart JR, Gapenne O, Di Paola EA. *Enaction: Toward a New Paradigm for Cognitive Science*. Boston: MIT Press; 2010.
25. Fuchs T, De Jaegher H. Enactive intersubjectivity: participatory sense-making and mutual incorporation. *Phenom Cogn Sci*. 2009;8:465-86. doi 10.1007/s11097-009-9136-4.

CHAPTER 6

라포 형성하기

변화 동기는 환자 스스로 변화가 자신에게 중요하다고 믿고 자신이 변화를 실행할 수 있다는 것에 대한 자신감을 가질 때 일어난다. 우리는 동기강화상담이 환자와의 라포를 형성하는 것과 존중하는 태도로 환자의 이슈들을 다루는 것을 통하여 상승효과를 만들어 낸다고 제안했다. 그 단계는 다음과 같다.

1. **라포 형성하기**. 이는 환자의 문제와 그에 대해서 환자가 어떻게 이해하고 있는지에 대해서 이해하고 있음을 연민(compassionate)과 비판적이지 않은 태도로 명백하게 표현하는 것과 관련되며, 환자의 낮은 동기가 낮은 중요성이나 자신감 또는 둘 다 모두에 기인하는지에 대해서 경청하는 것을 포함한다.
2. **재구조화**. 건강관리전문가는 재구조화를 통해서 문제를 명확히 하거나 문제를 새롭게 조명하여 환자가 문제를 다른 관점으로 이해할 수 있도록 도울 수 있는 기회를 얻을 수 있다. 그림의 프레임을 다시 만드는 것과 같이 재구조화는 특히 환자가 변화에 대한 저항이나 양가감정을 가지고 있는 경우에 환자로 하여금 그림(문제)을 다르게 바라

볼 수 있도록 하며, 이전의 프레임에서는 잘 보이지 않았거나 강조되지 않았던 그림의 특징을 볼 수 있도록 한다.

3. **환자의 상황 이해를 다루는 정보 제공에 대한 허락 구하기.** 허락을 구하는 것은 환자의 상황 이해에 '문제를 일으키기' 위한 새로운 정보를 제공하는 단계로 이동하게 해준다.
4. **새로운 정보 제공하기.** 이 정보는 반드시 현재의 환자가 가진 상황 이해를 구체적으로 다룰 수 있는 것이어야 하며, 환자로 하여금 자신이 현재 상황에 대해서 어떻게 이해하고 있는지에 대해서 다시금 생각해 볼 수 있도록 이끄는 것이어야 한다.
5. **새로운 정보에 대한 환자의 생각 물어보기.** 정보를 제공한 이후에는 제공된 정보에 대해서 환자가 어떻게 생각하는지 확인해야 한다. 변화에서 이 정보는 환자에게 어떤 영향을 미쳤는가? 이 질문을 통해서 다음 단계로 가야 하는지 또는 환자가 고려해 봐야 하는 추가 정보가 무엇인지에 관한 정보를 얻을 수 있다.
6. **요약하기와 다음 단계 논의하기.** 새로운 정보에 대한 환자의 반응에 기초하여 지금까지 당신이 이해한 것을 요약한다. 만약 새로운 정보가 환자의 상황 이해를 변화시키고 변화로의 결심을 더욱 강하게 만들었다면, 이러한 상황 이해의 변화를 반영하거나 인정하고 다음으로 환자가 하고자 하는 것이 무엇인지에 대해서 논의한다.

위의 내용은 우리가 논의했던 전문성의 교환에 대한 내용 모두에 해당되며, 동기강화상담을 춤에 비유한 것과도 관련된다. 위의 단계들은 엄격한 규칙은 아니며, 단지 이 과정을 안내하는 것에 그 의미가 있다.

라포를 형성할 때 자신의 질병과 그 치료와 관련하여 환자가 가지고 있는 의문이나 걱정이 무엇인지를 묻는 것으로 시작하는 것은 중요한데, 특히 최근에 진단을 받은 경우라면 더욱더 그러하다. 제2장에서 이와 관련된 내용을 다루었지만, 여기에서 다시 언급한다면, 다음과 같은 질문들을 하는 것이 중요하다.

1. 환자의 표현에 따르면 환자는 자신의 질병을 어떻게 이해하고 있는가? 그리고 이는 환자에게 어떤 의미를 가지는가?

2. 자신의 질병의 치료 방법에 대해서 환자는 어떻게 생각하고 있는가? 그 방법이 효과가 있다고 믿고 있는가? 그 치료 방법이 필요하다는 것을 믿고 있는가?
3. 자신의 질병을 치료하지 않는다면 일어날 수 있는 일에 대해서 환자는 어떻게 이해하고 있는가?
4. 만약에 환자가 자신의 질병 특히 만성질환을 치료하는 것에 전념한다면, 환자가 이를 장기적으로 지속하도록 하는 것은 무엇이며, 이를 방해하는 것은 무엇인가?

이러한 질문들을 하는 것은 공백, 즉 질병의 치료와 관련해서 환자가 가지고 있는 의문은 무엇이며(이는 질병의 관리가 환자에게 중요한 것이 되도록 하는 것이 무엇인지 환자에게 질문할 수 있도록 한다), 궁극적으로 변화를 위한 계획을 어떻게 세워야 하고 환자에게 어떤 교육이나 정보가 필요한지에 대한 더 나은 아이디어를 건강관리전문가에게 제공해 준다. 이러한 사실들을 알지 못한 채 정보를 제공한다면, 환자의 진짜 필요나 고민과는 관련 없는 정보를 제공하게 되기 쉽다. 이미 예전에 진단을 받았던 환자들을 재평가하기 위해서도 이와 유사한 질문들을 사용할 필요가 있는데, 이 질문들은 아마도 환자가 질병의 치료를 더 이상 지속하지 않는 근본적인 이유를 드러내 줄 수도 있다. 환자들은 처음부터 한 번도 이 질문들을 받아 본 적이 없을 수도 있으며, 양가감정이나 저항으로 인해서 환자들의 참여가 별로 없는데도 치료가 계속 진행되고 있었을 수도 있다.

이 장은 환자와의 라포 형성에 초점을 맞추고 있는데, 라포는 위에서 언급한 네 가지 질문에 답하는 과정에서 드러나는 변화의 중요성과 자신감과 관련된 주제들을 효과적으로 탐색하고 다룰 수 있도록 해준다. 이 책의 후반부에는 변화 중요성과 자신감에 영향을 미칠 수 있는 추가적인 방법들이 설명되어 있다. 무엇인가 중요한 이유를 단순히 환자에게 이야기하는 것만으로는 충분하지 않으며, 특히 새로운 정보가 환자의 신념이나 상황 이해에 직면적인 방식으로 어떤 갈등을 일으키거나 이의를 제기하는 것일 때에는 더욱더 그렇다는 것을 우리는 알고 있다. "괜찮은데도 혈압약을 매일 먹는 것이 중요하다는 말을 이해하지 못하겠네요."라는 환자의 말에 의사가 "음, 우선 환자분은 괜찮지 않아요. 혈압이 높고, 원래 고혈압은 증상이 없어요. 뇌졸중이나 심근경색 등이 일어날 수도 있어요. 그걸 원하는 것은 아니겠죠? 혈압을 낮추기 위해서는 약을 먹어야 해요. 이에 대해서는 이전에도 이야기했죠." 라고 응답한 예에서, 이 응답은 환자가 괜찮다고 느낄 수 있는 이유와 그래도 여전히 위험에 노출되어 있는 이유를 설명해 주고는 있지만, 환자에게 수치심을 주거나 환자를 기죽이는 방식으로 진행되었다. 즉, 혈압약을 복용하는 것의 중요성을 전달해 주고는 있지만 환자의 관점을 존중하지는 않는다. 약을 복용하는 것에 대한 주제성 저항에 이제 체면의 손상으로 인한 관계성 저항을 추가하게 된 셈이다. 이렇게 되면, 환자는 의사가 하는 말이나 정보를 듣지 않고 무시해도 되는 관계적 정당성을 얻게 된다. 이 경우에는 "괜찮다고 느껴지기 때문에 혈압약을 먹는 것이 정말로 필요한지에 대해서 의구심이 들겠군요."라는 말로 시작하는 것이 더 좋다. 이 응답은 의사가 환자의 걱정 또는 관점(또는 상황 이해)을 존중하고 환자를 평가하지 않고 경청하고 있다는 것을 환자가 알게끔 해준다. 환자가 이 응답에 대해서 긍정한 이후에 건강관리전문가는 "그런 의문을 갖는 것은 매우 중요합니다. 괜찮다면, 그 의문에 답이 될 수 있는 정보를 이야기해도 될까요? 그 후에 그 정보에 대해서 어떻게 생각하는지 말해 주면 좋겠네요."라는 말로 이어 갈 수 있다. 그러고 나면 건강관리전문가는 환자가 괜찮다고 느낄 수 있지만 여전히 위험에 노출되어 있을 수 있는 이유를 설명할 수 있다. 이러한 반응은 환자를 존중할 뿐만 아니라, 환자를 비난하지 않으면서 환자 스스로 결론에 이르도록 한다. 먼저 라포가 형성되면, 환자는 건강관리전문가가 제공하는 정보를 어떤 위협감을 느끼지 않으면서 들을 수 있다.

라포를 형성하는 것은 환자의 상황 이해에 긍정적인 영향을 주는 과정에서 매우 결정적이다. 라포는 건강관리전문가에게 필요한 일종의 지렛대라고 할 수 있는데, 이는 환자의 반응에 대한 응답으로 제공한 정보나 설명이 환자의 기를 죽이려는 것이 아니라, 관리와 관심의 연장으로 보이게 한다. 환자들은 질병과 치료(치료가 얼마나 중요한지, 필요한 것을 자신이 할 수 있을지 없을지)와 관련해서 자신에게 일어난 일이 무엇인지 이해하려고 노력할 뿐만 아니라, 건강관리전문가가 자신에게 어떻게 말하는지에 대해서도 이해하고자 한다. 제4장에서 논의했던 것과 같이, 환자가 자신의 고민이나 저항 또는 양가감정을 표현할 때, 이에 대한 건강관리전문가의 반응에서 환자가 이해받고 존중받고 있으며 안전감을 느낀다면 상승효과가 나타날 수 있다. 그 후에 건강관리전문가는 환자를 위협을 하거나 체면을 손상시키지 않는 방식으로 환자의 문제를 안전하게 다룰 수 있다. 이때 동기강화상담은 변화의 기회를 증가시키는 높은 수준으로 이루어진다.

라포를 형성하는 것은 환자의 신뢰를 얻고 이를 유지하는 것을 포함한다. 일반적으로 말해서 우리는 건강관리전문가가 신뢰하지 못할 만한 이유를 제공하기 전까지 건강관리전문가를 신뢰한다. 환자는 자신이 건강관리전문가에게 어떻게 대우받는지에 대해서 자신의 관점으로 이해하게 된다. 환자는 건강관리전문가에게 존중받고, 배려받고, 안전하다고 느끼는가? 환자는 건강관리전문가와의 관계를 해석하고 이해하며 그에 대한 결론을 내린다. "이 사람을 믿을 수 있는가? 나를 진심으로 생각하는가?"라는 질문에 결론을 내리기 위해서 환자들은 관찰하고 귀를 기울인다. 이러한 신뢰가 훼손되고 라포가 심각하게 손상될 때 환자는 건강관리전문가가 제공하는 정보와 교육을 자신에게 유용한 것으로 받아들이지 않는다. 정보는 자신에게 위협이 되는 것으로 보이게 되고, 그 결과로 그 정보는 무시되거나 평가절하된다. 그러므로 이러한 신뢰를 훼손하지 않는 것이 매우 중요하다. 다음과 같은 건강관리전문가의 방식은 환자의 이 신뢰에 손상을 줄 수 있다.

1. **환자의 말을 듣지 않거나 주의를 기울이지 않는다.** 예를 들어, 건강관리전문가가 컴퓨터에 어떤 정보를 입력한다거나, 메모를 하거나, 환자의 말을 가로막거나, 무언가에 의해서 상담 시간이 방해받게 된다면, 이는 환자에게 가장 중요한 관심이 자신이 아니라는 의미를 전달하게 된다. 치료적 신뢰관계가 구축되는 과정의 초기에 건강관리전문가는 자신의 모든 관심을 환자에게 집중하는 것은 매우 중요하다. 라포를 형성하기 위해서는 관계가 시작되는 초기에 서두르기보다는 여유를 가져야 한다. 그러면 후반에 속도를 낼 수 있다.
2. **환자에게 중요하고 의미 있는 것을 지속적으로 무시하거나 평가한다.** 환자의 생각이나 느낌, 행동, 아이디어를 무시하거나 평가하는 것은 그것이 무엇이라도 불신을 야기하게 된다. 자신에게 일어난 일에 대한

환자의 상황 이해가 항상 정확하거나 사실에 근거하는 것은 아닐 수도 있지만, 이는 환자에게 중요한 것이다. 환자의 생각과 느낌을 인정하기 전에 이를 교정하려는 것은 불신을 야기하고 라포를 손상시킨다. 환자가, 예를 들어, "제 당뇨 문제가 그렇게 심각하다고 생각하지는 않아요. 몸 상태는 괜찮아요."라고 말했을 때, "이상이 없다고 느껴지는 것이 정말 괜찮다는 의미는 아니에요. 혈당이 높아지면 이를 낮출 필요가 있지요. 시력이나 신장을 잃고 싶지는 않잖아요? 그렇죠?"라고 응답하는 것은 환자에게 자신의 생각이 존중받지 못했고 공격받았다는 느낌을 주는 원인이 된다. 환자는 마치 어린아이와 같은 대우를 받았다고 느끼며, 그 결과로 방어적이 되고 새로운 정보에 귀를 기울이지 않을 가능성이 높다. 제공된 정보가 정확할지는 모르지만 그 정보는 환자를 위협하거나 공격하는 방식으로 제공되었으며 역량 차원에서의 체면 손상을 일으켰다. 환자가 그 정보를 무시하거나 가치를 평가절하할 것은 매우 자명해 보인다. 이 경우에는 "별다른 증상이 없기 때문에 당뇨가 정말 심각한 것인지, 뭔가 조치를 취해야 하는 것인지 의문이 있겠네요."라고 응답하는 것이 더 적절할 것이다. 이 응답은 자신의 당뇨 문제에 대해서 환자가 이해하고 있는 방식과 환자가 괜찮다고 느낀다는 사실 자체를 존중하고 있다. 아마 환자는 새로운 정보에 좀 더 귀를 기울일 가능성이 높으며, 특히 건강관리전문가가 환자의 의문에 답이 되는 정보를 제공하는 것에 대한 허가를 구한다면 더욱더 그러할 것이다. 예를 들면, "아주 좋은 질문을 하셨는데요, 그 질문에 대해서 정보를 좀 드려도 괜찮을까요? 그러고 나서 들은 정보에 대해서 어떻게 생각하는지 이야기해 주셨으면 좋겠는데요."라는 말로 허가를 구할 수 있다. "의문이 들겠네요." 라는 표현을 통해서 건강관리전문가가 환자가 신경 쓰고 있는 부분을 질문의 형태로 만든 것에 주목할 필요가 있다. 질문은 답을 찾도록 한다. 이 진술에서 건강관리전문가는 먼저 환자를 인정했다("아주 좋은 질문을 하셨는데요. …") 이는 향후 환자의 질문을 장려하고 환자가 더 솔직해질 수 있도록 격려한다. 이어서 건강관리전문가는 질문에 대한 응답으로서 정보를 제공해도 될지에 대한 허가를 구한다.

마침내, 건강관리전문가는 정보를 제공하고 "이 정보에 대해서 어떻게 생각하는지 알 수 있을까요?"라고 질문한다. 이는 궁극적으로 결정을 내리는 것은 환자 자신이라는 점을 말해 주고, 또한 건강관리전문가가 이 관계를 환자의 생각과 참여가 필수적인 협력적 관계로 인식하고 있다는 것을 환자에게 알게 해준다. 이와 같은 라포를 바탕으로 제공된 정보는 괜찮다고 느껴지지만 여전히 심각한 합병증의 위험에 노출되어 있을 수 있는 이유를 잘 설명해 줄 수 있으며, 또한 환자에게 유용하고 안전한 것으로 받아들여질 것이다. 라포는 정보가 어떤 위협을 가하는 것이 아니고, 환자를 지원하는 것이며, 관심과 배려의 연장선에 있는 것임을 환자에게 알려 주기 위한 지렛대의 역할을 수행한다. 깊은 라포가 형성되어 있고 환자가 안전하며 존중받는다고 느낄 때, 건강관리전문가와 그가 제공한 정보는 환자에게 위협이 되지 않는다.

3. **'처방을 준수하지 않는 것'을 꾸짖는다.** 환자가 처방된 약을 복용하지 않거나, 체중을 감량하지 않거나 또는 그 외에 다른 긍정적인 변화를 하려 하지 않을 때 환자들은 종종 어떤 면에서 건강관리전문가의 꾸지람이나 비난을 받게 된다. 이러한 접근은 단순히 환자를 비난하는 것에 그치는 것이 아니라, 문제의 근본적 원인을 알아내지 못하게 한다. 환자가 건강 행동을 실행하는 것을 막는 걸림돌은 무엇인가? 환자가 담배를 끊고 싶어 하지 않는 이유는 무엇인가? '처방 비준수'라는 개념은 전문가 중심적 사고에서 기인한 것임을 기억할 필요가 있다. 환자가 '처방 비준수'라는 진단명을 갖게 되는 이유는 환자가 건강관리전문가가 만든 지시사항을 따르지 않았기 때문이다. 그리고 이는 그 자체로 문제의 소지가 있다. 처음에 환자는 건강관리전문가의 요구에 단지 이를 진정시키기 위해서 그 지시사항들에 동의했을 수도 있다. 이것이 바로 건강 행동의 목표에 대해 환자와 타협하는 것이 필수적인 이유라 할 수 있다. 이는 건강관리전문가와 환자의 협력을 필요로 한다.

4. **환자의 생각과 느낌을 지속적으로 부정확하게 반영한다.** 모든 것을 감안할 때, 환자에게는 당신이 환자를 이해하기 위해서 진솔하게 노력

하는 것이 환자의 생각과 느낌을 항상 100% 정확하게 반영하는 것보다 훨씬 더 중요하다고 우리는 믿는다. 하지만 가능한 한 정확하게 반영하는 것은 중요하다. 그렇지 않으면 이는 마치 당신이 실제로 경청하지 않는 것으로 보일 수 있다. 환자가 느끼는 감정의 수위에 잘 맞는 단어를 사용하는 것 또한 중요하다. 이는 환자를 경청하는 것만으로도 충분히 가능하다.

5. 환자의 참여 없이 환자에게 자신의 생각과 목표를 지속적으로 강요한다. 환자가 치료 방법을 논의하고 결정하는 과정에 참여하지 않는다면 변화가 일어나거나 유지될 가능성은 거의 없다. 추가적으로, 건강관리전문가가 자신의 생각과 목표를 환자에게 강요하는 것에는 환자도 자신의 건강 문제를 치료하는 것이 중요하다고 믿고 있다는 건강관리전문가의 가정이 자리하고 있다. 치료 방법에 대한 논의에 앞서서 환자가 자신의 질병을 관리하는 것에 대해서 얼마나 중요하게 생각하고 있는지 반드시 탐색할 필요가 있다. 만약 환자가 질병을 관리하는 것이 중요하다고 생각하지 않거나 이와 관련된 자신감이 낮은 상태라면, 이 시점에서 치료 방법을 논의하는 것은 결코 적절하지 않다. 이 경우, 질병을 관리하는 것을 중요하게 만들 수 있는 것이 무엇인지 또는 자신감을 높일 수 있는 것이 무엇인지 탐색하는 것이 우선하여 이루어져야 한다.

효과적인 라포를 형성하기 위해서 건강관리전문가(HCP)는 환자에게 결론을 강요하지 않고 대신 결론을 내려 주지 않으며, 환자가 스스로 결론을 내릴 수 있도록 도와야 한다. 다음의 대화는 이를 잘 보여 준다.

환자: 제 A1c 수치가 9에서 8.5로 떨어졌다고 하셨으니, 좋은 거네요. 그렇지 않나요?

HCP: 네, 확실히 좋아지고 있군요. 무엇을 해서 수치가 낮아졌나요?

환자: 약을 규칙적으로 먹었어요. 설탕이나 탄수화물도 줄이려고 노력했고요.

HCP: 좋은데요. 성공적으로 보이네요. 약을 규칙적으로 복용했다고 하셨는데, 약 복용하는 건 어떻던가요?

환자: 거의 매일 복용했어요. 일주일에 한두 번은 빼먹은 것 같아요.

HCP: 주중에 며칠 약 복용을 잊어버린 건 무엇 때문인 것 같나요?

환자: 컨디션이 정말 좋았어요. 그리고 A1c 수치도 낮아졌으니, 내가 하고 있는 것이 효과가 있다는 거라 생각해요.

HCP: 그랬군요. 컨디션이 괜찮다고 느껴지고 A1c 수치가 8.5로 낮아졌기 때문에 "망가지지 않았다면 왜 수리해야 하지?"라는 생각이 들었겠군요.

환자: 네, 정확해요.

HCP: 중요한 포인트를 잘 짚어 주셨네요. 몇 가지 정보를 추가해서 이야기해도 될까요? 듣고 나서 어떻게 생각하는지 이야기해 주면 좋을 것 같아요.

환자: 네, 물론이죠. 말해 주세요.

HCP: 혈당 관리에서 정말로 훌륭한 진보가 있었던 것이 사실이에요. 안타깝게도, 내부 장기에 손상은 천천히 일어나기 때문에 괜찮다고 느껴질 수 있어요. 그래서 중대한 합병증이 발생하기 전까지는 느끼지 못하지요. 알려져 있기로는 A1c 수치가 7 이하로 떨어져야 심각한 합병증, 그러니까 심부전이나 실명, 신체 부위를 절단해야 할 수도 있는 순환 장애 등의 위험성이 극적으로 감소해요. A1c 수치가 8.5라고 하면 여전히 7보다는 꽤 높은 편이고, 심각한 합병증의 위험도 여전히 높아요. 매일 약을 복용하는 것에 관해서 지금은 어떤 생각이 드나요? 그리고 A1c 수치를 낮추기 위해서 다른 변화들에 대한 생각은 어떤가요?

환자: 잘 모르겠어요. 그렇다면, 나아지긴 했지만 여전히 제 A1c 수치는 너무 높다는 말이군요.

HCP: 말씀드렸듯이, A1c 수치가 7 이하일 때 위험성이 감소한다고 알려져 있어요. 위험성을 낮추는 것이 환자분에게는 얼마나 중요한가요?

환자: 매우 중요하지요. 매일 약을 먹는 것 이외에 제가 할 수 있는 것이 무엇이 있나요?

이 대화에서 건강관리전문가는 먼저 혈당을 낮추기 위해서 환자가 한 노력을 지지하는 것으로 먼저 라포를 형성하고 있다. 건강관리전문가는 8.5라는 수치로는 충분치 않다는 것을 환자에게 말하는 것으로 바로 넘어가지 않았다. 환자는 스스로 괜찮다고 느끼고 있었고 바람직한 방향으로의 진전도 있었으므로 문제가 없다고 생각하고 있었다. 건강관리전문가는 자신이 환자의 말을 경청하고 환자의 관점을 이해하고 있다는 것을 알리기 위해서 어떤 추가적인 정보를 제공하기 이전에 이를 반영해 주었다. 건강관리전문가가 제공한 새로운 정보는 환자가 괜찮다고 느낀다고 하더라도 여전히 위험할 수 있는 이유와 이전보다는 좋아졌지만 8.5라는 A1c 수치가 잠재적으로 문제가 될 수 있는 이유와 관련된 이슈들을 잘 다룰 수 있는 것이어야 한다. 주목할 것은, 이러한 새로운 정보를 제공한 이후에 건강관리전문가는 "따라서 혈압약을 매일 복용하셔야 돼요."라고 이야기하지 않고 대신에 "지금은 어떤 생각이 드나요?"라고 이야기했다는 것이다. 결정은 환자의 몫이다. 마지막으로 환자에게 "환자분의 목표는 A1c 수치를 7 이하로 낮추는 것이에요."라고 이야기하지 않았다는 점을 기억해야 한다. 이는 환자의 목표가 아니며 환자에게 목표를 강요하는 것이 될 수 있다. 대신에 건강관리전문가는 A1c 수치가 7 이하로 떨어지게 되면 일어나는 일과 환자의 현재 상태에 대한 양질의 정보를 제공하고 그 이후에는 환자가 결론을 내릴 수 있도록 돕고 있다. 상담 전반에 걸쳐 라포를 형성하는 것은 환자가 건강관리전문가에 대해서 자신을 비판하지 않고 배려하고 있다고 생각하게 하며, 그 결과로 새로운 정보를 이러한 배려와 돌봄의 연장으로 보게 한다.

건강관리전문가가 제공한 정보는 환자의 추론 과정에 반드시 영향을 주어야 하는데, 이는 단지 질문에 답하는 그런 단순한 것이 아니며, 환자로 하여금 자신의 추론이나 상황 이해의 과정을 재고해 보도록 안내하는 것이어야 한다. 고혈압을 가진 환자가 "아무렇지도 않은데 이 약을 복용해야 하는 필요성을 잘 모르겠네요."라고 말했을 때, 환자는 "만약 괜찮다고 느껴진다면 괜찮은 것이다."라고 상황을 이해하고 있는 것이라 할 수 있다. 우리가 제공하는 정보가 환자로 하여금 이러한 상황 이해에 대해서 다시 생각하게 하고 "괜찮다고 느껴지더라도 여전히 위험할 수 있다."라는 결론을 내리도록 하지 못한다면, 변화는 일어나지 않을 것이다. 핵심은 건강관리전문가는 친절하게 환자의 상황 이해에 개입하여 환자가 다시 생각해 보도록 해야 한다는 것이다. 많은 건강관리전문가들은 자신이 환자를 존중하고 있으며 환자의 추론 방식을 따르고 있다는 사실을 환자에게 알려 주지 않은 채(라포 형성 없이) 환자가 이해하고 있는 것을 바로잡으려는 실수를 저지른다.

다음에 이어지는 예시는 건강관리전문가가 라포의 형성 없이 환자의 문제를 교정하려고 하는 또 다른 대화를 보여 준다.

환자: 약 먹는 것으로도 충분해요. 운동은 정말 하고 싶지 않네요. 식사 습관도 바꾸고 싶지 않고요.

HCP: 그것만으로는 충분하지 않아요. 혈당 수치는 여전히 높아지고 있어요. 낮춰야 해요. 뭔가 더 할 필요가 있겠네요. 신부전과 같은 심각한 순환기 문제가 일어나는 것을 원하진 않잖아요?

환자: 난 바보가 아니에요. 당연히 그런 일이 일어나는 것을 원치 않지요.

이 대화에서 건강관리전문가는 정확한 정보를 제공하고 있지만 환자를 마치 어린아이와 같이 대하면서 환자에게 수치심을 주는 강압적이고 권위적인 태도로 정보를 제공하고 있으며 환자는 이를 거부하고 있다. 문제가 되는 것은, 환자들은 대개 자신이 받은 대우로 인한 반감을 말로 표현하지 않을 수 있고, 아무 말도 없이 건강관리전문가가 제공한 정보를 무시할 수 있다는 점이다. 정보가 제공되는 방식에 대해서 환자가 위협을 느낀다면 환자는 그 정보를 필요 없는 것으로 치부하고 약물 치료를 준수하지 않을 가능성이 높다.

다음은 동일한 환자의 반응에 대해서 라포를 형성하는 방식으로 응답한 것이다.

환자: 약 먹는 것으로도 충분해요. 운동은 정말 하고 싶지 않네요. 식사 습관도 바꾸고 싶지 않고요.

HCP: 당뇨약을 처방받았고 효과가 정말 좋다고 느끼고 있군요. 그리고 운동이나 식습관을 바꾸는 것에는 전혀 관심이 없는 것 같군요.

환자: 네, 정확해요. 해야만 하는 것이 아니라면, 하지 않고 싶네요.

HCP: 당연한 생각이에요. 이와 관련해서 정보를 좀 드려도 될까요? 그러고 나서 그 정보에 대해서 어떻게 생각하는지 말해 주면 좋겠네요.

환자: 네, 좋아요. 하지만 제가 무언가 바꿀 거라는 기대는 마세요.

이 대화에서 건강관리전문가는 환자가 신경 쓰는 것에 대해서 당연한 것으로 받아들이고 또한 존중하고 있다. 그리고 환자가 언제라도 다른 질문들을 할 수 있도록 촉진하고 있다. 여기에 추가해서 건강관리전문가는 환자가 신경 쓰고 있는 부분에 대한 정보를 제공하는 것에 대한 허가를 구했다. 그리고 마지막으로 새로운 정보에 대해서 환자가 어떻게 생각하는지 이야기해 줄 것을 환자에게 요청했다. 이는 두 가지 역할을 하게 되는데, 첫째로, 이 관계가 협력적이라는 사실과 건강관리전문가가 환자의 생각에 관심이 있다는 사실을 환자에게 말해 준다. 두 번째로는 건강관리전문가는 새로운 정보로 환자의 상황 이해가 바뀌었는지 여부에 대한 피드백을 받을 수 있다. 이 새로운 정보의 내용과 이를 환자 중심의 방식으로 제공하는 방법에 대해서는 뒤의 다른 장에서 논의할 것이다. 이 대화에서 이미 라포가 형성되었기 때문에 환자는 새로운 정보를 건강관리전문가의 관심과 배려의 연장으로 받아들일 가능성이 높다.

다른 사람과 라포를 형성한다는 것은 "동일하게 이해하고 있다", 또는 "조화로운 상태에 있다, 또는 상대방과 발 맞추어 움직인다"는 의미를 갖고 있다. 환자 중심의 관계에서 라포는 자신이 진정으로 이해받고 있으며 판단이나 비판을 받지 않는다는 것을 환자가 느낀다는 것을 의미하며 이는 "당신의 걱정과 생각을 잘 들었어요. 당신에게 이 부분이 얼마나 중요한지 알 것 같네요. 이를 존중합니다. 그리고 당신을 돕고 싶네요."라고 말하는 것과 같은 방법으로 환자를 비판하지 않고 경청하면서 우리가 이해한 것을 반영해 주는 것이다. 환자의 체면을 손상시키거나 방어를 야기하지 않으면서 환자가 고민하는 부분을 인정하기 위해서 우리는 할 수 있는 모든 것을 한다. 라포에 대한 이러한 개념에서 건강관리전문가는 환자의 고민과 감정을 공감하고 반영한다. 건강관리전문가는 환자의 고민이나 상황 이해가 사실에 근거하고 있는지 여부와 관련 없이 이를 인정하고 존중해야 하며 환자와 깊은 라포를 형성하기 위해서 건강관리전문가는 환자의 관점의 타당성에 대해서 결코 판단하거나 논쟁해서는 안 된다.

우리가 진행한 연구는 변화 동기를 촉진하는 데 이와 같은 종류의 라포가 결정적이라는 사실을 보여 준다. 동기강화상담은 전문성과 정보를 교환하는 것으로 설명된다. 환자가 자신의 건강이나 질병에 대해서 자신이 어떻게 생각하고 느끼는지(상황 이해) 말할 때, 건강관리전문가가 이를 비판하지 않으면서 주의 깊게 경청하는지 여부에 따라서 환자들은 이해받는 느낌, 배려받는 느낌, 그리고 안전하다는 느낌을 갖게 된다. 그리고 이러한 반응은 라포를 형성하는 과정의 시작점이 된다. 라포는 마치 지렛대와 같이 건강관리전문가가 환자에게 제공하는 정보나 설명을 환자의 기를 죽이기 위한 방법이 아닌 관심과 배려의 연장선으로 보이도록 하는 데 유용하게 활용된다는 점을 기억하라. 동기강화상담은 환자의 걱정과 상황 이해를 다루기 위해서 라포를 활용한다. 이는 환자가 자신에게 일어난 일을 어떻게 이해하고 있으며, 그로 인하여 어떤 결론을 내렸는지를 집중하여 다루는 것을 의미한다. 안타깝게도 라포가 형성되지 않은 채 새로운 정보를 제공하는 것은 환자에게 위협으로 인식될 수 있는데도 건강관리전문가들은 환자의 상황 이해를 교정하거나 새로운 정보를 제공하기 위해서 라포를 형성하는 과정을 종종 건너뛰곤 한다. 이러한 교정 시도나 새로운 정보는 환자에게 위협이 될 수 있고 결과적으로 환자의 체면을 손상시키기 쉽다. 그러고 나면, 환자는 그 정보에 더 이상 귀를 기울이지 않을 것이고, 이는 심지어 환자의 상황 이해나 결정에 치명적일 수 있다. 어쩌면 그 정보에 맞설 수도 있다. 동기강화상담의 정신은 라포 형성의 기초를 제공해 준다. 라포가 있다면 변화는 가능하겠지만, 그렇지 않다면 변화는 기껏해야 반신반의하는 정도에 머물 것이다.

지금까지 이 장에서 우리는 환자와 라포를 형성하는 것의 중요성에 대해서 자세히 살펴보았다. 이제부터는 라포가 형성되지 않았을 때를 보여 주는 예시를 다룬 후에, 라포 형성에서 경청, 반영, 그리고 공감적 반응의 중요성을 강조할 것이다. 이를 통해서 우리는 궁극적으로 환자가 건강 행동 변화의 이점에 대해서 생각해 볼 수 있도록 도울 수 있다. 그리고 마지막으로 라포를 형성하는 구체적인 반응들을 살펴볼 것이다.

⚜ 라포가 아닌 것은 무엇인가?

다음은 라포가 결핍되어 있는 반응의 예이다.

환자: 또 다른 약을 추가했어요. 정말 싫네요. 의사가 말하기로는 혈압을 잡으려면 필요하다고 하더군요. 정말 싫네요.

HCP: 음, 그래도 최소한 아직 쓸 수 있는 약이 남아 있어 다행이군요.

환자: 전혀 기분이 나아지지 않는군요. 점점 더 늙어 가는 것 같네요. 점점 더 많은 약을 먹고 또 먹어야 하겠군요.

HCP: 많은 환자들에게 동일하게 일어나는 일이에요. 환자분에게만 일어나는 일은 아니에요.

환자: (낙담하며) 고맙군요. 확신하건대, 그들도 그걸 좋아하지는 않을 겁니다.

HCP: 신경 쓰지 않는 사람들도 있을 거예요. 그들은 아마도 자신이 할 수 있는 무언가가 있다는 사실을 다행이라고 생각할 거예요.

이 대화에서 건강관리전문가는 환자의 고민에 귀를 기울이고 있지 않다. 만약 귀를 기울였다 하더라도, 환자에게 한 그의 응답에서는 그 근거를 찾을 수 없다. 건강관리전문가가 불안을 느끼면 특정 상황을 바로잡거나 또는 이 상황에 대해서 환자가 더 좋은 방향으로 생각하도록 만들고 싶어지는데, 이를 교정반사(righting reflex)라고 부른다. 환자의 진술에 대해서 건강관리전문가가 느끼는 불안감은 이를 교정하고자 하는 마음을 유발시킨다. 의사는 환자에게 최소한 도움이 되는 약이 있다는 점에 대해서 고려해 보도록 요청함으로써 환자의 기분을 나아지게 하려고 시도하고 있다. 하지만 환자의 걱정과 감정이 인정되고 다루어지지 않았기 때문에 환자는 이 새로운 소식에 힘이 날 준비가 되어 있지 않다. 건강관리전문가는 본질적으로 환자에게 "그래도 쓸 수 있는 약이 있다는 사실을 고맙게 생각해야 합니다."라고 말함으로써 환자를 기죽이고 있는 셈이다. 즉, 마음 상할 일이 아니라, 기뻐할 일이라는 것이다. 결과적으로 환자는 이 주제에 대해서 더 이야기를 하고 싶어 하지 않게 되었으며, 저항의 이유도 전혀 탐색되지 않았다.

이 상황을 환자는 어떻게 이해하고 있는가? 이 환자가 새로운 약이 추가

된 것을 좋아하지 않는 이유가 비용 때문인지, 부작용 때문인지, 아니면 자신의 상태가 점점 더 나빠진다는 두려움 때문인지 이 대화에서는 알 수가 없다. 모르는 이유는 단지 이 부분에 대해서 탐색하지 않았기 때문이다. 환자는 이 응답이 위로가 되지 않았다는 사실을 건강관리전문가에게 알려 주고 있다. 추가적으로 환자는 나이가 더 들어 간다는 것은 더 많은 약을 먹어야만 한다는 것과 같다고 건강관리전문가에게 이야기하며 자신에게 괴롭고 받아들이기 어려운 점이 무엇인지에 대해서 암시하고 있다. 이에 건강관리전문가는 환자의 상황을 다른 환자들의 상황과 비교했는데, 이는 환자에게 위로가 되지 않았다. 비교하는 것은 환자의 고유한 관점이 틀렸다는 사실을 입증하는 것이기도 하다. 이 대화에서 건강관리전문가는 이 상황에 대한 환자의 이해에 어떻게 반응해야 할지를 모르고 있으며 결국 "네, 하지만 많은 환자들에게 동일하게 일어나는 일이에요."라고 말하며 '네, 하지만'이라는 표현을 사용하는 상황에 놓이게 되었다. 이 말은 환자에게 "당신의 생각이나, 걱정, 느낌은 현재 가장 중요한 것이 아니에요. 여기에 더 중요하게 생각해야 하는 것이 있어요."라는 메시지를 전달한다. 이러한 진술들은 환자가 말한 고민이나 의미를 축소했고 그 결과, 환자는 뒤로 물러나며 대화에서 빠지고 있다. 안타깝게도 이 건강관리전문가는 환자의 어려움에 공감하지 않았기 때문에 환자에게 긍정적인 방향으로 영향을 미칠 수 있는 자신의 영향력을 잃고 있다. 대화는 더 이상 진행되지 않고 환자는 이해받았다고 느끼지 않는다. 결과적으로 이 대화는 약 복용에 대한 환자의 결심에 어떤 긍정적인 영향도 끼치지 못했다. 약을 추가하는 것 이외에 건강관리전문가가 환자의 우려를 다루거나 혈압을 낮추는 다른 방법에 대해서 환자와 함께 논의했는가? 이것이 심지어 가능한가? 우선적으로 환자와 라포를 쌓기 위해서 어떤 시도도 하지 않았기 때문에 우리는 이 질문에 대한 답을 알지 못한다.

다음은 문제가 있는 반응의 두 번째 예시이다.

환자: 또 다른 약을 추가했어요. 정말 싫네요. 의사가 말하기로는 혈압을 잡으려면 필요하다고 하더군요. 정말 싫어요.

HCP: 이 부분에 대해서 의사와 상의했나요?

환자: 네, 하지만 그는 약을 추가해야 할 필요가 있다고 이야기했어요.

HCP: 왜 그런지 이유도 이야기하던가요?

환자: 네, 내 혈압이 여전히 높다면서 나를 나무라더군요. 만약에 한 10kg 정도 감량한다면 추가적으로 약을 먹지는 않아도 될 수 있다고.

HCP: 음. 아, 그렇군요! 체중을 감량할 예정인가요?

환자: 마치 의사처럼 이야기하는군요. 마치 살을 10kg 빼는 것이 쉬운 일처럼 말이에요.

HCP: 체중 감량을 하겠어요? 아니면 약을 먹겠어요?

환자: (빈정대는 투로) 고맙군요. 처방대로 약이나 지어 주세요.

이 대화에서 건강관리전문가는 반대신문을 하듯이 의사소통을 하고 있다. 이러한 대화의 특징은 닫힌 질문으로 표현될 수 있으며, 마치 법정에서 '증인을 반대신문하는 것'과 같은 느낌을 준다. 환자가 고민하는 것에 대해서는 전혀 중요하게 생각하고 있지 않기 때문에 결과적으로 환자는 방어적이 되고 대화에서 멀어지게 되었다.

두 예에서 모두 환자가 걱정하는 부분은 인정받지도 못했고, 탐색되지도 않았다. 그리고 이해받았다는 느낌도 받지 못했다.

다음은 적절하게 라포를 형성하는 예를 보여 주는 대화이다.

환자: 또 다른 약을 추가했어요. 정말 싫네요. 의사가 말하기로는 혈압을 잡으려면 필요하다고 하더군요. 정말 싫어요.

HCP: 보기에는 의사가 혈압을 조절하기 위해서 계속 약만 늘려 가는 것 같아서 그 부분이 걱정이 되는 것이로군요.

환자: 네, 정확해요.

HCP: 다른 약을 추가하는 것을 환자분이 좋아하지 않는 이유를 좀 더 말해 주면 좋겠어요.

환자: 나이가 더 들면 들수록 더 많은 약을 먹어야만 할 것 같네요.

HCP: 나이가 들어갈수록 더 많은 약을 먹어야 한다는 것이 받아들이기 어려우시군요. 그래서 심지어 더 많은 약이 정말로 필요한지에 대해서도 의문이 들겠어요.

환자: 맞아요, 바로 그래요. 그리고 이렇게 약을 더 먹어야 한다는 것

은 혈압이 점점 더 나빠지고 있다는 건가요?

HCP: 그렇군요. 이 약들을 다 먹어야 하는지에 대해서도 의문이고, 또 점점 더 나빠지고 있는 것은 아닌지에 대해서도 의문이 드는군요. 이 두 가지 사실이 모두 환자분을 매우 불안하게 만들겠네요.

환자: 네, 맞아요.

HCP: 이러한 고민들에 관련해서 의사와 어떤 상의를 했나요?

환자: 만약에 10kg 정도 감량한다면, 이 많은 약들을 먹지는 않아도 될 것 같다고 이야기하더라고요. 10kg 빼는 것이 마치 쉬운 것처럼요.

HCP: 체중 감량이라…. 특히 10kg을 빼려면 정말 많은 노력이 들고 또 쉽지 않은 일로 생각되네요. 그렇게 하면 약을 덜 먹어도 된다고 하더라도요.

환자: 그럼요! 살을 빼는 것도, 약을 먹는 것도 쉬운 일이 아니에요.

HCP: 둘 다 지금으로서는 그다지 매력적으로 보이지는 않는군요.

환자: 매력적이지 않지요.

HCP: 혈압이 높아졌는지 어떤지에 대해서는 의문점이 없는 것 같네요. 다만, 혈압을 낮추기 위한 방법들이 마음에 들지 않는 거로군요.

환자: 네, 그래요. 뇌졸중이나 심장마비가 오는 것을 원하지 않아요. 다만 약을 더 먹을 필요가 없거나 살을 빼지 않아도 되길 바랄 뿐이에요.

HCP: 만약에 손가락만 까닥해서 환자분이 원하는 몸무게가 될 수 있다면, 어떤 점이 좋을 것 같나요? 혈압이 낮아지고 뇌졸중이나 심장마비의 위험성이 낮아지는 것 이외에 추가적으로 10kg 정도 감량하면 어떤 점이 좋을 것 같나요?

이 건강관리전문가는 판단하지 않으면서 환자의 고민을 훌륭하게 반영해 주고 있다. 여기에다가 더 많은 약을 복용하는 것과 나이가 드는 것에 대한 환자의 고민도 탐색했다. 환자는 이전의 예시에서보다 더 많은 정보들을 제공했는데, 이는 자신이 이해받고 있으며 안전하다고 느꼈기 때문이다. 동기강화상담은 이를 바탕으로 다음 단계로 넘어가 혈압을 낮추는 것에 대한 환자의 결정을 탐색하기를 시작하고 있다. 추가적으로 건강관리전문가의 마지막 질문은 환자를 변화대화로 끌어들이고 있다. 이후로 체중 감량의 이점에 대해서 이야기하는 것은 환자가 될 것이다.

다음은 동기강화상담에서 라포를 사용하는 또 다른 예로, 여기에는 변화에 긍정적인 영향을 주는 데 필요한 모든 요소들이 포함되어 있다.

환자: 또 다른 약을 추가했어요. 정말 싫네요. 의사가 말하기로는 혈압을 잡으려면 필요하다고 하더군요. 정말 싫어요.

HCP: 혈압을 조절하기 위해서 의사가 계속해서 약을 추가하고 있군요. 환자분은 불필요한 약을 더 많이 복용하지 않았으면 하고요.

환자: 네, 나도 혈압을 낮춰야 한다는 것은 알고 있어요. 다만 그 방법이 약을 더 먹는 것이라는 것이 마음에 안 드는 거지요.

HCP: 혈압을 조절하는 것은 환자분에게 중요하다는 말씀이군요. 이 부분에 대해서 의사와는 어떤 이야기를 하셨나요?

환자: 의사는 체중을 한 10kg 감량하면 약을 더 먹을 필요는 없을 거라고 하더군요. 마치 10kg 감량하는 것이 쉬운 일인 것처럼요.

HCP: 그렇군요. 뇌졸중이나 심장마비의 위험성을 낮추기 위해서 혈압을 조절하려고 하는 상황에서 현재, 의사는 약을 추가하거나 체중을 감량해야 한다고 이야기를 하고 있는 것 같군요. 이 선택안들 중에 어떤 것이 환자분 본인에게 더 적절해 보이나요? 지금 할 수 있는 것은 어떤 것인가요?

환자: 글쎄요, 한번에 10kg을 뺄 수는 없어요.

HCP: 한번에 10kg을 감량하는 것은 벅찬 일이지요. 약을 복용하면서 체중을 서서히 감량하는 것이 더 나을 것 같다는 말인 것 같네요.

환자: 네, 그러다 보면 이 약들 중 하나는 안 먹을 수 있겠지요.

HCP: 좋은 계획이네요. 체중을 감량하는 방법에 대해서는 어떤 생각을 가지고 있나요?

이 대화에서 건강관리전문가는 환자의 걱정과 생각을 정확히 반영해 주었으며, 그 후에 환자에게 실행 가능한 대안이 무엇인지에 대해서 말해 주기를 요청했다. 또한 환자를 판단하지 않으면서 점진적으로 체중을 감량할 수 있다는 것을 제안하여 단시간에 체중을 감량해야만 한다는 환자의 상황 이해를 수정했다. 환자에게 이는 변화를 결심하고 실행해 나가는 과정의 시작점이 되었다.

경청과 공감적 반응

경청과 공감적 반응은 동기강화상담의 기초가 된다. 라포를 형성하는 데 필수적일 뿐만 아니라, 환자의 감정과 생각을 경청하고 이해하며 존중하고 있다는 사실을 환자에게 알게 하고, 또한 판단하고 있지 않다는 사실도 환자에게 전달해 준다. 공감은 Rogers가 언급한 무조건적 긍정적 관심을 필요로 한다. 이는 환자가 담배를 끊든지, 약을 복용하든지, 체중을 감량하든지, 그 밖의 다른 변화를 실행하든지 여부와 관계없이, 설사 환자가 걱정되는 선택을 한다 하더라도 여전히 환자에게 관심을 가진다는 것을 의미한다. 환자에게 건강관리를 제공하고자 하는 우리의 열망은 환자가 우리가 원하는 것을 실행하지 않는다 하더라도 줄어들지 않는다. 이는 아가페적인 사랑과 동기강화상담의 정신과 일치하는 것이다.

신뢰를 형성하는 데 있어서 경청과 공감적 반응보다 더 중요한 기술은 아마도 없을 것이다. 라포를 형성하는 데 있어서 신뢰는 필수적이다. 이러한 신뢰는 건강관리전문가가 환자의 말을 경청하고 어떠한 비판 없이 환자가 상황을 바라보는 관점이나 환자의 고민을 정확하게 반영할 때 얻어진다.

경청의 과정

건강관리전문가로서 무엇을 주의 깊게 경청해야 하는가? 무엇을 이해해야 하는가? 질병의 진행 경과인가? 또는 증상인가? 이러한 요소들이 매우 중요한 것은 사실이지만 건강관리전문가들은 과도하게 이러한 정보에만 귀를 기울이거나 이러한 정보들만 수집한다. 우리는 질병이 각 사람들에게 개별적으로 어떤 영향을 미치고 있는지에 대해서 이해할 필요가 있다. 환자들은 자신에게 일어난 일을 어떻게 이해하고 있으며, 어떻게 느끼고 있는가? 예를 들어, 고지혈증을 가진 어떤 환자는 "이 문제를 치료하기 위해서 선생님이 이야기하는 것은 무엇이라도 하겠어요. 뇌졸중이나 심근경색을 원하지 않아요."라고 말할 수 있고, 또 다른 환자는 "여봐요, 나도 콜레스테롤 수치를 낮춰야 한다는 것은 알고 있어요. 하지만 나는 트럭을 운전하면서 무거운 것들을 옮길 일들이 많이 있어요. 내가 듣기로는 이 약을 먹으면 근력이 약해진다더군요. 그런 약이라면 필요 없어요."라고 말할 수도 있다. 반면에 또 다른 환자는 "봐요, 우리 가족들은 모두 콜레스테롤 수치가 높아요. 먹고 싶은 대로 먹지만 아무도 콜레스테롤 때문에 죽지는 않았죠."라고 말하기도 한다. 이러한 반응들은 모두 우리의 이해와 관심을 요구한다. 여기에 추가하여 만약 변화 동기를 높이고 이를 유지하려면, 환자의 상황 이해에 영향을 주기 위해서 제공하는 정보는 각 환자마다 서로 달라야 한다. 첫 번째 환자는 콜레스테롤 문제를 관리하는 것의 중요성을 이해하고 있으므로 건강관리전문가는 그의 준비성을 지지하면서 콜레스테롤 수치를 낮추기 위해서 그가 할 수 있는 것들을 제안하고 그중 어느 것이 자신에게 잘 맞을지에 대해서 질문하는 방식으로 상담을 진행할 필요가 있다. 두 번째 환자는 근력이 약해지면 자신이 하고 있는 일에 방해가 될 것이라는 상황 이해를 갖고 있다. 건강관리전문가는 이와 관련된 환자의 걱정을 인정라며, 부작용에 대해서 바르게 이해할 수 있는 정보를 제공하고, 심각한 문제가 되지 않도록 이를 어떻게 예방할 것인지에 대한 방법들을 논의할 필요가 있다. 마지막 환자는 높은 콜레스테롤 수치가 다른 가족들에게는 문제가 되지 않았으므로 자신에게도 문제가 되지 않을 것이라는 상황 이해를 갖고 있다. 이에 대해서 건강관리전문가는 이를 인정하고(예: "좋은 유전자를 가지고 있는 것 같네요. 환자분도 그렇게 오래 살기를 바랍니다."), 그 후에 환자가 다른 가족들과 어떻게 다를 수도 있는지에 대해서 생각해 볼 수 있는 정보를 제공하는 것(한 가족 내에서도 서로 다른 키와 눈동자 색 등이 있을 수 있으므로), 그리고 그가 가족들과 다른 경우를 대비해서 그 위험성을 낮추는 것이 얼마나 중요한지 결정하도록 할 필요가 있다.

근본적으로 질병을 다루는 것으로부터 그 질병을 가진 사람들을 다루는 것으로 우리의 초점을 옮길 필요가 있다. 심지어 건강관리를 돕는 우리의 말도 환자들의 질병을 감소시키다. 우리는 환자를 당뇨병, 관절염, 고혈압 등으로 부르지만 실제로 당뇨병은 그 사람의 일부분에 불과하다. 우리의 삶은 우리가 가진 질병보다 훨씬 더 복잡하다. 만약에 환자가 질병을 효과적으로 다룰 수 있도록 돕고자 한다면 그 사람을 더 잘 이해할 필요가 있다. 이 환자는 자신의 질병과 치료 방법에 대해서 어떻게 해석하고 이해하고 있는가? 자신에게 일어난 일을 환자는 어떻게 받아들이고 있는가? 환자는 질병을 치료하는 것을 중요하다고 생각하고 있는가? 질병을 치료하고 관리할 수 있다는 자신감을 가지고 있는가? 예를 들어, 환자는 당뇨병이 어떤 질병인지 이해하고 있는가? 자신의 치료 계획을 이해하고 있는가? 치료 계획을 실행하는 것을 가로막는 장애물로 밝혀진 것은 무엇인가? 환자는 두려워하고 있거나 질병에 압도되어 있지는 않는가? 이와 같은 정보들이 수집되어야 하며 또한 이해되어야 한다. 그리고 건강관리전문가는 이러한 정보들에 배려를 담아 반응해야 한다. 그렇다면 어떻게 반응하는 것이 배려를 담아 반응하는 것인가?

환자가 보고 있는 세상을 정확하고 선명하게 보기 위해서 경청은 단연 필수적이다. 경청하지 않으면서 정확한 공감적 반응을 하는 것은 불가능하다. 경청은 힘든 일일 뿐만 아니라, 많은 노력을 요하는 일이다. 단순히 듣는 것이 수동적인 데 비해서 경청하는 것은 적극적인 과정이라 할 수 있다.

이 과정은 의지가 동반된 행동으로 시작된다. 경청하기 위해서는 의지를 갖고 노력해야 한다. 즉, 의식적으로 "나는 경청할 것이다."라고 스스로에게 말해야 하는 것이다. 다음으로 우리는 상대방에게 온전히 집중해야 한다. 많은 경우, 훌륭한 경청자가 될 만큼 충분히 길게 주의를 집중하지 않는다. 하지만 주의를 집중하는 것은 경청에서 필수적 요소이다. 집중은 받는 것이기 때문에 이는 선물과도 같은데, 다른 사람에게 주의를 집중하는 것은 상대방이 가치 있다는 것을 알려 줄 수 있는 강력한 방법이다. 모든 사람들은 이를 필요로 하며 다른 사람에게 주의를 기울이기 위해서는 의지와 의식적인 노력이 필요하다. 주의를 기울이기 위해서는 주위가 산만하지 않아야 하고 다른 어떤 것에 방해받지 않아야 한다. 또한 성급하게 상대방에게 "시작하세요. 듣고 있습니다. 당신은 지금 ~라고 말했어요."라고 말하지 않아야 하는데, 경청은 단순히 상대방의 말을 반복해서 다시 상대방에게 들려주는 것이 아니기 때문이다. 주의를 집중한다는 것은 상대방의 필요에 자신의 에너지를 집중시킨다는 것을 의미한다. 멀티태스킹, 노트 정리, 상대방의 말을 가로막는 등의 행동은 경청을 방해한다. 이러한 행동들은 종종 가장 중요한 것이 환자가 아니라는 메시지를 전달한다.

아마도 참된 경청을 방해하는 가장 큰 장애물은 다른 사람의 의사소통이나 문제, 또는 감정 등을 판단하거나 평가하려는 우리의 경향성일 것이다. 이해한다는 것은 옳고 그름이나 좋고 나쁨을 평가하는 것과는 다르다. 참된 경청을 위해서 판단하고자 하는 우리의 필요를 임시적으로 포기해야 하는데, 이는 올바른 것에 대한 당신의 기준과 관련된 관점을 포기하는 것이다. 이는 매우 어려운 일이다. 이렇게 하기 위해서는 적극적으로 백지 상태, 즉 타불라 라사(tabula rasa)를 이루어야 하며, 환자가 어떻게 생각하고 느낄지에 대한 선입견은 환자에게 유일하면서도 중요한 것을 이해하지 못하도록 방해할 뿐이라는 사실을 우리 자신에게 상기시켜야 한다. 어떠한 판단도 내리지 않으면서 경청한다는 것은 환자의 경험이나 상황을 다른 환자나 우리 자신의 경험과 비교하지 않는다는 것을 의미한다. 어떤 여성이 주치의에게 자신의 관절염이 점점 더 심해져서 남편을 돌보지 못하게 될 것에 대한 걱정을 이야기했다. 이에 의사는 이 환자의 걱정이 너무 이르며 많은 여성들의 전형적인 반응이라고 생각하고는 "너무 성급하게 생각하지 마세요. 확신하건대 필요하다면 남편분도 스스로를 돌볼 수 있을 겁니다."라고 이야기해 주었다. 이 대화에서 의사는 이러한 판단을 내리느라 환자의 말을 경청하지 못했고, 이 환자를 다른 모든 여성들과 함께 묶음으로써 환자가 여성인 것과는 상관없이 자신의 고유한 경험에 의해서 어떻게 영향을 받았는지를 이해하는 데 실패했다. 그 결과, 의사는 진심 어린 경청도 공감도 모두 실패하게 되었다.

건강관리전문가는 대개 환자가 전하는 틀린 정보나 또는 환자의 잘못된 상황 이해를 듣게 되면 이를 즉시 교정해야 한다고 생각한다. 앞에서의 혈압이 높았던 환자의 예시에서 환자가 "전 괜찮아요. 왜 약을 먹어야 하는지 모르겠어요."라고 말했을 때 많은 경우 건강관리전문가들은 "괜찮다고 느껴진다고 해서 그것이 정말 괜찮다는 것을 의미하지는 않아요. 혈압이 높아진다고 해도 이를 못 느낄 수 있어요. 약을 드셔야 해요."라고 응답한다. 환자는 체면을 상실하고 의사의 말을 더 이상 듣지 않을 것이다. 약을 복용해야 하는 필요성에 대한 환자의 의문에 추가하여 관계에도 갈등이 생기게 된다. 환자는 이해받았다는 느낌을 받지 못할 것이다. 이 경우에는 "괜찮다고 느껴져서 이 약이 정말로 필요한 건지 의문이 드는 것 같네요."라고 반응하는 것이 환자의 체면을 위협하지 않으면서 라포를 형성하는 반응에 해당된다. 이 반응은 환자의 관점을 비판하지 않고 존중한다.

오직 경청을 통해서 사람은 공감적이 될 수 있다. 참된 경청의 초점은 표현된 생각이 옳은지 여부에 맞춰져 있지 않다. 생각 그 자체는 원래 대개 주관적이며 절대적인 것이 아니다. 경청을 지속함에 따라서 초점은 생각으로부터 그 생각을 표현하는 데 활용된 감정으로 이동한다. 경청은 상대방의 관점으로 상대방의 생각을 이해하고 느끼고 이에 대한 피드백을 제공하는 것이다. 한 사람의 공감적 반응을 통해서 상대방은 이해받았다고 느끼기 시작한다. 시간이 지남에 따른 지속적인 공감적 반응은 신뢰로 이어진다. 상대방의 생각이나 감정을 판단하지 않고 경청하는 과정에서 (우리 자신이 가진 생각에 의문을 제기하는) 상대방의 생각을 통해서 우리 자신이 변하게 될 위험성이 있기 때문에 경청한다는 것은 큰 용기를 필요로 한다.

경청을 방해하는 일반적인 반응은 상대방이 서술한 문제를 바로잡으려고 하는 것이다. 사람들이 우리에게 자신의 문제를 이야기할 때나 변화에 저항적이거나 양가적일 때 또는 정서적으로 힘든 시간을 보내고 있을 때 우리는 종종 불안감을 느끼며 즉각적으로 무언가를 해야 한다고 생각한다. 우리는 빨리 문제를 수정하거나 불안감을 감소시키기 위해서 잘못된 것을 축소하려고 한다. 대부분의 경우, 이와 같은 방식으로 문제는 해결되지 않으며 심지어 환자들은 거의 이해받지 못했다는 느낌을 받게 된다. 이러한 불안감을 인식하는 것은 무언가를 교정하기보다는 경청하는 것을 고무하는 자극제가 될 수 있다. A1c 수치가 9가 넘는 한 환자가 "약은 복용하겠지만, 운동이나 식습관을 바꿀 거라고는 기대하지 마세요."라고 말한 상황을 예로 들어 보면, 이때 건강관리전문가가 불안을 느낀다면 아마도 "그것만으로는 환자분의 A1c 수치를 낮추기에는 충분하지 않아요. 운동도 해야 하고 식습관도 조절해야 돼요. 그렇게 하지 않으면 약을 먹는다고 해도 효과가 나타나지 않을 수 있어요."라고 응답하기 쉽다. 비록 이 진술이 실제 사실이라 하더라도 이는 환자의 체면을 손상시키고 환자를 방어적이 되게 한다. 이러한 반응은 건강관리 전문가의 불안과 상대방을 교정하고자 하는 욕구로부터 나오며, 상대방을 이해하고 경청하고 있음을 보여 주는 반응이라 할 수 없다. 이 경우에는 "약 복용을 결심하셨군요. 이는 혈당 조절에서 정말 중요한 단계예요. 그리고 식습관을 바꾸고 운동을 하는 것에 대해서는 주저하고 있는 것 같네요. 이 결정에 대해서 좀 더 이야기해 주시겠어요?"라고 반응하는 것이 더 나을 것이다. 다음의 몇 가지 점에서 이 반응에 주목할 필요가 있다. 이 반응은 (1) 환자가 약 복용을 하려고 한다는 점을 인정하고 있다. (2) 식습관과 운동습관을 변화시키는 것에 대한 환자의 저항을 탐색하는 것을 통해서 건설적으로 불안을 해소하고 있다. (3) 환자의 결정이라는 점을 환자에게 알려 줌으로써 환자의 자율성을 존중하고 있다. 결국 상담자가 동기강화상담에 익숙해지면 익숙해질수록 그리고 결정이 환자의 몫이라는 사실을 받아들일수록 경청이나 공감적 반응에 비해서 교정반사나 불안은 줄어들게 된다.

경청과 공감적 반응을 해야 하는 주요 이유들 중 하나는 이러한 반응이 환자가 혼자 있다거나 소외되어 있다는 느낌을 갖지 않도록 돕는다는 데 있다. Rogers는 이 부분에 대해서 다음과 같이 말했다.

> 공감을 받는 사람은 적어도 그 순간만은 자신이 인류와 연결된 한 부분이라는 것을 안다. … 내가 말하는 것, 내가 의미하는 것을 누군가 다른 사람이 알아주는 것을 보니 적어도 그만큼은 내가 이상하거나 이질적이거나 분리되어 있지 않은 것이다. 내 말이 다른 사람에게 통했다. 그러므로 나는 다른 사람과 접촉하고 있다. 아니, 관계하고 있다고 할 수도 있겠다. 나는 더 이상 소외되어 있지 않다.[1] (『사람 중심 상담』, 오제은 역, 학지사)

다른 말로 하면, 우리가 문제 속에서 혼자라고 느낄 때 보통 절망이 그와 함께 따라온다는 것이다. 만약 누구도 이해하지 못하는 문제라면 그 문제는 해결이 불가능하다. 만약 누군가 정서적 수준에서 이해하고 있음을 표현해 줄 수 있다면 그 사람은 혼자가 아니며, 누군가 이해할 수 있다면 그 문제는 해결될 수 있는 것이다. 그러므로 경청과 공감적 반응은 적어도 희망을 제공해 주고, 실제로 경청과 공감적 반응은 우리가 환자의 감정과 생각을 이해하고 있음을 환자에게 알게 해주는 유일한 방법이기도 하다. 다음번에 환자가 자신의 문제를 이야기하는 것으로 인하여 당신이 불안감을 느낀다면 환자의 문제를 바로잡으려 하거나 축소함으로써 불안으로부터 도망가려 하기보다는 이 불안감을 당신이 환자를 이해하고 있음을 보여 줘야 하는 순간을 알려 주는 신호로 활용하라.

공감적 반응은 효과적인 치료적 관계를 형성하는 데 결정적이다. 공감(empathy)이라는 단어는 독일어 Einfühlung에서 유래되었는데, 이 단어는 실제로 우리가 다른 사람의 정서적 경험을 공유할 수 있음을 의미한다. 이는 동감(sympathy)과는 다른데, 동감이 다른 사람에게 일어난 일에 대해서 유감이라고 느끼는 것이라면, 공감은 다른 사람과 함께 그 일을 정서적으로 느끼고 경험하는 것이다. 이는 중립적인 과정으로 공감이 상대방이나 상대방과 관련된 감정을 평가하거나 판단하지 않는 것인데 비해서 동감은 중립적이지 않다. 공감은 상대방의 정서적 상태와의 객관적 동일시로 정의될 수 있다.[2] 이는 비판하지 않으며, 표현된 감정이 적절한지의 여부에 대해서 평가하지 않는 것을 의미한다. 또한 객관적인 관점에서 환자의 감정과 반응을 환자의 고유한 것으로 받아들이는 것으로 다른 환자들이 이와 유사한 방식으로 느끼는지 여부는 문제가 되지 않으며, 우리가 그와 같은 방식으로 느끼는지 여부도 중요하지 않다. Squier[3]는 환자의 치료 준수를 예측하는 데 있어서 치료자의 공감의 중요성에 대해서 다음과 같이 논의했다.

1. 환자가 자신의 질병에 대한 불안과 긴장을 표현하고 해소할 수 있도록 허용할 때, 그리고 환자의 질문에 주의를 기울여 응답하기 위해서 시간을 들일 때, 환자의 준수율은 높아진다.
2. 환자의 감정에 민감하게 반응하는 의사들의 경우, 환자가 더 높은 준수율을 보이며, 관계에 대한 환자의 만족도 또한 높게 나타난다.
3. 자신의 담당의가 이해심과 배려심이 많다고 인식하는 환자들일수록 치료 계획을 실행할 가능성이 더 높으며, 필요할 때 추가적인 도움이나 조언을 요청할 가능성도 높다.
4. 치료 계획에 대한 환자의 감정과 참여에 대한 생각을 표현하도록 장

려한 건강관리전문가의 경우, 환자들의 준수율이 높게 나타난다.

이러한 사실은 공감이 건강관리에 중요한 적용점이 있음을 시사한다. 다시 말하지만 이해받았다는 느낌은 환자와 전문가 사이의 유대를 강화해 준다. 그리고 이는 치료 준수의 증가로 이어진다.

동일시, 모방 그리고 정서적 의사소통과 같은 개념들은 공감을 이해하는 열쇠라 할 수 있다. 공감적 반응을 하기 이전에 반드시 상대방의 정서적 상태에 대한 경험을 해야 한다. 공감은 다른 사람의 정서적 또는 감정적 경험과의 동일시를 포함하는데, 이는 다른 사람과의 전인적인 동일시나 현실 속에서 동일한 경험을 공유한다는 것을 의미하는 것은 아니다. 예를 들어, 고혈압으로 진단을 받았을 때 환자가 경험한 갑작스러움, 두려움, 걱정을 이해하고 공감하기 위해서 혈압이 높아져야만 하는 것은 아니다. 많은 경우, 사람들은 공감하기 위해서는 동일한 경험을 해야만 한다고 생각하지만, 동일한 상황에서 나라면 어떻게 반응했을까(또는 반응했는가)를 생각하는 것은 사실 공감을 방해할 수 있으며, 실제로 상대방의 고유한 반응을 인식하는 데 방해가 된다. 공감은 다른 사람의 정서적 경험에 당신이 개방적이 되어야 한다는 것을 의미하기 때문에 공감은 용기를 필요로 한다. 대부분 이 경험은 환자와 건강관리전문가 모두에게 고통스럽고 불편할 일일 수 있다(물론 우리는 다른 사람의 기쁨이나 행복에도 공감적이어야 한다). 우리는 다른 사람의 정서적 경험에 함께하고 진정한 도움이 되고자 하기보다는 불편한 경험을 피하려고 하며 환자의 감정적 반응에 함께하지 않으려는 경향성을 가지고 있다. 불편한 감정은 대개 건강관리전문가의 교정반사로 이어지기 쉬운데, 우리는 자신의 불편함을 해소하고자 환자의 상황을 바꾸려고 시도한다. 다음은 이와 관련된 예시이다.

환자: 그 의사는 저를 정말로 무시하더라고요. 너무 아픈데, 마치 내가 가짜로 아픈 것처럼 무시하더라고요. 정말로 아픈데 말이에요.

HCP: 아마도 바빠서 그랬을 거예요. 대답할 시간이 없었던 거겠죠. 요즘 정말 바쁘다더라고요.

환자: 그건 변명이 되지 않아요. 나는 지금 아프다고요. 의사는 내가

말하는 것을 듣기보다는 마지못해 저를 조용히 시키려고 이 처방을 주더라고요.

HCP: 음, 보세요. 소염제를 처방했네요. 환자분의 이야기를 들었음에 틀림없어요.

환자: 처방전 이리 돌려주세요. 다른 데 가서 조제해야겠어요.

이 대화에서 무슨 일이 일어났는가? 환자가 이해한 것은 의사가 자신의 통증을 심각하게 받아들이지 않았고, 의사가 처방전을 써 준 것은 그가 자신을 믿어서가 아니라, 자신의 말을 묵살하는 방법이었다는 것이다. 정말 그랬는지는 여기에서 중요한 문제가 아니다. (중요한 것은) 환자는 마음이 매우 상한 상태이고 병원에서 일어난 일을 이와 같이 이해하고 있다는 사실이다. 건강관리전문가는 환자가 신경 쓰고 있는 부분에 대해서 인정하지 않았으며, 환자도 이해받았다고 느끼지 않았기 때문에 들을 준비가 되지 않은 관점을 그저 (2회에 걸쳐서) 제시했을 뿐이다. 환자는 화가 나고 마음이 상한 상황에서 존중받고 이해받기를 원하고 있다. 의사에 대한 환자의 분명한 갈등과 그로 인한 환자의 감정 상태에 대한 반응으로 불안감을 느낀 건강관리전문가는 이 상황과 환자를 교정하려 하고 있다. 왜냐하면 단순히 그는 이 갈등을 견딜 수 없었기 때문이다. 역설적이게도 그의 모든 반응은 환자를 더욱 화나게 해서 결국 환자가 떠나기를 결정하도록 했다. 환자의 건강 문제는 심지어 다뤄지지도 않았다.

다음은 교정반사 없이 이를 다루는 방법에 대한 예시이다.

환자: 그 의사는 저를 정말로 무시하더라고요. 너무 아픈데, 마치 내가 가짜로 아픈 것처럼 무시하더라고요. 정말로 아픈데 말이에요.

HCP: 통증에 대해서 걱정되고 또 무엇 때문에 그런지도 신경 쓰이셨겠네요. 그리고 의사가 이를 심각하게 생각하지 않는다고 느꼈군요.

환자: 그러니까요! 정말 최악이죠. 의사는 내가 말하는 것을 듣기보다는 마지못해 저를 조용히 시키려고 이 처방을 주더라고요.

HCP: 의사가 소염제를 처방했을 때 그가 환자분의 말을 무시했다고 느껴졌군요. 여전히 통증을 일으키는 것이 무엇인지는 의문으로 남아 있고요.

환자: 네, 의사가 말하기를 등이 마치 당기는 것처럼 아픈 데는 이 약이 좋을 거라더군요. 그리고 쉬어야 된다더라고요. 얼음찜질을 하면서요. 그렇지만 의사는 아픈 데는 심지어 만져 보지도 않았어요.

HCP: 의사가 통증이 있는 부위를 확인하는 데 거의 시간을 쓰지 않았군요. 그 점이 의사가 환자분의 통증을 심각하게 대하고 있지 않는다고 느껴진 것이군요.

환자: 그렇게 생각했죠. 이 약이 염증에 좋은 건가요?

HCP: 네, 사실 아주 효과적인 약이에요. 특히 만약에 환자분이 근육 결림과 약간의 염증이 있다면요.

환자: 써 봐야겠네요. 그리고 효과가 있는지 봐야겠어요. 힘든 날이네요.

HCP: 스트레스를 많이 받은 것 같네요. 식후에 약을 복용해야 해요. 그리고 며칠이 지나도 나아지지 않으면 알려 주세요.

환자: 고마워요.

이 건강관리전문가는 실제로 환자의 걱정을 경청하고 있다. 그는 어느 편도 들지 않고 다만 환자가 어떻게 느꼈는지에 대해서 그가 이해한 것을 반영해 주고 있다. 결과적으로 매우 흥미롭고 중요한 일이 일어나게 되는데, 환자는 의사가 자신의 이야기를 들었을 수도 있으며 심지어 의사가 바빴을 가능성에 대해서 생각해 볼 만큼 충분히 안전하고 존중받았다고 느끼고 있으며, 그 결과로 환자는 약 복용을 결정했다. 물론 항상 이렇게 흘러가는 것은 아니겠지만, 이해받았다고 느꼈기 때문에 환자의 화는 가라앉았고 환자는 교정반사로 이루어진 앞의 대화에서는 드러나지조차 않았던 또 다른 가능성에 대해서도 고려할 수 있게 되었다.

모방 또한 공감적 과정의 한 부분이다. 보통 우리는 인식하지 못하는 사이에 다른 사람의 얼굴 표정이나 몸짓 또는 말투를 흉내 내거나 모방하는데, 특히 고통스러운 경험이 다시 이야기될 때 더욱 그렇다. 이는 감정적 상태에 대한 동일시의 한 형태로서, 이는 공감적으로 이해하고 있다는 신호가 된다. 이를 통해서 정서적 의사소통이 이루어지며, 만약 이 과정에서 한 사람이라도 산만해지거나 이를 방해하면 소통은 이루어지지 않는다. 그러므로 온전히 주의를 기울이는 것이 매우 중요하다. 추가적으로 공감적 반응에는 언어적인 요소와 비언어적 요소가 모두 포함되기 때문에, 감정적 표현에 맞는 적절한 비언어적 신호 없이 환자의 말을 단지 반복하는 것은 환자에게 공감으로 경험되지 않는다. 공감은 기술이 아니고, 어떤 공식이나 기계적인 것도 아니며, 환자와 함께 존재하는 방식이자 환자에게 진솔한 관심과 배려를 표현하는 방식이라 할 수 있다.

공감의 과정은 항상 두 집단, 즉 환자와 건강관리전문가가 서로를 알아가면서 서로에 의해서 지식을 얻을 수 있도록 한다. 건강관리전문가는 판단하지 않으며 개방적이 되는 것을 통해서 환자의 질병이나 변화 경험 그리고 그것이 환자에게 고유하게 미친 영향이 무엇인지 배울 수 있고 환자는 건강관리전문가의 공감적 반응을 통해서 건강관리전문가가 믿을 수 있는지 여부를 배우게 된다. 이는 중립적인 과정으로 좋아하거나 좋아하지 않는 것 또는 옳고 그름과 같은 개념을 포함하고 있지 않다. 행동을 처방하거나 감정을 평가하지 않는다. 다만 상대방이 자신의 문제나 상황을 어떻게 관련되어 있는지에 대해서 더욱 온전하게 이해하게 되는 것이다.

자신이 이해한 바를 상대방에게 반영하는 것은 변화나 성장을 일으킬 수도 있지만, 몇 가지 주의할 사항들이 있다. 첫째로, 비록 공감적 이해가 항상 변화를 일으키기는 하지만 항상 편안한 것은 아니다. 다음의 대화는 이와 관련된 예시이다.

환자: 나는 죽는 것이 두려워요. 부모님은 모두 고지혈증과 심장 질병으로 돌아가셨어요. 그런 일이 나에게는 일어나지 않기를 바라요.

HCP: 환자분의 부모님에게 일어난 일과 두 분이 어떻게 고통을 받았는지에 대해서 생각하고 있군요. 그리고 그런 일이 자신에게 일어나지 않기를 바라고 있고요. 자신의 삶이 갑자기 끝나는 것을 원하지 않는군요.

환자: (눈물을 글썽이며) 네, 그래요. 부모님이 그리워요. 나는 내 자녀들에게 그렇게 하고 싶진 않네요.

HCP: 큰 슬픔이었겠군요. 부모님이 돌아가셨을 때 환자분이 겪었던 고통을 자녀들에게는 받게 하고 싶지 않군요.

환자: 네, 이를 예방하기 위해서 할 수 있는 모든 것을 할 거예요.

HCP: 환자분의 자녀가 환자분과 같은 슬픔을 겪지 않도록 저도 돕고 싶어요.

이 대화에서 건강관리전문가의 공감은 충분히 지지적이면서 동시에 환자의 두려움과 오래된 상실감을 불러일으켰다. 이 기억들이 고통스러웠다는 사실에도 불구하고 환자는 현재 자신의 자녀들에게 동일한 고통을 주게 될지도 모른다는 두려움에 대해서 논의하려고 하고 있다. 환자의 눈물은 단지 부모님을 잃은 것에 대한 것이 아니라, 자신의 자녀들은 슬픔을 겪지 않기를 바라는 열망에 대한 것이기도 하다. 그리고 이는 콜레스테롤 수치를 낮추고 심장 질병을 예방하고자 하는 환자의 동기의 일부이기도 하다. 이어서 건강관리전문가는 자신이 겪은 슬픔으로부터 자신의 자녀를 지키고자 하는 환자를 돕고자 하는 자신의 열망을 표현했다. 이는 건강관리전문가와 환자 사이의 라포를 깊어지게 하는 데 결정적이라 할 수 있다. 이는 환자가 매우 소중하게 여기는 것을 인정하는 것이다. 인정하기의 과정은 라포를 형성하는 데에 매우 중요하다.

이 대화는 공감의 사용과 관련하여 많은 건강관리전문가들이 제기하는 다음의 몇 가지 이슈들을 드러나게 한다.

1. 나는 상담자가 아니에요. 내가 내 능력 밖의 일을 해야 하는 건가요?
2. 다른 대부분의 상담자들이 그렇듯이 나는 환자의 모든 문제들을 다룰 수 있을 만큼 시간이 충분하지 않아요(또는 그럴 만한 자격이 없어요).
3. 공감이 관계를 너무 사적인 관계로 만들지는 않을까요?

환자에게 민감한 치료자가 되어야만 하는 것은 아니다. 하지만 환자가 강하게 표현하는 감정을 무시하는 것은 치료적 관계에 실제로 손상을 주게 될 것이다. 슬프게도, 많은 의사들과 건강관리전문가들은 임상적으로 환자와 분리하는 것을 배워 왔는데, 이는 환자에게 소외감과 이해받지 못했다는 느낌만을 남길 뿐이다. 그러나 라포가 형성되지 않는다면 환자가 건강 행동 변화에 대한 건설적인 결정을 내리도록 돕는 당신의 영향력은 약화된다.

제한된 시간과 능력 밖의 일을 하는 것과 관련하여 건강관리전문가가 심리치료사가 되어야 한다고 주장하는 것은 아니다. 우리는 정신 건강 전문가가 아니므로 건강 관련 문제(예: 고혈압, 흡연)에 집중해야 한다. 또한 표현한 감정이 모두 적절하거나 탐색될 필요가 있는 것은 아니다. 예를 들면, 환자는 건강관리전문가를 만나러 오는 길에 끔찍한 교통 체증으로 화가 나 있을 수도 있다. 하지만 환자가 자신의 스트레스를 관리하는 것이 그의 혈압에 영향을 미치는 것이 아니라면, 이때 환자의 분노를 탐색하는 것은 적절하거나 중요하지 않다. 경우에 따라서 다른 전문가에게 환자를 의뢰하는 것이 적절할 수도 있다. 다만 건강 문제와 밀접하게 관련된 환자의 언어적 · 비언어적 반응에 적절하고 민감하게 반응하는 것이 건강관리전문가에게 요청된다. 예를 들어, 환자에게 혈압약의 복용을 이야기하고 있는 상황에서 환자가 눈동자를 이리저리 돌리며 깊은 한숨을 쉰다면, 이 반응은 탐색될 필요가 있다. 만약 당신이 다른 환자에게 이 약이 강압제(anti-hypertensive)라고 이야기하자, 환자가 혼란스러워하거나 다소 어리둥절해한다면, 이 또한 반드시 탐색되어야 하는 반응이다. 환자는 당신이 말한 강압제가 무슨 의미인지 모를 수도 있고, 어쩌면 "전 그다지 긴장(tense)하고 있지 않은데요, 전 혈압이 높다고 알고 있어요."라고 말할지도 모른다. 탐색을 통해서 우리는 환자의 정서 표현이 무엇을 의미하는지 알 수 있고 환자에게 의미 있는 방식으로 이에 대처할 수 있다. 그리고 우리와 환자 모두 당면한 임상적 상황에 도움이 되는 것이 무엇인지를 이 만남 속에서 배우게 된다.

공감적이 되는 것이 환자와의 관계를 너무 사적으로 만들까 봐 신경 쓰일 때 건강관리전문가들은 대개 정서적으로 거리를 두거나 냉담해진다. Gadow[4)]에 따르면, "사적인 것과 전문가적인 것의 구분은 다음과 같은 방식으로 제안될 수 있다. 전문가적인 개입은 다른 어떤 종류, 예를 들면 정서적 · 감각적 · 신체적 개입 또는 지적인 개입의 대안일 수 없다. 전문가적인 개입은 이 모든 것들을 의도적으로 결합시킨 것으로서 전인적 자아를 공유하는 것이며, 전문가적 관계 속에서 모든 차원에서의 사람을 자원으로서 활용하는 것이다." 여기에 미치지 못하는 것은 그 어떤 것이라도 환자를 질병 또는 어떤 상태, 즉 사람이 아니라 대상으로 낮추는 것이다. Rogers[5)]에 따르면, 누군가의 자아를 억압하는 것 그리고 다른 사람을 대상으로 대하는 것이 도움이 될 확률은 적다." Rogers와 Gadow가 말하고 있는 것은, 전문가적 개입은 객관적 데이터(예: 임상적 관찰 내용, 검사 결과)와 개인적 데이터(정서 표현과 의사소통)에 반응해야 한다는 것이다.

더욱이 건강관리전문가들이 너무 사적인 관계가 되는 것을 걱정하는 이유는 생각해 볼 필요가 있는 중요한 문제이다. 우리는 그것이 환자에 대한 부적절한 책임감에서 기인한다고 생각한다. 심장마비로 일찍 부모를 여읜 것으로 눈물을 흘리며 자녀들에게는 동일한 슬픔을 주지 않으려고 했던 환자의 예를 다시 생각해 보면, 환자의 슬픔을 나아지게 하거나 해소해 주는 것은 건강관리전문가의 책임은 아니다. 건강관리전문가의 책임은 (1) 환자가 현재 건강과 관련한 자신의 결정에 이 슬픔이 어떤 영향을 미쳤는지를 이해하는 것, (2) 환자에게 일어난 일에 대해서 상담자가 관심을 가지고 있다는 사실을 환자에게 알려 주는 것에 있다. 이 문제를 해결하는 것은 건강관리전문가의 책임이 아니며, 환자가 어떤 행동을 하도록 하는 것 또한 건강관리전문가의 책임은 아니다. 하지만 공감적 반응은 환자가 새로운 정보를 고려하고 자신의 건강을 향상시키는 데 적절한 변화를 할 가능성을 증가시킨다.

공감에서 주의해야 할 또 다른 사항은, 공감은 어쩔 수 없이 받아들이거나 포기하는 것이 아니라는 것이다. 공감은 상대방의 생각이 아니라 상대방의 정서적 상태나 상황과 관련된다. 예를 들어 만약에 환자가 "아직 담배를 끊을 준비가 되지 않았어요. 사는 데 스트레스가 너무 많네요. 흡연이 제 천식에 어떤 영향을 미칠지는 운에 맡겨야죠."라고 말했을 때, 적절한 반응은 아마도 "스트레스를 많이 받는 것 때문에 담배를 끊는 것은 상상하기도 힘들군요. 담배를 끊을지는 전적으로 환자분의 선택이에요. 제가 걱정되는 건 흡연이 천식에 미칠 장기적인 영향이에요. 자칫 돌이킬 수 없는 영구적인 손상이 올 수도 있어요. 예방할 수 있는 일이 일어나는 건 정말 좋지 않은 일이죠. 만약에 담배를 줄이거나 끊고 싶어지면 기꺼이 돕고 싶네요."라고 반응하는 것일 것이다. 이 반응에는 공감이 포함되어 있지만, 환자에게 그의 결정에 포함된 위험성에 대해서도 알려 주고 있다. 이는 환자나 건강관리전문가 모두에게 편안한 것이 아닐 수도 있지만, 이는 윤리적 관점과 건강관리적 관점 모두를 만족시키는 것이다. 공감적 개방은 건강관리전문가가 표현한 우려사항을 잔소리나 설교가 아닌 관심과 배려로 보이게 한다.

마지막으로 살펴볼 예시는 이 모든 내용들을 종합하는 데 도움이 될 것이다. 62세의 Byron Smith는 약사에게 다음과 같이 말했다. "당신이나 의사가 뭐라고 말하든 난 하나도 개의치 않아요. 스스로 필요하겠다 싶으면 와파린하고 아스피린을 같이 먹으려고요. 그게 제 관절염을 완화시킬 수 있는 유일한 방법이에요. 게다가 그 의사가 매번 혈액 검사를 하자고 하는 것은 추가 비용 때문이에요." 만약에 환자의 비난하는 첫 반응에 기분이 상했다면 당신은 어쩌면 환자가 당신에게 그런 식으로 말할 권리가 없다는 생각에 화가 난 것일 수도 있다. 더욱이 당신이 주기적인 관찰 없이 아스피린을 와파린과 함께 복용하는 것이 위험하다고 생각한다면 어쩌면 "음, 의사를 만나 봐야 할 것 같네요. 모니터링도 필요하고요. 아스피린을 와파린과 함께 복용하는 것은 위험해요. 굳이 그렇게 함께 복용하지 않아도 됩니다."라고 말하고 싶은 유혹을 받게 될 수도 있다. 당신이 얼마나 친절하게 말하는지와 상관없이 이렇게 말하는 것은 환자의 방어와 체면의 상실로 이어지기 십상이다. 당신이 말한 것은 사실이라고 하더라도 당신은 환자의 가장 핵심이 되는 고민(예: "아스피린은 관절 통증을 완화시켜 준다. 그리고 누구라도 나에게 이를 멈추라고 말하지 않았으면 좋겠다.")과 경험에 대한 논리의 흐름(예: "이는 그리 심각한 문제가 아니다. 다만 담당의는 모니터링을 통해서 더 돈을 벌 생각이다.")을 알지도 못하고 다루지도 못하게 될 것이다. 그리고 환자는 당신의 말을 경청하지 않을 가능성이 높다.

이 환자는 분노를 느끼고 있다. 분노는 무기력, 무력감 또는 부당하다는 느낌으로부터 온다. 이 사례에서 무엇이 환자로 하여금 무력하게 느끼게 했는지에 대해서 생각해 보는 것은 유용하다. 누군가 그가 더 이상 아스피린을 사용하지 못하도록 함으로써 그가 관절염으로 인한 통증을 경감시키는 것을 막으려고 하기 때문에 그가 무력감을 느낀다고 생각하는 것은 사리에 맞아 보인다. 환자의 핵심 고민을 이해할 때 건강관리전문가는 더욱 공감적인 반응을 할 수 있게 된다. 거리를 유지하면서 동시에 함께하는 것, 그리고 환자의 반응을 개인적인 것으로 받아들이지 않는 것이 중요하다.

다음은 이러한 모든 요소들이 포함된 대화 예시이다.

HCP: Smith 씨, 아스피린을 사용하면 관절염이 많이 경감된다는 말씀이시군요. 그리고 다른 사람들이 환자분에게 아스피린을 사용하지 말라고 이야기하는 것에 대해서 좋아하지 않으시네요. 그리고 여기에 추가적으로 의사가 수입을 올리기 위해서 혈액검사를 하자고 하는 것은 아닌가 하는 의문을 가지고 있고요.

환자: 딱 맞네요!

HCP: 우선, 저는 관절염 통증을 완화시키는 것을 하지 못하게 하려는 마음은 전혀 없어요. 오히려 환자분이 더 나아졌으면 하고 바라고 있어요. 제가 관련된 정보를 좀 드려도 될까요? 그러고 나서 그 정보에 대해서 어떻게 생각하는지 이야기해 주셨으면 해요. 궁극적으로 이는 환자분이 선택하는 거예요.

환자: 네, 뭐 그러죠.

HCP: 고마워요. 환자분도 알다시피, 와파린은 피를 묽게 만들어요. 그래서 잘 응고되지 않게 하지요. 그래서 또 다시 뇌졸중이 일어나는 위험을 감소시켜 주는 역할을 해요. 아스피린은 혈액 내에 와파린의 수준을 높일 수 있어서, 만약 이를 지속적으로 관찰하지 않는다면 혈액이 과도하게 묽어져서 저절로 출혈이 날 수도 있고, 자칫 출혈 과다로 이어져 사망에 이를 수도 있어요. 실제로 아스피린의 복용에 변화를 주면 와파린 수준도 변화하게 되는 거지요. 아스피린 과다 복용은 출혈을 일으킬 수도 있고요. 또 와파린을 복용하는 동안 아스피린으로 인해서 생긴 위염은 자칫 위험해질 수 있어요. 물론 환자분에게 그런 일이 일어나지 않길 바랍니다. 만약에 의사가 환자분의 혈액 내의 와파린 수준을 모니터링한다면 관절염으로 인한 통증 완화에 아스피린을 지속적으로 사용할 수 있어요. 그리고 의사도 위험한 일이 일어나지 않도록 환자분이 복용하는 아스피린의 양에 맞게 와파린을 조절해 줄 수 있을 겁니다. 의사에게 모니터링을 받는 것에 대해서 지금 생각은 어떤가요?

건강관리전문가는 환자의 핵심 고민을 인정하고 있으며, 환자의 체면을 손상시키거나 방어적이 되도록 하지 않으면서 환자가 이해하고 있는 부분을 정정해 주고 있다. 이는 환자와 거리를 유지하면서 환자의 분노를 개인적으로 받아들이지 않을 때 비로소 가능한데, 이를 위한 한 가지 방법은 "환자의 핵심 고민이 무엇일까?"라는 질문을 계속해서 생각해 보는 것이다. 이 사례에서 건강관리전문가는 환자가 아스피린을 사용하지 못할 수 있다고 느끼기 때문에 화가 났다는 것을 감지할 수 있는 능력이 있었다. 건강관리전문가가 이 고민을 인지하고 환자에게 공감적으로 반응했을 때 환자는 이해받았다고 느끼고 건강관리전문가가 말해야 하는 이야기를 듣고자 한다는 것을 볼 수 있다.

건강관리전문가가 두 번째로 "우선, 저는 관절염 통증을 완화시키는 것을 하지 못하게 하려는 마음은 전혀 없어요. 오히려 환자분이 더 나아졌으면 하고 바라고 있어요. 제가 관련된 정보를 좀 드려도 될까요? 그러고 나서 그 정보에 대해서 어떻게 생각하는지 이야기해 주셨으면 해요. 궁극적으로 이는 환자분이 선택하는 거예요."라고 이야기했는데, 이는 환자에게 (1) 건강관리전문가는 통증을 경감시키고자 하는 환자의 열망을 지지하고 있다는 사실과 (2) 환자의 참여를 원하고 있다는 것과 (3) 결정하는 것은 궁극적으로 환자의 몫이라는 것을 알려 주고 있다. 그리고 마지막으로 건강관리전문가는 "의사에게 모니터링을 받는 것에 대해서 지금 생각은 어떤가요?"라고 말했는데, 이는 건강관리전문가가 새로운 정보가 환자의 상황 이해에 어떤 영향을 미쳤는지 알고자 한다는 것을 보여 준다. 건강관리전문가는 새로운 정보를 환자가 받아들였을 것이라고 가정하기보다는 환자가 말해 주기를 요청하고 있다. 또한 "따라서 혈액 검사를 받아야 해요."라고 결론 내리지 않았는데, 환자를 대신해 결론을 내리는 것은 환자의 역량과 자율 측면에서의 체면의 상실을 초래한다. 그 대신 건강관리전문가는 정보를 제공하고 환자 스스로 자신의 결론을 이끌어 내도록 하고 있다.

마지막 질문 이후에 건강관리전문가는 아마 주의 깊게 환자의 말을 경청할 것이다. 환자는 "모니터링을 하지 않는다면 아스피린을 복용하는 것이 나에게 해가 될 수도 있다는 것에 대해서 몰랐어요. 의사를 만나 봐야겠네요." 라며 이상적인 반응을 보일 수도 있고, 최악의 경우에 환자는 "운에 맡기는 거죠."라고 말할 수도 있는데, 이때 건강관리전문가는 "이 부분은 사실 정말로 환자분이 결정할 부분이에요. 다만 이 부분이 모니터링 되지 않을 때 일어날 수 있는 위험은 매우 우려되는 부분이라는 것을 환자분이 아셨으면 좋겠네요. 만약에 의사 진료를 받지 않고 혈액 검사를 받지 않는다면, 이 부분에 대해서는 병원의 담당의에게 환자분이 혈액 검사를 받으러 가지 않을 것이라고 전화를 해야 할 것 같네요."라고 말할 수 있을 것이다. 이 응답은 건강관리전문가의 윤리적 의무를 만족시키고 있으며, 또한 배려와 걱정, 환자에 대한 존중을 모두 담고 있다. 건강관리전문가는 환자와 얼굴을 마주하고 단도직입적이고 솔직하게 자신이 우려하는 부분을 이야기하고 있다. 환자 모르게 의사에게 전화를 하는 것은 환자는 존중하지 않는 것이고 환자를 교묘하게 속이는 것이다. 환자는 건강관리전문가의 반응을 좋아하지는 않을 수도 있지만, 우리는 그가 온전히 한 사람으로서 대우받았다고 느낄 것이라고 믿는다.

⚜ 공감적 반응에서 피해야 할 것

일상의 대화와 우리가 환자와 나누는 대화는 같지 않다는 사실을 깨닫는 것은 중요하다. 일상의 대화는 정중함과는 거리가 멀다. "네 맘 알아."라고 말하는 것은 오랜 친구 사이에서는 별 문제가 없지만 환자와의 대화에서는 문제를 일으킬 수 있으며, 특히 당신을 잘 알지 못하는 환자라면 더욱더 그러하다. "네 맘 알아."라는 말은 환자에게 당신이 환자의 말을 경청하고 있거나 정확하게 이해했다는 의미를 전달해 주지 않는다.

다음에 이어지는 내용을 통해서 적절한 공감에 대한 몇 가지 중요한 점들을 설명하고 있지만 사실 공감적 반응에 대한 많은 예시들이 이 책의 전반에서 제시되어 있다.

이해했다고 가정하지 않기. 사람들은 종종 "네가 어떻게 느낄지 이해해.", "네가 실망했다는 것을 이해해.", "네 맘 알아."라고 말한다. 이러한 반응들은 모두 이해했다는 것을 가정한다. 하지만 이해했는지 여부를 결정하는 것은 우리가 아니고 환자이다. 환자가 판단해야 할 것을 가로챌 때 우리는 환자의 체면을 손상시키게 된다. 우리의 역할은 배려와 연민을 담아서 환자가 말하고 있는 것이라고 이해되는 것을 진술하고 그 후에 환자가 그 진술이 정확한지 여부를 말하도록 하는 것이다. 예를 들어, "그 의사는 저를 정말로 무시하더라고요. 너무 아픈데."라는 환자의 말에 건강관리전문가가 "의사가 환자분이 느끼는 통증을 무시해서 화가 났군요."라고 응답했고 이에 환자가 "화가 난 것이 아니라, 실망스럽고 마음이 상했어요."라고 말했다고 할 때, 환자는 건강관리전문가가 이해한 것이 정확하지 않았다고 말한 것이기 때문에 이제 건강관리전문가는 "환자분이 얼마나 아픈지에 대해서 의사에게 이해받았다고 느끼지 못했군요, 그리고 의사가 환자분을 무시했을 때 실망스럽고 마음이 상했군요."라고 말할 것이다. 환자들은 우리가 100% 정확히 이해했는지보다 이해하고 배려하려는 우리의 의도에 더 많은 주의를 기울이며 잘못 이해한 것을 고치려고 하는 우리의 노력을 인상 깊게 느낀다.

많은 건강관리전문가들이 환자에게 응답할 때 "환자분이 말하는 것을 들으니…"라는 표현을 사용하기 좋아한다. 비록 건강관리전문가가 환자의 감정을 정확하게 반영한다고 하더라도 "환자분이 말하는 것을 들으니 혈압이 높은 것을 알게 되어서 많이 놀라고 걱정되는 것 같네요."라는 말은 환자에게 자칫 상투적으로 들릴 수 있다(우리는 이러한 반응을 'TV 심리학'이라고 부른다). "환자분이 말하는 것을 들으니"라는 부분을 빼고 간결하게 "혈압이 높은 것을 알게 되어서 많이 놀라고 걱정되는 것 같네요."라고 말하는 것이 나으며 상투적으로 들리는 것도 피할 수 있다. 반영하기에 "환자분이 말하는 것을 들으니"라는 말은 어떤 의미도 추가해 주지 않는다.

명확하게 공감 표현하기. 제대로 된 공감적 반응에는 다음의 예시에서처럼 세 가지 요소, 즉 감정, 내용, 이유가 포함된다. "환자분이 의사에게 허리가 얼마나 아픈지 이야기했을 때(내용) 의사가 그 이야기를 심각하게 생각하지 않는 것 같아서(이유) 상당히 실망하셨군요(감정)." 대부분의 경우 우리는 "실망하셨군요." 또는 "의사가 환자분의 이야기를 심각하게 생각하지 않았군요."라는 식으로 반응을 짧게 끝내는 경우가 많다. 이 두 반응은 모두 당신이 제대로 이해했는지에 대한 의문을 남긴다.

이와 같이 중간에 갑자기 끝나는 공감적 반응은 또 다른 위험을 내포하고 있다. 많은 경우 환자들은 우리가 말하는 것의 의미가 분명하지 않을 때 이를 오해할 수 있다. 이는 신뢰와 라포에서 심각한 문제를 일으킬 수 있는데, 다음의 이야기는 이 점을 잘 보여 준다.

우리가 진행했던 워크숍의 참석자 중 한 명은 명확하게 표현하는 것과 관련된 문제를 제기했다. 그녀는 HIV 전문병원에서 사회복지사로 근무하고 있었다. 그녀는 20대의 젊은 남성 환자의 사례를 말해 주었는데, 환자는 그녀에게 "방금 Smith 선생님을 만나고 왔어요. HIV 양성이라고 하더라고요. 믿을 수가 없어요. 그것만으로 충분하지 않았는지 그는 저를 꾸짖으면서 안전한 성관계를 갖지 않아서 그런 거라고 말하더라고요."라고 말했다. 그 사회복지사는 환자에게 "오, 이런."이라고 반응했다. 그리고 그녀는 환자가 어떻게 반응하는지 보기 위해서 잠시 멈추었다고 이야기했다. 그녀는 자신의 짧게 생략한 반응이 환자의 반응을 일으키는 자극제로 작용했다고 주장했다. 워크숍 진행자는 그녀의 이야기와 의견을 주의 깊게 듣고 그녀에게 "오, 이런."이라고 말했다. 그리고 자신의 말했던 "오, 이런."의 의미가 무엇이라고 생각하는지 그녀의 생각을 물었다. 그녀는 "잘 모르겠어요."라고 답했다. 진행자는 다음과 같이 말했다. "그 부분이 여기에서 문제가 됩니다. 이 말은 자유롭게 해석할 여지가 있다는 점에서 문제가 될 수 있습니다. 그 젊은 남성이 당신의 반응을 들었을 때 그는 그 의미가 '오, 이런, HIV가 양성이라니.' 또는 '오, 이런, 안전하지 않은 성관계를 가졌다고요?'인 것으로 생각했을 수도 있어요. 그리고 그렇다면 의사가 했던 반응처럼 배려받지 못하고 비난받았다고 느꼈을지도 모르지요. 당신이 '오, 이런.'이라고 말한 의미가 이 둘 중에 어느 것이었나요?" 그 사회복지사는 환자가 HIV 양성이라는 사실을 알게 되었을 때 얼마나 충격적이었을지 그리고 안전한 성관계에 대한 의사의 지적이 얼마나 수치스럽고 당황스러웠을지에 대해서 이해한다는 의미를 전달하고자 했다고 이야기했다. 이어서 진행자는 이렇게 질문했다. "당신이 전달하고자 했던 것이 명확하게 전달될 수 있도록 당신이 말할 수 있었다는 사실에 대해서 어떻게 생각하나요?" 그녀는 "아마도 '의사는 HIV 양성이라는 충격적인 이야기를 듣는 것에 어떤 위로를 하기는커녕 안전한 성관계에 대한 말로 당신을 비난했군요. 정말 끔찍한 기분이었겠어요.'라고 말할 수 있었을 것 같네요."라고 응답했다. 그리고 진행자는 이 진술이 환자에게 그녀가 진심으로 자신을 이해하고 있다는 것을 전달해 주었을 것이며, 이는 잘못 해석되지 않았을 것이라는 점에 동의했다.

명확히 표현하는 것은 특히 관계의 초기에 중요한데, 이를 통해서 환자는 당신이 말하는 것과 이해한 것을 정확하게 알 수 있다. 명확한 반응은 당신이 환자의 문제를 경청하고 있다는 명백한 증거가 된다. 그리고 이는 라포를 형성하는 데 필수적이다.

의미 축소하지 않기. 공감과 반영은 가능한 정확해야 한다. 감정을 반영하는 것은 분명하고 정확해야 하는데, 그렇지 않으면 자칫 '당신이 적정하는 것은 …'이라는 표현으로 환자의 좌절, 분노, 두려움, 충격과 같은 감정의 의미를 축소시킬 수 있기 때문이다. 예를 들어, 한 여성이 "내가 헤르페스 보균자라는 것을 이제 막 알았어요. 부끄럽고 당황스럽네요. 룸메이트가 알지 않았으면 좋겠어요."라고 말했을 때, "헤르페스에 감염되었다는 사실과 룸메이트가 알게 될지 모른다는 사실로 걱정하고 있군요."라고 반응하는 것은 환자가 말한 진술의 정서적 의미를 축소시키는 것이고 환자는 이해받았다는 느낌을 받지 않을 것이다. "헤르페스에 감염된 것을 알게 되어 당황스럽고 매우 곤란했겠네요. 룸메이트가 알게 된다면 심지어 더 당황스러운 일이 되겠네요."라고 반응하는 것이 더 적절할 것이다.

일반적인 언급 피하기. 환자들은 종종 "내 A1c 수치가 여전히 8 이상이라는 사실에 정말 충격을 받았어요. 수치를 낮추려고 정말 열심히 노력했는데요."라고 말한다. 이에 대해서 건강관리전문가는 "A1c 수치를 낮추기 위해서 열심히 노력했지만 수치가 여전히 높아서 정말로 충격을 받으셨군요."라고 반응하기보다는 "심란하셨겠군요."라고 반응할 것이다. 다시 말하지만, 결과적으로 정보와 이해하고 있음을 전달해 주지 못하는 반응을 하는 것은 피해야 한다.

질문의 형태로 공감하지 않기. 공감은 반드시 질문이 아닌 진술의 형태로 이루어져야 한다. 공감을 하기 위해서는 용기가 필요하다. 라포 형성하기와 공감의 중요한 부분은 환자에게 "이것이 내가 들은 것입니다."라고 말하는 위험을 감수하는 것이다. 만약에 당신이 정확하지 않다면 환자가 당신에게 알려 줄 것이다. "화가 났나요?"와 같은 질문을 하는 것은 환자가 "지금까지 무슨 이야기를 들은 건가? 어떻게 이런 질문을 할 수 있지?"라고 생각하도록 한다. 이는 진솔하게 환자에게 정서적으로 집중하지 못하도록 하는 것이며 실패의 위험을 미연에 방지하려고 하는 반응일 뿐이다.

다른 사람과 비교하지 않기. 공감은 비교의 형태로 표현되지 않는다. 비교는 종종 배려하고 돕고자 하는 시도로서 이루어지지만, 환자가 가진 문제의 독특성을 축소하는 위험성을 가지고 있다. 다음은 이와 관련된 예시이다.

환자: 혈압이 높다는 사실을 받아들일 수 없네요. 도무지 모르겠어요. 전 아무렇지도 않고 괜찮은데요.

HCP: Jones 씨, 수백만 명의 사람들이 고혈압을 가지고 있어요. 우리가 함께 혈압을 낮추기 위해서 노력할 수 있을 겁니다.

환자: 그게 무슨 의미인가요? 혈압을 낮출 겁니다. 나는 바보가 아니에요. 혈압을 낮춰야 한다는 것 정도는 알고 있어요. 다만 내가 고혈압일 거라고는 생각지 못했을 뿐이에요.

이 대화에서는 비교한 것으로 인하여 다음의 세 가지 일이 일어나고 있다. (1) 환자는 다른 사람과 비교됨으로써 자신의 문제가 축소되는 느낌을 받았다. (2) 건강관리전문가는 환자가 무엇으로 충격을 받았는지, 자신의 고혈압을 치료하는 데 어떤 어려움이 있는지에 대해서 탐색하지 않았기 때문에 얻을 수 있는 정보들을 놓치게 되었다. (3) 환자에게 암시적인 목표를 부과함으로써 자율 속성의 체면이 손상되었다. 결과적으로 라포의 형성은 저해되었다. "혈압이 높을 줄은 전혀 예상치 못하셨군요. 특히 별다른 증상이 없어서 더 그랬을 것 같네요. 정말 충격이었겠어요."라고 응답하는 것이 더 나은 반응일 것이다. 아마도 이에 대해서 환자는 "네, 그렇네요."라고 반응할 것이다. 그 이후에 건강관리전문가는 "지금 시점에서 혈압을 관리하는 부분에 대해서는 어떤 생각을 하고 있으신가요?"라고 이야기를 이어 갈 수 있을 것이다.

비교와 관련하여 몇 가지 점을 살펴본다면, 비교를 하는 것이 적절한 경우도 있는지 물을 수 있을 것이다. 이 질문에 대해서는 아마도 환자가 비교를 요청하는 경우에 한해서라고 응답할 수 있을 것이다. 만약에 환자가 "다른 사람들도 이렇게 느끼나요?"라고 질문한다면, "네, 혈압이 높다는 사실을 알았을 때 다들 일반적으로 놀라고 당황스러워합니다."라고 응답하는 것이 환자를 위로하는 적절한 반응이라 할 수 있다.

환자들이 "담배 피우세요?"라고 질문할 때 어떻게 응답해야 하는지에 대해서도 질문을 받은 적이 있다. 이때 당신의 흡연 여부는 상관이 없다. 흡연에 대한 당신의 경험이 당신에게 환자를 돕고자 하는 마음이 들도록 할 수 있겠지만, 이 질문에 응답하는 것은 환자의 금연 시도들과 흡연에 대한 유일무이한 경험들을 놓칠 위험성을 가지고 있다. 이 경우에는 "흡연에 대해서 환자분이 생각하는 것과 바라는 것에 대해서 더 알 수 있으면 정말 좋을 것 같네요. 담배를 피우는 것이 환자분에게는 얼마나 중요한가요?"라고 말하는 것이 적절해 보이며, 만약 "한 번도 담배를 피워 보지 않았으면서 어떻게 저에게 금연에 대해서 이야기할 수 있나요?"라고 말한다면, 이는 실제로 "담배를 한 번도 피워 보지 않았는데도 어떻게 나를 도울 수 있나요?"라고 질문하고 있는 것으로 볼 수 있다. 이런 경우에는 "제가 담배를 피워 보지 않았다면 담배를 끊으면서 경험하는 어려움을 실제로 이해하지 못할 것이라고 의문을 가지고 계시군요."라고 응답할 수 있을 것이다. 이에 환자는 "네, 그래요."라고 응답한다면, "그 부분이 환자분의 도움이 필요한 부분입니다. 금연에 대한 환자분의 생각을 진심으로 이해하고 싶어요. 그래야 나도 환자분을 가장 잘 도울 수 있을 것 같네요. 어떤가요?"라고 반응할 수 있을 것이다.

만약에 환자가 당신이 흡연을 한다고 의심하고 있거나 "당신도 흡연자(또는 비만)이면서 어떻게 나에게 담배를 끊으라고(또는 체중을 감량하라고) 말할 수 있나요?"라고 말한다면, 환자는 아마도 당신을 위선자라고 말하는 것일 수 있다. 이 경우에는 환자가 우려하는 부분에 대해서 직접적으로 인정하고 "제가 담배를 피우는 것(비만인 것)이 위선같이 보이겠네요. 저도 담배를 끊는 것이 쉽지 않다는 것을 알고 있어요. 저 자신도 그 때문에 어려움을 겪고 있고요. 건강에 악영향을 끼친다는 것도 알고 있어요. 그래서 정말로 환자분을 돕고 싶네요. 환자분이 괜찮다면요."라고 반응하는 것이 최선일 것이다.

상담자 자신에 대해서 이야기하지 않기. 종종 환자를 돕고자 하는 열망에서 벗어나 환자와 자신의 상황이나 상태를 공유하는 경우가 있는데, 이런 경우 건강관리전문가는 예를 들면, "나도 체중을 감량하기 위해서 애쓰고 있어요. 그래서 나도 당신이 어떨지 알고 있어요." 또는 "나도 당뇨가 있다는 것을 처음 알았을 때 충격을 받았어요."라고 이야기한다. 환자가 이를 도움이 된다고 받아들일 수도 있지만 이는 역효과를 내기 쉽다. 환자는 어쩌면 "우리는 지금 당신의 이야기가 아니라, 제 이야기를 하고 있잖아요."라고 반응할 수도 있다. 건강관리전문가의 이러한 진술은 대화의 초점을 환자로부터 건강관리전문가 자신에게로 이동시킨다. 또한 어떤 질병이나 상태에 대한 건강관리전문가의 경험은 환자가 자신의 질병으로부터 자신이 어떤 고유한 영향을 받았는지 객관적으로 보지 못하게 방해할 수도 있다. 건강관리전문가의 경험에 대해서 이야기하는 것은 준거 기준을 환자에게서 건강관리전문가에게로 이동시키며, 이는 건강관리전문가에게 효과적이었던 해결 방법이 환자에게도 적용되어야 한다는 것을 암시하는 것이기도 하다. 결과적으로 환자는 체면을 잃게 될 수 있다. 환자가 당면하고 있는 문제와 관련된 당신 자신의 경험을 나누고 싶은 유혹이 들 때, 공감은 자기중심적인 것과는 반대라는 사실을 기억해야 한다. 당신의 경험을 나누는 것 대신에 예를 들면, "당뇨가 있다는 것을 알게 되어서 매우 놀라고 충격을 받으셨군요. 어떤 부분이 가장 당신에게 충격이 되었나요?"와 같은 질문을 통해서 환자의 문제에 공감하는 것에 주의를 집중하는 것이 필요하다.

지금까지 우리는 라포를 형성하는 것과 치료적 관계에서 라포가 차지하는 중요성에 대해서 살펴보았다. 라포를 형성하는 데 기초가 되는 경청과 공감적 반응에 대해서도 검토와 논의를 진행했다. 라포는 건강관리전문가가 제공하는 정보를 배려와 건강관리의 연장으로 받아들이도록 하는 데 있어서 결정적이다. 이는 환자의 관점이 비판 없이 인정되고 존중될 때 가능하다.

다음에 추가적으로 이어지는 대화들은 공감을 사용하는 예시를 보여 준다. 다음 장에서 우리는 변화의 가능성을 높이기 위해서 공감에서 환자의 상황 이해 또는 추론 과정에 영향을 주는 것으로 넘어가는 과정에 대해서 논의할 것이다.

공감하는 방법

단순 공감 반영

예시 1

환자: 오랫동안 담배를 피워 왔어요. 그리고 이제는 폐 질병을 진단 받았네요.

HCP: 흡연이 폐 질병에 영향을 주었다고 후회하고 있군요.

환자: 네.

환자는 자신의 흡연이 현재 폐 질병에 책임이 있다고 생각하고 있으며 이를 후회하고 있다. 이는 건강관리전문가의 반응에서 반영된 것이기도 하다. 이와 같은 상황에서는 흡연과 폐 질병에 대한 환자의 생각을 변화시키기 위한 시도를 하지 않을 것이다. 이 경우에는 금연과 질병의 치료에 대한 환자의 결심공약을 탐색하는 것이 필요하다.

예시 2

환자: 혈압이 높다는 것을 알고는 정말로 충격을 받았죠. 아무렇지도 않고 증상도 없었거든요.

HCP: 괜찮다고 느꼈기 때문에, 혈압이 높다는 것을 알게 되었을 때 많이 놀랐겠군요.

환자는 컨디션도 좋았으며 별다른 증상도 없었기 때문에 자신의 혈압이 높을 것이라고는 전혀 생각하지 않았다. 공감 이후에 건강관리전문가가 제공할 정보는 스스로 괜찮다고 느껴지더라도 여전히 위험할 수 있는 이유에 대해서 다루기 위한 것이어야 한다.

예시 3

환자: 정말 다행이에요. 무언가 심각하게 잘못된 줄로 생각했어요. 이뇨제가 체내 칼륨 농도를 과도하게 낮추는 바람에 하루 종일 몸이 무겁고 무력하고 메스꺼웠던 거였어요. 그 약이 그런 작

용을 하는지도 몰랐고, 칼륨 농도가 낮아지면 그럴 수 있다는 것도 몰랐네요. 매일 바나나를 먹거나 오렌지 주스를 먹어야겠어요.

HCP: 컨디션이 안 좋아서 많이 불안했던 것 같네요. 왜 그런지도 알았고, 매일 오렌지 주스나 바나나를 먹으면 나아질 것을 알게 되었다니 정말 다행이네요!

공감은 또한 긍정적인 일이 일어난 상황에서도 중요하다. 이 환자는 자신의 문제를 해결할 수 있는 간단한 방법을 알게 된 사실에 안도감을 느끼고 있다. 이 부분은 지지될 필요가 있다.

❦ 화가 나 있거나 저항하는 환자

예시 1

환자: 이 약들을 다 복용하는 것은 정말 괴롭고 피곤한 일이에요. 병원에서는 계속 약을 늘리기만 하네요.

HCP: 병원에서는 약을 추가하기만 하는 것 같고 정작 자신은 왜 그런지도 확신하지 못하는 상황이 불만스러우시겠어요.

환자: 아니요, 왜 그런지는 알아요. 혈압이 조절이 안 된다고 하더라고요. 그래서 혈압을 낮추려고 약을 더 쓸 필요가 있대요.

HCP: 아, 그렇군요. 약 한 알로는 그렇게 하지 못하는 이유가 답답하신 거군요.

환자: 맞아요!

예시 2

환자: 당신들은 정말 나를 못살게 하는군요. 우리를 통해서 돈을 버는 것에만 관심이 있지요. 썩었네, 썩었어! (의사는 더 비싼 신약을 처방했다.)

HCP: (차분하게) 누구도 환자분을 진심으로 신경 쓰지 않는다고 느껴지는군요. 돈에만 관심이 있어 보이고요.

환자: 그러니까 그게 그렇다니까요!

HCP: (차분하게) 자신의 질병이 다른 사람의 이익을 위해서 이용되고 있다고 느껴지는 것은 정말 기분 나쁜 일이겠네요.

환자: 그러니까, 만약 그 말이 맞다면….

HCP: (차분하게) 이 약은 비교적 최근에 나온 당뇨병 약이에요. 효과는 매우 좋은데, 새로 나온 약이라서 지금까지 써 왔던 약보다는 가격이 좀 더 비싸요. 이 약이 도움이 될 거라는 확신이 들어요. 당뇨 조절을 환자분과 함께 할 수 있으면 좋을 것 같네요. 어떻게 하길 원하세요?

이는 환자와 적절한 거리를 두면서 온전하게 도움이 될 수 있는 건강관리전문가의 좋은 예를 보여 준다. 환자는 새로운 약으로 인한 비용 증가로 화를 내고 있고 모든 건강관리전문가를 비난하고 있다. 이 사례에서 건강관리전문가는 이러한 공격을 개인적으로 받아들이지 않았으며 환자가 실망하고 있는 것에 대해서 자신이 이해한 바를 반영했다. 이어서 새로운 약에 대한 의사의 결정을 지지하면서 환자를 돕고자 하는 자신의 열망을 이야기했다.

예시 3

HCP: Jones 부인, 제가 보니, 90일치 혈압약을 이미 한 달 전에 받아갔어야 했다는 부분이 눈에 띄네요. 약 복용과 관련해서 어떤 어려운 점이 있으신가요?

환자: 내가 어떻게 했어야 하는지 저에게 말해 주지 않아도 돼요. 제가 약을 안 먹었다는 이야기를 그렇게 에둘러 말하는 건가요? 먹어야 하는 대로 매일 먹었어요.

HCP: Jones 부인을 비난하려는 의도는 전혀 없었어요. 부인께서 매일 약을 복용하는 것이 저에게는 가장 중요한 일이지요. 혈압이 높은 제 환자분들 중에 기분이 괜찮다는 이유로 혈압이 높다는 자각이 없어서 약을 매일 복용하지 않는 분들에 계셔서 걱정이 돼요. 이분들 중에 혹 미리 예방할 수 있었던 뇌졸중이나 심근경색으로 고통을 받으신다면 정말 슬플 것 같네요. 매일 약을 드신다고 하니 안심이 되네요. 약 짓는 데 시간이 좀 걸리는데, 괜찮은가요?

위의 대화에서 혈압약을 다시 받아 가는 시기가 늦은 것에 대한 질문을 받았을 때 환자가 방어적이 되는 것을 볼 수 있다. 환자는 아마도 처방대로 약을 복용하지 않았고 약사의 질문에 자신이 약을 매일 복용하지 않은 것이 '알려졌다고' 느꼈을 수 있다. 약사는 마치 증인이 거짓을 말하고 있다는 것을 증명하고 있는 검사와 같이 반응할 수도 있었다. 하지만 그렇게 했다면 관계성 저항을 일으키고 환자의 체면도 손상되었을 것이다. 그 대신에 이 약사는 차분함을 유지하면서 이 주제가 환자에게 민감하다는 것을 보고 다른 환자의 이야기를 하기로 결정했고, 그 결과로 환자는 가능한 행동 변화에서 약사가 중요하다고 믿는 정보를 들을 수 있었다. 약사는 잘못을 바로잡고자 하는 욕구 또는 이기고자 하는 욕구보다는 자신이 걱정하는 이유에 초점을 집중했다.

잘못 알고 있거나 부족한 정보 또는 지식 반영하기

예시 1

환자: HIV 양성 판정을 받은 이후에 이 약들을 복용한 지 3년이 지났지만 AIDS에 걸리지 않았어요. 어쩌면 이 약들을 먹지 않아도 되는 것은 아닐까요?

HCP: 그동안 약을 정말 잘 복용해 왔네요. 지금은 HIV진단 이후로 AIDS로 진행되지 않아서 이렇게 계속 약을 먹는 것이 필요한지에 대해서 의구심을 느끼고 있군요.

환자: 네, 맞아요.

HCP: 정말 중요한 질문이네요. 관련된 정보가 있는데 말해도 될까요? 듣고 나서 그 정보에 대해서 어떻게 생각하는지 다시 저에게 말해 주면 좋겠어요.

환자: 네, 좋아요.

이 환자는 약을 복용한 지난 3년 동안 AIDS에 걸리지 않았다면 어쩌면 약 복용을 계속할 필요가 없을 수도 있다고 생각하고 있다. 이 경우에 즉각적으로 환자의 생각을 수정하고 약을 복용했기 때문에 HIV가 AIDS로 진행되는 것을 예방했다는 것을 설명해 주고 싶은 욕구가 발생하게 된다. 아마도 이는 틀린 정보가 아니겠지만, 이 접근은 환자의 체면을 상하게 하고 환자의 방어를 야기할 수 있다. 우리가 경청하고 있다는 사실과 환자가 좋은 질문을 했다는 사실을 환자에게 알려 줄 필요가 있다. 그 후에 허가를 얻어서 그가 약을 성실하게 복용해 온 노력을 인정할 수 있고, 아마도 왜 HIV가 AIDS로 진행되지 않았는지도 알려 줄 수 있을 것이다.

예시 2

보호자: 선생님은 너무 걱정이 많으세요. 저도 Evan이 과체중이라는 것을 알아요. 하지만 자라면서 괜찮아질 거예요. 그는 이제 겨우 6살이라고요. 그냥 젖살이에요.

HCP: Evan이 아직 어리기 때문에 지금 체중이 초과하는 것에 대해서는 걱정하지 않으시는군요. 자라면서 살이 빠질 것이라고 생각하고 있고요.

이 부모는 자신의 자녀가 자라면서 과체중 문제는 자연히 해결될 것이라고 생각하고 있다. 건강관리전문가로서 당신은 아마도 소아비만이 2형 당뇨병의 발병 가능성을 크게 높인다는 사실을 알고 있을 것이다. 하지만 부모가 이 상황을 어떻게 이해하고 있는지에 대한 인식 없이 이 정보를 제공하는 것은 부모의 체면을 손상시킬 가능성이 매우 높다. 이 부모는 이미 자신의 자녀가 과체중이라는 사실에 다소 방어적일 수도 있으므로 정보는 추가적인 방어나 체면의 손상을 야기하지 않는 방법으로 제공될 필요가 있다. 결과적으로 제공되는 정보는, 지방 세포는 주로 생애 초기에 자라나며 그 크기가 작아지기는 하지만 사라지지는 않는다는 것을 설명하는 것과 같이 Evan이 자라면서 체중이 감소할 것이라는 부모의 생각을 다루는 것이어야만 한다. 오직 식습관을 변화시키고 신체 활동을 통해서만 지방 세포가 형성되고 자라나는 것을 막을 수 있다.

⚜ 라포 형성에 대한 마지막 고찰

이 장에서 여러 차례 우리는 건강관리전문가의 불안, 교정반사 그리고 환자와 거리를 두면서 환자에게 온전하게 도움이 될 수 있는 역량에 대해서 언급했다. 이 책의 앞부분에서는 환자와의 관계에서 자기 자신을 더 자각하게 되고 이러한 자각에 스스로를 돌아보는 자기 성찰의 중요성을 이야기하기도 했다. 다음의 세 가지 주요 영역에서 자기 성찰과 반성은 매우 중요하다.

환자와 관련된 불안감. 건강관리전문가들은 환자의 정서적 표현(예: 울거나 역정을 내는 것, 상처받는 것 또는 두려워하는 것 등)이나 갈등(여기에는 환자가 보고하는 다른 사람과의 갈등이나 환자와 건강관리전문가의 직접적인 갈등이 포함된다)으로 불편할 때면 불안하게 된다는 것을 알고 있다. 이러한 건강관리전문가의 불안은 종종 교정반사 또는 환자의 감정을 묵살하거나, 축소하거나 비판하는 반응으로 이어지기 쉬우며, 이 반응들 중 어느 것도 라포를 형성하는 데 도움이 되지 않는다. 사실 라포 형성의 기반을 약화시킨다.

동기강화상담에 숙련되기 위해서 노력해야 할 것 중 하나는 자신이 느끼는 불안이 환자와의 관계를 어떻게 약화시키고 있는지에 대해서 더 자각하는 것이다. 더 근본적으로는, 먼저, 이 불안이 왜 나타나는가? 이 질문에 대해서는 수많은 응답이 가능하겠지만, 한 가지 이유는 건강관리전문가가 자신이 만난 모든 문제에 대한 답 또는 해결책을 가지고 있고자 하는 욕구를 느끼기 때문이다. 이는 물론 현실적이지 않고 동기강화상담과 일치하지도 않는다. 우리는 환자 또는 환자의 문제를 해결해 줄 수 없으며 우리가 할 수 있는 것은 환자를 배려하면서 균형 잡힌 좋은 정보를 제공하는 것이다. 궁극적으로 결정은 환자가 해야 한다. 우리 자신의 불안감을 더 깊이 인식하면서 환자에게 가장 도움이 될 수 있는 동기강화상담적 반응이 무엇인지에 대해서 고심하는 것이 필요하다.

환자에 대한 실망감 또는 분노. 건강관리전문가가 자신의 환자에게 한두 가지의 근본적인 이유로 실망하거나 심지어 화를 내는 소리를 듣는 것은 드문 일이 아닌데, 이 두 경우 모두 통제 또는 통제하고 있다는 착각을 중심으로 일어나는 일이다. 첫 번째 사례에서 건강관리전문가는 환자가 왜 담배를 끊어야 하는지, 왜 약을 복용해야 하는지 또는 왜 체중을 감량해야 하는지 여러 차례 말했으나 아직 실행하지 않고 있다는 점을 이야기했다. 환자가 그 행동을 하고 싶어 하지 않는 이유를 탐색하기보다 건강관리전문가는 더 강하게 설득하고 비난하고 수치심을 주거나 꾸짖음으로써 압력을 가했다. 물론, 이런 방법들은 주제성 저항을 일으키며 환자의 체면 손상 및 관계적 저항을 만들어 낼 뿐 그다지 효과적이지 않다. 건강관리전문가의 이러한 행동과 실망감은 건강관리자가 책임자이자 전문가이기 때문에 환자는 반드시 건강관리전문가의 말을 들어야 하고 실행해야 한다는 착각에서 기인한다. 하지만 실제로 결정하는 사람은 환자이고 환자 또한 전문가이기 때문에 이 방법은 변화를 일으키지 못한다. 건강관리전문가들이 통제에 대한 필요를 느끼는 데에는 많은 이유들이 있다. 그중 하나는 이들이 받는 훈련과 관련된다. 어찌 되었든 이는 자기 성찰과 인식의 영역에 해당되며 라포를 손상시키게 된다.

건강관리전문가의 실망/좌절 또는 분노의 또 다른 근원은 환자가 처방대로 약을 복용하겠다거나 체중 감량이나 금연을 하겠다고 이야기한 후에 이를 실행하지 않는 것이 반복되는 상황과 관련되며 이때 건강관리전문가는 실망하게 된다. 환자에 대해서 실망하게 되는 이유를 건강관리전문가에게 질문했을 때 그들은 환자에게 실제로 문제가 있다고 생각하고 있었다. 그들은 "왜 하지 않을 거면서 하겠다고 말하는 것일까요?"라고 말한다. 간단히 답한다면 환자는 실제로 그것을 실행하겠다고 공약한 적이 없으며(실행하기 위해서는 그 행동이 환자 자신에게 중요하며, 그것을 할 수 있다는 자신감이 있어야 한다는 사실을 기억하라) 다만 꾸중을 듣거나 비난받는 것을 피하기 위해서 건강관리전문가에게 동의했다고 말할 수 있다. 건강관리전문가에게 더 중요한 질문은 왜 그들이 그토록 좌절하는지 그 이유이다. 자신이 해야 할 일을 지키지 않는 환자에게 그 좌절감의 책임을 넘기며 비난하는 것은 쉽지만 이는 정직한 것은 아니다. 건강관리전문가들은 집단적 특성으로 볼 때 '실행하는 사람들'이다. 이들은 실제로 일을 행하고 끝마치는 사람들이며, 이는 또한 그들의 정체성의 한 부분이기도 하다. 일을 마무리하는 것과 관련하여 개인적이고 직업적인 보상이 따른다. 환자들이 아직 (건강관리전문가에 의해서 정의된) 일을 실행할 준비가 되지 않았을 때 건강관리전문가들은 자신의 보상도 유보하거나 또는 동기강화상담의 정신을 유지하면서 환자들을 위한 건강관리의 자원이 됨으로써 보상을 받은 것과 같이 느낄 수 있는 다른 방법을 찾아야 한다. 만약에 이렇게 되지 않는다면 건강관리전문가들은 좌절하게 되고 분노하게 되거나(분노가 무기력에서 온다는 점을 기억하라) 불안해진다. 이러한 감정들을 스스로 성찰하지 않는다면 이들은 환자를 꾸짖거나 비판하거나 수정하려고 하는 행동에 빠져들기 쉬우며, 이러한 행동들은 라포 형성에 아무 도움이 되지 않는다.

적절한 거리를 유지하지만 또한 온전히 도움이 되는 것. 이 장의 앞부분에서 우리는 아스피린과 와파린을 함께 복용하기 원했던 환자의 예시를 들었었는데, 그때 그 환자는 "당신이나 의사가 뭐라고 말하든 난 하나도 개의치 않아요. 스스로 필요하겠다 싶으면 와파린하고 아스피린을 같이 먹으려고요. 그게 제 관절염을 완화시킬 수 있는 유일한 방법이에요. 게다가 그 의사가 매번 혈액 검사를 하자고 하는 것은 추가 비용 때문이에요."라고 말했다. 환자가 우리에게 분노 또는 좌절을 표현할 때 또는 우리를 대상화할 때(예: "당신들은 나를 정말 못살게 하는군요!"), 우리는 대개 방어적이 되거나, 설명을 통해서 스스로를 방어하려는 경향을 보이거나, 분노나 실망감을 되돌려주고자 하기 쉽다. 다시 말하지만 이러한 반응들은 모두 라포 형성을 방해한다. 환자와 적절한 거리를 유지하면서 환자의 반응을 개인적인 것으로 받아들이지 않는 것이 중요한데, 이를 통해서 우리는 참된 공감적 반응을 할 수 있기 때문이다. 왜 우리가 환자의 반응들을 개인적으로 받아들이는지를 탐색하기 위해서는 성찰과 반성이 필요하다. 물론 이것이 쉬운 것은 아니며, 폭력적인 언어 또한 용인되어서는 안 되지만 환자의 분노와 좌절에 반응하는 것은 전문적으로 다른 사람을 돌보는 일에서는 필수적인 부분이다. 당신은 환자를 돌보기 위해서 그곳에 있는 것이지, 그 반대는 아니다.

✳ 생각해 볼 질문

1. 라포는 건강관리전문가의 전문성을 어떻게 강화해 주는가?
2. 라포를 형성하는 것은 환자가 자신의 상황을 이해하는 것에 어떤 방식으로 영향을 미치는가?

3. 건강관리전문가의 불안이나 교정하고자 하는 욕구는 라포를 형성하는 것을 어떻게 방해할 수 있는지 설명해 보라.

참고 문헌

1. Rogers CR. *A Way of Being*. Boston: Houghton Muffin; 1980.
2. Basch MF. Empathic understanding: a review of the concept and some theoretical considerations. *J Am Psychoanal Assoc*. 1983;31:101-26.
3. Squier RW. A model of empathic understanding and adherence to treatment regimens in practitioner-patient relationships. *Soc Sci Med*. 1990;30: 325-39.
4. Gadow S. Existential advocacy: philosophical foundation of nursing. In: Spicker SF, Gadow S, eds. *Nursing: Images and Ideals*. New York: Springer; 1990:79-101.
5. Rogers CR. *On Becoming a Person*. Boston: Houghton Miff in; 1961:47.

CHAPTER 7

재구조화

제6장에서는 환자들이 자신의 질병과 그에 대한 치료뿐만 아니라 관계에 대해서도 상황 이해를 갖는다는 점을 이야기하며 라포 형성의 중요성을 논의했다. 라포를 형성하는 것은 환자가 자신의 건강에 대해 이해하고 있는 바를 당신이 공감하고 있고 이해하고 있으며 존중한다는 사실을 환자가 알게 하는 데 있어서 매우 중요하다. 라포를 형성하는 동안 우리는 환자가 중요성이나 자신감 또는 두 가지 문제 모두 때문에 변화의 어려움을 겪고 있는 것은 아닌지에 주의를 기울여 경청해야 한다.

여기에서 우리는 변화 과정에 있는 환자를 돕는 데 있어서 재구조화 단계에 대해 논의할 것이다.[1)] 우리는 지난 몇 년 동안 동기강화상담을 교육하면서 건강관리전문가들이 공감적 반응과 반영을 배우는 데 매우 탁월하다는 사실을 알게 되었다. 건강관리전문가들은 환자들이 자신의 질병과 처방받은 건강 행동 변화에 관하여 어떻게 이해하고 있는지 여유를 갖고 천천히 경청하는 방법을 배웠고, 라포를 형성하기 위해서 환자의 논리적 흐름을 공감하고 반영하는 방법을 배웠다. 그러나 환자에게 무슨 말을 해야 할지 또는 무엇을 해야 할지에 관해서는 진전을 보이지 못하고 어려움을 겪는 경우가 많이 있었다.

건강관리전문가들은 환자들에게 자신의 상황 이해를 재평가하도록 요청할 때 환자가 고려해야 할 정보가 무엇인지 이내 찾아내지만 공감을 표현하고 라포를 형성하는 단계에서 자연스럽게 자신의 전문성을 공유하고 이로써 환자의 이슈를 다루는 단계로 전환하는 방법에 대해서는 알지 못하는 경우가 많다. 만약 사전에 준비되기 전에 요청하지 않은 정보를 건강관리전문가가 갑자기 공유한다면, 환자의 역량과 자율 측면의 체면이 모두 손상되기 쉽다. 예를 들어, "아시다시피, 고혈압은 증상이 없는 질병이라, 환자분이 혈압이 높다는 사실을 알려 주는 어떤 증상도 없어요."라는 진술에서 환자가 요청하지 않은 정보는 환자의 상황에 대한 환자 자신의 인식보다 건강관리전문가의 인식이 더 중요하다는 것을 강하게 암시하고 있기 때문에 환자의 체면이 손상되는 것이다. 환자의 상황 이해의 특정 부분에 대한 반응으로 의학적 전문성의 제공을 공식화하는 것은 환자의 체면이 손상되는 것을 방지하는 데 도움이 된다. 공감적 반응과 저항을 탐색하는 것에 추가하여 환자의 이슈를 재구조화하는 것도 이를 위한 또 다른 좋은 방법이다. 이는 환자의 고민에 대한 반응으로서 건강관리전문가가 제공한 의학 정보를 환자가 받아들이도록 돕는 데 매우 효과적이며, 따라서 환자에게 매우 유용하다.

만약에 당신이 전문가 만든 틀로 장식한 그림을 가져 본 적이 있다면 그 틀이 가지는 엄청난 효과를 경험해 보았을 것이다. 그림을 검은색 틀에 넣는다면 그림의 특정 부분들이 당신의 눈에 분명해질 것이고, 황금색 틀에 넣는다면 완전히 다른 특징이 당신의 시선을 사로잡을 것이다. 틀은 어떤 특징들을 더 눈에 띄게 하거나 덜 눈이 가게 하는 맥락을 제공한다. 이와 유사하게 대화의 재구조화에서도 우리는 환자가 가진 관점의 특정 측면을 더 두드러지게 만듦으로써 환자의 이슈에 대한 새로운 맥락을 제공한다. 재구조화를 통해 우리는 환자의 이슈에 매우 자연스러운 반응으로 의학적 전문성을 제공할 수 있으며 이를 통해서 환자의 체면이 손상될 어떠한 위험 없이 환자가 자신의 상황 이해에 대해서 재고해 볼 수 있도록 의문을 제기할 수 있다. 재구조화는 환자가 자신의 문제를 다른 관점에서 볼 수 있도록 하며, 특히 환자가 변화에 저항을 하거나 양가감정을 가질 때 도움이 된다. 다음 단락에서 우리는 재구조화가 환자들이 표현하는 일반적인 네 가지 이슈들과 걱정들을 다루는 데 사용될 수 있는지에 관해 논의할 것이다.

"~가 왜 필요한지 모르겠어요." 환자의 이슈를 재구조화하는 한 가지 주요 방법은 "~에 대해 의문이 드는군요."라고 말하는 것이다. 이는 환자가 질문의 형태로 재구조화될 수 있는 저항대화를 할 때 사용된다. 예를 들어, 어떤 고혈압 환자가 "이 약이 왜 필요한지 도무지 모르겠어요. 난 멀쩡하다고요."라고 말하거나, 다른 환자가 "우리 가족 중에 콜레스테롤 수치가 높아서 죽은 사람은 아무도 없어요. 치료를 해야 되는 이유를 모르겠네요." 또는 "내 혈당 수치는 그렇게 높지 않고 나는 약을 먹고 있어요. 그걸로 충분해요."라고 말했다면, 이들은 이어서 "아무런 증상도 없는데 이 약을 왜 먹어야 하나요?" 또는 "우리 가족 중 어느 누구도 콜레스테롤 치료를 받거나 그 문제로 죽은 사람이 없는데 왜 내가 무언가를 해야 하나요?" 또는 "내 혈당 수치는 별로 높지 않고 이미 약도 잘 먹고 있는데 왜 또 다른 것을 더 해야 하나요?"라고 말할 것이다. 질문에는 반드시 답을 해야 한다는 사회 통념적 기대의 이점을 취하기 위해서 이 전략을 만들었다. 질문-대답은 기술적으로는 아주 가깝게 인접하여 일어나게 되는데, 첫 번째 발언(질문)은 두 번째 발언(대답)에 대한 사회적 기대를 생성시킨다. 다른 말로 하면, 이는 매우 강력한 사회 통념적 기대로서 건강관리전문가는 환자의 질문에 대답을 제공해야 하는 사회적 의무 아래에 놓여 있는 것이다.

만약 근본적인 의문을 표현하는 환자의 이견을 재구조화할 수 있다면 우리는 환자의 질문에 대한 반응으로 정보를 제공하는 당위적 이유를 가지게 된다. 다음은 "~에 대해서 의문이 드는군요."라는 표현이 어떻게 사용되는지를 보여 주는 예시이다.

환자: 왜 제가 이 약을 먹어야 하는지 도무지 모르겠어요. 전 아무 문제 없거든요.

HCP: 문제가 없다고 느껴지기 때문에, 이 약을 먹어야 하는 이유에 대해서 의문이 드는군요.(반영: "의문이 드는군요"라는 말로 재구조화)

환자: 맞아요.

HCP: 매우 좋은 의문이에요.(인정하기) 환자분의 의문과 관련된 정보를 드려도 될까요? 그러고 나서 이 정보에 대해서 어떻게 생

각하는지 이야기해 주면 좋겠네요.(정보 공유 요청하기)

환자: 네, 좋아요.

HCP: 안타깝게도, 고혈압은 심각한 문제가 발생하기 전까지는 어떤 증상도 나타나지 않아요. 뇌졸중이나 심장발작이 첫 번째 증상으로 나타나는 경우도 있고요. 증상이 없다고 하더라도 혈압이 140/90 이하가 되어야 뇌졸중이나 심장발작의 발생 위험성이 감소하게 돼요. 환자분의 혈압은 155/100이고, 이는 뇌졸중이나 심장발작 발생 위험성이 매우 높다는 것을 의미하죠. 저는 환자분에게 그런 일이 발생하지 않았으면 해요. 특히 예방이 가능한 일이라면 말이죠. 혈압을 낮추는 것과 관련해서 지금은 어떤 생각이 드나요?

이 대화에서 환자는 이상이 없다고 느껴지기 때문에 자신은 이상이 없다고 생각하고 있다. 건강관리전문가는 "문제가 없다고 느껴지기 때문에, 이 약을 먹어야 하는 이유에 대해서 의문이 드는군요."라는 말로 환자의 상황 이해를 인정했다. 이 진술은 두 가지 측면에서 살펴볼 수 있는데, 첫 번째는 무비판적으로 환자의 생각을 반영해 줌으로써 라포를 형성하고 있다는 점이고, 두 번째는 바로 대답해야 할 필요가 있는 질문의 형태로 환자의 고민을 제안하고 있다는 것이다. 건강관리전문가는 환자에게 "매우 좋은 의문이지요. 환자분의 의문과 관련된 정보를 드려도 될까요? 그러고 나서 이 정보에 대해서 어떻게 생각하는지 이야기해 주면 좋겠네요."라고 말함으로써 의문을 제기한 것에 대해서 환자를 인정했다. 이는 향후 환자가 이해되지 않거나 무엇인가 마음에 들지 않을 때 이에 대해서 건강관리전문가에게 질문을 하거나 이를 거부할 수 있도록 환자를 장려하는데, 이는 이 부분에 대해서 다룰 수 있는 기회를 건강관리전문가에게 제공해 준다. 특히 좋은 질문일수록 대답을 요구하기 때문에 환자와 건강관리전문가 간의 대화는 질문에 대답하는 것으로 이어지게 된다. 따라서 건강관리전문가가 환자의 질문에 대해서 정보를 제공해도 될지 여부를 질문할 때 환자에게 '아니요'라고 대답하는 것은 매우 어려운 일이 된다. 그리고 이는 공감과 반영하기에서 정보를 제공하는 것으로의 전환을 가능하게 해준다.

여기에 덧붙여서 건강관리전문가는 "그러고 나서 어떻게 생각하는지 이야기해 주면 좋겠네요."라고 말했는데, 이 말은 이 과정이 (부모가 자녀에게 말하는 것과는 다르며) 환자와 의논하고 협력하는 것임을 전제로 하며 결정하는 것은 궁극적으로 환자의 몫이라는 것을 알려 준다. 그 후 건강관리전문가는 환자가 괜찮다고 느낄 수 있는 이유와, 그렇다 하더라도 여전히 뇌졸중이나 심장발작의 위험성이 있다는 점을 설명하는 정보를 제공했고, 이 새로운 정보가 혈압을 더 낮추는 것과 관련된 환자의 결정에 어떤 영향을 미쳤는지 질문했다. "지금은 어떤 생각이 드나요?"라는 질문을 하지 않는다면, 건강관리전문가는 새로운 정보가 환자의 결정에 어떤 영향을 미쳤는지 알 수 없다. 기억할 점은 동기강화상담은 전문성을 교환하는 것이라는 사실이다. 환자는 우리에게 특정 상황에 대해서 자신이 이해한 바(환자의 전문성)를 제공하며, 건강관리전문가는 이를 존중하고 인정하고 새로운 정보의 제공(건강관리전문가의 전문성)에 대한 허락을 얻은 후 이를 제공한다. 그 후 건강관리전문가는 이 새로운 정보에 대한 환자의 생각을 질문함으로써 생각의 교환을 요청했다.

"부작용이 걱정돼요." 많은 환자들이 약물의 부작용에 대해 걱정한다. 약물의 잠재적인 부작용 때문에 약을 먹을 수 없다거나 먹지 않겠다는 말을 하기도 한다. 약의 부작용에도 불구하고 환자에게 약을 먹어야 한다는 점을 강조하면, 환자는 비생산적인 논쟁과 관계성 저항을 증가시키는 '네, 하지만' 반응을 보이기 쉽다. 재구조화는 환자의 초기 저항 표현을 변화에 대한 조건적인 결심공약으로 달리 표현함으로써 이 문제를 예방한다. 환자가 "이 약을 먹을 수 없어요. 이 약은 불면증을 일으킨다는 말을 들었어요."라고 이의를 제기한다면 건강관리전문가는 "당신 말은, 불면증이 제거되거나 상당 부분 감소된다면 약을 복용할 의향도 있다는 말 같네요."라고 말함으로써 환자가 제기한 이의를 약의 부작용이 관리 가능하거나 감소 또는 제거가 가능하다면 약을 복용하겠다는 긍정적인 결심공약으로 재구조화할 수 있다. 물론 이러한 재구조화는 환자의 걱정을 완화시키기 위해 환자와 정보를 공유할 수 있다는 사실을 당신이 이미 알고 있는 경우에 특히 효과적이며 재구조화의 효과는 정보를 공유하기에 앞서 환자의 약속을 받았느냐는 사실에 달려 있다.

그리고 약 부작용의 제거 또는 감소라는 환자의 조건을 만족시키는 정보를 제공받게 되면 환자는 약을 복용하는 것에 전념할 필요를 느끼게 된다.

다음은 약 부작용으로 인한 약 복용에 대한 환자의 반감에 반응하기 위해서 재구조화를 사용하는 방법을 보여 주는 예시이다.

환자: 이 약은 부작용이 있다고 들었어요. 제게 그런 부작용이 나타날 수도 있는데, 이 약을 먹어야 될지 잘 모르겠어요.

HCP: 약의 부작용에 대해 걱정하고 있군요.(공감) 환자분이 들은 이야기에 대해 좀 더 말씀해 주시겠어요?(탐색)

환자: 위경련이 일어날 수도 있다는 말이 제일 걱정돼요. 그건 견디기 힘들어요.

HCP: 환자분의 말은 만약 위경련 가능성을 줄이거나 없앨 수 있다면 이 약을 복용하기가 더 용이할 것 같다는 것이군요.(재구조화)

환자: 그게 가능한가요?

HCP: 그렇습니다. 위경련은 대개 빈속에 약을 복용했을 때 발생해요. 식사 후에 약을 드신다면 대부분의 경우 위경련 문제는 해결될 거예요.

환자: 하지만 위경련을 경험하는 사람들도 있잖아요?

HCP: 비율이 아주 낮아요. 며칠 동안 식사 후에 약을 먹어 보고 견딜 만한지 보는 것은 어떤가요?

환자: 다른 약은 없나요?

HCP: 대체할 수 있는 약이 있기는 하지만 이 약보다는 효과가 떨어지고, 그 약 또한 위경련을 일으킬 가능성이 있어요. 이 부분을 환자분의 담당의와 의논할 수 있다면 좋을 것 같네요. 어떻게 하길 원하나요?

이 환자는 약을 복용하기 원하지 않는다는 말로 대화를 시작한다. 건강관리전문가는 먼저 환자가 걱정하는 바를 공감하고 나서 환자가 들은 이야기들을 탐색했고, 그 결과 건강관리전문가와 환자는 함께 구체적인 문제에 초점을 맞출 수 있었다. 환자가 자신이 걱정하고 있는 약의 부작용이 위경련이라고 이야기하자, 건강관리전문가는 음식과 함께 약을 복용하면 대부분 위경련이 완화되므로 재구조화가 좋은 전략이 될 것이라는 것을 알았다. 건강관리전문가가 이 문제를 재구조화한 이후에 환자는 약 복용에 대한 탐색을 시작했다. 건강관리전문가는 환자가 상황에 대해서 어떻게 이해하고 있는지에 대해서 경청했고, 환자는 약의 부작용이 약 복용의 장애물이며 약을 복용하는 것을 중요하지 않게 생각하게 된 이유라고 이야기했다. 구조화를 통해 우리는 약을 안 먹는 이유가 정말 부작용 때문인지, 아니면 다른 요인들이 관련되어 있는지 확인할 수 있다. 즉, 어쩌면 환자는 약이 정말로 자신에게 필요한지 확신하지 못하고 있기 때문에 약 복용을 피하는 한 방법으로서 부작용을 언급하는 것일 수 있다. 재구조화로 건강관리전문가는 부작용 문제가 환자에게 얼마나 중요한지, 그리고 특히 환자에게 문제되는 것이 무엇인지 알 수 있게 된다. 이 사례에서 중요한 초점은 위경련이고, 건강관리전문가는 그러한 환자의 걱정을 다룬다. 환자는 여전히 약의 부작용에 대해 의심을 가지고 있으며, 전문가는 며칠 동안 약을 먹어 보기를 제안했다. 이에 환자는 부작용이 없는 다른 약이 있는지에 대해서 질문했고, 건강관리전문가는 대안을 탐색한 이후에 환자가 이후에 어떻게 하고 싶은지에 대해서 질문했다.

"예전에 해본 적 있어요." 환자들은 일반적으로 더 건강해지기 위해서 또는 만성질환(예: 당뇨병, 고혈압 등)의 관리를 위해서 체중 감량이나 금연을 고려해 볼 것을 요청받는다. 수많은 환자들이 과거에 시도했다가 실패한 경험이 있기 때문에 변화 가능성에 대해 낙담하는 경우가 많다. 다음에 이어지는 대화에서 알 수 있듯이 재구조화는 이러한 문제를 다루는 데 도움이 된다.

환자: 예전에 체중 감량을 시도해 본 적 있어요. 그렇지만 그때마다 항상 도로 살이 쪘던 것 같아요. 한번은 15kg까지 감량했는데 결국 다시 제자리로 돌아왔죠. 아무 소용이 없어요.

HCP: 열심히 노력해서 살을 뺀 후에 다시 제자리로 돌아오는 것은 정말 낙심되는 일이겠군요.(공감)

환자: 네, 맞아요. 다시는 그런 경험을 하고 싶지 않아요.

HCP: 이야기를 들어 보니, 체중 감량에 성공했다는 것으로 볼 수도 있겠네요. 다만 그것을 유지하는 것이 어려웠던 것이지요.(재

구조화)

환자: 뭐, 그렇게 볼 수도 있겠지요. 그렇게 생각해 본 적은 없지만 다시 살이 찐다면 무슨 차이가 있나요?

HCP: 좋은 질문이네요.(인정하기) 제가 몇 가지 질문을 드려도 될까요? 아마 그 질문에 답을 찾는 데 도움이 될 것 같은데요.(정보를 이끌어 내기 위한 요청)

환자: 네, 괜찮아요.

HCP: 체중을 감량했을 때, 무엇을 했더니 체중이 감소했나요?

이 대화에서 건강관리전문가는 체중이 감량되었다가 다시 증가한 것으로 인해서 환자가 얼마나 낙심했을지 공감하는 것으로 대화를 시작했다. 이는 금연을 하다가 다시 담배를 피게 된 사람들에게도 동일하게 적용될 수 있다. 당신이 환자들의 관점을 이해하고 있다는 점을 환자가 알게 함으로써 라포 형성의 과정을 시작하는 것이 중요하다. 이 대화에서 환자는 체중을 감량했지만 다시 살이 찐 것 때문에 낙담해 있다고 말하고 있다. 그는 실패했다고 느끼고 있으며 다시 체중 감량을 시도하는 것을 원하지 않는다. 심지어 환자는 다시 체중 감량을 시도하더라도 동일한 결과를 얻게 될 것이라고 생각하고 있다. 사실 과거에 시도했던 방법으로 다시 체중 감량을 시도한다면 아마도 환자의 예상은 틀리지 않을 것이다.

재구조화를 통해 건강관리전문가는 환자가 체중 감량에 성공했다는 점을 인식할 수 있도록 돕고 있으며, 이는 환자에게 다소 격려가 될 수 있었을 것이다. 중요한 문제는 체중을 유지하는 것인데, 라포 형성과 재구조화 과정에서 이 문제에 대한 열린 대화가 시작된다. 건강관리전문가는 환자가 어떻게 체중 감량에 성공했는지 질문하고 환자의 대답을 주의 깊게 경청할 것이다. 그 후, 건강관리전문가는 무엇이 체중을 감량하기 위해서 환자가 했던 것들을 유지하는 능력을 약화시켰는지 질문할 것이다. 이러한 일련의 질문들은 체중 감량을 유지하지 못하게 한 요인들이 무엇인지에 대한 답(물론 이는 환자들마다 다르다)을 이끌어 낸다. 여기에는 과도하게 열정적이어서 유지하는 것이 거의 불가능한 식이요법과 운동 계획이 포함될 수도 있고, 운동이 지루하고 체중 감량 목표가 현실적이지 않거나 식당에서 건강식을 먹는 것이 어렵다고 생각할 때 도움을 줄 수 있는 운동 파트너나 다른 기분 전환(예: 텔레비전)의 필요성 등이 포함될 수도 있을 것이다. 재구조화와 그 후 이어지는 탐색을 통해서 이와 같은 원인들이 밝혀질 수 있으며, 이는 건강관리전문가가 환자가 실행할 수 있는 체중 감량 계획을 가지고 이를 위해서 환자와 함께 노력할 수 있도록 해준다. 이 같은 전략은 금연을 시도하는 환자나 다시 흡연을 하게 된 환자에게도 적용할 수 있다. 이때 중요한 것은 환자 스스로 자신이 금연에 성공했다는 사실을 인식하는 것과 함께 문제는 금연 상태를 유지하는 것이라는 사실을 인식하는 것이다. 모든 경우에서 환자들의 문제가 중요성과 연관되어 있는지 또는 자신감과 연관되어 있는지 여부를 이해하는 것이 중요하다. 오랫동안 여러 차례 체중 감량과 금연을 시도해 온 환자들은 변화의 중요성은 알고 있지만 체중 감량과 금연을 성공적으로 유지할 자신감이 없을 가능성이 높다. 비록 변화할 수 있다는 자신감 또한 변화에 영향을 미치지만 금연이나 체중 감량을 스스로 원하는지에 대한 확신이 없는 환자들은 변화에 대한 중요성이 더 중요한 문제인 경향이 있다.

"저에게는 해당되지 않아요." 건강관리전문가들이 만성질환의 관리나 건강 증진을 위해서 금연이나 체중 감량과 같은 변화를 고려해 볼 것을 환자에게 제안할 때, 환자들은 종종 이러한 상태나 문제들이 자신에게는 해당되지 않는다는 반응을 보이기도 한다. 자신은 이제 담배를 몇 개비밖에 피우지 않는 '사교적 흡연자'이기 때문에 흡연은 문제가 되지 않는다고 주장하기도 한다. 건강관리전문가들은 "그렇지만요(또는 '네, 하지만'), 몇 개비밖에 안 피운다고 하더라도 흡연 자체가 당신에게 해로워요."라고 말하고 싶은 유혹이 들 수 있다. 물론, 이 말은 환자의 입장에서 볼 때 논쟁의 여지가 있으며, 체면의 손상과 방어를 일으킬 위험이 있다. 다음의 대화에는 "저에게는 해당되지 않아요."라는 환자의 반응을 재구조화하는 예시가 제시되어 있다.

환자: 저희 가족은 모두 콜레스테롤 수치가 높아요. 그래도 항상 먹고 싶은 대로 먹었고 일찍 돌아가신 분도 없어요. 그분들은 70세에서 80세까지는 모두들 건강하게 사셨고 콜레스테롤을 관리하게 위해 어떤 것도 하지 않으셨어요.

HCP: 좋은 유전자를 물려받으신 것 같네요.(반영하기) 저도 환자분

이 건강하게 오래 살기를 바랍니다.(환자의 목표 인정하기)

환자: 맞아요, 그 부분이 문제가 될 것 같진 않아요.

HCP: 저도 정말 그러기를 바라죠. 환자분에게 제가 어떤 것에 대해서 생각해 보기를 요청해도 괜찮을까요? 그다음에 그에 대한 환자분의 생각을 들어 보면 좋을 것 같아요.

환자: 네, 물론 괜찮아요, 하지만 제가 변할 거란 기대는 하지 마세요.

HCP: (차분하게) 좋아요. 변화 여부는 전적으로 환자분에게 달려 있는 문제죠. 제가 듣기로는 환자분의 가족들은 콜레스테롤 수치가 높은데도 콜레스테롤로 인한 뇌졸중이나 심장발작으로 일찍 돌아가신 분이 없다는 이야기지요. 같은 가족이라고 하더라도 개인차는 모든 경우에 반드시 존재해요. 예를 들어, 다른 가족들보다 키가 더 크다거나 머리색이나 눈동자의 색깔이 다르기도 한 것처럼요. 한 가족인데도 말이지요.(재구조화) 환자분 가족들처럼 높은 콜레스테롤 수치가 환자분에게도 영향을 미치지 않을 수도 있어요. 하지만 개인차로 인해서 영향을 미칠 수도 있어요. 콜레스테롤 약을 먹는 것이나 체중을 감량하는 것, 콜레스테롤이 높은 음식은 피하는 것은 콜레스테롤이 가족들과는 달리 환자분에게는 영향을 미칠 가능성에 대비해 보험을 드는 것과 같아요. 위험을 줄일 방법을 실행하길 원하나요? 아니면 환자분의 가족들처럼 높은 콜레스테롤이 어떠한 문제도 일으키지 않을 것이라는 생각에 기대고 싶은가요? 결정을 내려야 해요. 이 문제를 결정하는 것은 전적으로 환자분에게 달렸어요. 저는 환자분이 콜레스테롤을 낮추기 위한 단계들을 밟아 가기로 결정한다면 기꺼이 당신을 돕고 싶네요. 환자분 생각은 어떤가요?

환자: 좋은 지적이네요. 혹 어떤 문제가 생기는지 안 생기는지 기다려 보는 건 안 될까요?

HCP: 정말 좋은 질문이에요. 기다려 보는 방법에 대해서 우려되는 것은 어떤 증상을 환자분이 인식했을 때는 이미 심각해져 있을 수 있고 회복될 수 없는 지경이 되어 있을 수도 있다는 점이에요. 사실, 첫 번째 경고 증상이 마비나 심각한 순환 장애를 일으킬 수 있는 뇌졸중이나 심장발작, 심근경색이 될 수 있어요.

환자: 위험해 보이네요.

HCP: 그렇죠.

환자: 고민해 봐야 할 내용이네요.

HCP: 네, 생각해 보고 만약 콜레스테롤을 낮추기 위한 일들을 하기로 결정하면 제가 어떻게 환자분을 도울 수 있을지 말해 주세요. 어떤 결정을 하든, 그 결정으로 환자분을 번거롭게 하지는 않겠다고 약속해요.

환자: 감사합니다.

이 환자는 다른 대다수의 가족들이 콜레스테롤이 높으면서도 먹고 싶은 대로 먹고, 높은 콜레스테롤 수치를 관리하지 않고서도 어떤 심각한 문제로 고통받지 않았기 때문에 자신도 이를 관리하기 위해서 무언가 해야 할 필요가 없다고 생각하고 있다. 무엇보다도 그의 유전자가 가족들과 동일한 유전자풀(gene pool)에서 온 것 또한 사실이다. 여기에서도 "네, 하지만 가족들이 그렇다고 해서 그것이 환자분에게도 해당된다는 것을 의미하지는 않아요."라고 말하고 나서 환자에게 개인차에 대해서 설명하고 싶은 유혹을 받을 수 있다. 환자의 관점을 이해하고 있다는 것을 반영하려는 시도(높은 콜레스테롤이 자신에게는 영향을 미치지 않을 거라는 환자의 생각이 맞을 수도 있다)가 없다면 이러한 반응은 환자의 체면을 손상시키고 무시당했다고 느끼게 할 수 있다.

이 대화에서 건강관리전문가는 먼저 환자의 관점(상황 이해)을 인정했고 자신도 환자가 높은 콜레스테롤로 부정적인 영향을 받지 않기를 바라고 있음을 표현했다. 이러한 인정하기는 오래 살고자 하는 환자의 목표를 지지해 주는 것이다. 이로 인해 환자는 건강관리전문가가 무비판적으로 자신의 말을 경청해 준다는 사실을 알게 되었고, 환자는 "맞아요, 그 부분이 문제가 될 것 같진 않아요."라는 말로 이를 확인했다. 건강관리전문가는 자신도 환자가 그러한 사례에 해당하기를 바란다는 점을 다시 말했다. 환자가 지금 당장 콜레스테롤을 낮추는 처치를 계획하고 있지 않다는 것을 알고 있으면서도 건강관리전문가는 지속적으로 환자에게 관심과 우려를 표현하고 있으며 환자를 지지하고 있다는 점에 주목할 필요가 있다. 건강관리전문가는 여전히 동기강화상담의 정신을 유지하고 있는 것이다. 건강관리전문가는 환자의 상황 이해에 대한 불안이 자칫 환자를 지지하는 것을 방해하는 것을 허용하지 않고 있다. 이는 건강관리전문가가 환자의 생각에 동의하거나 또는 동의하지 않는다는 것을 의미하지 않으며, 다만 자신도 환자가 건강하기를 바라고 있으며 이 점을 환자가 알기를 원한다는 것을 의미한다.

다음으로, 건강관리전문가는 환자에게 특정 정보들에 대해 생각해 볼 것과 그 정보에 대한 환자의 생각을 알려 줄 것을 요청했다. 환자는 이에 동의하면서도, 어떠한 변화도 하지 않을 것이라는 점을 강조하고 있다. 건강관리전문가는 결정은 환자의 몫이라는 점을 알리고 이를 통해서 자신의 뜻을 환자에게 강요하거나 부과하지 않을 것을 환자에게 알렸다. 그 후에 건강관리전문가는 여러 가지 방법으로 가족 구성원이라 하더라도 서로 다를 수 있는 이유들을 밝히는 것을 통해서 가족 내의 다양성의 하나로서 이 문제를 재구성했다. 그리고 건강관리전문가는 환자가 가족들과는 다를지도 모르는 경우에 대비해서 '보험에 드는 것'으로서 콜레스테롤을 낮추는 것을 고려해 보도록 환자에게 요청했다. 하지만 건강관리전문가는 환자를 대신해서 어떤 결론도 대신 내리지 않았으며, 다만 환자의 선택에 틀을 만들어 주었고 환자의 생각이 어떠한지를 물었을 뿐이었다. 환자가 새로운 정보를 긍정적으로 받아들였다는 것("좋은 지적이네요.")은 전혀 놀랄 일이 아니다. 환자는 이해받고 있다고 느꼈으며 체면이 전혀 손상되지 않았기 때문에 방어적인 태도를 보이지 않았다. 환자는 아직 행동을 실행할 만큼 충분히 준비되지는 않았지만, 이 새로운 정보와 이 정보가 제공된 방식은 환자가 자신의 상황 이해를 다시 생각해 보게 했다. 건강관리전문가가 가족 내에서의 다양성으로 그 상황을 재구조화했기 때문에, 환자에게 자신의 높은 콜레스테롤 수치에 대해서 계속 생각해 보는 기회는 긍정적인 것이다. 변화 동기에서 이는 매우 강력한 것이다.

"담배를 그렇게 많이 피우는 것은 아니에요."라고 하거나 "전 정말로 체중을 감량해야 할 필요는 없어요."라고 말하는 환자들에게도 동일한 접근법이 적용될 수 있다. 우선, 환자가 상황을 이해한 내용을 인정하는 것("담배를 많이 피우고 있지 않기 때문에 그것이 정말로 문제라고는 생각지는 않는군요." 또는 "이 시점에서 체중이 문제가 되지는 않는군요.")이 필요하다. 다음으로, 관련된 정보 제공에 대해서 허락을 구하고 그 정보에 관한 환자의 생각을 말해 줄 것을 요청한다. 그러고 나서(재구조화) '전부 아니면 전무'라는 맥락 대신에 '보다 더' 아니면 '보다 덜'이라는 형식으로 새로운 정보를 제공하고("당신이 몸무게를 줄이는 만큼 심장에 부담이 덜 가고 혈압도 좀 더 떨어지고 뇌졸중이나 심장발작 가능성도 더 줄어들 겁니다. 당신이 어느 정도의 위험성을 감수할 것인지가 정말로 중요한 문제입니다. 이에 대해서 어떻게 생각하세요?"), 환자의 상황 이해에 어떠한 변화가 있는지를 보여 주는 환자의 반응을 주의 깊게 경청한다.

"(약, 시술, 물리치료 등) 너무 비싸요." 때로 환자들은 처방된 치료(예: 약, 진단 검사, 물리치료 등)의 추가 비용을 낼 여유가 없다는 말을 하기도 한다. 건강관리전문가는 이러한 이슈를 주의 깊게 살펴보아야 하는데, 실제로 처방된 치료나 약품의 비용을 감당할 수 없는 경우도 있다. 이런 경우에 지원 프로그램과 복제약과 같은 대안들을 탐색하는 데 모든 노력을 다해야 한다.

반면, 어떤 환자들은 지불할 능력이 있으면서도 자신이 부담하는 추가 비용에 대해 불만을 가질 수도 있다. 즉, 너무 비싸다고 생각하는 것이다. 만성 관절염을 가진 한 환자는 비스테로이드 소염제(non-steroidal anti-inflammatory drug, NSAID)를 처방받았는데, 이 약물은 특정 제약 회사에서만 출시되어 아직 환자에게 사용되지 않았기 때문에 환자는 추가 비용으로 50달러를 지불해야 했으며 아직 복제약도 나오지 않은 상황이었다. 환자는 이 소염제로 상당한 통증 감소 효과를 얻을 수 있었고 다른 약에 대해 관심을 갖지도 않았다. 환자는 만족스러워했다. 다만, 비용이 그리 비싸지 않기를 바랐을 뿐이었다.

어떤 환자들은 만성질환 약물에 대한 추가 비용을 지불할 여유가 있지만 그 약물에 만족하지 못하고 추가 비용에 대해서 지속적인 불만을 표현할 수 있다. 이러한 불만은 스스로 괜찮다고 느끼기 때문에 약의 필요성이나 중요성을 이해하지 못하고 있다는 것을 암시한다. 이런 환자들은 자신이 힘들게 번 돈을 더 중요하다고 생각하는 일에 쓰고 싶다고 말하고 있는 것이다.

치료 비용이 문제가 된다고 말하는 환자들에게 공감적으로 말하는 것과 그 문제를 재구조화하는 것은 위에서 언급한 것과 같이 환자를 세 가지 유형으로 구분할 수 있게 해준다. 다음의 사례는 이를 보여 준다.

환자: (처방전을 건네주면서) 이 약은 비용이 어떻게 되나요?

HCP: 추가로 50달러 비용이 청구됩니다.

환자: 50달러라고요? 세상에, 너무 비싸네요.

HCP: 네, 높은 비용이죠.(반영하기) 이 약을 조제해 가는 데 비용이 문제가 되나요?(정보 이끌어 내기) 환자분이 약을 짓지 않고 그냥 가게 되는 것을 원치 않아요.

환자: 사실 이 약이 필요한지에 대한 확신이 없는데 그렇게 많은 돈을 지불해야 하는 지 잘 모르겠어요.

HCP: 이 약이 필요한지에 대해 다소 의문이 드시는군요.(공감)

환자: 네, 그렇죠. 사실 전혀 문제가 있다고 느껴지지 않아요. 요즘 의사들은 뭐든 약으로 해결하려고 하는 것 같아요. 그래서 이 약이 심지어 필요한 것인지 때론 의심이 들어요.

HCP: 스스로 괜찮다고 느끼고 있는데 약이 많이 처방되었다는 것을 고려해 볼 때 이 약이 정말로 필요한 것인지, 특히 약이 너무 비싸기 때문에 의구심을 갖고 있는 것이군요.(재구조화)

환자: 정확해요.

HCP: 이 약을 처방하는 이유에 대해 의사가 어떻게 이야기하던가요?

환자: 저더러 당뇨병이라고 했지만, 전 이해하기가 어렵더라고요.

HCP: 보통은 이상이 있다고 느껴지지 않기 때문이겠군요.

환자: 네, 그리고 우리 가족 중에도 당뇨병이 있는 사람도 없었고요.

HCP: 그래서 그 진단에 대해서도 의구심을 가지고 있겠군요.

환자: 그렇게 생각하고 있죠.

HCP: 그렇다면 그 진단에 대해 신뢰하기 위해서는 무엇이 필요한가요?

환자: 전 다만 이런 결과가 나올 거라고 상상도 못 했어요.

HCP: 초기 당뇨병 환자들은 증상이 없기 때문에 당뇨병이라는 진단을 받고 놀랄 수 있어요. 하지만 치료하지 않고 그냥 두면 순환계 문제와 실명, 신부전과 같은 심각한 문제가 발생할 수 있어요.

환자: 의사가 그렇게 말하더라고요.

HCP: 그렇군요. 지금은 이 모든 것들이 환자분에게는 전혀 예상할 수 없었던 충격이라는 말씀이군요.

이 대화는 얼마든지 다른 방향으로 진행될 가능성이 있었다. 초기에 건강관리전문가는 추가 비용 때문에 환자가 약 복용을 어려워했는지를 탐색하기로 대화의 방향을 설정했다. 그리고 건강관리전문가는 공감, 탐색, 재구조화를 통해서 표면적으로는 단순히 추가로 부담해야 하는 비용에 대해 불만을 가지고 있는 것으로 보였던 환자에 관해 많은 부분을 배우게 되었다.

"저는 아직 담배를 끊을(또는 운동을 할, 체중을 감량할, 약을 복용할) 준비가 안 됐어요." 경우에 따라서는 환자들이 변화를 고려할 준비가 아직 안 되어 있을 수도 있다. 재구조화는 이런 환자들이 준비되도록 유용하게 활용될 수 있다. 다음은 '울타리 너머로 보기'[2)]라고 부르는 재구조화 방식이 사용된 대화이다.

환자: 담배가 나쁘다는 것을 알아요. 끊어야 한다는 것도 알고요.

HCP: 한편으로는 흡연이 환자분의 심장과 폐, 순환계에 심각한 건강 문제를 일으킬 수 있다는 점을 알고 있으면서 또 다른 한편으로는 담배를 끊겠다는 결정을 내리기가 어렵다는 말이군요.(반영하기)

환자: 맞아요. 저는 암이나 폐기종에 걸리고 싶지는 않지만 사는 데 스트레스가 너무 커서 담배를 끊을 수가 없네요.

HCP: 내일 아침 환자분이 일어났을 때 더 이상 흡연자가 아니라면 그 사실에 대해서 환자분은 어떤 점이 좋을 것 같나요?(울타리 너머로 보기)

환자: 이야, 우선 숨이 안 차겠죠. 옷에서 냄새가 나지도 않을 거고요. 담뱃값이 비싸니까 그 대신 저에게 더 나은 것들을 하는 데

쓸 수 있는 돈이 있겠죠. 암이나 폐기종에 걸리지 않을 거고요. 많은 점들이 좋아지겠죠.

HCP: 금연을 하면 따라오는 많은 이점, 그러니까 건강과 경제적인 부분에서의 이점들에 대해서 알고 있군요. 환자분은 이미 숨이 차는 문제를 겪고 있고, 그래서 폐에 어떤 문제가 있는 것은 아닌지 걱정하고 있군요.(반영하기)

환자: 그렇죠. 그게 제가 걱정하고 있는 점이에요. 하지만 여전히 스트레스는 받을 거예요.

HCP: 그 말씀은 스트레스를 다룰 만한, 담배가 아닌 다른 방법을 찾는다면, 담배를 끊거나 줄이는 것에 대해 생각할 수도 있다는 말씀 같네요.(조건부 결심공약으로 재구조화)

환자: 최소한 확실히 줄이기는 하겠죠.

이 대화에서, 환자는 일반적인 금연의 중요성에 대해서 이해하고 있지만 담배가 스트레스를 완화시켜 주기 때문에 담배를 끊는 것에 양가감정을 가지고 있다. 이 지점에서 환자의 결정 저울은 암묵적으로 인정하는 금연의 일반적인 이유와 스트레스 해소라는 개인적인 필요성 사이에서 균형을 잡고 있다. '울타리 너머로 보기'를 통해서 환자는 더욱 생생하고 개인적으로 중요한 금연의 이점을 열거했다. 이러한 개인적인 수준으로의 이동은, 변화에 대한 환자의 결심공약을 강화할 수 있다. 대개 건강관리전문가는 다른 환자들이 말했던 추가적인 이점들을 말해도 좋을지 허락을 구하고 환자에게 이러한 이점들 중 어느 것이라도 그에게 적용되는지에 대해 질문할 것이다. 이 모든 것들은 변화 방향으로 결정 저울이 기울어지도록 하는 데 매우 중요할 수 있다. 이 대화에서 주목할 부분은 환자가 다시 스트레스 문제로 돌아왔지만 건강관리전문가는 이를 조건부 결심공약으로 재구조화했다는 사실이다. 이 두 가지 형태의 재구조화를 통해 환자는 이제 변화를 숙고하고 있다.

"그렇게까지 나쁘지는 않아요." 예를 들면 혈당이나 혈압을 높은 수준으로 그대로 내버려 둘 경우에 생기는 결과를 고려할 때 환자들은 대개 개인적인 것보다는 일반적인 결과에 대해서 생각하는 경우가 많다. 그리고 이는 자신이 처한 상황의 심각성을 축소시키게 되는 결과로 이어지기 쉽다. 재구조화는 환자가 일반적인 결과에서 자신의 일상생활에서의 구체적이고 개인적인 결과로 주의를 옮기도록 하는 데 사용될 수 있다. 다음은 이에 대한 예시이다.

환자: 네, 의사는 제 혈압이 높아지고 있다고 이야기하고는 제가 담배를 피우는 것과 약을 복용하지 않는다는 사실에 대해서 이런저런 잔소리를 하더라고요. 일주일에 몇 번 빼먹었을 뿐인데 말이지요. 보세요, 담배 피우는 것만 빼면 제 상태는 정말 괜찮아요.

HCP: 의사가 담배를 끊으라고 하고 매일 처방약을 복용하라고 한 말에 압박감을 느끼셨군요. 그다지 고맙게 생각되지도 않았고요. 게다가 몸 상태도 좋기 때문에 정말로 큰 문제가 있는 것인지에 대해 의구심을 가지고 있군요.(공감, "그래서 의구심을 가지고 있군요."라는 말로 재구조화)

환자: 맞아요. 제 생각에는 의사가 사소한 문제를 너무 과장해서 말하는 것 같아요.

HCP: 의사가 말하는 정도로 나쁘지는 않아 보인다는 거군요.(반영하기)

환자: 그렇죠!

HCP: 어떤 부분이 달라지면 처방된 대로 약을 복용하는 것과 금연을 고려하게 될까요?(탐색하기)

환자: 모르겠어요. 아마도 문제의 증상이나 그런 비슷한 것들이 나타난다면 고려해 볼 것 같네요.

HCP: 만약 내일 아침에 깼을 때 뇌졸중으로 병원에 누워 있는 자신을 발견하게 되었는데, 뇌졸중 때문에 부분적인 마비 증상이 있고, 말하는 것도 어려운 상태라면, 어떨 것 같은가요?("만약 ~라면 어떻게 될까요?"라는 표현으로 재구조화하기)

환자: 끔찍하군요. 저는 법정 변호사예요. 제가 하는 일에 엄청난 타격을 주게 되겠지요. 에이, 저에겐 아직 아무 증상도 없는걸요.

HCP: 아무런 증상이 없다는 점이 이런 상상을 힘들게 하는군요.(반

영하기)

환자: 네.

HCP: 관련된 정보들에 대해 이야기를 좀 나눠도 될까요? 그러고 나서 그 정보에 대한 환자분의 생각을 말해 주면 좋을 것 같아요. (허락 구하기)

환자: 네, 그러죠.

이 상황에서 환자는 자신의 고혈압 때문에 담배를 끊는다거나 약을 매일 복용할 준비가 되지 않았다. 환자는 어떠한 증상도 느껴지지 않고 신체적으로도 건강하다고 생각하고 있기 때문에 금연이나 약을 복용하는 것에 대해 그렇게 중요하게 생각하지 않았던 것으로 보인다. 건강관리전문가의 반영과 공감, 탐색 그리고 "만약 ~라면 어떻게 될까요?"라는 질문에 대해서 생각해 볼 것을 요청하는 재구조화 이후에 환자는 기꺼이 자신이 인식한 첫 번째 증상이 치명적인 뇌졸중이나 심장발작이 될 수 있는 이유에 관한 추가적인 정보를 받는 것에 동의했다.

결론을 내리며. 이 장에서는 환자가 자신의 상황 이해를 재평가해 보는 데 도움을 주기 위해서 재구조화를 사용하는 방법을 탐색해 보았다. 환자의 전문성을 존중하고 이를 환자에게 반영해 줌으로써, 건강관리전문가는 환자가 새로운 관점으로 자신의 건강 행동에 관한 문제나 우려되는 점을 보도록 요청하기 위해서 재구조화를 효과적으로 사용할 수 있다.

✳ 생각해 볼 질문

1. 재구조화는 환자의 저항이나 양가감정만을 탐색하는 것과 어떻게 다른가?
2. 어떤 유형의 재구조화가 당신이 환자와 상호작용하는 데 도움이 될 것이라고 생각하는가? 그리고 그 이유는 무엇인가?
3. "~에 대해 의구심을 갖고 있군요."라는 표현의 적절한 활용에 대해 논의해 보라. 이 표현을 사용하는 것의 이점은 무엇인가? 이 표현을 사용하기에 부적절한 때는 언제인가?

참고 문헌

1. Miller WR, Rollnick S. *Motivational Interviewing: Preparing People to Change Addictive Behavior*. New York: Guilford Press; 1991:107-9.
2. Rollnick S, Mason P, Butler C. *Health Behavior Change*. London: Churchill Livingstone; 1999.

Motivational Interviewing

CHAPTER 8

동기강화상담의 후반부 과정

제6장과 제7장에서 우리는 동기강화상담 전반부의 두 단계, 즉 라포 형성하기에서 정보 제공으로 이행하는 방법으로서 환자의 이슈를 재구조화하는 것에 관해 논의했다. 이 장에서는 (우리가 동기강화상담이라고 부르는) 전문성을 표환하는 과정의 후반부에 대한 논의를 다루려 한다.

3. **환자의 상황 이해를 다루는 정보 제공에 대한 허락 구하기.** 허락을 구하는 것은 환자의 상황 이해에 '문제를 일으키기' 위한 새로운 정보를 제공하는 단계로 이동하게 해준다.
4. **새로운 정보 제공하기.** 이 정보는 반드시 환자가 가진 상황 이해를 구체적으로 다룰 수 있는 것이어야 하며, 환자로 하여금 자신이 현재 상황에 대해서 어떻게 이해하고 있는지에 대해서 다시금 생각해 볼 수 있도록 이끄는 것이어야 한다.
5. **새로운 정보에 대한 환자의 생각 질문하기.** 정보를 제공하고 난 후에는 환자가 이를 어떻게 생각하는지 확인할 필요가 있다. 새로운 정보로 인하여 변화에 대한 환자의 생각은 어떻게 달라졌는가? 이 질문을 통해서 다음 단계로 가야 하는지 또는 환자가 고려해 봐야 하는 추가 정

보가 무엇인지에 관한 정보를 얻을 수 있다.

6. **요약하기와 다음 단계 논의하기.** 새로운 정보에 대한 환자의 반응에 기초하여 지금까지 당신이 이해한 것을 요약한다. 만약 새로운 정보가 환자의 상황 이해를 변화시키고 변화로의 결심을 더 강하게 만들었다면 이러한 상황 이해의 변화를 반영하거나 인정하고 다음으로 환자가 하고자 하는 것이 무엇인지에 대해서 논의한다.

허락 구하기

세 번째 단계는 '환자의 상황 이해와 관련된 정보를 제공해도 되는지 허락을 구하기'이다. 환자의 걱정과 상황 이해를 정확하게 반영한 후 환자에게 새로운 정보를 제공해도 되는지에 대해 허락을 구하는 것은 상대방에 대한 존중을 표현하는 것이다. 예를 들어, "추가 정보를 말씀드려도 될까요? 그리고 그 정보에 대해서 어떻게 생각하는지 말해 주시면 좋을 것 같아요. 어떠세요?", "마음에 걸리는 부분이 좀 있는데 말씀드려도 될까요? 그리고 그 부분에 대한 환자분의 생각을 말해 주면 좋을 것 같아요." 또는 "환자분이 걱정하는 부분과 관련된 정보를 이야기해도 될까요? 그리고 그 내용이 환자분의 경우에 얼마나 맞는지 이야기해 주시면 좋겠어요. 어떤가요?"라는 방식으로 허락을 구할 수 있다. 허락을 구하는 것은 환자의 자율성을 존중하는 것이고 체면을 손상시키지 않으며 결정을 하는 사람은 환자라는 점을 환자가 알 수 있도록 해 준다. 이는 환자를 파트너로 대하는 것이다. "당신의 생각을 말씀해 주실 수 있을까요?"라는 말을 더하는 것은 새로운 정보에 대한 환자의 생각에 당신이 관심이 있으며, 궁극적으로 결정은 환자의 몫이라는 점을 당신이 이해하고 있다는 사실을 환자에게 알려 준다.

우리는 허락을 구하는 한 방식으로 '보험 증서'라는 방법을 개발했다. 때때로 변화에 대한 환자들의 저항은 실제로 위험할 수 있는 잘못된 정보 또는 신념(또는 상황 이해)에 기초하고 있다. 예를 들어, 여러 만성질환들의 경우 증상이 없기 때문에 환자는 이런 경우 자신이 위험하다고 생각하지 않고 치료를 받지 않기로 결정할 수도 있다. 환자들은 "제 당뇨는 그렇게 심하지 않아요.", "제 혈압은 그렇게 높지 않아요.", "약을 먹을 필요까지는 없어요.", "전 그렇게 체중이 많이 나가는 것은 아니에요." 또는 "담배를 그렇게 많이 피우진 않아요. 그건 문제가 아니에요."라는 말을 할 수 있는데, 실제로 이 말들은 모두 심각한 위험을 내포하고 있다. 특히 환자의 이런 말에 불안감을 느끼게 될 때, 우리는 허락을 구하지 않고 환자의 생각을 바로잡고 싶은 마음이 들게 된다. 그리고 그 결과, 환자의 체면을 손상시키고 환자는 방어적이 되기 쉽다. 보험 증서 방법은 불안감이 건강관리전문가에게 영향을 주어 환자를 '고치거나' '구해야 한다'고 생각하게 하는 것을 방지하는 데 유용하다. 이 보험 증서는 간단히 말하면 환자에게 "제가 우려되는 부분을 말씀드려도 될까요?"라고 말하는 것이다. 실무에서 건강관리전문가는 불안감을 환자를 교정하는 것 대신에 보험 증서를 사용하라는 자극으로 활용할 수 있다. 동기강화상담에 더 익숙해지고 공감하는 것과 정보 제공을 위한 허락을 구하는 것에 더 편안해질수록 이 보험 증서를 사용할 필요성은 줄어들게 될 것이다. 그때까지는 환자의 건강에 잠재적으로 위험할 수 있다고 판단되는 진술을 환자가 말했을 때 건강관리전문가가 느끼는 불안감을 극복하는 데 이 도구가 유용하게 사용될 수 있다.

지금까지 정보를 제공하거나 우려를 표현할 때 허락을 구해야 하는 이유에 관해 논의해 왔는데, 반대로 허락을 구하는 것이 역효과를 낳을 수 있는 상황도 있다. 허락을 구할 때 환자가 거절할 것이 분명하다고 생각되지만 환자가 고려해야 하는 새로운 정보를 제공하지 않는 것은 윤리적 위반일 수 있다는 사실을 건강관리전문가가 알고 있는 경우이다. 이와 관련하여 제6장에서 살펴본, 와파린을 복용하면서 관절염 때문에 아스피린도 복용하기를 고집하고 이에 대해서 의사에게 모니터링도 받으려고 하지 않는 환자 Smith의 사례를 생각해 볼 수 있다. 아스피린을 계속 복용하면서 모니터링을 받지 않겠다는 그 환자의 결정은 잠재적으로 위험한데, 왜냐하면 와파린과 함께 아스피린을 복용하는 것은 치명적인 과다 출혈을 야기할 수 있기 때문이다. 그 대화(168쪽 참조)에서 건강관리전문가는 환자의 상황 이해를 반영한 후에 정보를 제공하는 것에 대해 허락을 구했고 환자는 이에 마지못해 동의했다. 만약 그 사례에서 건강관리전문가가 환자가 정보를 거절할 것이라고 생각했다면, 건강관리전문가는 출혈에 대한 심각한 우려와 그 일이 어떻게 일어날 수 있는지에 대해서 환자에게 매우 신중하고 차분하게 이야기했을 것이다. 그 후에 환자에게 이 정보가 모니터링을 받는 것에 대한 환자의 생각에 어떤 영향을 미쳤는지를 질문했을 것이다. 이 정보를 제공하지 못하게 되는 것은 환자에게 위험할 뿐만 아니라, 비윤리적일 것이다.

허락을 구했는데 환자가 거절한다면, 우리는 환자에게 발생 가능한 위험에 따라 두 가지 반응 중 한 가지를 추천한다. 만약 아스피린과 와파린의 사례에서와 같이 정보를 제공하지 않는 것이 환자에게 심각한 위험을 야기한다면 건강관리전문가는 "궁극적으로 결정은 환자분의 몫이지요. 그 사실은 환자분도 아실 거라 생각해요. 모니터링을 하지 않으면서 아스피린을 복용하는 것에 대해서 심각하게 우려가 되네요. 과다출혈로 사망할 수도 있어요. 환자분이 아스피린과 와파린을 지속적으로 함께 복용하고 있으며 모니터링을 위해서 병원에 가지 않을 거라는 사실을 의사에게 알려야 할 것 같다는 생각이 강하게 들어요. 미리 막을 수 있었는데 환자분이 심각한 해를 입거나 사망에 이르게 된다면 이는 정말로 비극이겠지요. 그런 일이 환자분에게 일어나지 않기를 바랍니다."라고 말할 수 있다. 환자는 당신이 허락을 구하고 정보를 제공하는 것을 어찌되었든 즐겁게 생각하지 않을 수 있다. 하지만 이러한 정보를 제공함으로써 환자의 생명을 구할 수도 있다. 이 방법은 반드시 배려와 돌봄의 마음으로 사용되어야만 한다.

반면에, 환자의 저항이 즉각적인 위험을 야기하지는 않겠지만 장기적으로는 환자에게 위험을 야기할 수 있는 경우에는 다음과 같은 접근법을 사용할 수 있다.

환자: 그 약은 먹겠지만 그 외에 다른 건 기대하지 마세요. 운동은 하지 않을 거고요, 제가 기존에 먹던 대로 먹으려고요. 혈당은 이 약으로 관리하려고요.

HCP: 약을 드시겠다는 말을 들으니 좋군요. 당뇨를 관리하는 데 있어 약을 복용하는 것은 중요한 단계지요.(인정하기) 신부전이나 심장 질병, 순환계 질병 같은 심각한 합병증을 피하기 위해서 혈당을 낮추는 데 어느 정도의 신체 활동과 건강한 식습관이 도움이 되는지에 관해서는 어떻게 알고 계신가요?(탐색

하기)

환자: 그다지 궁금하지 않아요. 약으로도 충분할 거예요.

HCP: 약으로 관리가 되는데 그 외에 다른 것을 해야 하는 이유에 대해 의구심을 갖고 있군요.("의구심을 갖고 있군요."라는 말로 재구조화)

환자: 그렇죠.

HCP: 그건 아주 중요한 의문이에요. 환자분의 의문에 답이 될 수 있는 정보를 말씀드려도 될까요? 그리고 그 정보에 대해서 환자분이 어떻게 생각하는지 이야기해 주시면 좋을 것 같은데 어떠세요?(정보 공유 요청하기)

환자: 아니요, 괜찮아요. 약은 먹겠지만 전 그 외에 다른 건 하지 않을 거예요.

HCP: 그렇군요. 약을 복용하겠다는 결심이 확고하니 정말 다행이군요. 꼭 혈당 변화는 계속적으로 지켜보길 당부드릴게요. 피할 수 있는 심각한 합병증이 생기는 일이 정말 없길 바랍니다.

환자: 네.

이 상황에서, 정보 공유에 대해서 환자가 '거절'하는 것을 무시하는 것은 신중하지 못한 반응인데, 왜냐하면 이는 관계성 저항과 체면 손상을 야기할 수 있기 때문이다. 이런 경우에는 약을 복용하겠다는 환자의 결심을 진심으로 지지하고, 그러고 나서 예방할 수 있는 합병증에 대한 우려를 표현하는 것이 적절할 것이다.

이 두 상황에서 환자와의 상호작용과 환자에게 조언하고자 했던 당신의 시도에 대해서 환자 기록에 적어 두는 것이 중요하다. 두 상황에서 환자들이 모두 처방된 약을 기꺼이 복용하려고 했다는 점을 간과하지 말아야 한다. 특정 행동을 하거나 특정 행동을 하지 않는 것이 해로울 수 있다고 하더라도 건강 행동에 대한 자기효능감을 지지하는 것은 중요하다. 또한 단지 행동뿐만 아니라 생각에 대한 자기효능감을 지지하는 것도 중요하다. 예를 들어, 환자가 "저는 혈압을 낮추기 위해 체중을 줄이는 것에 대해서 생각해 왔어요."라고 할 경우, "훌륭하네요, 체중을 얼마나 줄이고자 하나요?" 또는 "언제부터 체중을 줄일 건가요?"라고 말하고 싶은 유혹이 들 수 있다. 환자는 체중 감량에 대해 생각하고 있지만, 이것이 환자가 무언가를 할 준비가 되었음을 의미하는 것은 아니다. 환자 말의 뜻에 주목하고 이를 탐색하는 것이 중요하다. 예를 들면, "혈압을 낮추기 위해 체중 감량에 대해서 생각하고 있다는 말을 들으니 기쁘네요. 이와 관련해서 더 생각해 본 것에는 무엇이 있나요?"라고 반응할 수 있다. 그러고 나서 환자의 말을 주의 깊게 경청한 후 이를 다시 반영해 주는 것이 좋다.

새로운 정보 제공하기

'새로운 정보 제공하기'는 네 번째 단계에 해당한다. 환자의 상황 이해에 이견을 제기하기 위해서 제공하는 새로운 정보는 세 가지 기준을 충족해야 한다. 우선, 환자의 상황 이해를 다룰 수 있는 것이어야 한다. 그리고 반드시 환자가 이해할 수 있는 것이어야 한다. 마지막으로 반드시 중립적으로 표현되어야만 한다. 다음에 이어지는 내용은 이 세 가지 기준에 대한 논의를 담고 있다.

환자의 상황 이해와 이를 다루기 위해서 제공되는 정보는 '자물쇠와 열쇠'로 묘사될 수 있다. 질병이나 치료에 대한 환자의 상황 이해는 환자가 현재 상태를 유지하도록 한다. 즉, '자물쇠를 잠그는 것'과 같은 역할을 한다. 우리가 제공하는 정보는 변화가 가능하도록 자물쇠를 여는 열쇠의 역할을 해야 하는데, 이때 이 정보는 그 자물쇠에 맞는 열쇠여야 한다. 예를 들어, 환자가 "저는 과체중이 아니에요. 과체중도 아닌데 왜 혈압을 낮추기 위해서 운동을 해야 하는 건가요? 운동을 좋아하지 않아요."라고 말할 수 있다. 라포가 형성된 이후에 제공하는 정보는 과체중이 아니더라도 신체 활동의 증가가 혈압을 낮추는 데 도움이 되는 이유에 대한 것이어야 한다. 혈압과 뇌졸중, 심장마비에 관한 일반적인 정보는 정확하다고 하더라도 그 자체가 환자의 의문을 다룰 수 있는 것은 아니다. 아마도 이 경우에는 "정말로 좋은 질문이네요. 걷기와 같은 신체 활동은 그 양이 적다고 하더라도 심장 박동 수를 높이고 심장 근육을 강화해 주는 효과가 있어요. 심장이 더 튼튼해질수록 더 적은 힘으로 심장이 혈액을 내보낼 수 있게 되고, 그 결과, 실제로 동맥에 미치는 혈압이 낮아지게 되는 것이지요. 뇌졸중과 심장마비의 위험성도 낮춰 주고요. 이 정보를 듣고 난 지금 걷기와 같은 신체 활동을 추가하는 것에 대해서 어떤 생각이 드나요?"라고 반응하는 것이 적절할 것이다. 이와 같은 반응은 환자가 추후에 질문을 하도록 촉진해 주는 것이고, 환자의 생각을 직접적으로 다루는 것이다. 뿐만 아니라 정보를 제공한 후에 새로운 정보가 신체 활동 추가에 대한 환자의 생각에 어떤 영향을 주었는지에 대해서 질문하는 것도 놓치지 않고 있다.

환자가 실제로는 과체중인데도, "저는 과체중이 아니에요. 제가 과체중이라고 생각하세요?"라고 말한다면, 건강관리전문가는, "환자분이 체중을 줄이면 심장에 스트레스가 감소하고 혈압도 낮아지며 그 결과 뇌졸중이나 심장마비의 위험성도 감소하게 됩니다. 어떻게 생각하나요?"라고 말할 수 있다. 이는 환자의 실제 체중이 아니라 체중 감량을 해야 하는 이유에 초점을 맞춘 것이다.

제공하는 정보는 환자에게 이해되는 것이어야 하며, 따라서 가능한 한 전문용어의 사용을 피하는 것이 중요하다. 때로 건강관리전문가는 하이퍼텐션(hypertension 고혈압), 하이퍼리피데미아(hyperlipidemia, 고지혈증), PPI(proton pump Inhibitor, 위산 억제제)와 같은 용어를 사용하는데, 고혈압, 고지혈증, 위장약과 같은 용어를 사용하는 것이 대부분의 경우에 적절하며 환자가 이해하기에도 좋다. 체면이 손상되지 않기 위해서 환자들은 자신이 의학 전문용어를 이해하지 못한다는 사실을 건강관리전문가에게 알리지 않을 수 있다. 일상 용어를 사용하는 것은 환자가 이미 알고 있고 중요하다고 여기는 기존의 정보와 새로운 정보를 연결하는 데에도 좋다. 만약 그렇지 않으면 새로운 정보는 환자의 상황 이해에 영향을 주지 못할 것이다.

정보는 중립적인 형태로 표현되어야 한다. 특히 환자의 의학적 상태에 대한 정보를 제공할 때 건강관리전문가는 이 정보로부터 환자가 이끌어 내야 하는 결론을 진술하거나 암시하는 권위적인 형태로 이를 표현하기 쉽다. '해야 한다'와 같은 용어는 환자들을 방어적으로 만들고 저항을 일으킨다. 의학적 정보가 최상의 효과를 나타내려면 이는 사실을 전달하는 단순한 문장의 형태이면서 중립적으로 표현되어야 한다. 만약 그 정보가 환자의 이슈를 정확하게 다루는 것이며, 환자가 이해하기에 충분히 명확하고 쉽게 표현되었다면, 환자는 자연스럽게 자신의 결론에 대해서 다시 생각해 보고 싶은 충동을 느낄 것이다. 만일 환자가 이러한 충동을 느끼지 않는다면 다음 단계는 이 정보에 대한 환자의 생각을 질문하는 것이 될 것이다. 다음에 이어지는 두 가지 사례는 제거될 필요가 있는 '해야 한다'라는 표현을 단순한 정보에 덧붙여 놓은 예시를 보여 준다.

"당신은 ~를 이해해야 합니다.", "~인 것을 알지 못하나요?", "당신은 ~을 알 필요가 있습니다." 이와 같은 문장으로 관련된 의학 정보를 말하는 것은 환자가 무엇을 생각해야 할지에 대해서 당신이 가장 좋은 판단을 할 수 있다는 것을 강하게 암시한다. 더 나아가 환자가 이 정보를 정말로 이해한다면 환자도 당신이 내린 것과 같은 결론을 내리게 될 것이라는 의미를 내포하고 있다. 이 문제를 해결하는 방법은 이와 같이 권위적인 말이 아닌 단순한 진술로 정보를 공유하는 것이다. 따라서 "환자분은 고혈압으로 인해서 심각한 뇌졸중이나 심장발작이 올 수 있는 위험이 높은 상태에 있다는 사실을 알아야 할 필요가 있어요."라는 표현은 "고혈압 때문에 환자분은 심각한 뇌졸중이나 심장발작의 위험에 놓여 있네요."라고 바꾸어 표현할 수 있을 것이다.

"당신의 목표는 ~ 수치를 ~ 이하 수준으로 낮추는 것입니다." 또는 "당신은 수치를 ~ 이하로 낮출 필요가 있습니다." 이러한 진술은 대개 예를 들면, 고혈압과 당뇨병 치료에 대한 국가 기관의 기준과 같이 명시적으로 제안된 치료 가이드라인과 같은 목표(예: 혈압을 140/90 이하로 낮추기, A1c 수치를 7.0 이하로 낮추기)를 담고 있다. 환자와 대화할 때 이러한 목표를 제안하게 되기 쉬운데, 문제는 이러한 표현이 환자가 결정해야 하는 것을 건강관리전문가가 대신하는 것이기 때문에 환자를 방어적으로 만들고 체면의 손상을 야기할 수 있다는 점이다. 치료 목표는 합병증의 위험성을 유의미하게 감소시키는 최소한의 기준점을 안내하는 것으로 바꾸어 표현되어야 한다. 즉, "당신의 목표는 LDL 수치를 100 이하로 낮추는 것입니다."라는 표현은 "LDL 수치가 100 이하로 낮아지면 뇌졸중이나 심장발작의 가능성이 눈에 띄게 낮아집니다. 당신의 LDL 수치는 150인데 이는 뇌졸중이나 심장발작의 위험성을 매우 크게 높입니다. LDL 수치를 낮추는 것에 대해서 어떤 생각이 드시나요?"라는 표현으로 바꾸는 것이 좋다.

비유 사용하기

비유는 새로운 개념과 정보를 환자가 이해할 수 있도록 전달하는 효과적인 방법이다. 비유는 환자들이 자신의 질병, 치료 방법 또는 건강 행동의 변화와 관련된 추상적인 개념들을 이해하는 데 도움이 될 수 있다. 비유를 적절하게 사용하면 이는 생각(인지)에 자극을 주고 환자들이 가지고 있는 헷갈리거나 잘못 이해하고 있는 개념들을 명료하게 해주어 환자로 하여금 새로운 결론을 내릴 수 있거나 제안된 것을 더욱 잘 이해할 수 있도록 해준다. 비유는 다음과 같은 점들에 유의하여 사용한다면 더욱 효과적일 수 있다.

- ❑ 비유는 (환자에게 추상적이거나 혼란을 주는) 새로운 아이디어나 개념을 환자가 이미 이해하고 있거나 알고 있는 지식과 연결해 줄 수 있는 것이어야 한다. 이러한 연관성은 환자의 경험과 교육 수준과 일치되어야 하며, 그럴 때 환자는 이 비유를 합리적이고 실제적이며 적절한 것으로 받아들일 수 있다.
- ❑ 비유의 핵심은 환자가 고민하고 있는 특정 이슈를 직접적으로 다루는 것이어야 하고, 환자가 직면하고 있는 문제를 환자가 선명하게 인식하는 데 도움이 되는 것이어야 한다.
- ❑ 비유의 중심에 있는 비교 또는 대조는 명확해야 하고 일관성이 있어야 하며 논리적이어야 한다. 새로운 개념의 특성은 환자가 이미 알고 있는 특성과 일치하는 것이어야 한다. 환자가 비교 논리에 대해서 혼란스러워한다면 비유의 효과는 사라질 것이다.

다음에 이어지는 대화는 비유를 효과적으로 사용하는 방법을 보여 준다. 51세인 Bill Reynolds는 매일 3~5km씩 달린다. 그는 매우 탄탄한 몸을 가졌고 저염식단을 잘 지키고 있으며 체지방도 15% 미만으로 유지하고 있다. 두 번의 병원 방문을 통해서 의사는 몇 차례 그의 혈압을 측정했는데, 혈압은 여전히 높은 상태였다. 의사는 높아진 혈압에 대한 처치로 약한 이뇨제를 처방했다. 환자는 이 처방전을 약사에게 제시했다.

환자: 의사가 제 혈압이 145/95라고 했어요. 그는 제 치료 목표가

140/90이고 130/80이면 더 좋을 것이라고 하더군요. 저는 그 목표에서 그렇게 많이 벗어난 것 같진 않은데, 이 약을 꼭 먹어야 하는 건가요?

약사: 제가 제대로 기억하고 있다면, Raynolds 씨는 매일 조깅을 하고 건강한 생활습관을 가지고 있는 것으로 알고 있어요. 그리고 혈압이 140/90에서 크게 높지 않기 때문에 혈압을 낮추기 위해 이 약을 꼭 먹어야 하는지에 대해 의구심을 갖고 있는 것 같네요.

환자: 맞아요. 컨디션도 상당히 좋고 소금 섭취에도 주의를 기울이고 있어요. 목표치에서 많이 벗어났다고 생각되진 않네요.

약사: 좋은 의문이에요. 그 의문에 대한 답이 될 수 있는 이야기를 드려도 될까요? 그러고 나서 그에 대해서 어떤 생각이 드는지 이야기해 주면 좋을 것 같아요. 괜찮을까요?

환자: 그럼요, 물론이에요.

약사: 좋습니다. 비유를 사용하면 도움이 될 것 같네요. 혈압이 도화선이라면 뇌졸중이나 심장발작은 폭탄이 폭발하는 것으로 이야기할 수 있을 거예요. 혈압을 140/90으로 낮추게 되면 뇌졸중이나 심장발작의 위험성도 낮아지게 돼요. 여기서 문제는 비록 Raynolds 씨의 혈압이 140/90에서 많이 벗어나지 않았다고 하더라도 우리가 Raynolds 씨의 도화선 길이가 얼마나 되는지 모른다는 데 있어요. 유전적 요인, 가족력 그리고 그 밖의 다른 여러 요인들 때문에 어떤 사람은 긴 도화선을 가지고 있지만 어떤 사람들은 짧은 도화선을 갖고 있기도 해요. Raynolds 씨보다 혈압이 상당히 높은 사람이 매우 긴 도화선을 가지고 있을 수 있지요. 물론 Raynolds 씨의 도화선도 매우 길 수도 있어요. 다만 이를 확실하게 알 수 있는 방법은 없네요. 이 약은 혈압을 140/90으로 낮춰 줌으로써 Raynolds 씨의 도화선 길이에 상관없이 도화선이 온전히 유지되도록 도움을 줄 수 있는 것이지요. 그래서 선이 다 타버리지 않도록 말이에요. 이를 통해서 폭발, 그러니까 뇌졸중이나 심장발작의 발생 위험성을 낮추게

되는 것이에요. 이 약을 복용해서 폭발의 위험성을 낮추는 것이 자신에게 얼마나 중요한 것인지 결정을 내려야 해요. 저는 Raynolds 씨가 예방할 수 있는 뇌졸중이나 심장발작을 겪는 것을 보고 싶지 않네요. 이 이야기를 들으니 약을 복용하는 것에 대해서 어떤 생각이 드나요?

환자: 모르겠어요. 그렇게 설명해 준 사람이 이제껏 없었어요. 물론 제 도화선이 타버리지 않기를 바라지요.

약사: 저도 그러지 않기를 바랍니다.

환자: 그러면, 처방전대로 약을 조제해 주세요. 고마워요. 도움이 되었어요.

이 대화에서 몇 가지 주목해야 할 점이 있다. 비유를 사용하기 전에 약사는 환자의 의문("혈압이 140/90에서 크게 높지 않기 때문에 ~에 대해 의구심을 갖고 있는 것 같네요.")과 그 의문에 대한 타당성을 인정하는 것("좋은 의문이에요.")을 통해서 라포를 형성했다. 이는 환자가 추가 질문을 할 수 있도록 장려해 주고 질문하는 것에 대해 안전하게 느끼게 한다. 또한 약사는 이전에 습득한 환자에 대한 지식("Raynolds 씨는 매일 조깅을 하고 건강한 생활습관을 가지고 있는 것으로 알고 있어요.")을 활용하여 라포를 형성했고 환자와의 논의가 개인적인 수준에서 이루어질 수 있도록 했다. 이 정보는 조깅의 강도를 높이고 생활습관을 변화시키는 것만으로는 환자의 혈압을 낮추는 것이 어려울 수 있다는 점을 논의할 때에도 중요하다. 환자의 주된 고민은 이미 질문의 형태로 표현되었기 때문에, 환자의 질문에 응답하는 데 있어서 비유의 형태로 환자의 상황 이해를 다루기 위한 새로운 정보를 제공하는 것은 적절해 보인다. 이 사례에서 환자는 근본적으로 "제 혈압이 목표에서 그렇게 많이 벗어난 것 같지 않은데 새로운 약을 반드시 먹어야 하나요? 정말로 위험한 상태인가요?"라고 말하고 있다. 제공하는 새로운 정보는 반드시 이 질문을 다루는 것이어야 하는데, 그렇지 않으면 환자는 약을 복용하지 않겠다는 결정을 내리게 될 것이다. 단순히 "네, 약을 복용해야 해요." 또는 "네, 혈압이 올라간다는 것은 어찌되었든 잠재적으로 위험한 것이에요."라는 대답은 '왜?'라는 질문에 대한 충분한 답을 주지 못한다. 또한 주목해야 할 부분은 비유와 함께 문제("여기서 문제는 우리가 Raynolds 씨의 도화선 길이가 얼마나 되는지 모른다는 데 있어요.")를 제시한 후에 약사는 위험과 관련된 주제를 구조화하고 환자가 자기 스스로 결론을 내릴 수 있도록 했다("이 약을 복용해서 폭발의 위험성을 낮추는 것이 자신에게 얼마나 중요한 것인지 결정을 내려야 해요. 저는 Raynolds 씨가 예방할 수 있는 뇌졸중이나 심장발작을 겪는 것을 보고 싶지 않네요. 이 이야기를 들으니 약을 복용하는 것에 대해서 어떤 생각이 드나요?")는 점이다.

도화선과 폭발 비유는 효과적인 비유의 세 가지 기준을 충족시킨다. 도화선과 폭발은 환자에게 알기 쉽고 이해하기 쉽다. 환자는 불타 없어지는 도화선과 곧이어 폭탄이 폭발하는 것을 생생하게 느낄 수 있었으며, 환자의 도화선 길이가 얼마나 길지는 아무도 모른다는 부분은 혈압이 '그렇게 높지 않은' 환자가 여전히 위험할 수 있는 이유를 직접적으로 설명해 준다. 도화선과 폭발을 환자의 혈압과 뇌졸중 또는 심장발작에 비유하는 것은 전체적으로 논리적 일치성을 가진다. 이 비유는 매우 정직한 방식으로 문제를 설명하고 있는데, 건강관리전문가는 실제로 어떤 사람의 도화선 길이가 얼마나 되는지 모른다. 그리고 이는 환자가 위험할 수 있는 이유를 설명해 준다.

다음의 사례는 동일한 시나리오에서 효과적이지 않은 비유를 사용한 예시이다.

환자: 의사가 제 혈압이 145/95라고 했어요. 그는 제 치료 목표가 140/90이고 130/80이면 더 좋을 것이라고 하더군요. 저는 그 목표에서 그렇게 많이 벗어난 것 같진 않은데, 이 약을 꼭 먹어야 하는 건가요?

약사: 제가 제대로 기억하고 있다면, Raynolds 씨는 매일 조깅을 하고 건강한 생활습관을 가지고 있는 것으로 알고 있어요. 혈압이 140/90에서 크게 높지 않기 때문에 혈압을 낮추기 위해 이 약을 꼭 먹어야 하는지에 대해 의구심을 갖고 있는 것 같네요.

환자: 맞아요. 컨디션도 상당히 좋고 소금에도 주의를 기울이고 있어요. 목표치에서 많이 벗어났다고 생각되진 않네요.

약사: 좋은 의문이에요. 그 의문에 대한 답이 될 수 있는 이야기를 드

려도 될까요? 그러고 나서 그에 대한 대해서 어떤 생각이 드는지 이야기해 주면 좋을 것 같네요. 괜찮을까요?

환자: 그럼요, 물론이에요.

약사: 좋습니다. 비유를 사용하면 도움이 될 것 같네요. 만약에 차를 Raynolds 씨의 심장이라고 생각해 본다면 오일의 양이 너무 적어지거나 끈적거리지 않도록 충분히 자주 교체해 주는 것이 중요하지요. 만약에 그렇지 않으면 피스톤은 잘 작동하지 않고 엔진은 파열될 수 있어요.

환자: 제 혈압이 다소 높은 것과 오일을 교체하는 것이 어떻게 같다는 것인지 잘 모르겠네요.

약사: 음, 오일의 수준이 적정량보다 조금만 낮아진다고 하더라도 차에는 심각한 문제가 발생할 수 있어요.

환자: 죄송해요, 무슨 말인지 이해하기가 어렵네요. 제 혈압은 낮은 게 아니라 높다고요.

이 비유는, 효과적인 비유의 세 가지 기준 중 두 가지 기준을 위반하고 있다. 환자는 차에 대해서 알고 있었지만, 이 비유는 환자가 자신의 문제를 시각화하는 데에는 도움이 되지 못한다. 게다가 환자는 낮아진 오일 수준이 가져오는 손상과 약간 높은 혈압의 위험성 간의 직접적인 비교를 이해하지 못하고 있다. 문제는, 환자가 자신의 문제의 중요성과 심각성을 파악하는 데 있어서 이 비유가 정확한 비교를 제시하지 못한다는 것이다. 환자는 비유를 이해하려는 시도가 좌절되어 상당히 불편해하고 있다. 이 사례에서 환자는 비유가 의미하는 바에 대해 혼란을 느끼고 있다는 점을 표현했지만, 많은 경우 자신과 상대방 또는 두 사람 모두의 역량 체면이 손상되는 것을 원하지 않기 때문에 잘 표현하지 않을 수 있다. 우리는 특정 비유를 미리 동료와 친구들에게 이야기하고 이를 명확하게 이해하는지 여부를 확인해 보는 것을 추천한다. 그러고 나서 환자에게 이 비유를 시도해 보고 그들의 반응을 통해서 다시 그 비유를 확인하는 것이 좋다. 비유가 효과적으로 그 역할을 할 때까지 수정하는 작업이 필요할 것이다.

다음은 비유를 효과적으로 사용한 또 다른 사례이다. Tanya Smith는

43세로, 남학생 클럽하우스의 요리사이다. 그녀의 A1c 수치는 9.0에서 8.6 수준으로 떨어졌다. 그녀는 자신의 생활방식을 다소 변화시키기는 했지만 그 이상의 무언가를 더 하는 것에는 관심이 없다. 그녀는 운동을 하지 않고 빵과 파스타를 즐겨 먹는다. 그리고 처방에 따라서 약을 복용하고 있다.

환자: 보세요, 혈당 수치도 조금 내렸고 기분도 꽤 좋아요. 저는 제 삶에 만족하고 있고 더 이상의 변화는 없어도 될 것 같네요.

HCP: 먼저, 환자분이 이룬 변화를 축하드려요. 덕분에 혈당 수치도 낮아졌군요.

환자: 고마워요.

HCP: 혈당 수치가 유의미하게 변하도록 하려면 생활습관 면에서 많은 변화가 요구되지요.

환자: 맞아요. 전 이미 충분히 변화시킨 것 같아요. 말씀드린 것처럼 컨디션도 좋아요.

HCP: 이미 많은 부분을 변화시켰고, 컨디션도 좋기 때문에 현 시점에서 더 이상의 변화를 상상한다는 것은 어려운 일이지요.

환자: 제 말이요!

HCP: Smith 씨, 결정하는 것은 전적으로 환자분에게 달려 있어요. 괜찮다면 관련해서 정보를 드리고 싶은데 어떠세요? 그 후에 그 정보에 대한 환자분의 생각을 말해 주면 좋을 것 같아요. 어떤가요?

환자: 네, 말해 주세요. 하지만 저는 더 이상의 변화는 시도하지 않을 거예요.

HCP: 좋습니다. 환자분의 혈당 수치는 낮아졌어요. 우리가 알고 있는 것처럼 A1c 수치가 7.0 이하로 떨어지게 되면 신부전과 안과 질병, 순환계 문제와 뇌졸중이나 심장발작 등의 위험성이 확연히 감소하게 되죠. 환자분의 수치는 8.6으로 여전히 꽤 높은 편에요. 이는 앞에서 언급한 합병증의 위험성을 증가시키는 원인이고요. 문제는 우리 신체는 딱 정해진 양만큼의 당을 사용할 수 있다는 데 있어요. 그 후에 남은 당은 혈액 속에 남아

시감이 지남에 따라 축적되지요. 이는 마치 환자분의 혈관과 심장, 신장, 눈, 말초신경 등이 점점 더 많은 양의 시럽에 젖게 되는 것과 같아요. 처음에는 무엇인가 잘못된 것 같다는 느낌을 느끼지 못해요. 그러다가 일단 심각한 손상이 발생하면 증상이 나타나는데, 그때는 이미 너무 늦어요. 만약 팬케이크가 시럽에 젖은 것을 관찰해 본 적이 있다면 아시겠지만, 얼마 지나지 않아 팬케이크는 허물어져 내리기 시작하잖아요. 혈당이 올라가면 신체조직에 이와 같은 일이 일어나는 셈이지요. 지금 괜찮다고 느껴진다 하더라도 사실 매우 위험한 상태인 것이지요. 혈당을 더 낮추기 위해서 무엇인가 시도하는 것에 대해서 지금은 어떤 생각이 드나요? 제가 도울 수 있다면 좋겠네요.

환자: 이런 식으로는 생각해 본 적이 없어요. 저는 괜찮다고 느끼지만 이런 일이 제 몸에 일어나고 있다는 거잖아요?

HCP: 불행하게도 그래요. 수치를 7.0 이하 수준으로 낮추기 위해서 환자분이 무엇인가 한다면 이러한 심각한 합병증의 위험성도 실제로 감소하게 될 거예요.

환자: 제가 뭘 더 할 수 있을지 모르겠어요.

HCP: 무언가를 더 한다는 것이 부담이 되는 것 같네요.

환자: 네.

HCP: 저도 물론 불필요하거나 부담이 되는 것을 환자분이 하는 것을 원하진 않아요. 괜찮다면 혈당에 크게 영향을 줄 수 있는 몇 가지 간단한 방법들을 제안해도 될까요? 그 후에 그에 대한 환자분의 생각을 말해 주시면 좋을 것 같아요. 어떠세요?

환자: 네, 그럴게요.

이 환자는 이제 자신의 혈당을 낮추기 위해 추가적인 생활습관 변화를 고려해 볼 준비가 되어 있다. 어떻게 이런 일이 있어났는가? 첫째로, 약사(HCP)는 혈당을 낮추기 위해 그녀가 노력한 부분을 인정했다. 여전히 혈당 수치가 높은데도 약사는 "네, 하지만 여전히 너무 높네요."라고 말하고 싶은 유혹을 피하고 그 대신에 환자의 노력을 인정함으로써 라포를 형성하기 시작했다. 그다음에, 약사는 혈당을 낮추는 것이 쉬운 일이 아님을 인정했고 환자가 신경 쓰고 있는 부분, 즉 자신의 컨디션이 좋다고 느끼고 있으며 이미 충분한 변화를 실행했다는 생각에 대해서 요약했다. 그러고 나서 약사는 환자가 고려해 볼 만한 추가 정보를 제공하는 것에 대해 환자에게 허락을 요청했다. 환자는 마지못해 동의했고, 약사는 현재 상황을 요약해 주었다. 약사는 환자의 A1c 수치에 대한 지침을 제공했다. 즉, 약사는 환자에게, 당뇨 수치 A1c가 7.0. 이하로 낮아지면 위험성이 상당히 감소한다는 점을 이야기해 주었다. 여기에서 두 가지 점에 주목할 수 있는데, (1) 약사는 위험성 또는 합병증에 이름을 구체적으로 이야기함으로써 위험이 더 이상 모호한 것으로 느껴지지 않도록 했다('합병증'이라는 단어는 너무 모호하다). 그리고 (2) 약사는 환자에게 (예를 들면, "당신의 목표는 A1c 수치를 7 이하로 낮추는 것입니다."라는 식의) 목표를 부과하지 않았다. 다만 약사는 객관적으로 무엇이 사실인지를 진술했다. 이어서 약사는 환자가 진술하진 않았지만 마음에 가지고 있는 "혈당 수치는 낮아졌고 컨디션도 괜찮다고 느껴지는데, 어떻게 내가 위험한 상태에 있을 수 있는가?"라는 의문에 응답하기 위해서 비유를 사용했다. 시럽 비유는 효과적이었는데, 왜냐하면 환자는 시럽이 어떻게 팬케이크를 분해시키는지를 이해할 수 있고 상상할 수도 있었기 때문이다. 마지막으로, 이 비유는 환자가 괜찮다고 느낄 수 있는 이유와 그럼에도 불구하고 여전히 심각한 건강 문제를 초래하는 위험 상태에 있는지를 설명해 준다. 환자는 여전히 추가적으로 무언가를 더 하는 것에 대한 걱정을 표현하고 있지만 지금은 건강상의 결과에 대해 이해하고 있고 관심을 가지고 있다. 기본적으로 환자의 상황 이해는 대부분 중요성에 초점이 맞춰져 있다는 점에 주목할 필요가 있다. 이 사례에서 환자는 약을 복용하는 것 이상의 어떤 다른 조치가 필요하다고 생각하지 않았는데, 왜냐하면 괜찮다고 느끼고 있고 혈당 수치 또한 다소 낮아졌기 때문이다. 하지만 지금은 혈당을 낮추기 위해서 자신이 무언가를 더 할 수 있을지에 대한 자신감이 주요한 이슈가 되었다. 약사는 환자의 이 미묘한 관점 변화를 인지한 것으로 보인다("저도 물론 불필요하거나 부담이 되는 것을 환자분이 하는 것을 원하진 않아요. 괜찮다면 혈당에 크게 영향을 줄 수 있는 몇 가지 간단한 방법들을 제안해도 될까요? 그 후에 그에 대한 환자분의 생각을 말해 주시면 좋을 것 같아요. 어떠세요?"). 이와 같은 접근은 환자에게 안도감을 주고 환자를 존중하며 환자를 참여시키는 효과를 가진다. 모든 선택은 환자의 몫으로 남겨져 있다.

다음으로 이어서 Jeff Smith의 사례에 대해서 생각해 본다면, 그는 43세의 전기기사이며, 그의 A1c 수치는 9.0에서 8.6으로 낮아진 상태이다. 그는 생활습관을 다소 바꾸기는 했지만 더 이상 무언가를 하는 것에는 관심이 없다. 건강에 도움이 되는 운동은 하지 않으며 빵과 파스타를 즐겨 먹는다. 그리고 처방에 따라서 약을 복용하고 있다. Jeff의 경우에 약사는 전기기사라는 그의 배경과 일치하면서 높은 혈당으로 인한 손상을 잘 설명할 수 있는 비유를 생각했다. 이 비유에서 건강관리전문가는 포도당화 과정, 즉 소비하고 남은 여분의 당 분자가 신체의 다양한 기관에서 단백질과 결합하는 과정을 설명하기 위해서 전력선과 신경세포의 유사성을 활용했다. 전선에 닿아 있는 나뭇가지들이 전선에 전기 공급을 방해하는 것처럼 신경세포에서 단백질과 결합하는 여분의 당 분자는 신경 자극의 전송에 악영향을 끼친다. 단지 차이점은 전력 공급 회사는 전선의 기능을 복구하기 위해 나뭇가지를 잘라 낼 수 있는 반면에 일단 결합된 당 분자는 신경세포들에서 벗겨 낼 수 없다는 점이다. 신경세포에 일어난 손상은 영구적인데, 이와 유사한 손상이 심장, 혈관, 눈 그리고 신장에서 동일하게 세포와 당이 결합함으로써 일어나게 된다. 환자가 선택할 수 있는 유일한 대안은 혈당 수치를 보통 수준으로 낮춰서 여분의 당 분자가 이러한 세포들과 결합하지 않도록 하는 것이다. 만약 Jeff가 혈당 문제로 인한 어떤 현저한 증상이 나타나기 전에 고통을 받는다면, 그리고 앞으로도 계속해서 A1c 수치가 7.0 이하가 되도록 유지된다면, 그는 삶의 질을 떨어뜨리는 증상들을 피할 수 있을지도 모른다. 시럽 비유도 Jeff에게 우려를 일으킬 수도 있었겠지만 Jeff의 경우에는 이 비유가 자신의 혈당 수치를 보통 수준에 가깝게 유지하는 것에 지속적으로 노력하게 하는 데 더 효과적일 수 있다.

다음은 건강관리전문가가 성공적으로 사용했던 다른 비유들이다.

극도의 예민함. 한 어머니는 자녀의 천식이 어떻게 자녀를 주변 환경 요소(예를 들면, 먼지, 연기, 꽃가루 등)들에 민감하게 반응하게 하는지, 특히 자녀가 일상용 호흡기를 매일 사용하지 않는다면 왜 주변 환경에 더욱 민감해질 수 있는지 그 사실을 이해하기 어려워했다. 다음의 비유는 그녀가 이 부분을 이해하도록 돕기 위해서 사용되었던 것이다. "만약 어머님이 파티에 갔는데, 사람들이 많아서 누군가 어머님의 팔에 스쳤다면, 아마도 그에 대해서 별다르게 생각하진 않을 거예요. 하지만 만약에 그 전날 팔에 화상을 입은 상태였다면 누군가 어머님의 팔에 실수로 스쳤을 때 아마도 '이봐요, 조심 좀 해요!'라고 말할 거예요. 왜냐하면 화상 입은 피부는 매우 예민한 상태이기 때문이지요. 아드님의 폐는 이미 천식으로 인해서 어느 정도 염증이 있는 상태라 할 수 있어요. 일상용 호흡기는 아드님의 폐에 염증을 가라앉히고 폐를 보호해 주는 역할을 해요. 만약에 아드님이 일상용 호흡기를 매일 사용하지 않으면 폐의 염증은 더 심해지고, 마치 화상 입은 팔에 아무런 보호 조치도 하지 않았을 때 매우 예민해지는 것과 같이, 아드님의 폐도 먼지나 꽃가루, 연기와 같은 매우 작은 자극에도 매우 예민해지는 거지요."

포도와 수박은 모두 과일이에요. 팔에 발진이 생기는 알레르기를 가진 남성은 발진 치료제로 국소용 크림을 처방 받았다. 약 이름을 살펴본 그는 '스테로이드'라는 단어를 보고 국소용 크림에 아나볼릭 스테로이드(anabolic steroid)가 함유되어 있는 것은 아닌지 걱정이 되었다. 그리고 자신의 걱정이 맞을지도 모른다는 생각에 겁이 났다. 그는 약사에게 이에 대해서 질문을 했고, 약사는 아나볼릭 스테로이드가 함유된 약에 관한 환자의 걱정을 공감한 후에 다음과 같은 비유를 사용했다. "환자분에게 발진 치료용으로 처방된 이 약은 코르티코스테로이드(corticosteroid)로, 넓게 보면 환자분이 걱정하고 있는 아나볼릭 스테로이드와는 같은 약물군에 포함되어 있긴 해요. 아마도 이 비유가 환자분의 걱정을 좀 완화시켜 줄 것 같네요. 포도와 수박은 둘 다 일반적으로 과일이라는 범주에 포함되어 있지만 이 둘은 매우 다르지요. 만약 환자분이 포도 한 송이를 먹는다면, 그것은 환자분에게 아무런 문제를 일으키지 않을 거예요. 하지만 수박 한 통을 다 먹으면 아마도 탈이 나겠지요. 추가적으로 이 두 과일은 모양도 맛도 매우 달라요. 이 약은 비록 크게 보면 같은 약물군에 포함되어 있지만 아나볼릭 스테로이드와는 달라요. 그리고 외부에 바르는 용도로 사용되기 때문에 흡수되는 양도 아주 적어요. 또한 염증 치료용으로 쓰이고 아나볼릭 스테로이드처럼 남성화 효과를 나타내거나 호르몬에 영향을 미치지도 않아요."

팩맨(Pac-Man) 또는 경찰과 도둑 놀이. 콜레스테롤 수치가 높은 한 환자는 'HDLs'과 'LDLs'의 차이점, 즉 어느 것이 '좋은 콜레스테롤'이고 어느 것이 '나쁜 콜레스테롤'인지 혼란스러워하며 왜 나쁜 콜레스테롤이 해로운지에 대해서 의문을 가지고 있었다. 건강관리전문가는 환자가 팩맨에 친숙한지 여부에 따라서 활용할 수 있는 두 가지 다른 비유를 알고 있었다. 만약 환자가 팩맨(역자 주: 비디오게임의 일종)에 친숙하다면 건강관리전문가는 "나쁜 콜레스테롤, 그러니까 LDLs는 혈액에 합쳐질 수 있고 또 혈관 벽에 붙을 수도 있어요. 또한 덩어리의 형태로 떨어져 나와서 심장에 붙어서 심장발작을 일으키거나 또는 뇌에 붙어서 뇌졸중을 일으킬 수도 있지요. 이때 HDLs은 마치 팩맨과 같아요. 혈관을 돌아다니면서 LDLs를 눈 깜짝할 사이에 먹어 치워서 나쁜 콜레스테롤이 어딘가에 달라붙거나 덩어리 형태가 되는 것을 막아 주지요. 그래서 HDLs은 많을수록 좋고 LDLs은 적을수록 좋지요. 따라서 무엇이라도 환자분이 하는 것이 HDLs을 증가시키고 LDLs를 감소시킬 수 있는 것이라면 그것은 좋은 것이에요." 만약에 환자가 팩맨에 친숙하지 않다면, 건강관리전문가는 경찰과 도둑 놀이 비유를 사용할 수 있는데, 이 경우에 LDLs이 도둑이고 HDLs가 경찰이 된다. 경찰은 도둑들이 어떤 곳에 모여 있거나 어딘가로 따로 떨어져 나와서 무언가를 훔치려는 도둑을 잡기 위해서 거리(혈관)를 순찰한다. 그리고 도둑이 문제를 일으키지 않도록 도둑을 잡아간다. 이 위의 비유들을 사용하여 건강관리전문가는 환자가 HDLs을 증가시키고 LDLs을 감소시키기 위해 해야 하는 일들에 대한 설명을 이어 나갔다.

가끔 특정 환자에게는 비유가 효과적이지 않을 수 있다. 그때는 어떻게 해야 하는가? 가장 중요한 것은 민감하고 주의 깊게 환자를 살펴보며 환자의 체면을 지켜 주는 것이다. 만약에 환자를 관찰하고 경청하면서 환자가 당신의 비유를 잘 이해하지 못하는 상황이라면 당신이 그에 대한 책임을 져야 한다(무엇보다도 이는 당신이 말한 비유이기 때문이다). "제가 보니, 제 비유가 그다지 도움이 되는 것 같진 않네요. 괜찮다면 다시 설명해도 될까요? 제가 명확히 설명하지 못했네요."라고 이야기하고 환자의 질문에 답을 하는 또 다른 방법을 시도해 보라. 이러한 방식으로 반응하는 것이 환자의 체면을 지켜 주는 것인데, 이렇게 말하는 것은 곧 환자에게 문제가 있는 것이 아니라, 당신의 비유가 명확하지 않았다고 말하는 것이기 때문이다. 이는 라포를 형성하고 개방적인 대화가 지속되도록 해준다.

⚜ 환자의 생각에 대해서 질문하기

환자에게 새로운 정보를 제공하고 난 후에는 이 정보에 대한 환자의 생각을 질문해야 한다. "변화에 대해서 지금은 어떻게 생각하나요?" 이 질문을 함으로써 당신은 다음 단계에 필요한 것이 무엇인지, 환자가 생각해 볼 만한 추가 정보가 무엇인지에 대한 정보를 얻을 수 있다. "지금은 어떤 생각이 드나요?" 또는 "어떻게 생각하나요?"라는 질문은 단순히 환자를 참여시키는 것뿐만 아니라 새로운 정보에 대한 환자의 생각에 당신이 관심을 가지고 있음을 환자에게 알려 준다. 또한 이는 당신이 제공한 새로운 정보의 효과를 알 수 있는 유일한 방법이기도 하다. 새로운 정보는 환자가 자신의 상황 이해에 대해서 다시 생각해 보도록 작용했는가? 이 질문을 하지 않는다면 환자가 당신을 존중하기 때문에 당신의 말에 고개를 끄덕인 것에 대해서 (실제로는 동의하지 않는데도) 환자가 동의한 것으로 착각할 수 있다. 동기강화상담은 정보를 교환하는 것이기 때문에 우리는 환자에게 새로운 정보를 제공하고 난 후 환자가 그에 대해서 어떻게 생각하는지를 알 필요가 있다.

정보 제공 이후, "지금은 어떤 생각이 드나요?" 또는 "어떻게 생각하나요?"라고 질문한다면 아마도 환자는 다음에서 설명하고 있는 몇 가지 중 하나의 반응을 보일 것이다.

"정말로 행동 변화가 필요하군요." 우리는 환자가 이와 같이 말할 것이라고 기대한다. 만약에 환자가 이렇게 말한다면 바로 여섯 번째 단계로 넘어가서 요약을 하고 다음 단계(또는 변화 계획)를 논의할 수 있다.

"이전에는 몰랐어요." 이상적인 반응은 행동 변화의 필요성을 깨닫게 되는 것이지만, 빈번하게 마주하게 되는 반응은 환자의 추론 과정의 전제가 되는 생각 또는 신념이 중간 수준 정도로 변화되는 것이다. 환자는 아직 새로운 깨달음의 영향 전체를 생각해 보지 않았기 때문에 자신의 추론 과정의 결론을 조정하지는 않은 상태이다. 그러나 환자가 어떻게 생각하고 느끼는지에 있어서는 변화가 일어났다! 이때 이 변화를 반영하고 강화하는 것이 매우 중요하다. 생각이나 느낌 또는 관점에 있어서 긍정적인 변화라면 무엇이든지 반영되고 인정될 필요가 있으며, 이를 통해서 그 변화는 건강관리전문가와 환자에게 공유되는 사회적 현실의 일부가 된다. 변화를 암시하는 표현을 반영하고 인정하지 않은 채 그냥 넘기는 것은 환자의 깨달음의 효과를 일시적인 것이 되게 한다. 건강관리전문가가 자신의 '깨달음'에 암시되어 있는 변화에 주목했다는 것을 환자가 알게 될 때, 이 깨달음은 환자와의 대화에서 획기적인 사건이 된다. 환자와의 대화 중에 건강관리전문가는 이 깨달음을 다시 언급할 수 있다. 그리고 그때 이 깨달음은 훨씬 더 영속적인 것이 된다.

새로운 깨달음을 반영하고 인정할 때 환자의 진술의 확실성과 명료성의 정도에 그 강도를 맞추는 것이 좋다. 환자가 당신의 반영을 거부하는 위험을 감수하지는 말되, 가능한 한 환자의 생각이나 감정의 변화를 확실하게 반영하라. 만약에 환자가 머뭇거리며 "고혈압과 뇌졸중의 관련성에 대해서 몰랐어요."라고 말을 한다면, "이제 고혈압을 그냥 내버려 두면 뇌졸중 발생 위험성도 증가한다는 것을 알게 되셨군요. 이 사실을 알고 난 후 혈압을 낮추는 것에 대한 생각이 어떻게 달라졌나요?"라고 반응하는 것이 적절할 것이다. 그러나 환자가 "휴우, 뇌졸중은 정말 피하고 싶네요. 뇌졸중은 정말 끔찍하네요."라고 강조해서 말하는 경우에는 "혈압을 낮추고, 삶을 파괴하는 뇌졸중을 피할 수 있다면 할 수 있는 모든 것을 하겠다는 말로 들리네요. 혈압을 낮추는 데는 세 가지 방법이 있는데, 약을 복용하는 것, 활동량을 늘리는 것, 그리고 건강한 식습관을 갖는 것이에요. 이 중 먼저 어느 것에 대해서 이야기하고자 하나요?"라는 식의 강한 반영이 아마도 적절할 것이다.

환자가 자신의 생각 또는 감정의 변화를 인정했다면, 환자의 결정 균형에 대한 중간 요약을 진행할 때 그 내용에 이 변화를 포함시키는 것이 대개는 현명하다. 이와 같은 요약은 변화를 다시 한 번 더 강화시켜 주고 환자가 최종적으로 건강 행동 변화를 결심할 때 상담 중에 깨닫게 된 것을 다시 고려하도록 이를 상기시켜 준다. 환자가 대화에 참여하고 있는 한, 당신은 환자가 이전에 표현했던 다른 관심사나 이슈를 다루는 것으로 대화를 지속해 나갈 수 있다.

환자의 주요 이슈와 우려사항(또는 환자가 제기한 첫 번째 주요 이슈)을 다루었다고 하더라도 여전히 건강 행동 변화를 결정하기 위한 동기는 충분하지 않을 수 있다. 환자의 이슈가 환자 스스로 만족스러울 만큼 다루어졌다고 해서 환자가 변화에 참여할 준비가 되었다고 추정해서는 안 된다. 건강 행동 변화에 반대하는 이유들이 이전만큼 강력하거나 중요하지 않을 수 있으나 아직 변화할 강력한 이유를 찾아내지 못했거나 다른 이슈들이 등장하게 될 수도 있기 때문에 결정 균형은 여전히 변화에 반대하는 방향으로 기울어져 있을 수도 있다. 이는 특히 이미 라포가 형성되어 있으며 환자가 다른 우려사항을 이야기할 정도로 안전감을 느끼는 것으로 보일 때 더욱 주의해야 한다. 이때 가능한 전략 중 하나는 환자의 새로운 깨달음에 대해서 인정한 후에 환자가 건강 행동 변화를 결정하기 위해서 필요한 또 다른 긍정적인 이유를 탐색하는 열린 질문을 이어 가는 것이다. 예를 들면, "고혈압과 뇌졸중 발병 위험성과의 관련성을 이해하게 되면서 혈압을 관리하는 것이 이제 환자분에게 더 중요해진 것 같아 보이네요. 지금 이 시점에서 혈압을 관리하는 것이 환자분에게 더 중요해지도록 만드는 것은 무엇인가요?"라고 질문을 이어 갈 수 있다.

더 포괄적인 또 다른 전략은 현 시점에서 환자의 상황 이해와 추론 과정을 탐색하고 이를 요약해 주는 것이다. 환자의 현재 관점에서 추론 과정 전반에 분포되어 있는 중요 공백이 무엇인지 경청하라. 환자 중에 최근 고지혈증 진단을 받았고 스타틴 복용에 대해서 초기에 매우 강한 저항을 보였던 환자가 있다고 가정해 보자. 이 환자는 스타틴을 복용했던 친구에게 잠재적으로 '심각한 근육 약화'라는 부작용이 있었다는 경험을 들었고 이 때문에 스타틴에 대한 강한 두려움을 가지고 있다. 게다가 의사는 환자에게 "걱정 마시고 그냥 약을 드시면 됩니다."라고 말함으로써 관계성 저항을 일으킨 상태였다. 건강관리전문가는 근육 약화에 대한 그의 두려움을 공감했고 성공적으로 당신은 환자와의 라포를 형성했다. 그리고 이어서 부작용에 대한 정보도 제공했다. 그 결과로, 환자는 스타틴에 대한 두려움에 대해서는 안심한 상태이지만 여전히 스타틴을 먹어야 할 필요성은 강하게 느끼지 못하고 있는 상태였다. 이 상태를 설명할 수 있는 한 가지 이유는 환자가 부작용에 대한 두려움에 사로잡혀 있었던 동안에는 고지혈증과 그 치료에 관련된 어떤 다른 정보에도 귀 기울이지 않았을 가능성을 생각해 볼 수 있다. 또한 환자가 괜찮다고 느끼고 있고 따라서 약을 먹어야 할 필요성에 대해서 실제로 의구심을 가지고 있을 가능성도 있다. 지금은 건강관리전문가가 환자의 관계성 저항을 해소하고 주제성 저항을 다루었기 때문에 환자는 자신의 콜레스테롤 수치를 낮추는 것이 유익하다는 것을 배우는 것에 대해서 더 개방적인 상황이다. 이 시점에는 다음의 내용을 탐색하는 것이 매우 중요하다. (1) 높은 콜레스테롤 수치가 야기하는 위험에 대한 환자의 이해 정도: "높은 수치의 콜레스테롤을 관리하지 않고 내버려 둘 때의 위험성과 관리했을 때의 이점에 대해서 환자분이 알고 있는 것을 말씀해 달라고 부탁드려도 될까요?" (2) 환자 개인의 미래 목표: "환자분이 앞으로 성취하고 싶은 것들 중에서 환자분의 콜레스테롤 수치를 관리하는 것이 더 중요해지도록 영향을 미치는 것에는 무엇이 있나요?" (3) 선택 가능한 치료 방법들에 대한 환자의 이해: "콜레스테롤 수치를 낮추고 위험성을 감소시킬 수 있는 방법에 대해서 어떻게 알고 있나요?" 이어서 건강관리전문가는 적절한 시기에 환자의 이해를 도울 수 있는 관련 정보를 공유하는 것에 대한 허락을 구하고 제공받은 정보들을 자신에게 적용하는 방법에 대한 환자의 생각을 묻는 질문을 할 수 있다.

"이 모든 것들에 대해서 생각하려면 시간이 좀 필요해요." 환자가 새로운 정보를 받아들이고 그 중요성을 가늠하는 데 어느 정도의 시간이 필요한 것은 전혀 이상한 일이 아니다. 이 경우에는 "다른 궁금한 점이 있으시면 저에게 말씀해 주세요. 만약 당신이 ~을 하기로 결정한다면 제가 도움을 드리고 싶네요."라고 반응하는 것이 적절하다. 대화가 이어지는 동안 환자의 생각이나 감정에 드러나는 변화에 귀를 기울이고 이를 반영하는 것이 중요하다. "지난 시간에 선생님이 말한 바에 대해 생각을 해 봤어요."라고 환자가 말한다면 이를 반영한 후에 환자가 생각했던 내용을 탐색하는 것이 필요하다. 예를 들면 "어떤 생각을 했는지 제게 좀 더 말씀해 주시면 좋겠어요." 또는 "이에 대해 어떤 생각을 더 하셨나요?" 등의 표현으로 반응할 수 있을 것이다.

"이 모든 것들을 다 믿을 수 있는지 확신이 서지 않네요." 이 진술은 다양한 형태로 표현될 수 있지만 이는 기본적으로 환자는 새로운 정보가 자신에게도 적용되는 것인지에 대해서 회의적이라고 말하고 있는 것이다. 이때는 환자의 우려를 반영하고 탐색하는 것이 적절한 반응일 것이다. 예를 들면, "이 모든 것들이 (환자분에게) 맞는지에 대해 여전히 의구심을 좀 가지고 있는 것 같네요. 정말로 혈압을 낮춰야겠다는 필요성을 느끼고 결정을 내리기 위해 환자분에게 필요한 것은 무엇인가요? 환자분에게 혈압 관리를 더 중요하게 만드는 것에는 무엇이 있나요?"라고 반응할 수 있다.

"상관없어요. 저는 ~을 하지 않을 거예요." 이 환자는 아직 변화할 준비가 되지 않았다고 볼 수 있다. 이 시점에서는 "이건 전적으로 환자분이 결정할 부분이지요. 당신이 ~을 하기로 마음을 정한다면 제가 정말로 도움이 되고 싶네요."라고 반응하는 것이 적절하고 또한 상대방을 배려하는 반응이다. 만약 환자가 변화를 미루는 것과 관련하여 심각하게 우려되는 부분이 있다면 "환자분의 높은 혈압이 정말로 우려가 되네요. 미연에 예방할 수 있는 뇌졸중이나 심장발작을 환자분이 겪지 않기를 바랍니다. 하지만 이 부분이 전적으로 환자분의 결정이라는 점을 존중해요."라고 우려를 표현할 수 있을 것이다.

⚜ 요약과 다음 단계에 대한 논의

환자가 변화할 준비가 되었다면 변화의 여정에서 환자의 현재 위치와 변화 계획에 대해 건강관리전문가가 이해하고 있는 바를 요약하는 것은 대개의 경우 유용하다. 예를 들면, "제가 정확히 이해하고 있다면, 환자분은 심각한 합병증을 예방하기 위해 혈당을 낮추기 원하고 있고, 여기에 더하여 이를 위해 환자분이 해야 할 다음 단계가 무엇인지 생각하는 데 도움을 받고자 하시네요."라고 말할 수 있다. 환자와 건강관리전문가가 이해를 같이하고 있는지를 정기적으로 점검하고 이를 명확히 하기 위해서 요약하기를 사용하는 것은 좋은 방법이다. 이를 통해 여러 가지 오해들을 방지할 수 있다.

우리는 환자에게 다음과 같이 변화 계획의 몇 가지 대안들을 제공할 것을 권장한다. "혈당을 낮추기 위해 할 수 있는 것이 세 가지 있어요. 설탕과 탄수화물 섭취를 줄이는 등 식습관을 개선하는 것과, 예를 들면, 엘리베이터 대신에 계단을 이용하고 걷는 것과 같이 활동량을 늘리는 것, 그리고 처방된 약을 복용하는 것이 그 세 가지예요. 물론 이 세 가지를 모두 하는 것이 혈당을 낮추는 데에는 제일 좋겠지요. 어떤 것을 먼저 하고 싶으세요?" 환자가 "전부 다요."라고 말한다면 매우 좋겠지만, 그것이 어떤 단계이든지 환자가 결심하는 것이 중요하며 환자가 이를 결심하도록 지지해야 한다.

환자가 위험성을 낮추기 원해서 변화를 바라는 경우도 있지만 때로 그 위험성에 압도되는 경우도 있다. 이런 경우에는 환자가 할 수 있는 것으로 단계를 세분화할 수 있도록 당신이 환자를 도울 것임을 환자에게 확실히 말하는 것이 중요하다. 또한 모든 대안들의 가능성을 열어 두기보다는 어떤 제안을 하는 것이 유용할 수도 있다. 즉, "혈당을 낮추기 위해 할 수 있는 것이 세 가지 있어요. 그것은 ~이에요."라고 말하기보다는 "혈당을 낮추기 위해 할 수 있는 것이 몇 가지 있어요. 이 모든 일에 압도되어 있는 것 같네요. 저에게 가장 큰 효과를 보이는 것을 하나 선택하라고 한다면, 아마도 처방에 따라서 하루에 한 번 약을 복용하는 것일 것 같네요. 이 부분에 대해서 어떻게 생각하나요?"라고 반응하는 것이 좋다. 할 수 있는 모든 방법들을 단순히 나열하는 반응보다는 이 반응이 이 경우에는 안내하기에 더욱 가까울 수 있다. 이는 환자가 자신의 혈당을 낮추기를 원하지만 상황에 압도되어 무엇을 해야 할지 모르고 있는 상황에 적용된다. 주목해야 할 점은 이러한 접근도 여전히 "이 부분에 대해서 어떻게 생각하나요?"라고 질문함으로써 최종 결정은 환자의 몫으로 남겨 둔다는 것이다.

변화 계획을 세우는 것과 관련된 이 마지막 단계는 많은 건강관리전문가들에게 대개 시작점으로 인식된다. 즉, 일단 진단이 내려지면, 환자는 질병을 어떻게 치료해야 하는지에 대한 지침을 제공받게 된다. 그러나 환자가 진단 결과와 치료에 대해서 어떤 상황 이해를 갖고 있는지에 대해서 모른 채 이 단계로 바로 진행하는 것은 정말로 어리석은 일이다. 환자는 아직 무언가를 할 준비가 되지 않았을 수도 있고, 이 상황이 자신에게 어떤 의미가 있는지에 대해 표현하거나 질문할 시간이 필요할 수도 있다. 이 질병을 다루는 문제가 환자에게는 얼마나 중요한가? 환자는 이 진단 결과와 치료에 동의하는가? 만약 그렇지 않다면 환자는 어떤 이유에서 의구심을 가지고 있는가? 이러한 이해가 없이 치료 계획을 세우는 것은 아직 실행할 준비가 되지 않은 환자에게 일방적으로 부담을 부과하는 것이 될 수 있다.

결론

이 장에서는 동기강화상담을 통해서 환자의 변화를 돕는 과정과 관련해서 다른 장에서 다루지 않았던 단계들, 즉 간결하면서도 환자를 존중하는 방식으로 정보를 제공하거나 우려를 표현하는 것에 대한 허락을 구하고 변화 계획을 협의하는 것으로 환자와의 작업을 마무리하는 방법들을 소개했다.

생각해 볼 질문

1. 환자에게 새로운 정보를 제공할 때 어떠한 점들을 고려해야 하는가? 어떤 정보를 제공해야 하는지 어떻게 알 수 있는가? 그 정보가 환자에게 관련 없는 것이 되게 만드는 것은 무엇인가?
2. 언제 비유를 사용해야 하는가? 비유가 효과적이었는지 어떻게 알 수 있는가? 비유가 효과적이지 않았다면 어떻게 해야 하는가?
3. 요약하기의 적절한 시기를 결정하는 것은 무엇인가? 어떤 요소들이 요약하기에 포함되어야 하는가? 요약하기의 이점은 무엇인가?

CHAPTER 9

특별히 고려해야 할 사항

이 장에서는 동기강화상담의 적용을 시도하는 건강관리전문가들이 고려해야 하는 상황들을 검토하고 환자나 건강관리전문가의 체면을 손상시키지 않고 이러한 상황들을 다루는 방법들을 논의할 것이다.

동기강화상담이 어떤 제도적 문제라든가 고객(환자)를 대면하는 상황에서 발생되는 문제들을 해결해 주지는 않는다. 예를 들어, 의료 시스템(그리고 인준 기관)은 환자에게 과도하게 긴 설문 문항들을 요구하며, 환자와 관련된 어떤 부분에서는 적절한 사생활 보호가 이루어지지 않기도 한다. 또한 어떤 의료기관은 환자와 문제가 될 수 있는 시간을 보내는 직원과 관련된 이슈를 가지고 있다. 행동 변화에 대해서 환자와 대화하는 체계적인 방법인 동기강화상담에 이러한 문제의 해결 방법을 기대하지는 않을 것이다.

하지만 동기강화상담은 환자와 의사소통하는 중에 발생하는 특정한 공통의 문제들을 해결하는 데에는 유용하다. 이어지는 내용은 이와 관련된 몇 가지 사례들과 그에 대한 논의를 담고 있다.

⚜ 말하기 좋아하는 환자와의 상담 시간 한정하기

건강관리전문가, 특히 사례관리를 하는 간호사의 경우에는 전화로 환자에게 상담을 하기도 하는데, 다른 건강관리전문가들과 마찬가지로 간호사들에게도 환자와 보낼 수 있는 시간은 한정되어 있다. 때로 그들은 건강 문제를 제외한 다른 모든 것들에 관해 이야기를 나누고 싶어 하는 환자들을 만나기도 한다. 시간이 제한되어 있을 때 다음 두 가지 중 한 가지 방법을 사용하는 것을 고려해 볼 수 있다.

- ❑ 예방적으로 접근하라. 이 방법은 통화를 시작할 때, "환자분의 당뇨에 대해 이야기 나눌 수 있는 시간이 20분(또는 가능한 시간) 있네요. 어떤 점이 궁금한가요?"(또는 "지난 시간에 ~에 대해서 이야기했는데요." 또는 "당뇨에 영향을 줄 수 있는 세 가지 요인에 대해 이야기 나눴는데요, 그 세 가지는 ~이었어요. 어떤 것에 대해 먼저 이야기 나누고 싶으세요?")라는 말로 통화를 시작하는 것이다. 이 접근은 환자가 대화에 참여할 때 이야기를 나눌 시간이 얼마나 있는지를 알 수 있도록 하는 장치가 된다.
- ❑ 만약에 당신이 미리 시간을 정하는 것을 잊어버렸거나 환자가 여전히 다른 주제(예를 들면, 지역 축구 리그, 손자와의 낚시 등)로 대화를 전환하려 할 때에는 진심을 담아서 "손자분과의 낚시는 정말 재미있었겠군요. 그 이야기를 더 듣고 싶네요. 그러나 아쉽지만, 환자분과 통화할 수 있는 시간이 10분 남았어요. 그 후에는 환자분처럼 저에게 중요한 또 다른 환자분과 통화 약속이 있거든요. 그래서 지금부터는 환자분의 당뇨에 대한 이야기를 좀 더 나누었으면 해요."라고 말할 수 있다. 실제로 당신의 시간은 한정되어 있으므로 어느 정도의 유연성과 배려와 함께 한계는 설정되어야 할 필요가 있다. 다른 주제가 환자에게 의미 있는 것이라는 사실을 당신이 알고 있다는 것을 환자가 알도록 하는 것은 중요하며 동시에 또한 당신의 시간이 한정되어 있다는 점을 알리는 것도 중요하다.

한 약사가 다음과 같은 상황에서 기침 감기에 걸린 환자와 대화했던 사례를 우리에게 설명해 주었다. 환자의 담당 의사는 환자의 코막힘과 기침이 나는 증상을 완화시키는 구아이페네신(역자 주: 소염진통 및 거담제)을 약국에서 구입하도록 했다. 약국에서 이 환자는 구아이페네신 성분이 포함된 약들이 매우 많다는 사실을 알고 놀랐다. 그는 걱정하며 그 약들 중 무엇을 먹어야 하는지 모르겠다고 약사에게 이야기했다. 약사는 서로 다른 약들에 대해 설명했지만 환자의 불안은 계속되었다. 다른 환자들이 기다리고 있었기 때문에 약사는 대화를 곧 끝내야 하는 상황이었다. 환자의 고민을 생각하면서 약사는 "구아이페네신 제제가 한 가지 종류일 것이라고 기대하고 오셨던 것 같네요. 그런데 그 성분이 든 약이 많다는 것을 보고는 제대로 된 것을 고르지 못할까 봐 걱정이 되는 것 같네요."라고 말했다. 한결 더 차분해진 목소리로 환자는 "네, 맞아요."라고 대답했다. 이에 약사는 "병원에 갔던 이유와 증상을 간단히 말해 주시면, 이 약들 중 당신에게 가장 잘 맞는 약을 고르는 데 제가 도움을 드릴 수 있을 것 같네요."라고 말했다. 환자는 안심했고 대화는 2분간 더 진행된 후 마무리되었다. 약사는 여러 제품들을 빠르게 살펴보는 것으로는 환자의 불안감과 상황 이해를 다룰 수 없을 것이라는 사실을 이미 알고 있었다. 반면에 약사가 환자가 걱정하고 있는 것을 정확하게 반영했을 때 환자는 안도했고 약사와 함께 빠르게 해결책을 찾을 수 있었다. 이해받았다는 것은 환자로 하여금 약사가 자신을 도울 수 있을 것이라는 신뢰를 갖게 했다. 동기강화상담을 실행함으로써 실제로 시간이 절약되었고 환자도 만족하는 결과를 얻을 수 있었다. 즉, 환자는 필요한 약을 찾게 되었고 약사는 향후 도움을 줄 수 있는 관계를 확립할 수 있었다.

그러나 다른 환자들이 기다리고 있는데도 약사의 말과 관계없이 환자가 계속해서 이야기한다면 어떻게 할 것인가? 이 경우에 약사는 환자가 의사를 방문한 이유를 알아보고 난 후 "저에게 말씀한 바에 따르면 이 약을 추천해 드릴 수 있겠네요. 혹시 질문이 있으시면 답을 드릴 수 있는 시간이 2분 정도 가능할 것 같네요. 환자분과 마찬가지로 다른 환자분이 기다리고 계시네요." 라고 말을 할 수도 있을 것이다.

건강관리전문가들의 시간은 한정되어 있고, 따라서 동기강화상담을 하는 데 긴 시간이 소요될지도 모른다는 생각은 고민이 될 수 있다. 우리는 동기강화상담 훈련을 받기 전후에 건강관리전문가가 환자들과 나누는 전화통화 내용이 어떤 차이가 있는지 들어 보았다. 그 결과, 동기강화상담 훈련을 받은 후 통화에 소요된 시간은 이전에 비해서 유의미하게 줄어들었다는 것을 관찰할 수 있었다. 동기강화상담 훈련을 받은 건강관리전문가들은 환자의 이슈에 더 빠르게 초점을 맞출 수 있었고, 환자들에 대한 이해를 바탕으로 장황하게 정보를 '한꺼번에' 제공하기보다는 필요한 정보를 가지고 구체적인 이슈들을 다루었다. 동기강화상담이 건강관리전문가들에게 시간을 더 주는 것은 아니지만, 그들에게 주어진 시간이 얼마이든지 그 시간을 훨씬 더 효과적으로 사용할 수 있게 했다. 동기강화상담 훈련을 받은 건강관리전문가의 경우, 초기에는 다소 시간이 더 걸릴 수도 있지만 후반으로 갈수록 시간은 극적으로 감소한다. 훨씬 더 나은 결과와 함께.(이 부분에 대해서는 제10장에서 논의할 것이다)

말을 하지 않는 환자 격려하기

말이 거의 없는 환자의 경우에는 어떻게 상담을 해야 하는지에 대한 질문을 자주 받는다. 이와 관련해서는 (1) 그 환자가 일반적으로 단지 말이 없는 사람인지, (2) 건강관리전문가가 과도하게 제공자 중심적이고 의사소통을 좌절시키고 있는 것은 아닌지 잘 구분하는 것이 중요하다. 체면을 손상시키는 것은 환자가 말을 평소보다 더 하지 않도록 만드는 요인이 될 수 있다. 동기강화상담은 라포 형성하기, 공감적 반응, 열린 질문 등을 통해서 환자가 이야기를 하도록 장려한다.

다른 사람들보다 실제로 말수가 더 적은 사람들이 있다. "혈당을 관리하는 것이 환자분에게 얼마나 중요한가요?" 또는 "혈당을 관리하지 않은 채 그냥 둔다면 발생할 수 있는 상황에 대해서 어떻게 이해하고 있나요?"와 같은 열린 질문을 했을 때 환자는 "모르겠어요."라고 답할 수도 있다. 이런 환자를 어렵다거나 동기가 낮은 환자라고 진단명을 붙이지 않는 것이 중요하다. 특히 다음에 이어지는 대화에서와 같이 이 경우에는 기다리는 것과 당신이 부담해야 할 부분이 좀 더 있을 수도 있다는 사실을 아는 것이 중요하다.

HCP: 이제 당뇨병이라는 사실을 알게 되셨는데, 당뇨병에 대해서 어떻게 알고 계신가요?

환자: 모르겠어요. 당이 있다 정도….

HCP: 네, 맞습니다, 혈당 수치가 높은 상태예요. 혈당 수치를 낮추거나 관리하지 않으면 일어날 수 있는 일에 대해서 의사에게 어떤 이야기를 들었나요?

환자: 별로 없어요.

HCP: 괜찮으시다면 당뇨병에 대해서 말씀드려도 될까요?

환자: 네.

HCP: (당뇨병의 위험성과 합병증에 대한 정보를 제공한 이후에) 말씀을 들으셨는데, 당뇨병을 관리하는 것이 환자분에게 얼마나 중요한지 질문드려도 될까요?

환자: 글쎄요, 관리가 필요한 것 같아요.

HCP: 혈당 관리가 필요하다는 이야기를 들으니 안심이 되는군요. 혈당을 관리하는 것은 항상 환자분의 선택이고 결정이라는 것과 제가 도움이 되고 싶다는 것을 말씀드리고 싶네요. 예방할 수 있는 이러한 합병증들이 발생하는 일은 정말 없었으면 좋겠어요. 환자분과 함께 혈당 관리를 위해서 노력할 수 있어서 좋네요.

환자: 네.

이 건강관리전문가는 동기강화상담을 통해서 환자로부터 반응을 어느 정도 이끌어 냈지만 환자의 반응은 여전히 짧고 간결했다. 이 사례에서 건강관리전문가는 지속적으로 열린 질문을 하고 정보를 제공하고 변화대화를 지지했고 이 모든 것이 환자의 결정이라는 사실과 환자를 돕기 원한다는 것을 환자에게 알렸다.

⚜ 화를 내는 환자 대하기

사람들은 무력감을 느낄 때 분노를 경험한다. 사람들은 상처와 좌절, 체면의 손상 또는 부당함을 분노로 전환하여 표현하기도 한다. 다른 사람이 분노를 표현할 때 우리는 대개 불안하고 불편해지기 때문에 분노는 매우 다루기 힘든 감정이라 할 수 있다. 화가 난 환자를 대할 때 공감하는 것은 특히 중요하다. 효과적인 공감을 위해서는 먼저 환자가 무력하다고 느끼는 것이 무엇인지를 경청하고 그 후에 이해한 바를 반영하는 것이 요구된다. 다음은 사례관리를 하는 간호사의 예시이다. 여기에서 간호사는 전화로 여전히 A1c 수치가 매우 높은 당뇨가 있는 환자의 사후 관리를 하고 있다.

간호사: 안녕하세요, Smith 씨. 저는 건강관리 담당 간호사 Nancy입니다. 오늘 기분 어떠세요?

환자: (건성으로) 좋아요.

간호사: Smith 씨, 당뇨와 관련해서 사후 관리를 위해서 전화를 드렸어요. 새로 측정한 A1c 수치를 받았어요. 거의 9에 가까우시네요. 이 수치가 의미하는 바가 무엇이라고 이해하고 계신가요?

환자: (화를 내며) 정말 못살겠군요! 당뇨 수치를 관리하는 것이 정말 쉬운 일인 것처럼 이야기하는군요. 내가 약을 먹고, 운동을 하고, 먹는 것도 바꿔야 된다고 말하겠지만 한번 해 보시죠. 설교를 할 거라면 필요하지 않네요. 병원에서 이미 들었으니까요.

간호사: 혈당 관리가 얼마나 어려운 일인지 사람들은 이해하지 못한다고 생각하시는군요. 그래서 혈당 관리가 얼마나 어려운지는 쏙 빼놓고 환자분에게 더 잘 관리해야 한다고만 이야기하는군요.

환자: 빌어먹을, 맞아요! 저는 그게 싫어요. 저는 아무것도 모르는 어린애가 아니라고요. 설교라면 필요 없어요.

간호사: Smith 씨, 저도 환자분을 그렇게 대하는 것을 원하지 않아요. Smith 씨가 가지고 있을지 모르는 어려움들을 이해하고 싶고 Smith 씨와 함께 당뇨 문제를 다루어 나가길 원해요. 이건 괜찮은가요?

환자: 네, 뭐 그렇다면요. 다만 설교라면 필요하지 않아요.

간호사: 네, 설교는 하지 않을 거예요. 지금까지 환자분이 해왔던 것이 무엇인지 그리고 가장 어려웠던 게 무엇인지 말씀을 좀 해주시면 좋겠어요.

이 간호사는 환자의 분노와 비난("정말 못살겠군요!")을 개인적인 것으로 받아들이지 않았다. 간호사는 환자와 거리를 유지하면서 동시에 환자에게 도움이 될 수 있는 자리에 있었다. 또한 '아무것도 모르는 어린애' 취급으로 손상된 환자의 체면과 좌절감을 공감했다. 이 간호사는 환자의 분노가 당뇨 관리의 어려움과 의사로부터 공감과 이해보다는 설교를 들은 것에 대한 부당함에서 기인하고 있다는 점을 인지했다. 따라서 환자를 그런 방식으로 대하지 않을 것이며 환자와 함께 당뇨 문제를 다루어 나가길 원하며 환자가 처한 어려운 상황을 좀 더 잘 이해하고 싶다는 것을 환자에게 알게 했다. 그 결과 환자는 안전하다고 느끼게 되었고 다시 상담에 참여하여 당뇨에 대한 이야기를 하게 되었다.

사람들이 화를 내고 무력감을 느낄 때 공감과 이해는 필수적이다. 누군가로부터 위협감을 느낄 때 이를 공감하는 것은 어려운 일이다. 공감적 반응은 명료해야 하며 무력감의 근원에 초점을 맞출 필요가 있다. 물론 공감과 배려에도 불구하고 여전히 화를 내며 계속해서 고함을 지르고 욕을 하는 환자를 대해야 하는 경우도 있다. 이때는 예를 들면, "Smith 씨, 많이 화가 나셨다는 것을 알겠어요. 제가 도움이 되고 싶네요. 하지만 소리를 치거나 욕을 하면 제가 도움을 드릴 수가 없네요. 이 부분에 대해서 이야기해 볼 수 있을까요?"라는 말로 경계를 정하는 것이 적절하다. 만약에 환자가 계속해서 고함을 지르고 욕을 하면 전화를 끊거나 밖으로 나가거나, 또는 필요하다면 경비원을 부를 것임을 환자에게 알게 하는 것이 필요하다.

한정된 시간과 환자의 분노와 관련해서 경계를 설정하는 것에 추가하여 이 경계가 무너졌을 때에는 이를 다시 설정하는 것이 필요하다. 경우에 따라서 환자는 예를 들면 부적절한 농담을 한다거나 저속한 표현이나 성차별적 발언, 또는 인종차별과 같은 부적절한 행동을 할 수도 있다. Peterson에 따르면, "경계는 내담자의 필요에 기초하여 안전한 관계를 만들기 위한 한계를 정하는 것이다. 이런 한계선이 변형되면 관계에서 허용되는 것들이 무엇인지 모호해진다. 이러한 모호성은 대개 안전지대를 침범하는 것으로 경험된다."[1] 환자가 부적절한 행동을 하면 건강관리전문가의 안전은 위협받게 된다. 이와 같은 경우에 건강관리전문가는 환자에게 "Jones 씨, 저는 환자분의 당뇨에 대해서 이야기 나누기 원하고 그 병을 관리하는 데 도움을 드리고 싶어요. 환자분이 아셨으면 하는 것은요, 저의 [성별이나 인종 등]에 대한 환자분의 [발언, 언어, 성적 암시 등]으로 인해 제가 모욕감을 느낀다는 사실이에요. 환자분의 당뇨 문제에 초점을 맞추었으면 하네요. 만약에 그것이 어렵다면 대화를 더 지속할 수는 없을 것 같네요."라고 말하는 것이 적절하다. 환자의 정서적인 안정에 대해서 우려가 된다면 적합한 전문가에게 그 환자에 대해서 보고하기로 결정하는 것이 필요하다. 이러한 결정은 환자에 대한 배려와 자신의 내면에 대한 성찰을 통해서 이루어져야 한다. 이 주제에 대해 더 자세히 살펴보기를 원한다면 전문가-내담자 관계에서의 경계 위반에 관한 Peterson의 책[1)]을 읽어 볼 것을 제안한다.

⚜ 심리적 문제를 가진 환자

정신질환이나 그 밖의 다른 심각한 심리적 문제를 가진 환자와의 상담이라는 주제는 이 책에서 모두 논의하기에는 범위가 너무 광범위하고 복잡하기 때문에 이 책에서는 몇 가지 언급할 필요가 있는 중요한 부분만을 언급하려 한다.

전문성. 비록 우리가 약물 치료나 심리 치료를 논의하기 위해 정신건강 전문가가 될 필요는 없지만 자신의 전문성의 한계에 대해서는 명확히 인식할 필요가 있다. 건강관리전문가가 환자를 안내하고 돕는 데 필요한 적절한 전문성을 갖지 못했을 때에는 정신과 의사나 심리 치료사 또는 약물 치료 전문가(약사)에게 환자를 의뢰하는 것이 중요하다.

안정과 불안. 동기강화상담은 환자와 치료에 대해서 논의하는 경우나 환자가 약물 치료를 잘 준수하지 않는 경우에 매우 유용하다. 특히, 환자가 부작용이나 비용 또는 다른 요인들로 불만을 표현할 때 더욱 유용하게 활용될 수 있다. 건강관리전문가는 정신병이나 다른 심각한 심리적 문제를 가진 환자에게 자신이 어떻게 반응하고 있는지에 대해서 스스로 인식할 수 있어야 한다. 강박장애를 가진 어떤 환자의 사례에서, 환자는 약사와 약물처방 상담을 하는 동안 손세정제를 계속해서 사용했고 상담이 마칠 무렵에 악수하는 것을 거절했다. 그는 약사를 보면서 무뚝뚝하게 "당신 손에 있는 세균은 사양

하겠어요."라고 말했다. 교육 과정 중 강박장애에 대한 훈련을 받았음에도 불구하고 약사는 그 환자와 함께 있었던 시간 내내 매우 불안했고 자신이 생각하기에는 환자도 이를 알고 있었던 것 같다고 말했다. 이와 같은 환자와 상담을 할 때에는 그의 행동이 낯설고 불편하다고 할지라도 차분하게 안정감을 갖고 환자에게 집중하며 존중하고 배려하는 태도를 갖는 것이 특히 중요하다. 만약에 이와 같은 환자들과의 상담이 항상 불안하고 불편하다면 이에 대해서 심리학자의 도움을 받는 것을 고려해 보는 것도 좋은 방법이다.

환자의 의사소통 능력. 정신질환이나 다른 심각한 심리적 문제를 가진 환자들은 건강관리전문가가 전달하고자 하는 것을 이해하는 데 어려움이 있을 수도 있고 현실감이 부족할 수도 있다. 하지만 현재 만나고 있는 환자가 이 경우에 해당한다고 추정해서는 안 된다. 많은 환자들이 논의되는 것과 그에 따른 대안이 무엇인지를 이해하는 데 완벽한 능력을 가지고 있다. 그러나 실제로 이와 같은 문제가 있다면 환자의 간병인이나 친구 또는 가족들과 함께 작업하는 것이 유용하다.

전화통화를 통한 의사소통 vs. 대면을 통한 의사소통

많은 건강관리전문가들이 거의 전화통화만으로 환자들과 의사소통을 한다. 우리는 종종 전화통화를 통한 개입에 동기강화상담을 적용하는 것과 그 효과에 대한 질문을 받는다. 이 책에서 우리는 두 연구(그리고 물론 더 많은 연구들이 있다)를 인용하여 동기강화상담을 적용한 전화 상담의 효과성을 설명하려 한다.[2),3)] 체중 감량을 위한 개입과 관련된 연구[2)]에서 원격(전화, 이메일, 웹사이트)으로 개입을 제공한 처치 집단(38.2%)과 사람이 직접 대면하여 서비스를 제공한 집단(41.4%)에서 최초 몸무게의 5% 또는 그 이상을 감량한 참가자들의 비율의 차이는 유의미하지 않았다. 그리고 체중 감소는 두 집단 모두에서 연구 전체 기간 동안 유지되었다.

제4장에서 우리는 다발성 경화증 치료를 위해 인터페론 베타-1a 아보넥스 주사제를 받은 환자들과 관련된 무선 통제 임상 실험에 관해 기술했다.[3)] 비교 집단(8.7%)보다 전화를 통해서 동기강화상담을 제공한 집단(1.2%)에서

약 복용을 중단한 환자들의 비율이 유의미하게 낮았다. 또한 치료를 유지하는 비율도 처치 집단에서 더 높게 나타났다. 연구 당시 주사제는 일주일 단위로 제공되었는데, 연구를 진행할 당시 1회 제공 비용은 200달러였다. 동기강화상담을 통한 개입의 경우, 기존의 치료 집단에 비해서 9,000명의 환자들이 치료를 중단하지 않고 이어 갔는데, 이는 연간 93,600,000달러의 원가 보상으로 환산될 수 있다(9,000명 × 200달러/1회분 × 52주/년 = 93,600,000달러).

우리는 전화를 통한 의사소통에서는 동기강화상담이 더 필수적이라는 결론을 내리게 되었다. 왜냐하면 전화통화의 경우, 얼굴 표정과 같이 시각적이고 비언어적인 단서를 얻을 수 있는 어떠한 정보도 없기 때문이다. 전화를 통한 의사소통의 경우, 공감적 반응과 반영하기를 명확하게 하는 것이 특히 중요하다. '맞아요', '으흠' 또는 '이해해요'와 같은 말을 하는 것은 환자에게 당신이 현재 (전화기 너머에) 있다는 사실을 환자에게 말해 줄 뿐, 당신이 이해한 것이 무엇인지를 환자에게 알려 주지는 못한다. 동일한 문제가 대면을 통한 의사소통에서도 존재하지만 전화를 통한 의사소통에서는 더 두드러지게 나타나게 된다. 이러한 문제들은 동기강화상담을 통한 명확한 의사소통을 통해서 극복될 수 있다.

환자에게 요구되는 질문 목록

미국품질보장위원회(National Committee for Quality Assurance, NCQA)나 다른 기관에 의한 인준을 유지하기 위해서 의료 보험사들은 환자와의 인터뷰와 함께 가족력, 현재 건강 상태, 인구통계학적 요소, 서비스에 대한 환자의 만족도와 같은 정보를 수집할 것을 요청받는다. 하지만 데이터 수집을 위한 질문들은 의료 보험에서 요구하는 것을 넘어서는 것으로 보인다. 일반적으로 사례관리자는 환자와의 첫 통화에서 데이터를 수집하는데, 이때 최소 45분 정도의 시간이 소요된다. 우리의 훈련 프로그램에 참여한 한 사례관리자는 이 시간이 너무 길다는 고충을 토로했다. 환자들은 이러한 질문에 답을 하기 위해서 45분의 시간을 할애하는 것을 좋아하지 않으며, 특히 이러한 정보들의 많은 부분을 이미 다른 건강관리전문가에게 제공한 경우에는 더욱 그렇다. 우리는 동기강화상담이 이러한 문제를 완화시키는 데에도 도움이 될 수 있는지에 대한 질문을 받았다.

이러한 정보 수집 절차를 피할 수는 없지만, 모든 정보를 반드시 한 번에 모두 수집해야 하는 것은 아니다. 환자와 라포를 형성하고 현재 상태에 대한 논의 중에 이루어지는 적절한 반영과 열린 질문 그리고 환자의 설명을 통해서 필요한 정보의 많은 부분을 얻을 수 있다. 예를 들어 건강관리전문가가 고혈압과 고지혈증을 가진 환자에게 처음 전화를 할 때, 건강관리전문가는 환자에게 이 두 상태가 환자에게 어떤 의미가 있는지에 대해서, 그리고 이를 관리하는 것이 얼마나 중요한지에 대해서 논의를 하게 될 것이다. 가족력에 대한 질문은 이러한 탐색 중에 자연스럽게 이루어질 것이다.

우리는 인준을 유지하기 위한 질문 목록으로 바로 넘어가기 전에 환자와 라포를 형성하는 것이 매우 중요하다고 생각한다. 안타깝게도 이러한 질문들을 하기 전에 먼저 사례관리자들은 대개 "음, 저도 이 질문들을 드리는 것이 내키지는 않지만 이 질문들을 환자분에게 해야 한다고 하네요. 질문들을 하는 데 대략 한 45분 정도 걸릴 예정이에요."라고 말하는데, 이렇게 말하는 것은 이 과정이 사례관리자에게 힘든 일이라는 메시지를 환자에게 전해 주는 데 반해서 정보를 수집하는 과정의 중요성에 대해서는 아무것도 환자에게 말해 주지 않는다. 다시 말해서 정보를 수집하는 것이 환자에게 어떻게 도움이 될 수 있는지에 대해서 전혀 알려 주지 않는다. 정보 수집 과정을 전체 상담 중에 나누어서 진행하는 것에 추가하여 일부 정보들을 더 수집해야 할 필요가 있을 때에는 환자에게 진정성 있게 "이미 환자분께서 저에게 필요한 정보들을 많이 말씀해 주셨는데요, 환자분과 환자분의 상황을 더 잘 알게 되면 환자분에게 최대한 도움이 될 수 있을 것 같아서요, 몇 가지 추가 질문을 드려야 될 것 같네요. 한 15분 정도 소요될 것 같아요. 그리고 다음 통화에서도 몇 가지 질문을 더 드려야 하고요. 시간 괜찮으세요?"라고 말하는 것이 더 좋은 방법이다. 이 진술은 사례관리자가 환자를 지원하는 데 있어서 정보를 수집하는 것이 중요하다는 메시지를 전달해 준다.

또한 우리는 환자 중심 메시지로 전화를 시작하는 것이 이롭다는 사실을 의료 보험사에 권해 왔다. 우리는 환자를 식별할 수 있는 정보를 제거한 전화 녹음 내용을 들은 적이 있는데, 그 통화에서 사례관리자는 기본적으로 "안녕하세요? Jones 씨 맞으신가요? 저는 Allied Health Plan의 Sally Brown입니다. 당뇨와 관련해서 이야기하려고 전화를 드렸어요. 시작하기 전에 몇 가지 질문을 드릴게요."라고 말했다. 아마도 환자 중심 접근법에서는 "안녕하세요, Jones 씨 맞으신가요? 저는 Allied Health Plan의 Sally Brown입니다. 회원분의 당뇨와 관련해서 이야기하려고 전화를 드렸어요. Jones 씨, 당뇨나 그 관리 방법에 대해서 회원분이 가지고 있을 수 있는 의문이나 우려에 대한 답을 찾는 데 도움을 드리고 싶네요. 회원분의 건강 목표 달성에 도움이 되는 것이 제가 여기 있는 이유지요. 현재 어떤 의문이 들거나 걱정되는 부분이 있나요? 말씀해 주시면 제가 도움이 될 수 있을 것 같네요."라고 통화를 시작할 것이다.

⚜ 건강관리전문가는 위선자

체중 감량을 목표로 노력하고 있는 환자가 건강관리전문가를 보고 다소 화를 내며 "선생님 자신도 과체중이면서, 어떻게 제게 체중 감량에 대해서 말을 할 수 있나요?"라고 말할 수도 있다. 이와 같은 일은 전화통화에서도 건강관리전문가가 비만인지 여부를 질문하는 것으로 일어날 수 있다. 환자를 진솔하게 대하고 존중하는 것에 대해서 지금까지 논의했던 것을 사용한 적절한 반응은 환자의 상황 이해(즉, 건강관리전문가가 위선자라는 이해)를 인정하고 이를 직접적으로 다루는 것이라 할 수 있다.

환자: 선생님 자신도 과체중이면서 어떻게 제게 체중 감량에 대해서 말을 할 수 있나요?

HCP: 제 스스로가 과체중이면서 체중 감량에 대해서 환자분에게 말을 하는 것이 위선처럼 보일 수 있겠네요.

환자: 그렇긴 하죠.

HCP: 저도 체중 감량으로 고생하고 있다는 점을 환자분이 아셨으면 해요. 과체중이 심각한 건강 문제를 일으킬 수 있다는 점을 알고 있고, 또한 식습관을 바꾸고 활동량을 더 높이는 것이 쉽지 않은 일이라는 점도 알고 있어요. 따라서 저는 환자분을 판단하기 위해 여기 있는 것이 분명히 아니에요. 만약 환자분이 괜찮다면 건강 증진을 위해서 환자분이 체중 감량을 하는 데 도움이 되고 싶어요.

이 대화에서 건강관리전문가는 환자의 주장에 진솔하게 반응하면서 체중 감량을 위해서 자신도 노력하고 있다는 사실과 과체중의 결과에 대해서 이해하고 있다는 것을 간략하게 이야기했고 이어서 다시 기존의 대화에 초점을 맞추었다. 이때 단순히 "우리가 여기 있는 이유는 제가 아니라 환자분의 문제에 대한 이야기를 나누기 위해서예요."라고 말하는 것은 적절하지 않다. 이와 같은 반응은 환자의 체면을 손상시키고 방어적으로 만들어 환자의 이슈를 다루지 못하게 한다.

일반적으로 건강관리전문가들이 환자의 이슈와 관련한 자신의 이야기를 하는 것은 적절하지 않다. 예를 들어 환자가 만약에 "담배 끊는 것이 정말 너무 힘드네요."라고 말했을 때 건강관리전문가가 "저도 담배를 피웠는데요, 저 또한 제가 담배를 끊을 수 있을 거라 생각해 본 적이 없었지만 저도 끊었어요."라고 반응하는 것은 적절하지 않다. 건강관리전문가는 환자를 공감하고 희망을 주기 위해 하는 말이지만 그의 반응은 대화의 초점을 환자가 아닌 자신에게로 이동시킨다. 고혈압을 가진 환자에게 안도감을 주기 위해 애쓰는 고혈압이 있는 건강관리전문가에게도 이런 일이 일어날 수 있다. 심지어 건강관리전문가가 흡연자라고 할지라도(또는 예를 들어, 고혈압이나 당뇨병 환자라 하더라도) 개개인이 처한 상황은 모두 다르다. 금연이나 혈당 관리 또는 그 밖의 다른 건강 행동 변화에서 나타나는 그 동기와 방법은 개개인마다 서로 다르며, 이는 건강관리전문가의 관점이 아닌 환자의 관점에서 다루어질 필요가 있다. 앞의 예시에서 환자가 금연을 할지를 결정하고 금연하는 것은 건강관리전문가가 담배를 끊었던 것과는 완전히 다른 차원의 문제일 수 있다. 이와 같은 경우에 더 나은 반응은 "담배를 끊는 것이 중요하다는 것은 알고 있지만, 담배를 끊고 이를 유지하는 것이 너무 힘이 드는군요."라고 말하는 것이다. 환자가 이를 인정한 후에 담배를 끊기 위해서 환자가 어떤 노력을 해왔는지, 무엇이 효과적이었는지(비록 단기간의 효과였다 하더라도) 그리고 무엇이 금연을 어렵게 만드는지에 대해서 질문할 수 있다.

동일한 지침이 환자를 다른 환자와 비교하는 것에도 적용된다. 예를 들어 "제가 고혈압이라는 사실을 믿을 수 없어요."라는 환자의 말에 건강관리전문가가 "아시다시피 많은 환자들이 고혈압을 가지고 있고, 이는 얼마든지 관리할 수 있는 질병이에요."라고 답을 했다고 할 때, 이 비교는 (1) 환자의 걱정을 직접적으로 반영하고 공감하지 않았다는 점, (2) 이 환자 문제가 가진 독특성을 축소시킬 위험이 있다는 점, (3) 환자가 고민하는 원인을 탐색하지 않는다는 점에서 문제가 된다. 이 정보가 틀린 것은 아니지만 이러한 반응은 환자로부터 관계성 저항을 나타내는 "글쎄요, 다른 환자들과 저는 달라요."라는 말을 들을 위험성이 있다. 이때는 "자신이 고혈압일 거라고는 예상하지 못하셨군요. 고혈압이라는 사실을 알게 되니 어떤 점이 가장 걱정되나요?"라고 반응하는 것이 더 적절할 것이다. 자신의 배려와 관심을 환자에게 보여 주기 위해서 굳이 환자를 다른 환자들과 비교해야만 하는 것은 아니다.

예외적으로 다른 환자에 대한 이야기를 하는 것이 적절할 경우도 있는데, 이는 환자가 안정감을 얻기 위해 다른 환자와의 비교를 요청하는 때이다. 예를 들어 환자가 "고혈압이라는 사실을 알게 된 다른 환자들도 이런 느낌을 받았나요?"라고 말하고는 "이런 제 반응이 정상인가요?"라고 진심으로 묻는 경우인데, 이 경우 "다른 환자들도 어떤 증상도 감지하지 못했기 때문에 자신이 혈압이 높다는 것을 알지 못했고 자신이 고혈압이라는 사실을 알고는 모두들 놀라셨어요."라고 말하는 것이 적절할 수 있다.

⚜ 저를 어떻게 도와줄 수 있나요?

몇몇 건강관리전문가들은 "선생님은 체중 문제를 경험해 본 적이 없는 것 같은데 어떻게 저에게 체중 감량에 대해서 말해 줄 수 있나요?", "선생님은 담배를 피우지 않는데 어떻게 제게 금연에 대해서 말을 해줄 수 있지요?" 또는 "선생님은 고혈압 문제가 없는데 어떻게 이 문제를 이해할 수 있죠?"라고 말하는 환자들에게 어떻게 반응해야 하는지에 대한 걱정을 우리에게 이야기한다. 이 모든 사례에서 환자들은 "당신이 이 문제를 겪지 않았는데 어떻게 이 문제를 도울 수 있나요?"라고 말하며 현재 자신이 만나고 있는 건강관리전문가가 정말로 자신에게 도움을 줄 수 있을지에 대한 의문을 가지고 있는 것이다. 동기강화상담과 일치하는 효과적인 반응은 환자의 우려를 인정하면서 시작된다. "제가 담배를 피우지 않기 때문에 환자분이 금연을 하는 데 제가 도움을 줄 수 있을지 의문을 가지고 계시군요. 제가 담배를 끊는 것이 얼마나 어려운지 어떻게 이해할 수 있겠어요."라고 환자의 의문을 인정한 후에, "제가 아는 것은 담배를 끊는 것에 있어서 모든 사람들은 서로 다르다는 것이에요. 그리고 이 부분이 바로 환자분께서 도와주셔야 하는 부분이고요. 제가 알고자 하는 것은 담배를 끊는 것이 환자분에게 얼마나 중요한가 하는 것이에요. 그리고 무엇을 시도했는지, 그리고 담배를 끊고 유지하는 것을 어렵게 만드는 것이 무엇인지도 알고 싶고요."라고 말할 수 있다. 이 반응은 환자의 우려를 다루고 있으며 건강관리전문가가 환자를 도우려면 환자의 '전문성'이 필요하다는 사실을 환자에게 알게 해준다.

환자가 건강관리전문가에게 "선생님은 혈압이 있나요?" 또는 "담배를 피우나요?"라고 물을 때, 특히 그에 대한 답이 긍정(그렇다)인 경우에는 이 질문을 피해 나가기는 어렵다. 만약 건강관리전문가가 이를 긍정하는 대답을 할 경우에 이것은 문제가 될 수 있는데, 왜냐하면 환자는 이어서 "고혈압인 것을 알았을 때 기분이 어땠나요?" 또는 "어떻게 담배를 끊었어요?"라고 질문할 수 있기 때문이다. 이 경우, 건강관리전문가의 자기 노출은 유용하지 않고 부적절하며 문제를 야기할 수 있다. 건강관리전문가가 고혈압에 대해서 어떻게 느꼈는지, 담배를 어떻게 끊었는지는 환자의 경험이나 필요와는 매우 큰 차이가 있다. 우리는 담배를 '단번에' 끊은 어느 건강관리전문가를 알고 있다. 이 방법은 담배를 끊기 위해서 추천할 만한 방법이 아니며 성공률도 높지 않다. 그러나 환자는 건강관리전문가가 했던 방법이기 때문에 이 방법으로 담배를 끊으려고 할지 모른다. 환자의 이와 같은 질문에는 "개개인은 모든 면에서 매우 다르기 때문에 저에게 초점을 맞추기보다는 고혈압이 환자분에게 어떻게 영향을 미쳤는지 그리고 이를 관리하는 것이 환자분에게는 얼마나 중요한지에 대해서 더 알고 싶네요." 또는 "제가 담배를 피우기는 하지만 모든 개개인은 모든 면에서 매우 다르기 때문에 저에게 초점을 맞추기보다는, 흡연이 환자분에게 어떻게 영향을 미쳤는지 그리고 금연을 시도하는 것이 환자분에게 얼마나 중요한지에 대해서 더 알고 싶네요."라고 반응하는 것이 나을 것이다. 안내하기의 원칙에 따르면 건강관리전문가의 자기 노출은 반드시 환자의 유익을 위해 이루어져야 하며, 건강관리전문가의 필요에 기초해서는 안 된다.

결론

이 장에서는 우리는 동기강화상담을 적용하는 데 어려움이 될 수 있는 여러 특정 상황들에 대해서 논의했다. 제시한 모든 사례에서 동기강화상담 기술을 사용함으로써 어렵게 느껴지는 상황들을 개선하는 것은 가능하다. 동기강화상담의 원리는 각 상황들에서 제기하고 있는 이슈들을 다루는 데 유용하게 활용될 수 있다.

생각해 볼 질문

1. 환자와의 경계 설정에서 시간이나 분노, 또는 경계 위반과 관련 여부에 따라 환자에게 당신의 반응을 표현하는 데 고려해야 하는 것은 무엇인가? 무엇이 적절한 것인가? 적절하지 않은 것은 무엇인가?
2. 주어진 정보들이 부족한(예: 시각적 단서) 전화통화에서 동기강화상담의 원리는 어떤 방식으로 의사소통을 증진시킬 수 있는가?
3. 의학적 기준과 인준을 위한 기준을 모두 충족시키기 위해 일련의 정보들을 환자로부터 수집해야 하는 경우, 환자 중심적 방식으로 이 정보를 수집할 수 있는 방법은 무엇인가?

참고 문헌

1. Peterson MR. *At Personal Risk: Boundary Violations in Professional-Client Relationships*. New York: Norton; 1992:74.
2. Appel LJ, Clark JM, Yeh H-C, et al. Comparative effectiveness of weight-loss interventions in clinical practice. *N Engl J Med*. 2011;365:1959-68.
3. Berger BA, Hudmon KS, Liang H. Predicting discontinuation of treatment among patients with multiple sclerosis: an application of the transtheoretical model of change. *J Am Pharm Assoc*. 2004;45:1-7.

Motivational Interviewing

CHAPTER 10

종합하기

이 장에는 세 가지 사례와 함께 각 사례에 따른 대화문과 그에 대한 분석을 담았다. 각 사례에는 먼저 동기강화상담을 사용하지 않은 건강관리전문가와 환자의 대화가 제시되고, 그 후 이 대화에서 일어날 수 있는 문제와 그 문제가 일어나는 이유를 탐색하는 분석을 제시했다. 그다음으로 동일한 사례에 동기강화상담을 적용한 대화문과 그 대화에서 사용된 동기강화상담의 기술과 전략을 확인하고 이들이 사용된 이유에 대한 분석을 제시했다.

첫 번째 사례는 건강관리전문가가 제시한 행동 변화의 중요성을 환자(환자의 어머니)가 믿지 않아서 발생한 문제들에 초점을 맞추고 있다. 두 번째 사례는 최근 당뇨병 진단을 받은 후 혈당을 관리하는 것은 매우 중요하다고 생각하고 있지만 심각한 합병증을 예방하기 위해 필요한 것들을 자신이 할 수 있을지에 대해서는 자신감이 전혀 없는 환자에 대한 것이다. 세 번째 사례는 약물의 부작용에 대한 이슈를 가지고 있는 환자에 대한 것으로, 부작용과 관련된 이슈를 다루었는데도 여전히 약을 복용하는 것에 전적으로 참여하고 있지 않은 경우이다.

각 사례에서의 뉘앙스와 감정, 비언어적인 의사소통의 느낌들을 더 잘 이해하고 싶다면 웹사이트(www.mihcp.com/3443.html)에서 영상으로 볼 수 있다(281쪽에 제시된 QR 코드 참고). 이 영상을 통해서 기존의 개입 방법과 동기강화상담 간의 극명한 차이를 확인할 수 있을 것이다.

사례 1

이 사례는 건강관리전문가(HCP)와 환자의 어머니가 나눈 실제 대화에 기초하고 있다. 처음에는 동기강화상담을 사용하지 않은 대화이며, 그다음의 대화는 동기강화상담을 사용한 것이다. 동기강화상담 예시(두 번째 대화)는 건강관리전문가와 환자의 어머니 사이에 실제로 일어난 일을 보여 준다.

Julie Thompson(37세)은 환자의 어머니이며, 지난 2년 동안 자신의 딸, Sara(10세)를 해마다 다섯 번씩 응급실에 데리고 왔다. Sara는 천식이었으나 일상용 흡입기를 사용하지 않았다. 실제 처방된 것보다 훨씬 자주 응급용 흡입기를 받기 위해 응급실을 찾아온 셈이다.

동기강화상담과 일치하지 않는 대화

HCP: 안녕하세요, Julie Thompson이시죠? (Julie, 고개를 끄덕인다.) 저는 Bruce Berger입니다. 이 클리닉에서 일하고 있죠. 오늘 처방전을 받으러 오셨다고 들었습니다. 기록에 따르면 꽤 자주 천식으로 인해 Sara의 응급용 흡입기를 가지러 오셨네요. 그리고 꽤 오랫동안 일상용 흡입기를 받아 가지 않았군요. 저도 올해 몇 번 따님이 응급실에 실려 오는 걸 본 적이 있고요. 무슨 일이 있었는지 말씀해 주시겠어요?

Julie: 일상용 흡입기에 대해서 알아보았는데, 그 안에 스테로이드 성분이 있더라고요. 제 딸이 스테로이드를 복용하도록 그냥 보고 앉아 있을 수는 없어요. 스테로이드의 부작용과 건강과 관련된 잠재적인 문제들에 관한 모든 자료를 읽어 봤어요. 그래서 저는 딸이 그걸 쓰지 않기를 바랍니다. 그리고 솔직히 말해서 저는 제가 담배를 피운다는 사실과 관련해 어떤 말도 듣고 싶지 않아요. 담배는 밖에서 피우고 피울 때도 딸에게서 멀리 떨어져서 피워요. 딸 주변에서 피운 적도 없고요, 그래서 그것과 관련된 이야기를 듣고 싶지 않네요.

HCP: (매우 사무적이고 고자세로) 글쎄요, 따님이 이 약을 복용해야 한다는 말씀을 드려야 하겠네요. 이 일상용 흡입기는 천식을 관리하는 데 있어서 정말로 중요해요. 그리고 무엇보다도 그 성분은 어머님이 생각하고 있는 스테로이드와는 달라요. 훨씬 더 안전하죠. 따님의 천식을 관리하려면 이것을 써야 해요. 그리고 저는 어머님의 흡연이 따님의 천식에 영향을 미친다는 점에 대해서도 말씀드려야겠네요. 설령 밖에서 피운다고 하더라도 담배의 성분이 옷에 배게 되죠. 솔직히 말씀드리면, 어머님을 위해서라도 담배는 끊으셨으면 하네요. 그리고 따님이 응급실에 오지 않기를 원한다면 매일 일상용 흡입기를 사용해야 하고요. 어머님은 흡연에 주의하셔야 해요.

Julie: (고집스럽게) 딸에게 어떤 종류라도 스테로이드는 먹게 하지 않을 거예요. 그런 일이 일어나도록 놔두지 않을 겁니다. Sara는 제 딸이고, 따라서 그것은 제결정합니다. 스테로이드를 먹이는 것은 용납할 수 없어요. 그리고 제 흡연이 딸에게 영향을 미치지 않는다고 확신해요.

HCP: 알겠습니다. 이 문제에 관해 어머님과 논쟁하고 싶진 않네요. 만약 Sara가 응급실에 더 이상 오지 않기를 원하신다면 제가 말씀드린 점들에 주의하셨으면 좋겠네요. 따님은 천식 관리를 위해서 매일 일상용 흡입기를 사용해야 해요. 그리고 어머님 옷에 묻은 담배 성분은 천식을 갑작스럽게 재발하게 하지요. 이런 이유 때문에 따님은 일상용 흡입기를 사용해야 하고, 어머님은 정말로 금연하는 것에 대해서 생각해 보셔야 해요.

Julie: (퉁명스럽게) 알겠어요. 너무 바빠서요, 최대한 빨리 처방전대로 약을 지어 주면 좋겠네요.

HCP: (사무적이고 확고한 태도로) 알겠습니다. 일상용 흡입기를 사용하는 것과 관련해 제가 드린 말씀을 정말 주의 깊게 들으셨기를 바라요. 그리고 금연하는 것에 대해서도 생각해 주시면 좋겠고요.

Julie: (퉁명스럽게) 알겠어요. 그냥 빨리 약을 주셨으면 좋겠어요.

HCP: 알겠습니다.

분석

Julie Thompson을 까다로운 사람으로 진단명을 붙이고 싶은 생각이 들 수도 있다. 또한 어떤 건강관리전문가들은 Julie를 '나쁜' 엄마 또는 '무책임한' 엄마라고 꼬리표를 달 수도 있는데, 왜냐하면 Julie는 자신의 딸, Sara가 일상용 흡입기를 사용하지 못하도록 하고 딸 주변에서 담배를 피움(옷에 묻은 담배 성분)으로써 딸이 천식으로 고통받게 하고 무방비 상태인 폐에 급성 발작이 일어나게 해서 응급실에 실려 오도록 하기 때문이다. Julie는 Sara에게 일상용 흡입기를 사용하도록 하는 것과 자신이 담배를 끊는 것에 대해서 분명하게 저항하고 있다. Julie의 상황 이해에 따르면 일상용 흡입기는 딸에게 해가 될 수 있는 아나볼릭 스테로이드(동화성 스테로이드) 성분이며, 자신은 딸에게서 멀리 떨어진 외부에서 담배를 피우기 때문에 딸에게는 영향을 미치지 않는다는 것이다. 즉, Julie의 관점에서 보면 자신은 일상용 흡입기와 흡연으로부터 딸이 해를 입지 않도록 보호하고 있는 것이다.

건강관리전문가는 Julie에게 일상용 흡입기와 Julie의 흡연이 그녀의 딸에게 영향을 미칠 가능성에 대한 사실에 기반한 정보를 제공했다. 이 정보는 매우 사무적인 방식으로 제공되었는데, 이 정보가 타당한데도 불구하고 Julie은 이를 거절하고 딸에게 해가 되는 아나볼릭 스테로이드를 주지 않을 것이며 자신의 흡연도 딸에게 해가 되지 않다는 주장을 반복했다. Julie는 자신의 흡연에 대해서 이야기를 나누지 않겠다고 강조했지만 건강관리전문가는 이 문제를 제기하며 Julie가 자신의 말을 들어야 한다고 여러 차례 자신의 의견을 반복해서 주장했는데, 이는 본질적으로 Julie가 틀렸다는 것이었다. Julie는 건강관리전문가의 말을 듣는 것이 싫어졌고 가야 한다고 말했다. 이 대화는 '네, 하지만'식 의사소통의 대표적 사례라 할 수 있다. 서로가 '네, 하지만'

이라는 말로 자신의 말을 시작하고 있으며 실제로 이 표현을 사용하지 않는다고 하더라도 실상은 사용하고 있는 것과 다르지 않다. 이러한 대화는 함께 댄스를 추고 있기보다는 레슬링을 하고 있는 것이며, 따라서 대화의 목표는 상대방을 쓰러뜨리고 자신이 승리하는 것이다.

환자의 상황 이해는 단지 건강과 관련된 상황(일상용 흡입기와 흡연)뿐만 아니라 환자(이 사례에서는 환자의 어머니)가 건강관리전문가와의 관계에 대해서 어떻게 이해하고 있는가에 대한 것임을 기억할 것이다. 건강관리전문가는 Julie에게 사실에 입각한 정보를 제공했지만, 이는 Julie의 역량과 자율성 모든 면에서 체면을 손상시키는 방식으로 이루어졌다. 건강관리전문가의 말은 "당신은 제 말을 들어야 합니다. 여기에서 전문가는 저이고 당신은 틀렸습니다. Sara는 일상용 흡입기를 사용해야 하고 딸에게 더 이상 해를 주고 싶지 않다면 담배를 끊어야 합니다."라는 메시지를 담고 있다. Julie에게 이러한 메시지는 건강관리전문가가 자신을 이해하고 배려하고 있다는 생각도 안 들고 또한 안전하다고 느껴지지도 않는다. 이제는 주제성 저항에 관계성 저항도 더하게 되었으며 라포는 전혀 찾아볼 수 없다. 건강관리전문가는 Julie의 행동이 Sara를 돌보고 보호하기 위한 것이라는 사실에 대해서 한 번도 인정하지 않았다. Julie는 상황 이해에서는 잘못된 인식을 가지고 있을 수 있지만 자신의 딸의 건강을 생각하고 있다는 것은 분명한 사실이다. 건강관리전문가의 메시지는 거만하고 비협력적이며 꾸짖는 것으로 이해된다. Julie가 그 말을 듣지 않고 심지어 더 완강하게 반응하는 것은 놀랄 만한 일이 아니다. 이 상호작용의 결과로서 무엇이라도 변할 가능성은 극히 적다. 이 대화에 대해서 건강관리전문가는 힘들었다고 말했을 수도 있다.

⚜ 동기강화상담과 일치하는 대화

동기강화상담을 사용한다면 이 대화가 어떻게 진행될지에 대해서 살펴보자.

HCP: 안녕하세요, Julie Thompson이시죠? (Julie, 고개를 끄덕인다.) 저는 Bruce Berger입니다. 이 클리닉에서 일하고 있죠. Sara의 천식으로 처방받은 응급용 흡입기를 받으러 오셨군요. 지난해에 Sara가 천식으로 다섯 번 응급실에 왔다는 점이 눈에 띄네요. 천식 때문에 여러 차례 응급실에 오게 되어 얼마나 힘드셨나요?

Julie: 네, 힘들었어요. 딸이 숨을 헐떡이는 것을 보는 건 정말 힘든 일이에요. 응급실에 가야 할 때면 너무나 걱정이 돼요. 응급실에 데려와야 할 때는 너무 힘들어요.

HCP: (위로하는 마음을 담아) 그런 상황을 막을 수만 있다면 무슨 일이라고 기꺼이 하겠다는 말로 들리네요.

Julie: (고개를 끄덕이며) 네, 그래요.

HCP: 꽤 자주 응급용 흡입기를 받으러 오시네요. 3개월 정도 되었네요. 그러니까, 일상용 흡입기를 받으러 오셨을 때였네요. 이와 관련해서 어떤 곤란한 상황이 있는 건가요?

Julie: 사실, 일상용 흡입기에 대해서 알아봤더니, 그 성분에 스테로이드가 포함되어 있더라고요. 음…, 제 딸이 스테로이드를 복용하는 걸 원하지 않아요. 스테로이드의 부작용과 복용했을 때 나타날 수 있는 문제에 대해서도 알아봤어요. 저는 그냥 딸이 그걸 쓰지 않기를 바라요. 스테로이드에 노출되지 않았으면 하거든요. 그리고 음…, 그냥 이야기할게요. 어차피 언젠가는 이야기해야 하니까요. 사실 저는 담배를 피워요. 하지만 분명히 하고 싶은 건, 딸 주변에서 피운 적이 없기 때문에 제 흡연이 딸에게 영향을 미쳤다고 생각하지 않아요. 선생님에게 말해 둬야 할 것 같아서요.

HCP: Sara에게 신경을 많이 쓰고 있군요. 딸이 스테로이드를 사용하지 않았으면 하고 어떤 영향이 있을까 봐 걱정하고 있네요. 그리고 딸에게서 멀리 떨어져서 담배를 피우려고 애쓰고 있군요. 그래서 담배가 아이의 천식에 영향을 미치지 않도록요.

Julie: (놀란 듯한 목소리로) 어… 네, 그래요.

HCP: (차분하게) 괜찮다면 일상용 흡입기와 스테로이드 성분으로 걱정하고 있는 약물에 대해서 이야기했으면 하는데요, 어떤가요? 운동선수의 경우에서와 같이 어머님이 걱정하는 스테로이드 성분이 든 약을 Sara에게 사용하는 것을 저도 원하지 않아요. 이 부분에 대해서 잠시 이야기 나눠도 될까요?

Julie: 네.

HCP: 일상용 흡입기 안에 들어 있는 성분은 넓게 보면 어머님이 걱정하시는 스테로이드와 같은 약물군에 속하지요. 걱정하시는 약물은 아나볼릭 스테로이드라 부르는데, 사람의 힘을 증강시키고 남성화 효과(masculinizing effect)를 나타낼 수도 있어요. 비유로 설명하자면, 포도와 수박은 과일이라는 같은 군에 속하지만 포도가 훨씬 더 작죠. 포도 한 알을 먹었다면 전혀 문제가 없겠지만 수박 한 통을 다 먹는다면 탈이 날 수 있겠지요. 따님이 복용하고 있는 약을 포도로 본다면, 다시 말하지만 넓은 의미에서 같은 가족 내에 있는 것이지요. 따님에게 처방된 약은 포도와 같아요. 즉, 그 양이 매우 적어요. 그리고 심지어 크게 보면 같은 가족이라고 할 수 있지만 그 약은 아나볼릭 스테로이드와는 다른 종류예요. 이 약은 따님의 폐에 있는 염증을 실제로 감소시켜 주는 효능을 가지고 있어요. 몸속으로 흡수되는 양도 극소량이고 그마저도 폐로만 가고요. 말씀드렸듯이, 저도 아나볼릭 스테로이드와 같이 작용할 수 있는 약을 Sara가 복용하는 것을 원하지 않아요. 이 성분은 따님이 복용해도 전혀 위험하지 않고 안전해요. Sara의 일상용 흡입기 사용을 고려해 보는 것에 대해서 어떻게 생각하나요?

Julie: 그 성분이 문제를 일으키는, 그러니까 아나볼릭 스테로이드와 같은 종류가 아닐 거라는 생각은 못 했던 것 같아요. 그러면, 음, 만약에 선생님이 일상용 흡입기가 부작용과 건강상에 문제가 없을 거라고 장담할 수 있다면….

HCP: 네, 아마도 코르티코스테로이드라는 명칭을 보셨을 겁니다. 그래서 당혹스러우셨을 거고요. 네, 이 명칭 때문에 많은 사람들이 우려하곤 해요. 이 약은 오직 폐에만 작용하고 신체 다른 기관에는 전혀 영향을 주지 않는다는 점을 다시 확실하게 알려 드리고 싶네요. 이 성분은 어머님이 걱정하는 종류의 약이 아니에요.

Julie: 알겠어요.

HCP: 혹시 괜찮다면 폐에 염증으로 응급실에 와야 하는 순간에 따님의 폐의 상태에 대해서 말씀드려도 될까요?

Julie: (매우 흥미를 보이며) 네, 좋아요.

HCP: 좋습니다, 천식이 있으면 그때 그 사람의 폐는 아주 민감해진 상태라고 할 수 있어요. 다시 비유로 설명한다면 누군가 우연히 어머님의 팔을 살짝 스쳤다면 어머님은 아마도 그에 대해서 별달리 신경 쓰지 않을 거예요. 하지만 만약에 최근에 팔에 화상을 입었었다면 어머님은 아마도 그에 자동적으로 반응했을 거예요. 왜냐하면 피부가 매우 예민한 상태이기 때문이지요. Sara의 폐는 화상 입은 팔처럼 매우 예민해져 있는 상태예요. 이 일상용 흡입기는 폐의 염증을 감소시켜서 더 이상 과민하지 않도록 해주는 효능을 가지고 있어요. 그렇지 않으면 보통은 우리에게 영향을 주지 않는 공기 중에 있는 모든 것들, 예를 들면 먼지나 꽃가루 같은 것들이 따님에게는 영향을 주게 되는 것이지요.

Julie: 그렇군요. 무슨 말씀이신지 알겠어요.

HCP: 이 일상용 흡입기는 매일 사용해야 어떤 사건이 발생하는 것을 예방해 줄 수 있어요. 말씀드리려고 했던 다른 한 가지는, 안타깝게도 어머님이 밖에서 담배를 피울 때 Sara에게서 멀리 떨어져서 피운다고 하더라도 담배연기가 어머님의 옷에 배게 되요. 그리고 Sara의 폐는 매우 예민한 상태이기 때문에 이 옷에 밴 담배연기가 따님의 폐에 영향을 줄 수 있고 염증 반응을 일으킬 수도 있어요. 어머님께서 생각해 봤으면 하는 점은, 만약 Sara가 매일 일상용 흡입기를 사용하면, 아마도 어머님 옷에 밴 담배연기에 예민하게 반응하지 않게 되리라는 거예요. 물론 여전히 옷에 밴 담배연기에도 민감하게 반응할 가능성은 남아 있는데, 왜냐하면 Sara의 폐가 우리와는 매우 다르기 때문이에요. 솔직히 말씀드리면 저는 어머님을 위해서라도 담배를 끊으셨으면 해요. 아시다시피, 흡연은 건강에도 좋지 않고 금연하시면 Sara에게는 분명히 좋을 거예요.

Julie: (차분하고 체념한 듯) 네, 알겠어요.

HCP: Sara가 일상용 흡입기를 사용하면 어떤지, 그리고 어머님의 따님 근처에 있을 때 여전히 천식 증상이 시작되는지도 잘 살펴보셔야 될 것 같네요.

Julie: 제 옷에 배어 있는 담배연기 때문에도 딸의 증상이 갑자기 나타날 수 있나요? 그 정도로 예민해져 있는 거군요. 몰랐어요.

HCP: Sara가 일상용 흡입기를 사용하게 되면 그런 일은 일어나지 않을 수 있어요. 잘 지켜보세요.

Julie: 담배를 끊는다는 생각은 지금 당장은 버겁네요. 끊으려고 한 적은 있지만 너무 힘들더라고요.

HCP: 정말로 힘들죠. 담배를 피우면 마음이 편안해지지요. 무언가로 대체하기가 쉽지 않지요. 지금 당장 끊는 것이 어렵다면 무엇을 해볼 수 있을까요?

Julie: 제 옷에 밴 담배연기가 딸에게 영향을 미친다고 하면, 딸아이가 학교에 있는 동안에만 담배를 피우고 딸이 집으로 돌아오기 전에 옷을 바꿔 입는다면, 그러면 괜찮지 않을까요?

HCP: 그렇게 할 수 있다면 정말 좋을 것 같네요. 만약 그렇게 한다면 분명히 도움이 될 거예요. 장래에 어머님과 따님 모두를 위해서 기꺼이 금연을 하기로 결정한다면 기꺼이 도와드리고 싶네요. 왜냐하면 어머님 말씀대로 금연하는 것이 쉽지 않은 일이니까요.

Julie: 네, 정말로 어렵죠.

HCP: 지금까지 내용을 정리해 보면요, 어머님은 염증을 가라앉히기 위해서 Sara가 일상용 흡입기를 사용하도록 할 의향이 있으신 것 같아요. 그러면 따님은 응급실에 올 필요가 없어지겠지요. 그리고 옷에 담배연기가 배지 않도록 하기 위한 조치들을 취하시려고 하시네요. 제 생각에는 Sara가 응급실에 가지 않아도 된다는 측면에서 큰 변화를 느낄 수 있으실 것 같네요. 아마도 응급용 흡입기를 사용할 필요는 거의 없어질 것 같아요.

Julie: 정말인가요?

HCP: 그럼요.

Julie: 그러면 좋겠어요. Sara가 응급용 흡입기를 사용해야 할 때면 무서웠거든요.

HCP: 네. 시작해 보죠. 일상용과 응급용 흡입기 모두 처방이 나왔어요. 평소에는 일상용 흡입기를 사용하시고요, 만약을 대비해서 응급용 흡입기도 예비해 두세요. 일단 효과가 있는지 지켜보죠.

Julie: (기대에 차서) 네, 좋아요.

HCP: 좋습니다.

⚜ 분석

Julie Thompson은 Sara의 일상용 흡입기의 사용에 대해서 매우 저항적이었다. Julie가 알아본 바에 따르면 일상용 흡입기에는 아나볼릭 스테로이드가 포함되어 있었고, 이 성분은 딸에게 해가 될 수 있는 것이었다. 또한 자신이 외부에서 담배를 피우기 때문에 자신의 흡연이 Sara에게 영향을 미치지 않는다고 생각하고 있었다.

이 대화의 마지막에서 Julie는 Sara가 일상용 흡입기를 사용하도록 할 것이며 자신의 옷에 밴 담배연기에 Sara가 노출되지 않도록 노력하겠다는 의향을 나타내고 있다. 심지어 담배를 끊는 것에 대해서도 생각해 볼지 모른다. 이는 놀라운 변화이며 대화의 초반과는 매우 다른 결과이다. 무슨 일이 일어났는지 살펴보자. Julie는 어려운 환자인가, 아니면 단지 어려운 상황이었던 것인가? 훈련을 잘 받은 동기강화상담자에게 Julie는 전혀 어려운 환자로 느껴지지 않을 것이다. 이 대화에서는 관계성 저항이 전혀 나타나지 않는다. 환자가 주제성 저항을 나타내는 것이 이 환자를 어려운 환자로 만드는 것이 아니다. 이것이 의미하는 바는 배려와 관심 그리고 존중을 표현하는 것이 건강관리전문가에게 더 결정적으로 중요해진다는 것이다.

이 대화에서 건강관리전문가는 Sara가 지난 1년 동안 응급실에 다섯 번 왔다는 점을 언급하면서 Julie에게, "천식 때문에 여러 차례 응급실에 오게 되어 얼마나 힘드셨나요?"라고 말했다. 이 질문으로 라포를 형성하는 과정이 시작되었다. Julie는 Sara의 엄마이다. 딸이 응급실에 와서 고통스러워하는 것을 보는 것은 Julie에게 몹시 괴로운 일이었음에 틀림없다. 건강관리전문가는 이 트라우마가 Sara와 Julie에게 발생했다는 사실을 인식하고 Julie에게 미쳤을 영향에 관해 질문함으로써 관심을 표현했다. 즉, Julie에게 마음을 쓰고 있는 것이다. 이에 Julie는 "힘들었어요. 딸이 숨을 헐떡이는 것을 보는 건 정말 힘든 일이에요. 응급실에 가야 할 때면 너무나 걱정이 돼요. 응급실에 데려와야 할 때는 너무 힘들어요."라고 반응했다. 건강관리전문가는 Julie의 말을 주의 깊게 경청하고 이런 일이 일어나는 것을 막을 수 있다면 어떤 것이라도 할 마음이 Julie에게서 느껴진다고 반응했고, Julie도 이에 동의했다. 이 진술에서와 같이 건강관리전문가는 Julie의 목표를 폭넓고 포괄적으로 진술했고 Sara에 대한 Julie의 관심과 우려를 경청하고 반영했다.

이어서 건강관리전문가는 Julie에게 자주 응급용 흡입기를 처방받았다는 사실과 일상용 흡입기를 처방받아 가져간 것이 3개월이 넘었다는 사실이 눈에 띈다는 사실을 이야기했다. 그리고 비판단적인 태도로 Julie에게 일상용 흡입기를 사용하는 데 있어 어떤 어려움이 있는지를 질문한다. Julie는 자신이 일상용 흡입기의 성분을 확인했고 아나볼릭 스테로이드가 포함되어 있는 것 같다고 말하며 딸에게 아나볼릭 스테로이드를 사용하고 싶지 않다고 말했다. 또한 자신이 흡연을 하지만 외부에서 피우기 때문에 Sara에게 영향을 미치지 않는다고 말했다. 건강관리전문가가 경청한 것은, 엄마는 지속적으로 사용해야 하는 약이 자신의 딸에게 해를 끼친다는 사실에 대해서 걱정하고 있으며 자신의 흡연이 딸에게 해를 줄 수 있기 때문에 이로부터 딸을 보호하기 위해서 노력하고 있다는 사실이었다. Julie의 진술은 그녀가 자신의 딸을 신경 쓰고 있으며 걱정하고 있다는 사실을 보여 준다. 그 후 건강관리전문가는 "Sara에게 신경을 많이 쓰고 있군요. 딸이 스테로이드를 사용하지 않았으면 하고 어떤 영향이 있을까 봐 걱정하고 있네요. 그리고 딸에게서 멀리 떨어져서 담배를 피우려고 애쓰고 있군요. 그래서 담배가 아이의 천식에 영향을 미치지 않도록요."라고 반응했다.

만약 이 대화를 영상으로 시청한다면(www.mihcp.com/3443.html 또는 이 장 끝의 QR 코드 참조), Julie가 이 말을 들었을 때 놀람과 안도감이 얼굴 표정에 나타나는 것을 볼 수 있을 것이다. 놀란 것은 건강관리전문가가 자신을 교정하려 할 것이라고 기대했기 때문이고, 안도한 것은 자신이 진심으로 이해받고 있다는 사실을 알았기 때문이었다. 건강관리전문가는 자신이 하는 말을 분명하게 표현했다. 즉, 단순히 "Sara에 대해서 신경을 쓰고 있군요."라고 말하면서 대화를 이어 가지 않았다. 그는 Julie가 딸을 염려하고 있다는 사실을 자신이 어떻게 알고 있는지를 정확하게 말해 주었다. 그리고 이를 통해서 Julie는 건강관리전문가가 자신의 동기를 정말로 이해하고 있다는 사실을 알게 되었다. 이는 라포의 형성에서 매우 중요한 부분이다.

Julie가 일상용 흡입기와 자신의 흡연이 Sara에게 미치는 영향에 대해서 이해하고 있는 상황 이해를 기초로 건강관리전문가가 Julie가 어떤 변화라도 고려해 볼 수 있도록 어떤 정보를 제공하고자 한다면 이 정보는 반드시 다음의 두 가지 부분을 다룰 수 있는 것이어야 한다.

(1) 일상용 흡입기의 성분은 아나볼릭 스테로이드가 아니며, 실제로 일상용 흡입기의 사용은 Sara의 천식을 조절하는 데 필수적이다.

(2) Julie가 외부에서 담배를 피운다고 하더라도 Julie의 흡연은 Sara의 천식에 영향을 미칠 수 있다.

이 정보는 Julie를 방어적이 되도록 하지 않으면서 그녀의 체면을 손상시키기 않는 방식으로 제시되어야 한다. 지금까지 이루어진 라포 형성은 이 새로운 정보를 제공하는 것에 도움이 될 것이다.

건강관리전문가는 Julie가 자신의 흡연 문제에 관해 매우 민감해 보였기 때문에 일상용 흡입기에 관해 조금 더 이야기하는 것을 허가해 줄 것을 Julie에게 요청하는 것으로 대화를 시작했다. 기본적으로 그는 자신이 그녀의 편이며, 자신 또한 Sara가 아나볼릭 스테로이드를 복용하기를 원하지 않는다는 사실을 말해 주었다. 이는 Julie에게 자신이 그녀와 '레슬링'을 하기 위해서 있는 것이 아니라는 사실을 그녀에게 재확인시켜 주었다. 그러고 나서 건강관리전문가는 포도와 수박은 매우 다르지만 과일이라는 같은 군에 속한다는 비유를 사용했다. 이러한 비유를 사용한 것은 Julie가 코르티코스테로이드라는 단어를 보았고, 이는 코르티코스테로이드가 아나볼릭 스테로이드와 같은 군이라는 점에서 Julie를 불안하게 했지만, 이는 포도와 수박처럼 같은 군에 속하더라도 서로 다르다는 점을 설명하기 위한 것이었다. 건강관리전문가는 코르티코스테로이드는 아나볼릭 스테로이드와 달리 부작용이 없고 흡수되는 양도 매우 적다는 점을 Julie에게 재확인시켜 주었다. 그리고 처방된 일상용 흡입기가 Sara의 폐에 염증을 감소시키는 데 필수적이라는 사실을 그녀에게 알려 주었다.

그 후에 건강관리전문가는 Sara의 일상용 흡입기 사용에 대해서 어떻게 생각하고 있는지에 대해 질문했고, 무엇을 해야 하는지에 관해서는 어떠한 결론도 제시하지 않았다. 다만 자신의 전문성을 제공하고 제공한 정보가 어떤 영향을 주었는지에 대해서 질문했을 뿐이었다. 오직 이 방법을 통해서만 건강관리전문가는 자신이 제공한 새로운 정보가 Julie의 상황 이해에 어떻게 영향을 주었는지를 알 수 있다. Julie는 일상용 흡입기가 아나볼릭 스테로이드가 아니라는 점을 건강관리전문가가 보증할 수 있다면 기꺼이 Sara가 일상용 흡입기를 사용할 수 있도록 하겠다고 응답했다. 이에 건강관리전문가는 Julie의 체면을 존중하면서 다음과 같이 설명했다. "네, 아마도 코르티코스테로이드라는 명칭을 보셨을 겁니다. 그래서 당혹스러우셨을 거고요. 네, 이 명칭 때문에 많은 사람들이 우려하곤 해요. 이 약은 오직 폐에만 작용하고 신체의 다른 기관에는 전혀 영향을 주지 않는다는 점을 다시 확실하게 알려 드리고 싶네요. 이 성분은 어머님이 걱정하는 종류의 약은 아니에요."

그다음으로 건강관리전문가는 Sara의 폐에 관한 일반적인 이야기와 Sara의 천식이 재발했을 때 폐의 상태가 어떤지에 대해서 이야기하는 것에 대한 허가를 요청했다. Julie는 이 새로운 정보에 대해 큰 흥미를 보였다. 이 정보를 제공하는 이유는 Sara의 폐가 다른 대부분의 사람들과 실제로 다르며 훨씬 더 민감하다는 것에 대한 Julie의 이해를 돕고, Julie가 외부에서 담배를 피운다고 하더라도 Julie의 옷에 묻은 담배연기 성분이 Sara의 천식에 영향을 줄 수 있다는 것에 대해서 Julie가 이해할 수 있도록 하는 데 도움을 주기 위한 것이었다. 건강관리전문가는 Sara의 폐가 얼마나 민감해져 있는 상태인지를 Julie가 이해할 수 있도록 다시 화상 입은 피부 비유를 사용했다. 그리고 이어서 "안타깝게도 어머님이 밖에서 담배를 피울 때 Sara에게서 멀리 떨어져서 피운다고 하더라도 담배연기가 어머님의 옷에 배게 돼요. 그리고 Sara의 폐는 매우 예민한 상태이기 때문에 이 옷에 밴 담배연기가 따님의 폐에 영향을 줄 수 있고 염증 반응을 일으킬 수도 있어요. 어머님께서 생각해 봤으면 하는 점은, 만약 Sara가 매일 일상용 흡입기를 사용하면, 아마도 어머님 옷에 밴 담배연기에 예민하게 반응하지 않게 되리라는 거예요. 물론 여전히 옷에 밴 담배연기에도 민감하게 반응할 가능성은 남아 있는데, 왜냐하면 Sara의 폐가 우리와는 매우 다르기 때문이에요."라고 직접적이고 판단하지 않는 방식으로 이를 설명해 주었다. 이번에도 건강관리전문가는 Julie가 무엇을 해야 하는지 말하지 않았다. 다만 Julie에게 그녀 자신을 위해서 담배를 끊었으면 한다고 말했다. 이미 그동안에 형성된 라포로 Julie는 이 말의 의미를 들을 수 있었고 방어적이 되지 않았는데, 즉 Julie가 경험한 Sara에 대한 건강관리전문가의 관심의 연장으로서 이 말을 들을 수 있었던 것이다. 다시 건강관리전문가는 이 새로운 정보가 그녀의 옷에 밴 담배연기에 대한 생각에 어떤 영향을 미쳤는지를 질문했다. 그리고 Julie는 담배를 끊을 준비는 안 됐지만 기꺼이 딸이 학교에 있는 동안만 담배를 피우고 딸이 집으로 돌아오기 전에 옷을 갈아 입겠다는 의향을 이야기했다. 건강관리전문가는 담배를 끊기가 매우 어려울 수 있다는 사실과 Sara가 담배에 노출되는 것을 줄이기 위해서 Julie가 할 수 있는 일이라면 무엇이라도 도움이 될 것이라는 점을 알려 주었다. 이 새로운 정보는 외부에서 담배를 피우는 것과 옷에 밴 담배연기에 대한 Julie의 상황 이해에 영향을 주었다. 마지막으로 건강관리전문가는 지금까지 나눈 대화를 요약했다. 이는 일종의 언어적 계약의 형태로 이루어졌고 Julie는 이에 동의했다. 이어서 건강관리전문가는 만약 언제든지 Julie가 담배를 끊을 준비가 될 때 이를 돕고 싶다는 점을 Julie에게 말해 주었다.

이것은 2년 전에 실제로 있었던 상담 내용이다. 그 후, Sara는 천식으로 응급실에 온 적이 없다. 많은 건강관리전문가들은 동기강화상담에 소요되는 시간이 길지 않을까 염려한다. 동기강화상담을 사용하지 않은 첫 번째 대화는 약 2분이 걸렸으며 이 대화의 결과로 인한 변화의 가능성은 '0'이라고 할 수 있을 것이다. 동기강화상담은 6.5분이 걸렸다. 동기강화상담으로 길어진 4.5분은 지난 2년간 응급실에 왔을지 모르는 10번의 횟수에 해당되는 시간과 다른 건강관리전문가가 Julie의 흡연에 대해서 나무라는 것으로 인해서 낭비될 뻔한, 계산할 수 없을 만큼의 긴 시간을 절약해 주었다. 결론적으로 동기강화상담을 하는데 긴 시간이 걸리지 않았으며 상당한 비용(그리고 체면)을 아낄 수 있었다.

사례 2

Jack Snow는 63세의 남성으로, 최근 제2형 당뇨병 진단을 받았다. 그는 의료보험사의 사례관리자(HCP)와 최근 진단받은 당뇨병에 대한 논의를 하기 위해 클리닉에 찾아왔다. 그는 당뇨로 인하여 하루에 한 번 먹는 경구용 약을 처방 받았다.

동기강화상담과 일치하지 않는 대화

HCP: (사무적으로) 안녕하세요, Jack Snow 씨이신가요? (악수를 한다.)

환자: 네.

HCP: 무슨 일로 오셨나요?

환자: (불안해하며) 제 당뇨병을 어떻게 관리해야 하는지 배우려고 왔어요. 얼마 전에 당뇨병 진단을 받았어요.

HCP: 환자분의 A1c 수치나 혈액 내 글루코스 수치가 매우 높군요.

환자: (걱정하며) 의사가 그렇게 말하더라고요. 의사가 그 문제와 관련해서 실제로 절 나무라더군요. 의사가 말하기를…, 이건 정말로 심각한 거라면서 시력과 발, 다른 심각한 문제에 관해 이야기했어요. 정말로 겁이 나더라고요. 그래서…, (깊은 한숨) 이런 문제들을 어떻게 관리할 수 있는지, 제 생각에는, 예전에 배운 내용이지만 너무 크게만 느껴지고 중압감이 드네요.

HCP: (사무적으로) 글쎄요, 우선 약을 복용할 필요가 있겠네요. 그리고 당뇨를 관리하려면 식단 조절이랑 식습관을 변화시켜야 하겠네요. 체중도 감량하시고 운동도 하셔야겠네요. 의사가 말한게 맞아요. 합병증은 정말 심각하거든요.

환자: 휴우, 할 일이 엄청나게 많군요. 이 모든 걸 제가 할 수 있을지 잘 모르겠어요. 만약 내가 이 모든 것을 해내지 못한다면…, 그 합병증들이 저에게 다 일어나게 되는 건가요?

HCP: 당연히 그럴 수 있지요.

환자: (혼란스러워하며) 어이구.

HCP: 그러면 우선, 혈당을 관리하려면 이 모든 것들을 실행하는 것에 대해서 검토해 보는 것부터 시작할 필요가 있겠네요. 환자분의 수치가 매우 높아서요.

환자: (상황에 압도되고 낙담해하며) 글쎄요, 그런 것 같군요.

분석

Jack Snow는 매우 걱정하며 중압감을 표현하고 있다. 그는 당뇨병을 관리하지 않을 때 나타나는 합병증에 대해서 걱정하고 있으며, 이러한 합병증을 예방하기 위해서 의사가 해야 한다고 말한 것들에 압도되어 있다. 그는 자신의 질병이 매우 심각하다고 느끼고 있으며, 설령 좋아진다고 하더라도 심각한 합병증을 예방하기 위해서 해야 하는 모든 것들에 대해서 자신이 할 수 있을 것이라는 확신이 없는 상태이다. 즉, 이 환자는 당뇨병을 관리해야 하는 중요성은 이해하고 있지만 관리를 위해서 해야 하는 것들을 자신이 잘 할 수 있을지에 대해서는 자신하지 못하고 있는 것이다. 그는 자신이 희망이 없고 실패할 것이라고 느끼고 있으며 변화에 대한 동기는 매우 낮다. 그는 이 모든 일에 압도되어 있으며 무엇을 해야 할지 모르고 있다.

이 환자가 건강관리전문가로부터 필요로 하는 것은 무엇인가? 첫째로, 그에게 필요한 것은 공감과 이해이다. 자신이 걱정하고 있는 바를 누군가 들어 주고 이를 존중해 주기를 바라고 있는 것이다. 하지만 그 어떤 필요도 채워지지 않았다. Snow 씨가 자신이 진단받은 병의 심각성과 관리하지 않을 때 생길 결과에 대한 걱정을 표현하고 난 후, 건강관리전문가는 매우 사무적인 태도로 마치 녹음기처럼 Snow 씨가 해야 하는 일들과 진단받은 병의 심각성을 다시 되풀이해서 말했다. 환자는 건강관리전문가가 열거한 모든 일들을 자신이 할 수 있을지에 대한 의심을 표현하며 한층 더 깊어진 걱정과 우려로 응답했다. 그리고 이 모든 것들을 하지 않는다면 합병증과 같은 안 좋은 결과들이 그에게 일어나게 되는지 질문했다. 건강관리전문가는 무미건조하게 "당연히 그럴 수 있지요."라고 답했고 Snow 씨는 여전히 두렵고 압도되는 느낌이 들게 되었다.

Snow 씨에게 변화가 일어나기 위해서는 먼저 자신이 안전하고 이해받고 있다고 느낄 필요가 있다. 즉, 자신이 두려워하고 있으며 압도되어 있다는 사실을 건강관리전문가가 이해하고 있음을 느껴야 하는 것이다. 다음으로 자신은 할 수 없을 것이라는 환자의 자각은 "우리는 같이 이 일들을 실행할 수 있는 단위로 나누는 일을 해서 환자분이 당뇨를 관리할 수 있고, 나아가 심각한 합병증도 예방할 수 있도록 할 예정이에요."라고 말하는 방식으로 다루어져야 한다. Snow 씨에게는 할 수 있다는 희망이 주어져야만 하고, Snow 씨 스스로 필요한 것을 할 수 있다는 자신감을 느껴야 한다. 이것이 가능하다는 어떤 희망을 느껴야 하고, 할 필요가 있는 일들을 할 수 있다는 자신감을 느껴야 한다. 그렇지 않으면 변화는 일어나지 않을 것이다. 그에게는 냉담한 지침들이 아니라 온정 어린 안내가 필요하다.

⚜ 동기강화상담과 일치하는 대화

다음의 대화는 동기강화상담을 활용하여 이 상황을 어떻게 다루었는지를 보여 주고 있다.

HCP: 안녕하세요, Snow 씨. 오늘 기분 어떠세요? (악수를 한다.) 저는 Bruce Berger입니다. 의료 보험과 관련해서 사례관리를 맡고 있어요. 당뇨병에 대해 이야기하기 위해 오신 것으로 알고 있어요.

환자: (매우 침울해하며) 네, 당뇨병을 어떻게 관리해야 하는지 배울 수 있나 해서요. 내가 당뇨병이라는 사실을 근래에 알았어요. 듣자하니, 엄청 안 좋더라고요. 의사는 제 혈당이 매우 높다고

말하더니 그로 인한 엄청난 결과들을 제시하면서 재앙과 같은 끔찍한 일들이 발생할 수 있다고 하더라고요. 그러고 나서는 이 모든 것들을 해야 할 거라고 이야기하더군요. 나 원 참, 지금도 현기증이 나는 것 같다니까요.

HCP: 의사를 만났는데, 자신이 당뇨병이라는 사실에 너무 놀랐을 뿐만 아니라 갑작스럽게 생각지 않았던 충격도 받으신 것 같네요. 의사가 환자분의 눈이나 순환계(환자, 동의하며 고개를 끄덕임)와 같은 신체 기관에 일어날 수 있는 여러 안 좋은 일들을 이야기했겠군요.

환자: 의사는 제 다리에 문제가 있다고 언급했어요. 그러니까, 상황이 나쁘죠.

HCP: 그렇군요. 이 모든 일들로 혼란스럽고 약간은…, 어느 정도 두려워하고 있는 것 같네요, 실제로요.

환자: 글쎄요, 그건… 네…, 알다시피 단순히 두렵다는 게 아니에요. 저는 제게 그런 일들이 일어나지 않기를 바라지만 의사가 제가 해야 할 일들을 모두 나열할 때는 점점… (머리와 눈을 떨구며) 제가 그것들을 할 수 있다고 확신하지 못하겠더라고요. 그냥 여기에 앉아서 생각하는 거죠. 맙소사, 이 모든 것이 앞으로 나에게 일어날 일이라니! 맥이 빠져요. 정말로 한숨이 나오네요.

HCP: 환자분이 걱정하는 일이 일어난 것과 그 일로 인해서 일어날 수 있는 모든 결과는 제외하고라도 환자분은 의사가 당뇨병을 관리하기 위해서 해야 한다고 말한 것들에 대해서도 걱정하고 계신 것 같네요. 그 모든 일들을 하는 것은 상상하지도 못할 일이고, 그래서 이 모든 안 좋은 결과들이 거의 일어나게 될 것이라고 느껴지는 것 같군요.

환자: 네, 제가 이 어마어마한 과제들을 할 수 있을 것 같지 않네요. 그러니 이 모든 끔찍한 일들도 일어나게 되겠죠. 여러 면에서 절망적인 상황으로 생각되네요.

HCP: (고개를 끄덕이며) 그렇군요. 제가 원하는 것은 환자분이 이 모든 일들을 할 수 있는 크기로 나누도록 돕는 거예요. 그러면 환자분의 혈당을 낮출 수 있을 거예요. 한편으로 보면, 의사의 말이 맞기는 해요. 지금은 환자분의 혈당 수치가 매우 높아서 혈당 수치를 낮춰야 하는데, 그러면 걱정되는 결과는 발생하지 않을 거예요. 혈당 수치를 낮추기 위해서 우리가 할 수 있는 것들이 많이 있지만 이 많은 일을 따로따로 하나씩 할 수도 있어요. 그러면 그렇게 압도되지는 않을 거고요. 지금 환자분이 할 수 있는 것은 무엇이 있는지 말해 줄 수 있으면 좋겠어요. 예를 들면, 당뇨병과 관련해서는 기본적으로 세 가지 면에서 노력을 해야 하는데요, 솔직히 말해서 만약에 제가 지금 당장 한 가지를 한다면 처방받은 대로 약을 복용하는 것을 할 것 같아요. 왜냐하면 다른 것들은 너무 어렵게 느껴지고, 또 약을 먹는 것이 즉각적으로 가장 큰 효과를 나타내기 때문에 아마도 약을 먹는 것을 첫 번째로 제안드릴 수 있겠네요. 지금까지 제가 한 이야기에 대해 어떻게 생각하세요?

환자: 약을 복용하는 것은 크게 어려울 것 같진 않아요. 특히 혈당 수치가 정말로 높다는 것을 알고 있거든요.

HCP: 할 만하다는 말인 것 같네요.

환자: 네, 그건 할 수 있어요. 약을 복용하는 것은 잘할 수 있어요.

HCP: 좋은데요. 처방전을 보니, 약은 하루에 한 번 드시면 되겠군요. 지금부터 바로 하실 수 있을 것 같네요.

환자: (차분하게) 네, 할 수 있을 것 같아요.

HCP: 네, 그리고 추가적으로 해볼 수 있는 일은 식습관을 바꾸는 거예요. 적게 드실 필요는 없지만 더 건강한 음식을 섭취해야 하는 거죠. 그리고 신체 활동을 늘리는 것도 있어요. 이것도 반드시 체육관에 가야 하는 것을 의미하는 것은 아니에요. 더 많이 걷는 것과 같은 거죠. 이를테면 엘리베이터나 에스컬레이터를 타는 대신에 조금 더 걸으시라는 말이죠.

환자: 아, 의사도 이런 것들을 하면서 혈당을 모니터링해야 한다고 언급했어요. 그런데, 그게 저에게는 그러니까, 그냥 하나 마나 한 소리로 들렸어요.

HCP: 네. 모니터링을 해야 하는 이유는 운동이나 식습관 같은 것들이 어떻게 진행되고 있는지에 대한 피드백을 주기 때문이에요. 그렇게 해서 이러한 일들을 유지할 수 있게 해주지요. 그리고 언제 약을 먹어야 하는지, 그리고 식습관을 변화시켜야 하는지를 아는 데도 도움이 돼요. 실제로 이런 방법들이 혈당에 큰 영향을 주거든요. 그리고 혈당이 낮아지면 환자분에게 다른 문제들이 일어나는 것을 예방할 수 있겠지요.

환자: 알겠습니다.

HCP: 지금 기분은 어떻게 달라졌나요?

환자: 이렇게 하나씩 따로따로 할 수 있다는 사실은 좋네요. 압박감이 좀 해소된 것 같아요. 이렇게 선생님하고 이야기할 수 있고 계속 이렇게 이야기하면서 할 수 있다는 것이…. 사실 이 어마어마한 것들을 효과적으로 할 수 있을지 확신이 없었거든요. 하지만 이렇게 하나씩 하는 것, 그러니까 약을 복용하는 것은 그리 문제가 되지 않으니까, 그건 할 수 있겠다는 생각이 들어요.

HCP: 그 부분에서는 결심이 매우 확고해 보이네요.

환자: (열정적으로) 네, 할 수 있어요. 큰 부작용만 없다면요.

HCP: 대부분의 경우, 이 약을 복용하는 데 큰 문제가 있진 않아요. 약을 복용해 나가면서 다른 변화들도 추가하실 생각인 것 같기도 한데요.

환자: 맞아요.

HCP: 네, 경과를 함께 지켜보지요. 괜찮다면, 어떤지 확인차 2주나 3주 내로 전화를 드리도록 할게요….

환자: 네, 좋아요.

분석

Jack Snow는 매우 걱정하며 당뇨병으로 인한 중압감을 표현하고 있다. 그는 당뇨병을 관리하지 않을 때 나타나는 합병증에 대해서 걱정하고 있으며,

이러한 합병증을 예방하기 위해서 의사가 해야 한다고 말한 것들에 압도되어 있다. 그는 자신의 질병이 매우 심각하다고 느끼고 있으며, 설령 좋아진다고 하더라도 심각한 합병증을 예방하기 위해서 해야 하는 모든 것들을 자신이 할 수 있을 것이라는 확신이 없는 상태이다. 즉, 이 환자는 당뇨병을 관리해야 하는 중요성은 이해하고 있지만 해야 하는 것들을 할 수 있을지에 대해서는 자신감이 부족한 상태인 것이다. 그는 자신이 희망이 없고 실패할 것이라고 느끼고 있으며 변화에 대한 동기도 매우 낮다. 이 모든 상황에 압도되어 있으며 무엇을 해야 할지도 모르고 있다.

건강관리전문가는 Snow 씨가 현재 상황에 압도되어 있고 심각한 상태라는 진단을 받을 거라고 예상하지 못했다는 것을 인식하고 Snow 씨에게 "의사를 만났는데, 자신이 당뇨병이라는 사실에 너무 놀랐을 뿐만 아니라 갑작스럽게 생각지 않았던 충격도 받으신 것 같네요. 의사가 환자분의 눈이나 순환계(환자, 동의하며 고개를 끄덕임)와 같은 신체 기관에 일어날 수 있는 여러 안 좋은 일들을 이야기했겠군요."라고 말하고는 "그렇군요. 이 모든 일들로 혼란스럽고 약간은…, 어느 정도 두려워하고 있는 것 같네요, 실제로요."라고 덧붙였다. 건강관리전문가는 자신이 Snow 씨가 가진 걱정을 알고 있으며 그의 말을 경청하고 있다는 사실을 알게 하기 위해서 이러한 반영적 진술을 사용했다. 이에 Snow 씨는 건강관리전문가에게 당뇨병이 진행됨에 따른 결과가 겁이 날 뿐만 아니라 이를 예방하기 위한 것들을 자신이 할 수 있을지에 대한 확신도 없다고 말했다. 그는 중압감을 느끼고 있었다. 실제로 Snow 씨는 자신이 느끼는 것이 단순히 겁내는 것이 아니라는 것을 말하기 위해서 건강전문가의 말을 수정해 주었다. 건강관리전문가는 그의 말을 주의 깊게 경청하고 이 새로운 정보를 다시 Snow 씨에게 반영하는 것을 통해서 자신이 경청하고 있다는 사실을 알려 주었다. 그 결과, Snow 씨는 고개를 끄덕이며 "네, 제가 이 어마어마한 과제들을 할 수 있을 것 같지 않네요. 그러니 이 모든 끔찍한 일들도 일어나게 되겠죠. 여러 면에서 절망적인 상황으로 생각되네요."라고 말했다.

여기서 중요한 점은 건강관리전문가가 Snow 씨와의 라포를 형성하기 위해 최선을 다해 노력하고 있다는 점이다. 건강관리전문가는 환자의 말을 경청하면서 자신이 이해한 바를 반영했고, Snow 씨가 잘못 이해한 부분을 수정해 주었으나 라포는 오히려 진전되었다. 건강관리전문가는 Snow 씨가 제공한 새로운 정보를 경청하여 자신의 이해를 새롭게 수정하여 이를 반영했다. 언제나 완벽하게 정확한 것보다 환자를 이해하기 위해 진심으로 노력하는 것이 훨씬 더 중요하다. 환자들은 건강관리전문가가 환자 자신을 이해하기 위해 진심으로 노력하고 있는지 여부를 감지한다. 환자들이 건강관리전문가의 반영을 수정해 주는 경우가 있는데, 이때 건강관리전문가가 이를 통해 자신이 반영한 것을 수정하고 다시 반영해 줄 정도로 환자와 그 관계를 존중하는 것에 환자들은 고마움을 느끼고 이를 높이 평가한다.

만약 Snow 씨가 '난관에서 벗어나고' 자신의 당뇨병을 관리할 수 있게 되려면 자신이 당뇨병 관리에 필요한 단계들을 성공적으로 해낼 수 있는 능력을 가지고 있다고 믿어야 한다고 이 건강관리전문가는 생각하고 있음이 분명해 보인다. 건강관리전문가는 Snow 씨에게, "제가 원하는 것은 환자분이 이 모든 일들을 할 수 있는 크기로 나누도록 돕는 거예요. 그러면 환자분의 혈당을 낮출 수 있을 거예요."라고 말하며 이 일들을 해낼 수 있고, 그 결과, 걱정하고 있는 결과로 고통받는 일은 일어나지 않을 것이라는 희망을 제공해 주었다. 환자가 중압감을 느끼고 있기 때문에 건강관리전문가는 첫 번째 단계로 처방에 따라서 약을 복용하는 조치를 제안하는데, 왜냐하면 이 조치는 즉각적이며 또 가장 큰 효과를 내기 때문이었다. 그리고 또한 하루에 단 한 번만 먹으면 된다는 사실도 언급했다. 건강관리전문가가 제안한 것에 대한 생각을 질문했을 때 Snow 씨는 눈에 띄게 차분한 태도로 그것을 할 수 있을 것 같다고 응답했다. 주목할 점은 건강관리전문가가 약을 복용하는 것을 제안하기는 했지만 여전히 결정은 환자의 몫으로 남겨 두었다는 사실이다. 만약 환자가 이 사례에서와 같이 중압감을 느끼고 있지 않은 상황이었다면 건강관리전문가는 당뇨를 관리하기 위한 대안들을 제공했을 것이고 환자에게 어떤 대안을 시도하고자 하는지에 대해서 질문했을 것이다.

다음으로 건강관리전문가는 Snow 씨가 추가로 할 수 있는 다른 생활습관 변화에 대해서 설명했다. 이 시점에서 환자는 의사가 자신에게 혈당 수치를 모니터링하는 것에 대해서 말했고, 그 말이 마치 '하나 마나 한' 소리로 들렸다고 말할 수 있을 정도로 안정감을 느끼는 것으로 보인다. 건강관리전문가는 모니터링의 목적과 함께 위험을 감소시키기 위해서 당뇨를 관리하고자 하는 Snow 씨의 목표와 모니터링이 어떻게 관련되는 지 설명했다. 건강관리전문가의 이러한 반응은 자신의 상황 이해를 지속적으로 다루는 것이었기 때문에 이 반응에 대해서 Snow 씨는 매우 만족스러워하는 것으로 보인다. 또한 주목할 점은 '하나 마나 한'이라는 환자의 언급에 대해서 건강관리전문가가 무시하거나 논쟁하지 않았다는 사실이다.

모니터링에 대한 Snow 씨의 진술은 공감과 반영하기 그리고 라포 형성에 관해서 우리가 자주 들어 왔던 질문을 떠올리게 한다. "환자가 말하는 것을 항상 반영해야 하나요?" 이에 대해서 우리는 관계의 초기에 환자를 공감하면서 건강관리전문가가 이해하고 있는 바를 명확하고 지속적으로 반영하는 것은 매우 중요하다고 생각한다. 이 시기에 환자는 건강관리전문가와의 관계를 파악해 가면서 이 관계가 충분히 안전한지 그리고 신뢰할 수 있는지에 대해서 검토한다. 신뢰가 한번 형성되면 일반적으로 강한 정서적 내용을 담고 있는 진술을 반영하거나 공감하는 것이 여전히 중요하다. Snow 씨의 경우에는 이미 라포가 형성되었기 때문에 단순히 지나가듯이 우려를 표시한 것에 대해서 건강관리전문가는 공감이나 반영 없이 그 질문을 다루었다.

마지막으로 단기적(약을 복용하는 것) 그리고 장기적 변화에 대한 이 모든 새로운 정보들을 공유한 이후에 건강관리전문가는 Snow 씨에게 현재 기분에 대해서 질문했다. 건강관리전문가와 환자는 매우 많은 정보를 주고받았으며 이어서 건강관리전문가는 이 모든 것들에 대해 환자가 어떻게 느끼고 있는지를 살폈다. 이에 Snow 씨는 전문가와 함께 이야기를 나눌 수 있고, 한 번에 한 가지씩 할 수 있어서, 모든 것을 한꺼번에 하지 않아도 되어서 다행이라고 반응했다. 그는 실제로 "하지만 이렇게 하나씩 하는 것, 그러니까 약을 복용하는 것은 그리 문제가 되지 않으니까, 그건 할 수 있겠다는 생각이 들어요."라고 말했다. 이에 대해서 건강관리전문가는 "그 부분에서는 결심이 매우 확고해 보이네요."라고 말하며 Snow 씨의 결심공약과 변화대화를 강화하고 지지했다. 건강관리전문가에게 안도감을 느끼는 Snow 씨는 "네, 할 수 있어요. 큰 부작용만 없다면요."라는 말로 새로운 걱정을 언급할 수 있었고, 건강관리전문가는 그의 걱정거리를 다루고 난 후 몇 주 내에 확인을 위해 전화해도 될지를 묻는 것으로 대화는 마무리된다.

이 환자는 압도감과 두려움에 빠져 있었지만 상대적으로 짧은 시간 내 동기강화상담을 통해서 환자는 당뇨병 약을 복용하기로 결심하게 되었다. 지금은 혈당을 관리하기 위한 추가적인 조치들을 시도할 의향이 있는 위치까지 나아온 상태이다.

⚜ 사례 3

Jack Johnson은 63세의 남성으로, 최근 고지혈증으로 진단을 받았으며, 아래 대화는 약사(HCP)에게 새 처방전을 전하고 있는 상황에서 이루어진 것이다. 그는 이 약이 야기할 수 있는 부작용으로 근력이 약화될 것에 대해서 매우 걱정하고 있다.

⚜ 동기강화상담과 일치하지 않는 대화

HCP: Snow 씨이신가요?

환자: 네?

HCP: 환자분의 콜레스테롤 수치와 의사가 처방해 준 약에 관해서 저와 말씀을 나누실 수 있어요.

환자: 약에 관해서는 이미 의사와 말했어요. 그건 의사가 할 일이잖아요.

HCP: 음, 그건 제 일이기도 해요. 약을 어떻게 복용해야 하는지 환자분이 이해할 수 있도록 돕고 가장 효과를 보실 수 있는 정보를 드리는 것이지요.

환자: 솔직히 말하자면, 약을 먹어야 할지 잘 모르겠어요. 콜레스테롤 수치가 높고 그것을 낮춰야 한다는 것을 알고 있지만 반면에 이 약은 심각한 근력 약화를 가져올 수 있는데, 저는 그럴 수 있는 입장이 아니거든요. 저는 트럭 운전사인데 무거운 상자들을 짐수레에 옮겨 실어야 하거든요. 약을 먹을 수 있는 상황이 아니에요. 알다시피….

HCP: 콜레스테롤 수치가 높은 상태로 방치되면 뇌졸중이나 심장마비의 가능성이 있다고 의사가 말하지 않았나요?

환자: 네, 그렇게 될 거라고, 하지만….

HCP: 그렇군요. 음, 부작용 가능성은 매우, 매우 낮아요. 환자분이 걱정하셔야 하는 것은 그게 아니라 뇌졸중이나 심장마비예요. 그 위험성이 훨씬 더 심각해요.

환자: 하지만 지금 당장 제가 걱정하는 것은 근력이 약해지는 거예요. 그건 오늘 당장 문제가 되니까요. 전 일을 해야 해요.

HCP: 이해는 되지만 말씀드렸듯이 부작용 가능성은 거의 없어요. 근력이 약해지는 느낌이 들면 담당 의사에게 말씀하시면 돼요. 부작용은 일시적인 현상이에요. 일하는 데 약이 영향을 줄 수 있다는 건 현 시점에서 핵심이 아니라….

환자: (말을 중단시키며) 알겠어요, 일단 약을 주시죠. 집에 가져가서 생각해 볼게요. 하지만 알다시피, 저는 일할 것이 걱정이 돼요.

HCP: 약을 꼭 드셔야 해요. 그리고 말씀드렸듯이 근력이 약해지는 것은 드문 일이에요. 그런 느낌을 받으시면 의사에게 말씀하시면 되고요. 의사가 부작용 문제를 해결해 줄 거예요. 생각을 다르게 해보세요. 부작용은 일시적인 거예요.

환자: 물론이겠죠. 알겠어요.

HCP: 부작용은 일시적인 거예요….

환자: 네, 그렇겠죠.

HCP: 네, 뇌졸중이나 심장마비는 훨씬 더 심각해요. 건강해지려면 약을 드셔야 한다는 점 명심하세요. 콜레스테롤 수치를 낮추려면 하루에 한 알씩 드셔야 해요.

환자: 알겠어요, 알겠다고요.

⚜ 분석

이 대화에서는 무슨 일이 일어나고 있는가? Johnson 씨가 처방된 대로 약을 복용할 가능성은 얼마나 된다고 생각하는가? 아마도 매우 낮을 것이다. 이렇게 된 이유는 무엇인가? Johnson 씨는 자신의 콜레스테롤 수치가 높다는 사실과 이로 인하여 자신이 뇌졸중이나 심장마비가 일어날 수 있는 위험에 노출되어 있다는 사실을 알고 있었다. 그러나 그는 담당 의사가 언급한 근력 약화의 가능성에 대해 더 걱정했다. 몇 가지 주목해야 하는 점들이 있는데, Johnson 씨와 인사할 때 건강관리전문가는 환자와 악수를 하거나(www.mihcp.com/3443.html의 영상이나 이 장 끝부분의 QR 코드 참고) 자신을 소개하지 않았다. 그는 단지 Johnson 씨에게 자신이 콜레스테롤 수치와 처방된 약에 관해서 대화를 나누기 위해서 자신이 있다는 말을 했을 뿐이었다. Johnson 씨가 그것이 의사가 할 일이라는 말을 했을 때 건강관리전문가는 Johnson 씨의 말을 수정했고 그 일이 자신의 일이기도 하다고 말했다. 이 상담의 초기에서부터 관계성 저항과 체면의 손상이 발생했다는 것을 볼 수 있다. Johnson 씨가 자신은 트럭 운전을 하고 있고 무거운 짐을 운반해야 해서 근력이 약화되는 부작용을 받아들일 수 없는 상황이기 때문에 약 복용을 보장할 수 없다고 말했을 때 건강관리전문가는 부작용은 매우 드문 일이고 그가 하는 일에는 영향을 주지 않을 것이라고 말했다. 건강관리전문가는 Johnson 씨의 합리적인 걱정을 인정하지 않았고, 이는 관계성 저항을 더 크게 만들면서 라포의 형성을 방해했다. 그 결과로 Johnson 씨는 처방약을 집에 가져가기는 하겠지만 약을 복용할지는 보장할 수 없다고 말했다. 그러자 건강관리전문가는 Johnson 씨를 나무라며 약을 복용해야 하며 근력이 약화되는 일은 드물다고 반복해서 말했다. 결과적으로, 근력 약화에 관련된 정보가 타당한 것이기는 하지만, 체면의 손상으로 Johnson 씨는 이를 들을 수 없었다. 간단히 말하면 환자는 건강관리전문가를 신뢰하지 않았는데, 그 이유는 자신의 우려가 존중받지 못했기 때문이다. 이 장면에서 건강관리전문가는 자신이 충분하다고 느끼는 만큼 반복해서 말하면 Johnson 씨가 약을 복용할 것에 동의할 것이라고 생각하는 것처럼 보인다. 물론, 이런 일은 일어나지 않았다. Johnson 씨는 "알겠어요, 알겠다고요."라고 말하며 '레슬링하는 대화'에 질려 했고 대화를 끝내기를 원하는 마음을 표현했다.

동기강화상담과 일치하는 대화

다음은 동기강화상담을 사용하는 경우에 상호작용이 어떻게 이루어지는지를 보여 준다.

HCP: (악수를 하며) 안녕하세요, Johnson 씨.

환자: 안녕하세요.

HCP: 저는 Tom Browning입니다. 이 약국의 약사이고 콜레스테롤 수치와 처방된 약에 관해서 잠시 동안 말씀을 나누고 싶어요. 최근에 진단을 받으셨다고요.

환자: 네, 의사와 콜레스테롤에 대해서 이야기했어요. 그건 의사가 할 일이잖아요.

HCP: 네, 의사와 이야기를 나눴다니 정말로 다행이네요. 저는 이 약을 통해서 환자분이 최선의 효과를 볼 수 있도록 환자분의 담당 의사와 함께 일하는 것이 제 역할이라고 생각해요. 환자분은 그 약을 사기 위해서 돈을 지불하실 것이고, 그렇다면 우리는 환자분이 그 약으로 확실히 효과를 볼 수 있도록 해야 하는 것이죠. 또한 때로는 의사에게까지 가기가 어려울 수도 있고요. 그래서 우리가 여기에 있는 것이기도 하지요. 그러면, 함께 시작해 보지요. 괜찮으신가요?

환자: 네, 괜찮아요. 그런데 그 약을 먹을지는 잘 모르겠네요, 왜냐하면 의사가 근육이 약해질 수 있다고 이야기해서요. 저도 제 콜레스테롤 수치가 높다는 것을 알고 있고, 이대로 가다 보면 결국에는 뇌졸중이나 심장마비가 일어날 수도 있겠죠. 하지만 의사가 근력이 약화되는 것에 대해서 이야기한 것에 대해 생각을 해봤어요. 알다시피 저는 트럭 운전사이고, 트럭에서 무거운 상자들을 짐수레에 싣고 운반해야 되거든요. 그래서 지금 당장은 약을 먹을 수 있는 상황이 아니에요. 근력이 약해진다는 것이… 마음에 걸리네요.

HCP: 한편으로는 의사가 환자분의 콜레스테롤 수치가 높고 그 상태로 계속되면 뇌졸중이나 심장마비가 일어날 수 있다고 (환자: 네.) 그렇게 되면 정말 심각할 거라고 말했고, 다른 한편으로는 이 약이 근력을 약화시킬 수 있다는 사실을 알고 이 때문에 또 많이 놀라셨겠네요.

환자: 네, 그건 오늘 당장 문제가 되지요. 일할 때 당장 직면한 문제인 거지요.

HCP: 특별히 일과 관련해서, (환자: 네.) 생계를 유지하기 어렵게 되시는 거군요.

환자: 그렇죠.

HCP: 그렇군요. 근력이 약화되는 것과 관련해서 제가 좀 말씀드려도 될까요? 그러고 나서 그에 대한 환자분의 생각을 말씀해 주시면 좋을 것 같아요. 어떠세요?

환자: 네, 괜찮을 것 같네요.

HCP: 이 약을 드시고 근력이 약해지는 일은 매우 드물어요. 대개는 잘 일어나지 않는 일이죠. 만약 그런 일이 일어난다 하더라도 이 약을 복용하신 첫 한 달 이내에 일어나지요. 평소와 달리 팔 힘이 약해진다거나 다른 근육에 통증과 같은 증상을 통해서 이를 알 수 있을 거예요. 만약에 이런 일이 일어난다면, 음, 바로 담당 의사나 저에게 알려 주시면 약 복용을 중단하시도록 하게 될 거고요. 그러고 나면 다시 완전히 원래 상태로 돌아오게 될 거예요. 며칠 내로 근력이 약해진 것은 괜찮아질 거예요.

환자: 오.

HCP: 자, 그러니까, 몇 개월이 지나도록 그냥 두지 마시고요. 그때는 정말 심각해질 수 있어요.

환자: 네, 알겠어요.

HCP: 하지만 다시 말씀드리면, 그건 드문 일이고요, 저희들에게 바로 말해 주시면 완전히 원래대로 돌아와요.

환자: 음… (2초간 멈춤) 아시다시피, 원래대로 돌아온다면 그렇게 많이 걱정이 되지는 않네요. 사실 이제 힘든 일들만 남았다고 생각했어요. 그런데, 관리가 가능한가 보네요.

HCP: 그럼요. 콜레스테롤 수치가 높을 경우 뇌졸중이나 심장마비가 발생할 위험성에 대해서 의사가 말한 내용을 좀 더 이야기해 주시면 좋겠어요.

환자: 의사는 다만 많이 위험하다고 말했어요. 의사가 위험성이 높아진다고 말한 것 같네요. 하지만 어, 그러니까, 이대로 계속되면 뇌졸중이나 심장마비가 올 더 큰 위험에 노출된다는 말이겠죠. (2초간 멈춤) 앞으로 그렇게 될 거라는 거죠.

HCP: 음, 이대로 시간이 가면 일어날 수 있는 뇌졸중이나 심장마비의 위험성을 낮출 수 있는 방법이 있다면 이를 실행하는 것은 환자분에게 얼마나 중요한가요?

환자: 글쎄요… (3초간 멈춤) 아내와 저는 4, 5년 내로 은퇴를 해서 활동적으로 여러 곳을 돌아다니려고 했거든요. (손에 든 책을 바라보며) 노르웨이의 피오르 해안 같은 곳이요. 그런데, 음… 뇌졸중이나 심장발작이 온다면 정말 안 좋겠죠. 바람대로 은퇴 후에도 활동적으로 살고 싶네요.

HCP: 뇌졸중으로 인한 결과 중 하나인 마비는 분명히 활동적으로 살기를 원하는 환자분에게는 (환자, 한숨을 쉼) 정말 심각한 문제가 될 수 있겠네요.

환자: 그렇죠. 그렇게 되선 안 돼요. 저희는 나중에도 여전히 활동적이길 바라요.

HCP: 그렇군요. 이 약은 뇌졸중이나 심장마비의 위험성을 낮추는 데 실제로 도움이 될 수 있어요. 그래서 지금으로부터 5년 후에 은퇴를 하셨을 때 어떠한 장애도 없이 은퇴를 즐길 수 있겠지요. 이에 대해서는 어떻게 생각하세요?

환자: 음, 어, 제 생각에는, 그러니까, 그렇게 해야 되겠죠. 왜냐하면 뇌졸중이나 심장마비로 불구가 되고 싶지는 않으니까요. (건강관리전문가: 그렇죠.) 약을 먹는 것이 지금으로서는 가장 중요한 일이겠다 싶네요.

HCP: 약을 드시면 뇌졸중이나 심장발작 위험성을 낮추는 데 크게 도움이 될 거라고 생각해요.

환자: 네.

HCP: 지금까지 나눈 이야기를 정리해 보면요, 제가 잘 이해했다면, 근력이 약해지는 부분에 대한 우려는 좀 수그러드는 것 같네요. (환자: 네, 맞아요.) 그리고 은퇴 후의 노후를 즐겁게 보내는 데 위협이 되는 요인들을 감소시키기 위해서 약을 복용하는 것에 대한 결심이 확고해 보이고요. (환자: 네.) 지금 생각으로는 약을 받아 가실 것 같네요.

환자: (말을 중단시키며) 약을 먹으면 콜레스테롤 수치가 낮아지겠지요?

HCP: 물론이죠. 50%까지 낮출 수 있어요.

환자: 이야! 알겠어요.

HCP: 매우 효과적이죠.

환자: 네, 약을 먹어야겠군요.

HCP: 네, 다른 측면에서 환자분이 할 수 있는 다른 것들에 대해서 논의해 볼 수 있을 것 같네요. 식이요법을 포함해서 식습관 변화는 콜레스테롤 수치를 더 낮춰 줄 수 있어요.

환자: 네, 좋겠네요.

HCP: 약이 다 준비되었네요. 궁금한 게 있으신가요?

환자: 아니요, 충분합니다. 감사해요.

HCP: (악수를 하며) 만나서 반가웠습니다.

분석

이 대화가 끝날 무렵에 Johnson 씨는 콜레스테롤 수치를 낮추기 위해 처방약을 복용하기로 결심했을 뿐만 아니라 다른 방법들을 알아보는 데도 흥미를 보이고 있고, 약사(HCP)인 Tom Browning의 도움에 진심으로 감사를 표하고 있다. 이 일은 어떻게 일어나게 되었는가? 첫째로, Johnson 씨와 인사를 할 때 Tom은 자신의 팔을 내밀었고 자신을 소개했으며 자신이 여기에 있는 이유를 설명했다. Johnson 씨의 콜레스테롤 수치와 약에 관해 논의하고자 하는

Tom의 바람에 대해 Johnson 씨가 의문을 가지며 "그건 의사가 할 일이잖아요."라고 말했을 때 Tom은 방어적이 되기보다 오히려 자신을 Johnson 씨가 약을 통해서 가장 큰 효과를 볼 수 있도록 의사와 함께 일하는 사람이라고 차분하게 설명했다. 또한 Johnson 씨가 의사를 만나지 못하는 경우 그에게 도움을 줄 수 있다는 설명도 더했다. 그는 함께하는 것에 대해서 Johnson 씨의 의사를 질문했고 Johnson 씨는 이에 동의했다. Tom은 Johnson 씨가 한 말에 대해 논쟁을 벌이기보다는 그의 말을 존중하며 자신이 얼마나 Johnson 씨를 돕고자 하는지에 초점을 맞추었다. 그 결과, 추가적인 관계성 저항과 체면의 손상은 더 이상 일어나지 않았다. 그다음으로, Johnson 씨는 근력이 약해질 것에 관한 걱정과 이와 관련하여 약 복용에 대한 양가적 감정을 표현했다. 이에 우리는 Tom이 배려와 존중의 태도로 Johnson 씨가 말한 내용을 요약하며 라포를 형성해 나가는 모습을 볼 수 있다. Johnson 씨는 약이 콜레스테롤 수치와 그로 인한 뇌졸중이나 심장마비의 위험성을 낮춰 준다는 것을 알고 있지만 지금 당장은 근력이 약화되는 것이 자신이 하는 일에 미칠 수 있는 영향에 대해서 불안해했다. Johnson 씨는 이와 관련한 Tom의 요약이 맞다고 말했는데, 이는 그가 존중과 이해를 받고 있다고 느끼는 증거가 된다. 이어서 Tom은 Johnson 씨가 걱정하고 있는 근력 약화에 대한 문제에 대해 추가해서 이야기를 해도 될지 허락을 구했다. 정보를 들은 뒤 Johnson 씨는 근력이 약화되는 경우가 드물며 영구적인 것도 아니라는 사실에 안심하게 되었다고 말했다.

이 시점에서 Tom은 Johnson 씨가 약을 복용할 준비가 되었다고 가정하지 않았다. 때로 중요한 이슈를 다루고 난 후 새로운 이슈가 등장할 때가 있다. Tom은 Johnson 씨에게 콜레스테롤 수치가 높은 상태가 유지될 때의 위험성(뇌졸중이나 심장마비)에 대해서 의사가 말한 내용에 대해 질문했다. 이 부분에서 드러난 사실은 Johnson 씨는 높은 콜레스테롤과 그로 인한 결과에 대해서 위험하기는 하지만 이는 '언젠가' 일어날 일로 알고 있었다는 것이다. Johnson 씨는 뇌졸중이나 심장마비의 위험성은 지금 당장 문제가 되는 것은 아니라고 말하고 있다고 볼 수 있다. 이에 Tom은 논쟁을 벌이기보다는 이러한 위험성을 낮추는 것이 Johnson 씨에게 얼마나 중요한지를 탐색했다. Johnson 씨는 아내와 몇 년 이내에 은퇴를 하고 함께 매우 활동적으로 여행을 다니고 싶다고 말했다. Tom은 뇌졸중으로 인해 마비가 올 수 있는 가능성을 언급하며 이를 여행을 다니며 활동적으로 살고 싶다는 Johnson 씨의 목표와 연결했다. 이는 이 모든 일들이 Johnson 씨에게 더욱 실제적이고 '지금 당장'에 관련된 것임을 알게 했다. Tom은 뇌졸중이 미래에 은퇴 이후 삶에서 갖는 개인적인 의미를 생각해 보도록 했다. 그 결과 Johnson 씨는 약을 복용하기 시작하는 것에 대해서 동기가 더 높아지게 되었다. Tom은 근력 약화 문제에 대해서 Johnson 씨가 갖고 있던 두려움이 감소되었다는 사실과 함께 뇌졸중이나 심장마비의 위험성을 낮추기 위해 약을 복용하기로 한 그의 결심을 요약했다. Johnson 씨는 이에 동의한 후에 약을 먹으면 위험성이 감소하게 되는지를 재확인하며 질문했고, Tom은 약의 효과에 대한 정보를 제공하며 이를 확인시켜 주었다. Johnson 씨는 "이야! 알겠어요."라고 말하고는 이내 "약을 먹어야겠군요."라고 하면서 매우 호의적으로 반응했다. 콜레스테롤 수치와 이로 이한 위험성을 낮추는 것에 대한 환자의 결심공약을 감지하고 Tom은 "네, 다른 측면에서 환자분이 할 수 있는 다른 것들에 대해서 논의해 볼 수 있을 것 같네요. 식이요법을 포함해서 식습관 변화는 콜레스테롤 수치를 더 낮춰 줄 수 있어요."라고 말하면서 앞으로 나눌 대화를 위한 씨를 뿌렸다. 그리고 이에 대해서 Johnson 씨는 꽤 흥미를 보였다. 실제로 이 대화의 끝에서 Johnson 씨는 도움을 준 Tom에게 고마움을 표현했다. 이 대화는 동기강화상담을 사용하지 않은 이전의 대화보다 3분이 조금 안되는 시간이 더 소요되었으나 관계와 결과적 측면에서 이전 대화와의 차이는 얼마나 크겠는가.

결론

이 세 가지 사례는 동기강화상담의 효과를 보여 주고 있다. 이 사례들은 동기강화상담 정신을 따라서 우선 라포를 형성하고 그 후에 환자의 상황 이해를 다루는 것의 중요성을 실제 예로 보여 준다. 또한 중요성과 자신감이 변화 동기에 있어 큰 영향을 미친다는 점도 설명해 준다. 그리고 한 가지 중요한 이슈를 다루었다고 해서 다른 이슈가 존재하지 않는다고 추정해서는 안 된다는 점도 알게 해준다. 탐색은 추가적인 고민들을 드러나게 한다.

✳ 생각해 볼 질문

1. 왜 몇몇 건강관리전문가들은 Julie Thompson(천식 환자 사례)에 대해서 어려운 환자라는 진단명을 붙이는가? 이러한 진단명은 타당한가? 환자는 부적절한 대화와 적절한(동기강화상담을 사용한) 대화에서 동일한 고민을 이야기했는가? 두 대화에서 왜 그녀는 다른 사람인 것 같아 보이는가?
2. Jack Snow가 자신이 당뇨병이라는 사실을 알았을 때 질병과 그 관리에 대해서 어떻게 이해하고 있었는가? 환자가 질병의 심각성을 알고 있었다면 당뇨병 관리의 장애물은 무엇이었는가? 그가 건강관리전문가로부터 필요로 하는 것은 무엇이었는가?
3. Jack Johnson은 자신이 표현한 걱정을 다루고 난 이후에도 약을 복용하는 것에 관해 다소 풀리지 않는 점들을 가지고 있는 것처럼 보였는가? 그때 Johnson이 약 복용을 완전히 결심하지 못했던 이유는 무엇이라고 생각하는가?
4. 이 세 가지 사례에서 배울 수 있는 가장 중요한 것들을 3~5가지 정도 말해 보라.

아래의 QR 코드를 스캔하면 이 장에 등장하는 대화문을 영상으로 볼 수 있다.

Motivational Interviewing

CHAPTER 11

동기강화상담을 실행하기 위한 고려사항

만약에 당신이 이 책을 읽고 있다면, 이는 아마도 당신이 동기강화상담에 대한 흥미를 갖고 있기 때문일 것이다. 동기강화상담을 사용하는 긍정적인 이유로 최소한 다음의 네 가지를 생각해 볼 수 있다.

1. 환자는 더 많은 존중과 배려를 받고 있고 이해받는다고 느끼고, 그 결과로 환자들이 당신이 해야 하는 말을 듣고 이를 고려할 가능성이 훨씬 더 높아진다.
2. 의료 시스템 내에서 케어와 더 나은 결과에 대한 환자의 만족도가 증가할 가능성이 더 높아질 것이고, 이와 함께 의료 관련 총 비용은 감소할 것이다.
3. 케어를 제공하는 서비스 제공자로서 당신의 인식이 증가할 가능성이 높다. 환자에 대한 배려와 결정에 대한 건강하고 적절한 책임감에 대해서 배우게 될 뿐만 아니라 자신이 환자와의 상호작용에 점점 더 여유를 갖게 되고 평안해진다는 사실을 알게 될 것이다. 또한 환자가 더욱 수용적이 된다는 사실에 주목하게 될 것이다. 누가 이를 좋아하지 않겠는가?

4. 만약 당신이 이 책에서 배운 것들을 건강관리 영역 이외의 일상에서 스스로 많이 적용하고 있다는 사실을 발견하게 된다면, 주변의 사람들이 당신의 반응하는 방식을 좋아한다는 사실도 발견하게 될 것이다. 동기강화상담에서 나타나는 존중, 배려, 이해는 사람들에게 격려가 되며 따라서 매력적으로 보인다. 그리고 상대방을 편안하게 해준다. 그러나 주의해야 할 점이 있다. 동기강화상담을 사용하여 다른 사람들과 대화를 시작할 때, 그들은 당신의 동기를 의심할 수도 있다. 사람들은 당신이 자신들을 대하는 방식을 좋아하지만 그것이 진심인지 신뢰할 수 있을지 의구심을 갖게 될 수 있다. 하지만 이러한 초기 반응은 당신이 진실하고 지속적으로 동기강화상담을 사용한다면 이내 잦아들 것이다.

언제쯤 동기강화상담을 잘하게 될 수 있는가?

많은 사람들이 동기강화상담을 잘하게 되려면 얼마나 시간이 필요할지에 대해서 질문하곤 한다. 이 질문에 답하는 것은 그리 간단하지 않다. 개개인이 가지고 있는 재능과 역량은 서로 다르며, 여기에 더해 동기강화상담의 효과에 방해가 되는 장애물도 극복되어야 한다. 또한 얼마나 자주 동기강화상담을 사용하고 연습하는지(그리고 자신의 상담을 다시 살펴보고 좋은 피드백을 받는지) 또한 동기강화상담의 숙련도에 영향을 준다.

장애물

다음은 동기강화상담을 '잘하게' 되는 데 방해가 되는 장애물에 대한 설명이다.

동기강화상담 정신의 결여. 어떤 사람들은 동기강화상담의 정신을 발달시키는 데 어려움을 경험한다. 이 책에서 그 이유를 탐색하기에는 너무 많은 원인들이 있고 또한 너무 복잡하다. 우리는 동기강화상담 정신이 없이 동기강화상담을 하는 것은 당연히 불가능하다고 생각한다. 동기강화상담이 효과가 있으려면 상담자는 다른 사람을 (고치거나 통제하려는 것이 아니라) 진심으로 돌보고자 하는 마음을 길러야만 한다. 이러한 동기강화상담 정신은 상대방이 화를 나게 하거나 또는 화를 낼 때에 또한 비자발적이고 양가적이거나 저항적이고 방어적일 때 나타나야 한다. 이는 쉬운 것이 아니다.

대상화. 누군가를 대상화('그것')하여 그 사람의 가치를 절하시키면 동기강화상담이 효과를 내는 것이 불가능해진다. 우리는 상대방을 대상화('그 멍청이', '진상 환자', '화내는 돌아이', '중독자', '고집불통' 등)하여 그 가치를 격하시키는 것이 정당하다고 느낄 수도 있는데, 이렇게 되면 환자를 공감하고 도움을 주는 것이 불가능해진다. 어떤 이유에서든 다른 사람들을 대상화할 때 우리는 심지어 관심과 배려를 제공하지 않는 것이 정당하다고 생각할 수도 있다. 누군가를 돌보는 사람에게 이러한 태도는 위험하다. 이런 일이 발생하는 이유에 대한 더 많은 정보를 원한다면, C. Terry Warner[1)]의 *Bonds that Make Us Free*를 읽어 볼 것을 추천한다.

일상 대화. 어떤 논의를 할 때, 일상 대화는 많은 암묵적인 가정을 만들어 낸다. 다른 사람들이 말을 할 때 우리는 보통 고개를 끄덕이거나 '맞아요', '네', '으흠' 또는 '이해되네요', '알겠어요'라고 말한다. 이 모든 간결한 반응들은 그 의미에 있어서 많은 추측이 가능하다. 또한 의료 분야에서 우리가 받는 훈련은 환자와 함께 말하는 것보다는 환자에게 말하는 방법을 가르치는 것에 가깝다. 우리는 우리 자신이 전문가라고 배웠고, 그래서 우리의 대화는 각자의 전문성과 상황 이해를 양방향으로 서로 교환하는 것이 아닌 일방적인 방식으로 이루어지는 것이 대부분이다. 동기강화상담은 이 두 가지 역동 모두를 변화시키는 것이다. 우리는 환자에게 더 명확하게 반응하는 것을 배워야 하고, 또한 상황 이해에 영향을 미치기 위해서 서로의 정보와 전문성을 교환하는 것을 배워야 한다.

불안. 우리는 이미 불안이 동기강화상담을 효과적으로 사용하는 능력을 어떻게 약화시키는지에 대해서 논의했다. 우리는 종종 환자나 상황을 교정해야 한다는 책임감으로 인해 불안을 느끼고, 이로 인해 아직 준비가 되어 있지 않는 환자를 설득하게 되거나 환자에게 지시를 하게 된다. 아이러니하게

도 이는 우리가 바라는 것과 반대되는 결과를 낳는다. 또한 우리는 일을 끝마쳐야 한다는 욕구로 인해 불안감을 느낄 수도 있다. 일을 끝마친다는 것은 우리의 정체성의 일부가 될 수 있지만, 환자는 대개 우리가 원하는 만큼 빠르게 일을 끝마칠 준비가 되어 있지 않다. 우리는 이러한 욕구와 통제에 대한 환상을 포기하는 것을 배워야 한다. 이러한 불안감이 생기고 있다는 것을 더 민감하게 인지하게 되는 것은 중요한 과정이다. 또한 자기 스스로를 성찰하는 것도 매우 중요하다. 이 부분이 동기강화상담의 실행을 방해하는 주요한 장애물이 된다면 관련된 전문적 도움을 구하는 것이 좋은 방법이 될 수 있다.

시스템이나 환경적 문제. 많은 전문가들이 매우 극심한 스트레스가 발생하는 환경에서 일을 하고 있다. 과중한 업무, 사생활의 부재, 행정 업무, 법적 요구사항, 시스템상의 요구사항, 기타 잡무 등은 동기강화상담의 실행을 더 어렵게 만들 수 있다. 여기에 추가적으로 기관이나 의료 보험사와 관련하여 일어난 모든 문제의 원인이 당신이라고 말하며 불만을 표현하는 환자, 그리고 케어를 제공하기에는 그다지 이상적이지 않은 환경, 여기에 하물며 동기강화상담까지 효과적이 되도록 하는 것은 쉬운 일이 아니다. 당신이 극도로 바쁜 상황에서 당신의 책임이 아닌 일로 환자가 당신에게 화를 낸다면, 환자를 대상화하고 환자에 대해서 체념하고('당신의 계획을 말함으로써') 환자의 말을 묵살하고 이를 정당하다고 느끼게 되기 매우 쉽다. 만약 당신이 또 다른 스트레스를 받고 있는 동료에게, 이해할 수 없는 이 환자와의 만남과 얼마나 퉁명스럽게 그 환자를 의료 보험사로 보냈는지에 대해 이야기를 하면서 "나도 그런 쓰레기는 필요 없어."라고 말한다면, 그 동료는 "잘했어."라고 말해 줄 것이고 당신은 자신의 분노가 심지어 더 정당하다고 생각할 것이다.

안타깝게도, 동기강화상담이 시스템이나 환경의 문제를 해결해 주지는 않는다. 그러나 당신의 상황에서 동기강화상담은 최소한 당신이 옳은 일을 하고 있다는 느낌을 갖도록 하는 데 도움을 줄 수 있다. 여기에 동기강화상담의 가치가 있다. 환자가 여전히 불만족스러워하거나 화가 나 있다고 하더라도 당신은 자신의 의도나 동기에 대해서 다시 생각해 보지 않아도 된다. 하루를 마칠 때, 힘들고 부족한 상황이기는 했지만 당신은 자신이 오늘도 진심 어린 친절과 배려를 실행했다는 사실을 스스로 알 것이다.

⚜ 연습하기

가능한 한 많은 장애물을 인식하고 제거하는 것에 추가하여 동기강화상담을 숙련하기 위한 또 다른 방법은 연습을 하는 것이다. 그러나 모든 연습이 유용한 것은 아니라는 점을 기억해야 한다. 골프장에서 우리는 한 통에 가득 찬 골프공을 모두 연습용 모래 벙커에 던져 넣는 어떤 사람을 보았다. 그 후에 그 사람은 모래 벙커 안에 있는 골프공들을 치기 시작했다. 그리고 벙커에서 탈출하지 않는 연습을 했다. 가끔씩 공이 벙커 밖으로 나오기도 했지만, 그 사람은 기본적으로 벙커 밖으로 공을 보내려면 어떻게 쳐야 하는지를 몰랐기 때문에 일관성 있게 공을 벙커 밖으로 나오지 않게 했다. 게다가 벙커 밖으로 공을 내보내는 방법을 실제로 알고 그에게 피드백을 줄 수 있는 사람도 없었다. 연습이 효과가 있으려면, (1) 성공하는 데 필요한 기술에 대한 감각과 성공을 위해 요구되는 준비가 필요하고, (2) 탁월하고 건설적인 피드백을 받을 수 있어야 하며, (3) 성공했을 때 그것이 성공이 맞는지를 알아야 한다. 성공은 무작위로, 무작정 이루어지는 것이 아니다. 특히 환자에게 동기강화상담을 사용하는 것은 더욱 그렇다.

이 책을 읽는 것에 추가하여 동기강화상담 전문가에게 훈련을 받을 것을 권장한다. 훈련은 당신이 새롭게 습득한 동기강화상담을 안전한 환경에서 연습할 수 있도록 해준다. 점진적으로 더 복잡한 것을 연습하면서 궁극적으로는 역할극이 가능해지는 수준까지 이르는 단계적 훈련을 추천한다. 당신이 잘하고 있는지 그리고 어떻게 다듬을 수 있는지, 어떤 점을 고쳐야 하는지 등을 포함한 동료들의 구조화된 피드백에 추가하여 숙련된 트레이너에게 직접적인 피드백 또한 받아야 한다. 최근 훈련받은 동료들에게 받는 피드백만으로는 충분하지 않다. 동료들은 지지적인 피드백을 주는 데에는 매우 큰 도움이 되지만, 숙련된 트레이너는 훨씬 더 깊이 있고 통찰력 있는 피드백을 제공해 줄 수 있다.

가능하다면, 기관에서 최소한 두 명이 함께 트레이닝을 받는 것을 추천하는데, 이는 서로의 수행과 의견을 서로 교환하면서 어려움을 경험할 때 서로 도움을 주고받을 수 있게 해주며, 또한 학습 과정의 속도를 더 빠르게 해줄 수 있다. 추가적으로 피드백을 제공하기 위해서 (환자의 동의를 구한 후)

환자를 상담하는 다른 동료를 관찰하는 것도 큰 도움이 된다. 전화를 통한 개입을 주로 하는 기관에서는 (역시, 환자의 동의를 구한 후) 전화통화 내용을 관찰하고 피드백을 주는 것은 훈련의 목적 달성에 매우 유용하다.

동기강화상담은 상대방을 배려하며, 진솔하며, 또한 상대를 존중하는 것이기 때문에 그 기술과 원리들은 어디서든 누구와도 함께 연습할 수 있다. 동기강화상담은 자발적인 행동 변화를 수반한다는 점을 기억하라. 환자들이 자신을 행동을 변화시켜야만 하는 것은 아니다. 이는 실제로 그들이 결정할 부분이다. 비록 아이에게 하기 싫어하는 일을 하도록 하거나 직원이 직장에 나오도록 요청하는 일은 자발적인 행동 변화를 요청하는 것은 아니지만 이때에도 동기강화상담의 기술과 원리는 적용된다. 건강관리전문가로서 당신이 환자와 함께 상담을 한다면 당신은 동기강화상담 기술을 연습하고 수정해나갈 수 있는 무한대의 기회를 갖고 있는 것이다. 관찰자가 되는 것을 통해서 당신은 자신이 동기강화상담을 더 효과적으로 수행하는지 여부에 대한 평가를 시작할 수 있다. 더 효과적이라는 것이 항상 행동 변화를 수반하는 것은 아니다. 이는 비록 행동은 변하지 않았다고 하더라도 더 나은 라포의 형성이나 변화대화의 증가를 의미할 수도 있다.

동기강화상담을 배울 때 자기 스스로를 돌아보고 자신의 내면을 성찰하는 것은 매우 중요하다. 동기강화상담 훈련을 얼마나 많이 받았고 얼마나 많은 경험이 있는지와 관계없이 당신은 여전히 제공자 중심적 방식에 빠져들 수 있다. 예를 들어, 만약 당신이 환자와의 전화통화를 끊은 뒤 자신이 망설이거나 아직 변화할 준비가 되지 않은 환자를 '교정하거나' 설득하려고 했다는 사실을 깨달았다면, 만약 그 환자와 다시 전화통화를 할 수 있다면 어떻게 할지에 대해서 스스로 질문해 보라. 이때 스스로를 비난하거나 질책하는 것은 전혀 유익하지 않고 도움이 되지도 않는다. 또한 동기강화상담을 사용하여 다르게 통화를 할 수 있었던 것이 무엇인지에 대해서 깊이 돌아보는 것 없이 그 통화에 대해 잊어버리는 것도 도움이 되지 않는다. 실제로 소리를 내든지 또는 머릿속으로든지 직접 말로 해보라. 이것이 연습이다. 이는 당신의 성장을 강화하는 데 도움이 된다. 여기에 덧붙이자면, 다음번에 환자와 다시 통화할 때 환자에게 당신이 과도하게 또는 급하게 압박했던 것에 대해서 미안한 마음을 갖고 있다는 사실을 알리는 것이 전적으로 적절한 행동이다.

우리가 훈련했던 많은 사람들은 한 번에 한 단계씩 동기강화상담에 초점을 맞추는 것이 유용하다는 사실을 알게 되었다. 예를 들어, 어떤 훈련생은 라포를 형성하고 이를 위한 기술을 '마스터'하기 위해 열심을 다하는 것으로 훈련을 시작할 것이다. 우리는 이러한 접근법을 지지하지만 주의해야 할 점이 있다. 동기강화상담과 같이 라포를 형성하는 것도 단지 해야 하는 어떤 것이 아니다. 이는 이 기술 또는 저 기술과 같은 말로 설명될 수 있는 것이 아니다. 환자의 상황 이해에 대해서 알고자 하는 진솔하고 배려하는 열망이 없다면 이 기술들은 라포를 형성하는 것도 아니고 동기강화상담도 아닌 것이다.

⚜ 마무리하며

동기강화상담이 케어 서비스를 제공하는 실무자에 의해서 제대로 실행될 때, 동기강화상담은 공감, 라포 그리고 환자의 이슈를 충분히 다루는 것을 통해서 환자와 강한 유대를 갖게 하는 효과를 가진다. 공감은 환자에게 희망을 주고 절망감과 외로움에서 벗어나게 해준다. 자신의 문제나 이슈가 깊은 수준에서 이해받고 존중받고 있다고 느껴질 때 사람들은 그 문제나 이슈가 해결될 수 있다는 희망을 갖게 된다. 이러한 깊은 수준의 이해가 없이 희망을 갖기란 요원할 수밖에 없다.

환자와 상호작용을 한다는 것은 특권이다. 환자들은 자신의 세상과 기쁨 그리고 고통 속으로 우리가 들어올 수 있도록 한다. 이러한 특권인 상호작용은 동기강화상담을 통해서 제공되는 배려와 함께 상호 성장의 기회를 제공한다. 배려 있고, 안전하고, 존중하는 의사소통은 관계 속에서 개개인에게 스스로에 대해서 더 많이 배울 수 있는 기회를 제공해 준다. 사람들은 이러한 성장에 참여하고 있을 때 행복을 느낀다.

✳ 생각해 볼 질문

1. 이 책을 다 읽은 지금, 건강관리전문가를 위한 동기강화상담에서 가장 중요하다고 생각되는 세 가지는 무엇인가?

2. 대상화의 의미가 무엇이며, 이러한 대상화를 피하기 위해서 어떻게 해야 하는지에 대해서 논의하라. 대상화로 인한 문제와 그 결과는 무엇인가?
3. 자신의 내면을 성찰하는 것을 연습하고 자신에 대해서 더 잘 이해하기 위해서 당신은 무엇을 할 것인가? 그리고 환자와의 상호작용에 이(긍정적인 것과 문제가 되는 면 모두)를 어떻게 적용할 것인가?

참고 문헌

1. Warner CT. *Bonds That Make Us Free: Healing Our Relationships, Coming to Ourselves*. Salt Lake City: Shadow Mountain; 2001.

Motivational Interviewing

찾아보기

[ㅁ]

[ㅂ]

[ㅅ]

[ㅇ]

[ㅈ]

[ㅊ]

[ㅋ]

[ㅋ]

콜레스테롤 수치 … 42

[ㅋ]

[ㅍ]

[ㅎ]

[영문]

역자 소개

▣ 신성만

한동대학교 상담심리사회복지학부 상담심리전공 교수로 재직 중이며, 보스턴대학교에서 재활상담학 박사학위를 받고 심리치료 전문가로 일했으며, 하버드 의과대학 정신과 병원에서 교수요원으로 근무, 주로 중독 관련 학회와 협회에서 활동하고 있으며, 그 외에도 한국상담학회, 한국심리학회, 한국가족상담협회 등에서 활동 중이다.

▣ 이상훈

한동대학교에서 중독 및 상담심리를 전공하였고 동대학교 상담센터에서 실무 경험들을 쌓았다. 헬스케어기업에서 건강관리프로그램 기획자 및 건강관리전문가들에게 동기강화상담을 교육하였으며 만성질환 관리 및 생활습관 개선을 위한 동기강화 프로그램을 기획하였다.

▣ 박상규

꽃동네대학교 사회복지학부 복지심리전공 교수로 재직 중으로, 한국도박문제관리센터 이사장, 한국중독심리학회장, 한국중독상담학회장을 역임하였으며 현재에는 중독포럼공동대표, 한국도박문제관리센터, 충북도박문제관리센터운영위원장, 국무조정실 마약류대책 민간위원으로 활동 중에 있다.

▣ 김성재

서울대학교 간호대학 정신간호학 교수로 재직 중이며, 서울대학교 간호대학을 졸업하고 동대학원에서 정신간호학으로 석사와 박사를 수여받았다. 중독전문가협회 회장을 역임하였으며, 현재 한국정신간호학회 회장, 대한스트레스학회 부회장 및 사행산업통합감독위원회 위원을 맡고 있다. 정신전문간호사, 정신보건간호사 1급 및 중독전문간호사, 중독전문가 1급으로서 주로 정신간호와 중독관련 교육과 실무분야 및 학회와 협회에서 활동하고 있다.

▣ 배다현

한국도박문제관리센터 본부센터에서 전문상담원으로 재직 중이다. 한동대학교에서 상담심리학 석사학위를 받고 동대학교 교육개발센터 및 휴먼리소스센터, 입학처에서 연구원으로 근무했다. 그 외에도 한국발명진흥회 발명영재교육원의 청소년 상담전문가로 활동 중이다.

건강관리전문가를 위한 동기강화상담

Motivational Interviewing
For Health Care Proffessionals:
A Sensible Approach

발 행 일 | 2017년 12월 15일 초판 1쇄 발행
저 자 | Bruce A. Berger · William A. Villaume
역 자 | 신성만 · 이상훈 · 박상규 · 김성재 · 배다현
발 행 인 | 구본하
발 행 처 | 도서출판 **박학사**
주 소 | 서울시 마포구 월드컵북로5길 33 동아빌딩 2층
전 화 | (02)3142-3764~5
팩 스 | (02)3142-3766
웹사이트 | www.pakhaksa.co.kr
등록번호 | 제10-2230호

정가 18,000원 ISBN 978-89-98521-64-6